elefante

elefante

Edição
Tadeu Breda
Luiza Brandino

Preparação
Fábio Fujita

Revisão
Adriana Moreira Pedro
Laura Massunari

Diagramação
Daniela Miwa Taira

Assistência de arte
Yana Parente

Capa, projeto gráfico & direção de arte
Bianca Oliveira

Justiça energética e climática nos países árabes

colonialismo verde 2

Organizadores
Hamza Hamouchene
& Katie Sandwell

Tradução
Humberto do Amaral

parte II

Os ajustes neoliberais, a privatização da energia e o papel das instituições financeiras internacionais

parte III

Capitalismo fóssil e os desafios da transição justa

Agradecimentos

Esta obra teve início muito tempo antes de se transformar em livro. É produto de anos de reflexão e trabalho e está repleta de dívidas intelectuais e pessoais com inúmeros amigos, camaradas e colegas que, com estímulos e críticas constantes, enriqueceram o texto, aguçaram os argumentos e deram muito mais nitidez ao conteúdo. Não há como mencionar todos aqui, mas gostaríamos de citar alguns.

Em primeiríssimo lugar, agradecemos aos nossos maravilhosos colegas do Transnational Institute, sobretudo Jenny Franco, Lyda Fernanda Forero, Daniel Chavez, Zoe Brent, Lavinia Steinfort, Pietje Vervest, Mads Barbesgaard, Sylvia Kay e Carsten Pedersen, que têm sido fontes contínuas de inspiração e apoio. Nossas frutíferas trocas contribuíram bastante para a concepção e o desenvolvimento deste livro.

Além disso, somos especialmente gratos a cada um dos autores, tradutores (Meriam Mabrouk e Nellie Epinat) e vários revisores, sem os quais este livro não existiria. Agradecemos imensamente a Ashley Inglis, cujo trabalho brilhante e meticuloso aprimorou o texto e a fluência para muito além de nossas expectativas. Também temos profunda gratidão por Ouafa Haddioui, que ajudou o manuscrito a chegar à forma atual.

Finalmente, obrigado a Tadeu Breda, nosso editor na Elefante, que apoiou a ideia de uma tradução brasileira desde o princípio.

Este livro se vale do — e esperamos que também contribua para o — rico conjunto de discussões e debates em curso sobre as transições justas e sustentáveis que gostaríamos de ver na região árabe e além. Nós o dedicamos aos incontáveis camaradas inspiradores com os quais nossos caminhos se cruzaram — defensores do meio ambiente, sindicalistas, ativistas, pesquisadores, jornalistas e acadêmicos — e que continuam a lutar de diferentes maneiras para construir um mundo mais justo. Mohad Gasmi, grande defensor do meio ambiente e ativista incansável da justiça social mantido como preso político na Argélia por quatro anos e meio, ocupa um lugar especial em nossos pensamentos. Dedicamos este livro a ele e a tantos outros que, na região árabe, nunca deixam de lutar contra a opressão em todas as suas formas.

Introdução

A necessidade urgente de uma transição justa na região árabe

Hamza Hamouchene

Katie Sandwell

A realidade do colapso climático já é visível na região árabe,[1] comprometendo a base ecológica e socioeconômica da vida. Países

1 Para se referir à região abordada neste livro, alguns autores usam o termo "Oriente Médio" ou "Oriente Médio e África do Norte" (Mena, na sigla em inglês), outros preferem "região árabe" ou "mundo árabe", enquanto há ainda os que (para além deste livro) optam por denominações como "África do Norte e Sudoeste Asiático" (Nawa) ou "Sudoeste Asiático e África do Norte" (Wana). Para aqueles que estamos comprometidos com o avanço de narrativas contra-hegemônicas que contestem as estruturas de poder e com a descolonização de conceitos e nomes, é bastante adequado questionar a designação colonial "Oriente Médio" — um constructo do (e concebido em oposição ao) Ocidente, uma parte do legado do orientalismo, da criação de um "outro". Somos simpáticos ao uso de "região árabe", mas sem suas conotações étnicas reducionistas. Reconhecemos que essa denominação pode despertar sentimentos de exclusão e opressão. Nenhuma denominação é perfeita, e todas têm suas próprias limitações. Em nossa perspectiva, e tentando não apagar os ricos legados culturais e políticos compartilhados na região, uma referência fundada na identificação geográfica, como Nawa, consiste em uma descrição mais adequada, o que não significa que rejeitemos outras designações. Na verdade, nós as utilizamos intercambiavelmente, cientes de que "Oriente Médio", "Mena" ou "Nawa" vão além da região

como Argélia, Tunísia, Marrocos, Arábia Saudita, Iraque, Jordânia e Egito estão vivenciando recorrentes ondas de calor e secas prolongadas, com impactos catastróficos para a agricultura e os pequenos produtores.[2] O Iraque, uma das cinco nações mais vulneráveis do mundo às mudanças climáticas e à desertificação, foi atingido em 2022 por várias tempestades de areia que inviabilizaram a vida cotidiana em grande parte do país e levaram a milhares de internações decorrentes de problemas respiratórios. O ministro do Meio Ambiente alertou que, nas próximas duas décadas, o Iraque pode ter em média 272 dias de tempestades de areia por ano — um número que poderá passar de trezentos até 2050.[3] No verão de 2021, a Argélia foi atingida por incêndios devastadores e sem precedentes; o Kuwait passou por uma onda sufocante de calor que registrou a maior temperatura da Terra naquele ano, bem acima dos 50 °C; e Emirados Árabes Unidos, Iêmen, Omã, Síria, Iraque e Egito foram acometidos por inundações devastadoras, enquanto o sul do Marrocos sofreu com secas terríveis pelo terceiro ano seguido. Para o futuro próximo, o Painel Intergovernamental sobre Mudanças Climáticas (IPCC) das Nações Unidas projeta que as regiões do

...

árabe e incluem países como Irã e Turquia. Por fim, referimo-nos às várias sub-regiões com o uso dos termos "África do Norte", "Magreb", "Golfo" e "Maxerreque" ou "Levante".

2 No momento em que esta introdução é escrita (abril de 2023), a Tunísia atravessa a pior seca já registrada, o que está forçando as autoridades a cortar o fornecimento de água aos cidadãos durante as noites do mês sagrado do Ramadã. Outras restrições severas incluem a proibição do uso de água potável para irrigar plantações e espaços verdes ou para a limpeza de áreas públicas e automóveis.

3 "Ninth Sandstorm in Less Than Two Months Shuts Down Much of Iraq", *The Guardian*, 24 maio 2022; "Thousands Hospitalized as Latest Sandstorm Brings Iraq to Standstill", *France24*, 16 maio 2022.

Mediterrâneo e do Golfo vão testemunhar a intensificação de eventos climáticos extremos, como incêndios e enchentes, além de um agravamento na aridez e nas secas (IPCC, 2021).

"Se quisermos limitar o aquecimento global a 1,5 °C, é agora ou nunca." Esse é o alerta do grupo de trabalho do IPCC que redige o relatório abrangente de ciência climática de 2022. O texto adverte que a temperatura global deve aumentar 1,5 °C nas próximas duas décadas e que, começando agora, somente os cortes mais drásticos nas emissões de carbono podem evitar um desastre ambiental e climático. Uma vez que tais relatórios são publicados a cada seis ou sete anos, esse pode ser visto como o último alerta do IPCC antes que o mundo se ponha irremediavelmente no caminho de um colapso climático de consequências desastrosas. Como o secretário-geral das Nações Unidas, António Guterres, declarou quando o texto foi publicado: "Em termos concretos, [o nível de aquecimento global] significa grandes cidades embaixo d'água, ondas de calor sem precedentes, tempestades assustadoras, escassez generalizada de água e extinção de um milhão de espécies de plantas e animais".

Os impactos dessas mudanças são vivenciados de modo desproporcional pelas populações marginalizadas, incluindo pequenos agricultores, pastores, trabalhadores rurais e pescadores. No mundo árabe, muitos já têm sido forçados a deixar suas terras em razão de secas mais fortes e mais frequentes, tempestades de inverno, expansão dos desertos e elevação do nível dos oceanos (Hamouchene & Minio-Paluello, 2015). Safras deficientes e diminuição de suprimentos hídricos geram impactos profundos na produção de alimentos em uma região cronicamente dependente de importação de comida (Amouzai & Kay, 2021). Os efeitos das mudanças climáticas são cada vez mais evidentes, causando uma pressão enorme em fontes hídricas já escassas diante das mudanças na precipitação e da infiltração de água do mar nas reservas subterrâneas, as quais se aproximam do esgotamento por excesso de uso. De acordo com um artigo publicado na *Lancet*, até 2050 a maioria dos países árabes estará abaixo do nível absoluto de pobreza hídrica, que é de quinhentos metros cúbicos por pessoa ao ano (El-Zein *et al.*, 2014).

Os cientistas climáticos preveem que o clima em grandes porções do Oriente Médio e da África do Norte (Mena) pode mudar de tal forma que colocará em risco a própria sobrevivência de seus habitantes (Lelieveld *et al.*, 2016). Na África do Norte, por exemplo, as mudanças climáticas vão afetar mais diretamente a vida de pequenos agricultores no Delta do Nilo e nas áreas rurais do Marrocos e da Tunísia; pescadores de Djerba e Kerkennah, na Tunísia; habitantes de In Salah, na Argélia; refugiados saarauis nos campos de Tindufe, na Argélia; e os milhões que vivem em assentamentos informais no Cairo, em Cartum, Túnis e Casablanca. Em outros lugares da região árabe, pequenos agricultores e pescadores na Palestina ocupada, pessoas internamente deslocadas, refugiados no Iraque, na Síria, no Líbano, no Iêmen e na Jordânia, bem como trabalhadores imigrantes superexplorados nos Emirados Árabes Unidos e no Catar, terão poucas formas de se proteger da violência da crise climática, já que frequentemente são submetidos a condições habitacionais degradantes, não têm acesso a cuidados médicos de rotina e enfrentam a desnutrição.

A crise climática não era um fato inevitável; ela veio sendo e continua a ser movida pela escolha de seguir com a queima combustíveis fósseis — uma escolha feita predominantemente por corporações e governos do Hemisfério Norte ao lado de classes dominantes locais, incluindo as da região árabe. Projetos energéticos e climáticos nessa parte do mundo são moldados por regimes autoritários e por seus apoiadores em Riad, Bruxelas e Washington. As abastadas elites locais colaboram com corporações multinacionais e com instituições financeiras internacionais, como o Banco Mundial, o Fundo Monetário Internacional (FMI) e o Banco Europeu para a Reconstrução e o Desenvolvimento. Apesar de todas as promessas, as ações dessas instituições nos mostram que elas são inimigas da justiça climática e da própria sobrevivência da humanidade.

Ano após ano, líderes políticos, conselheiros e lobistas corporativos se reúnem para mais uma Conferência das Partes (COP) da Convenção-Quadro das Nações Unidas sobre a Mudança do Clima (UNFCCC). No entanto, a despeito da ameaça de proporções planetárias, os governos continuam a permitir o aumento das emissões de carbono e a acentuação da crise. Depois de três décadas daquilo que a ativista ambiental sueca Greta Thunberg chamou de "blá-blá-blá", ficou claro que essas conversas climáticas fracassaram, sequestradas pelo poder corporativo e por interesses privados que promovem falsas soluções lucrativas — como o mercado de carbono e as assim chamadas "soluções baseadas na natureza" de "emissões líquidas zero" (*net zero*) — em vez de forçar as nações industrializadas e corporações multinacionais a reduzirem as emissões de carbono e deixarem os combustíveis fósseis debaixo da terra.[4]

Em 2023, com a realização da COP28 em Dubai, nos Emirados Árabes Unidos, a região árabe terá sediado as conversas climáticas cinco vezes desde a primeira edição do evento, em 1995: a COP7 (2001) e a COP22 (2016) em Marrakech, no Marrocos; a COP18 (2012) em Doha, no Catar; e a COP27 (2022) em Sharm el-Sheikh, no Egito. Nos últimos anos, sobretudo desde que o Acordo de Paris de 2015 voltou atrás nas metas vinculantes (já

4 "Chasing Carbon Unicorns: The Deception of Carbon Markets and 'Net Zero'", Friends of the Earth International, 2021; "Not Zero: How 'Net Zero' Targets Disguise Climate Inaction", Corporate Accountability, p. 1-11, out. 2020.

amplamente insuficientes) estabelecidas no Protocolo de Quioto e permitiu que os países determinassem de forma independente suas próprias metas de redução de emissões, cresceu o ceticismo quanto à capacidade da UNFCCC de atacar os desafios mais urgentes que confrontam a humanidade. As COP atraem enorme atenção da mídia, mas tendem a não alcançar conquistas importantes. A COP27, em Sharm el-Sheikh, chegou a um acordo sobre o Fundo de Perdas e Danos, enaltecido por alguns como um passo importante para impelir os países mais ricos a responder pelos danos que as mudanças climáticas causaram ao Sul Global (Guerrero, 2022). Contudo, como não há mecanismos claros de financiamento e aplicação, críticos temem que o acordo esteja fadado ao mesmo destino da promessa não realizada (feita pela primeira vez em 2009 na COP15, em Copenhague) de oferecer cem bilhões de dólares por ano para o financiamento climático até 2020. Essa promessa nunca foi completamente cumprida; no lugar dela, o auxílio assumiu, muitas vezes, a forma de empréstimos a juros.[5] Por fim, decidiu-se que a COP28 seria presidida pelo sultão Al Jaber, CEO da Empresa Nacional de Petróleo de Abu Dhabi — mais um símbolo do mesmo compromisso intenso com a continuidade da extração de petróleo custe o que custar, que tem caracterizado todas as negociações até hoje.

Com suas empresas nacionais de combustíveis fósseis, os Estados do Oriente Médio e da África do Norte estão fazendo o máximo que podem, ao lado dos figurões do petróleo, para manter suas operações e até mesmo expandir e lucrar com as reservas remanescentes. O Egito governado por Abdel Fattah al-Sisi tem como aspiração se tornar um dos principais centros ener-

5 "Rich Countries Failed to Meet Their Climate Funding Goal", *Reuters*, 29 jul. 2022; "Rich Countries Broke Climate Finance Promise, Says OECD", *Politico*, 29 jul. 2022.

géticos da região, exportando seus excedentes de eletricidade e mobilizando várias fontes energéticas, como gás offshore, energias renováveis e hidrogênio, para satisfazer as necessidades da União Europeia. Isso, claro, é indissociável dos reiterados esforços de normalização política e econômica com o Estado colonial e genocida de Israel. O regime argelino, por sua vez, também se beneficia da bonança dos preços do petróleo e tira vantagem da corrida europeia por alternativas ao gás russo para expandir suas operações e usinas de combustíveis fósseis. Não é diferente do que ocorre com os países do Golfo, como Arábia Saudita, Emirados Árabes Unidos e Catar. As classes dominantes de toda a região falam há décadas da era "pós-petróleo", e, ano após ano, sucessivos governos mencionam a transição para energias renováveis, mas sem atitudes concretas para além de alguns planos e projetos grandiosos e pouco realistas, como a proposta para a megacidade futurista e controversa de Neom, na Arábia Saudita. Para essas classes dominantes, as várias iterações do processo da COP representam uma oportunidade de ouro de avançar suas pautas de *greenwashing* e seus esforços de atrair fundos e financiamentos para vários projetos energéticos e planos supostamente "verdes".

A COP de 2022, no Egito, foi controversa: além do histórico de repressão governamental, houve diversos esforços para impedir que grupos ambientais e ativistas do clima tivessem acesso à cúpula. Foi de fato uma das conferências mais excludentes da história, com um espaço substancialmente reduzido para o ativismo, a dissidência, as discussões, os debates, a criação de novas conexões, o networking, as estratégias coletivas e as mobilizações necessários para pressionar os formuladores globais de políticas públicas a cumprirem suas promessas e promoverem soluções reais para a emergência climática. A escolha do Egito como sede em 2022 e dos Emirados Árabes Unidos em 2023 não foi inocente; é uma indicação clara de que a COP como um todo vem se tornando menos democrática. Além disso, a intensificação de rivalidades geopolíticas desencadeada pela guerra na Ucrânia não é favorável à cooperação entre grandes potências e proporciona mais um pretexto para a continuidade do vício global em combustíveis fósseis. Com efeito, essa pode ser a derradeira pá de cal nas conversas globais sobre o clima.

A sobrevivência da humanidade depende tanto de abandonarmos a extração de combustíveis fósseis quanto de nos adaptarmos a um clima já em mudança — e isso enquanto caminhamos rumo às energias renováveis, aos níveis sustentáveis de uso de energia e a outras transformações sociais. Bilhões serão gastos em tentativas de adaptação — na busca de novas fontes de água, na reestruturação da agricultura e modificação das sementes plantadas, na construção de barreiras para conter a água do mar, na mudança da forma e do estilo das cidades — e em esforços para passarmos ao uso de fontes verdes de energia, com a construção da infraestrutura necessária e investimento em postos de trabalho e tecnologias verdes. Mas essa adaptação e essa transição energética estarão a serviço de quais interesses, e quem deverá arcar com os custos mais onerosos da crise climática?

As mesmas estruturas de poder gananciosas e autoritárias que contribuíram para as mudanças climáticas agora moldam as respostas à crise. O objetivo principal dessas estruturas é proteger interesses privados e extrair lucros cada vez maiores. Instituições financeiras internacionais, como o Banco Mundial e o FMI, e governos e agências governamentais do Hemisfério Norte, como a Agência dos Estados Unidos para o Desenvolvimento Internacional (Usaid), a União Europeia e a Agência Alemã de Cooperação Internacional (GIZ), articulam hoje a necessidade de uma transição climática, mas uma transição capitalista e frequentemente conduzida por corporações, e não uma transição liderada por (e para) os trabalhadores. Enquanto, por um lado, as vozes das organizações da sociedade civil e dos movimentos sociais na região árabe de modo geral não são ouvidas quando se trata das implicações da transição e da necessidade de alternativas justas e democráticas, por outro, instituições e governos falam ruidosamente, organizam eventos e publicam relatórios em todos os países da região árabe. Esses agentes não hesitam em ressaltar os perigos de um mundo mais quente e chegam até mesmo a defender ações urgentes, incluindo o uso de mais energias renováveis e o desenvolvimento de planos de adaptação. Contudo, suas análises para as mudanças climáticas e para a transição necessária continuam limitadas — e até mesmo perigosas, à medida que ameaçam reproduzir os padrões de espoliação e pilhagem de recursos característicos do regime prevalente dos combustíveis fósseis.

Na visão do futuro impulsionada por esses poderosos agentes, as economias estão subjugadas aos lucros privados, incluindo os provenientes da privatização da água, do solo, dos recursos, da energia — e até mesmo da atmosfera. O estágio mais recente desse desenvolvimento abarca as parcerias público-privadas (PPP) agora implementadas em todos os setores na região árabe, inclusive o das energias renováveis. O impulso rumo à privatização da energia e ao controle corporativo da transição energética é global, mas nos países árabes a dinâmica está bastante avançada e, até o momento, encontrou apenas uma acanhada resistência. O Marrocos já avança por esse caminho, assim como a Tunísia, onde está em curso um grande esforço para expandir a privatização do setor de energias renováveis e conceder incentivos enormes para que investidores estrangeiros produzam energia verde no país, inclusive para exportação. Modificada em 2019, a lei tunisiana permite até mesmo o uso de terras agrícolas para projetos renováveis em um país que sofre de uma dependência alimentar aguda (Grupo de Trabalho sobre Soberania Alimentar na Tunísia, 2019) — uma dependência que se revelou de modo brutal durante a pandemia de covid-19 e que, mais uma vez, se evidencia no momento em que estas palavras são escritas.

Ao se espalharem por todo o Oriente Médio e África do Norte, esses empreendimentos ressaltam a importância de indagarmos: "Energia para que e para quem?" e "A quem a transição energética deve servir?". A suposta "economia verde" e a visão dominante mais ampla do assim chamado "desenvolvimento verde" são apresentadas por instituições financeiras, corporações e governos como um novo paradigma. Mas, na realidade, não passam de extensões da lógica existente de acumulação de capital, mercadorização e financeirização, inclusive do mundo natural.

África do Norte e Sudoeste Asiático: nódulo-chave no capitalismo fóssil global

A África do Norte e o Sudoeste Asiático devem ser entendidos dentro do contexto mais amplo do mercado capitalista global, que se caracteriza pela simultaneidade da ascensão de novas zonas de acumulação e de crescimento em algumas partes do mundo, de um lado, e do declínio relativo de centros de poder há muito estabelecidos na América do Norte e na Europa, de outro. Hoje, o Mena não só desempenha um papel importante na mediação das novas redes globais de comércio, logística, infraestrutura e finanças (Khalili, 2021) como também é um ponto nodal determinante no regime dos combustíveis fósseis: graças a suas reservas de petróleo e gás natural, tem papel crucial para manter o capitalismo fóssil intacto. De fato, a região continua a ser o eixo do mercado mundial de hidrocarbonetos, com uma participação total de cerca de 35% na produção mundial de petróleo em 2021.[6] Historicamente, essas reservas supriram uma enorme mudança no regime global de energia em meados do século XIX, quando o petróleo e o gás tomavam o lugar do carvão como combustível primário para o transporte global, a manufatura e a produção industrial (Mitchell, 2013). Mais recentemente, os recursos do Oriente Médio têm sido essenciais para suprir a demanda crescente por petróleo e gás causada pela ascensão da China — um sinal da mudança decisiva na estrutura da economia política global nas últimas duas décadas, em cuja base está a aproximação entre o Oriente Médio e o Leste Asiático. Tudo isso posicionou os produtores de petróleo do Oriente Médio como protagonistas incontestáveis nos debates sobre mudanças climáticas e em qualquer transição futura que se distancie dos combustíveis fósseis (Hanieh, 2018).

As realidades históricas, políticas e geofísicas significam que tanto os efeitos quanto as soluções para a crise climática na região árabe serão distintos dos aplicáveis a outros contextos. De meados do século XIX até a segunda metade do século XX, a região foi forçadamente integrada à economia capitalista global em uma posição subordinada: as potências coloniais/imperiais influenciaram ou obrigaram esses países a estruturar suas economias em torno da extração e da exportação de recursos — em geral oferecidos em forma bruta e a baixo preço —, juntamente com a importação de bens industriais de alto valor. O resultado foi uma transferência de riqueza de grande escala para os centros imperiais à custa do desenvolvimento e dos ecossistemas locais (Amin, 1990; 2013 [2018]; Rodney, 2012 [2022]; Galeano, 1973 [2010]). A persistência dessas relações assimétricas — a que alguns chamam de intercâmbio econômico/ecológico desigual, ou imperia-

6 "BP Statistical Review of World Energy 2022, 71st Edition", 2022.

lismo ecológico (Amin, 1976 [1976]; Wallerstein, 2004; Foster & Holleman, 2014; Frame, 2016) — mantém o papel dos países árabes como exportadores de recursos naturais, como petróleo e gás, e de commodities altamente dependentes da água e do solo, como no caso das monoculturas comerciais. Isso entrincheira uma economia extrativista com os olhos voltados para fora e, desse modo, exacerba a dependência alimentar e a crise ecológica, além de conservar as relações de dominação imperialista e as hierarquias neocoloniais (Hamouchene, 2019; Riahi & Hamouchene, 2020). Apesar disso, é importante evitarmos a tendência de ver a região como um todo indiferenciado: temos que estar cientes de seus desníveis inerentes e suas desigualdades profundas. Um olhar mais atento revela o papel subjacente que os Estados do Golfo[7] desempenham nessa configuração como força semiperiférica — ou até mesmo subimperialista (Bond, 2004). Os Estados do Golfo não só são significativamente mais ricos do que seus vizinhos árabes como também participam da captura e da drenagem de mais-valor no nível regional, reproduzindo relações de extração, marginalização e acumulação por espoliação semelhante àquelas entre núcleo e periferia. A obra de Adam Hanieh, um dos autores deste livro, revela de que forma a liberalização econômica das últimas décadas no Oriente Médio (por meio de vários pacotes de ajuste estrutural nos anos 1990 e 2000) esteve intimamente relacionada à internacionalização do capital do Golfo na região de modo mais amplo (Hanieh, 2013; 2018). Hoje, os capitalistas do Golfo dominam setores econômicos essenciais em muitos dos países vizinhos, incluindo o imobiliário e o de

7 Aqui nos referimos à união político-econômica do Conselho de Cooperação do Golfo (CCG), que inclui Bahrein, Kuwait, Omã, Catar, Arábia Saudita e Emirados Árabes Unidos.

desenvolvimento urbano, o agronegócio, as telecomunicações, o varejo, a logística e os sistemas bancário e financeiro.

Assim, ao falarmos do enfrentamento das mudanças climáticas e da transição para as energias renováveis na região, precisamos formular algumas questões cruciais. Qual seria, aqui, uma resposta justa para as mudanças climáticas? Ela significaria a liberdade de ir e vir por toda a região e a abertura das fronteiras internas, ao lado da livre circulação com a Europa? Significaria o pagamento da dívida climática, a restituição e a redistribuição por parte dos governos ocidentais, das corporações multinacionais e das elites locais enriquecidas nacional e regionalmente? Seria uma ruptura radical com o sistema capitalista? O que deveria acontecer com os recursos fósseis atualmente extraídos por empresas nacionais e corporações estrangeiras? Quem controlaria e seria o dono da energia renovável da região? O que a adaptação às mudanças climáticas significa aqui, e quem determinará sua forma e se beneficiará dela? E quais são os principais agentes envolvidos na luta por mudanças significativas e transformações radicais?

Ainda que estejam começando a levar as mudanças climáticas a sério, governos de todo o planeta as enxergam, muitas vezes, pelas lentes da "segurança climática" (Buxton, 2021) — o fortalecimento de defesas contra o aumento do nível dos oceanos e eventos climáticos extremos, além do reforço das proteções contra a "ameaça" dos refugiados e ativistas e contra renegociações do poder global. A securitização e a militarização da resposta climática no Oriente Médio são, elas mesmas, desafios e ameaças potenciais à pauta da justiça climática, dado que a região desempenha um papel central no desenvolvimento global de tecnologias, técnicas e doutrinas de coerção. Esse papel se estende para além do status regional de maior mercado de exportação para armas e equipamento militar, e inclui formas emergentes de vigilância e controle populacional. Vários autores chamaram atenção para as intrincadas redes internacionais que sustentam o comércio de armas e a indústria de vigilância da região, incluindo o fluxo da lógica da "guerra ao terror", tecnologias militares, pessoal especializado, manuais de treinamento, operações transfronteiriças, forças policiais, exércitos particulares e empresas de segurança (Hanieh, 2021a; Ziadah, 2021; Khalili, 2011). A combinação de todos esses fatores faz do Oriente Médio um polo importante para a disseminação global de novas formas de militarismo e securitização. A própria dinâmica das guerras regionais também é significativamente moldada por esses laços globais, assim como acontece com as diversas formas de assimilação das Forças Armadas aos sistemas políticos e econômicos nos níveis nacional e regional (Sayigh, 2019).

É da maior importância e urgência que comecemos a olhar para as mudanças climáticas pela ótica da justiça, e não da segurança. Ao enxergarmos o futuro pela moldura da "segurança", subordinamos nossas lutas a uma estrutura conceitual e imaginativa que, em última instância, reforça o poder repressivo do Estado, militarizando as respostas que precisam ser dadas à crise ambiental. Mais tanques e mais armas, muros mais altos e fronteiras mais protegidas não solucionarão os efeitos do aquecimento global. Na melhor das hipóteses, permitirão que os ricos sobrevivam no conforto enquanto o resto do mundo paga o preço da inação. Precisamos romper com o sistema capitalista de exploração das pessoas e do planeta que deu origem à crise, e não armá-lo e entrincheirá-lo.

Olhar colonial e orientalismo ambiental

Assim como a subjugação econômica e a dominação imperialista comprometeram a autonomia política e econômica da região árabe, o conhecimento produzido sobre os povos árabes e seus ambientes e as representações a eles atribuídas foi igualmente empregado pelas potências coloniais para legitimar projetos de colonização e objetivos imperiais. Essas estratégias de dominação persistem nos dias de hoje à medida que, em um eco da *mission civilisatrice* [missão civilizatória] colonial, os países da região vão sendo (mais uma vez) remodelados, como objetos a serem desenvolvidos (de forma sustentável ou não).

Na contramão das teses dos historiadores coloniais franceses, que atribuem um suposto "atraso histórico" e uma "condição de paralisia no tempo" aos berberes/Amazigh, aos árabes e aos muçulmanos e suas respectivas civilizações, o historiador e filósofo marroquino Abdallah Laroui afirma que, em suas múltiplas facetas (política, econômica, cultural, ambiental etc.) e em contextos históricos diversos, a realidade das populações indígenas no Magreb, ou no oeste árabe, tem sido deliberadamente distorcida com o objetivo de promover uma narrativa falsa e essencialista a serviço de uma pauta colonial de subjugação, domínio e expansão (Laroui, 1977). A geógrafa estadunidense Diana K. Davis concorda e defende ainda que o imaginário anglo-europeu do século XIX com frequência representava o meio ambiente no mundo árabe como "alienígena, exótico, fantástico ou anormal, e muitas vezes degradado de alguma maneira". Davis emprega adequadamente o conceito de "orientalismo", de Edward Said (1977 [2007]), para interpretar as primeiras representações ocidentais do ambiente do Oriente Médio e da África do Norte, marcadas por uma forma de "orientalismo ambiental".

O meio ambiente da região foi retratado como "estranho e defeituoso" por países que se tornaram potências imperiais, sobretudo a Grã-Bretanha e a França, em comparação com o ambiente "normal e produtivo" da Europa. Implícita a essa ideia estava a necessidade de algum tipo de intervenção "para aprimorar, restaurar, normalizar e consertar" (Davis, 2011).

Essa representação enganosa de degradação ambiental e de desastre ecológico presumidos foi usada pelas autoridades coloniais para justificar todo tipo de espoliação e de políticas projetadas para controlar as populações e os ambientes da região. Na África do Norte (e, mais tarde, no Maxerreque ou Levante), os franceses construíram uma narrativa ambiental de degradação a fim de implementar "mudanças econômicas, sociais, políticas e ambientais dramáticas" (Davis, 2011). De acordo com essa perspectiva, os nativos e seu meio ambiente careciam das "bênçãos" da *mission civilisatrice* e dependiam da atenção do homem branco.

Uma vez que as narrativas são sempre produto de seus momentos históricos e jamais podem ser consideradas isentas, cabe perguntar: a quem beneficiam esse tipo de representação e produção de conhecimento? Um exemplo gritante se encontra na representação atual do Saara norte-africano como um território vasto, vazio e morto que, esparsamente povoado, proporciona uma oportunidade de ouro para o fornecimento de energia barata para que os europeus possam manter seu consumo energético excessivo e seu estilo de vida consumista e extravagante. Essa falsa narrativa ignora questões de propriedade e soberania enquanto, ao mesmo tempo, encobre as atuais relações hegemônicas globais que facilitam a drenagem de recursos, a privatização de terras e bens comuns e a espoliação das comunidades. Assim como em tantos outros lugares onde a vida e os meios de subsistência dos trabalhadores são invisíveis ou "ilegíveis" (Scott, 1998) para os Estados colonizadores, "não existem terras desocupadas" na África do Norte (Springate-Baginski, 2019). Mesmo quando esparsamente povoados, paisagens e territórios tradicionais estão inseridos em culturas e comunidades, e os direitos e a soberania das pessoas devem ser respeitados em toda forma de transformação socioecológica.

É crucial analisarmos os mecanismos pelos quais "o outro" é desumanizado e de que forma o poder de representar e construir imaginários a respeito desse outro (e de seus ambientes) é empregado para entrincheirar estruturas de domínio e espoliação. Em *Orientalismo*, Said descreve o processo de "desconsiderar, essencializar e desnudar a humanidade de outra cultura, outro povo ou região geográfica", um método que continua em uso para justificar a violência contra "o outro" e contra a natureza. Essa violência tem muitas formas: despejo forçado de populações, apropriação de terras e de recursos, imposição dos custos sociais e ambientais dos projetos extrativistas e renováveis às populações locais, bombardeios, massacres, abandono dos refugiados à própria sorte, para que se afoguem no Mar Mediterrâneo, e destruição da Terra em nome do progresso. Naomi Klein descreveu a situação de modo eloquente em sua Edward Said Lecture de 2016, ressaltando que há uma cultura supremacista branca/racista cada vez mais evidente em partes da Europa e dos Estados Unidos: "Uma cultura que atribui tão pouco valor a vidas negras ou pardas — que está disposta a deixar que seres humanos desapareçam sob as ondas ou que se autoimolem em centros de detenção — também estará disposta a deixar que os países onde pessoas negras e pardas vivem desapareçam debaixo d'água ou sejam dessecados pelo calor árido" (Klein, 2016). Uma "cultura" como essa não hesitará em impor custos socioambientais catastróficos às populações pobres desses países.

A resistência e o desmantelamento da narrativa ambiental orientalista e neocolonial na região árabe tanto permitirão quanto exigirão a construção de visões para a ação climática coletiva, para a justiça social e para a transformação socioecológica que estejam lastreadas em experiências, análises e concepções emancipatórias para as regiões africanas, árabes e além.

O que é "transição justa"?

Como mencionado, as discussões sobre ação climática são, muitas vezes, limitadas e tecnocráticas, neoliberais e baseadas no mercado, impostas de cima para baixo e implicitamente voltadas à preservação das estruturas do capitalismo racista, imperialista e patriarcal. Contra esse pano de fundo, que na melhor das hipóteses ignora amplamente questões de poder e justiça, o conceito de "transição justa" veio à tona como um enquadramento que põe a justiça no centro da discussão. Essa abordagem reconhece que, nas palavras de Eduardo Galeano, "direitos dos seres humanos e direitos da natureza são duas formas de designar a mesma dignidade" (Movement Generation Justice and Ecology Project, 2016). De onde veio a ideia de transição justa e o que ela pode oferecer para um projeto de desenvolvimento não imperialista, de baixo para cima, mirando a emancipação e a ação climática no contexto da região árabe?

Considera-se que o conceito de "transição justa" surgiu nos Estados Unidos nos anos 1970, na esteira de alianças inovadoras entre sindicatos e movimentos indígenas e ambientalistas na luta por justiça ambiental e contra a poluição industrial. Diante das regulamentações ambientais que eram implementadas pela primeira vez ou que foram ficando mais rigorosas ao longo daquela década, as empresas afirmavam que as políticas de proteção ao meio ambiente levariam à demissão de parte de sua força de trabalho. Os sindicatos e as comunidades se reuniram contra essa tentativa de "dividir para conquistar" e defenderam que trabalhadores e comunidades — especialmente negras, pardas e indígenas, que eram (e são) as mais impactadas pelas indústrias poluentes — possuíam um interesse compartilhado por um ambiente habitável e postos de trabalho seguros e com salários justos.

Ao longo das décadas que se seguiram, o conceito de transição justa foi adotado, explorado e elaborado por um leque de movimentos, a princípio nos Estados Unidos e no Canadá, depois no mundo inteiro, especialmente na América do Sul e na África do Sul. Nações indígenas, mulheres, juventude, estudantes, trabalhadores e movimentos de justiça ambiental construíram coalizões e compartilharam soluções transformadoras para a crise climática, capazes de minar as causas subjacentes e colocar em destaque pautas de direitos humanos, regeneração ecológica e soberania popular.

Conforme esse enquadramento ganhou popularidade, corporações e governos procuraram cada vez mais promover suas próprias visões para uma transição justa, as quais, no entanto, eram desprovidas de análises de classe e rejeitavam a necessidade de transformação radical. Com a inclusão do termo "transição justa" no preâmbulo do Acordo de Paris — uma vitória duramente conquistada pelos movimentos globais de trabalhadores e de justiça climática —, a cooptação se intensificou. Hoje, a transição justa não é um conceito único, mas um campo em contestação, um espaço em que se desenrolam lutas sobre quais respostas à crise climática são possíveis e necessárias. O termo não implica automaticamente uma política progressista ou emancipatória, e muitos agentes o empregam para descrever e defender propostas que consistem, basicamente, na continuidade dos "negócios de sempre" (*business as usual*) ou na intensificação do extrativismo verde. Apesar disso, muito mais do que uma retórica sobre o "desenvolvimento sustentável" ou a "economia verde", a ideia da transição justa ainda oferece um espaço que pode ser usado pelos movimentos para insistir na primazia da justiça em todas as soluções climáticas. Mesmo com as tentativas de cooptação, a centralidade da *justiça* em si é um ponto forte do conceito de transição justa.

As propostas de transição justa defendidas pelos movimentos sociais progressistas são movidas pela convicção de que os custos da transição para uma sociedade sustentável ou regenerativa não devem ser pagos pelas pessoas mais prejudicadas pelo atual sistema — que, ao mesmo tempo, deveriam ser as protagonistas nesse processo de transição. Os movimentos sociais têm explorado as muitas dimensões dessa situação, em busca de compreender melhor quais os custos do sistema atual, as possibilidades de transformação e os custos prováveis das alternativas propostas. Desde as perspectivas feministas e indígenas até os programas regionais e nacionais, as organizações populares defendem suas próprias definições tanto para *justiça* quanto para *transição* dentro de seus contextos diversos (Ashley *et al.*, 2016).[8]

Em 2019, um encontro entre movimentos de trabalhadores e de justiça ambiental de três continentes, ocorrido em Amsterdã (no qual, incidentalmente, foram lançadas as bases para este livro), buscou identificar as características-chave de uma transição justa: (i) a transição justa será diferente em lugares diferentes; (ii) a transição justa é uma questão de classe; (iii) a transição justa é uma questão de gênero; (iv) a transição justa é uma estrutura

8 "If It's Not Feminist, It's Not Just: Women's Voices, Analysis and Action Towards a Just Energy Transition", Friends of the Earth International, nov. 2021; "Indigenous Principles of Just Transition", Indigenous Environmental Network, 2017; "Plada: Development Platform of the Americas", Trade Union Confederation of the Americas, 2014.

antirracista; (v) a transição justa envolve muito mais do que justiça climática; e (vi) a transição justa tem a ver com democracia (Transnational Institute, 2020).

Ainda que não pretenda ser uma definição exaustiva ou um conjunto final de princípios permanentes, essa análise esboça os contornos de uma posição que reconhece que os debates sobre transições justas devem responder à realidade do desenvolvimento desigual gerado pelo imperialismo e pelo colonialismo; que a transição justa deve incluir mudanças radicais que aumentem o poder dos trabalhadores em toda sua diversidade e reduzam o poder do capital e das elites governantes; que as questões ambientais não podem ser confrontadas sem o enfrentamento das estruturas racistas, sexistas e de outros tipos de opressão próprios à economia capitalista; que a crise ambiental abrange muito mais do que apenas a crise climática, abarcando a perda de habitats e da biodiversidade e o colapso fundamental das relações humanas com o "mundo natural"; e que a transição justa não pode ser alcançada sem transformações no poder político e econômico rumo a uma maior democratização.

Um segundo ponto forte da transição justa está em sua história como ferramenta ou moldura para unificar movimentos diversos, por meio da superação de diferenças e de potenciais divisões. Como mencionado, o termo emergiu originalmente como resposta às táticas de "dividir para conquistar" dos negócios que resistiam à regulação ambiental. Essas táticas continuam a ser empregadas hoje, conforme as corporações pressionam por políticas de proteção de lucros, independentemente dos custos para as comunidades, para os trabalhadores e para o planeta, criando rivalidades regionais e entre a classe trabalhadora em sua diversidade. Movimentos internacionais por justiça climática, coalizões nacionais e regionais e alianças locais ao redor do mundo reconhecem que todos nós nos beneficiamos de um ambiente habitável e vicejante e sofremos quando a riqueza e o poder se concentram nas mãos de uma elite minúscula que dispõe da capacidade de se proteger dos piores efeitos da crise climática. Ainda assim, construir campanhas e visões conjuntas, cultivar a confiança e a solidariedade e desenvolver (e lutar por) propostas compartilhadas é um trabalho lento e politicamente desafiador, mas necessário, já que todo atalho que tente evitar esse processo tenderá a comprometer a justiça que deve estar no cerne de qualquer transição justa. O conceito de "transição justa" — assim como o corpo cada vez maior de experiências de trabalho e de campanhas ao redor do globo que dele se valem — pode oferecer algumas linhas gerais para esse espinhoso percurso.

Esse conceito tem sido moldado, em parte, pelos movimentos de trabalhadores, de forma que a questão do trabalho digno continua a ser central em muitas das propostas articuladas para uma transição justa. Isso é particularmente importante para a região do Mena, que, de acordo com a Confederação Sindical Internacional, é a pior do mundo para os direitos dos trabalhadores, com violações sistemáticas em toda sua extensão (CSI, 2020). Milhões de trabalhadores migrantes sem cidadania (tanto da região quanto de fora) podem ser encontrados ali. Nos Estados árabes do Golfo, por exemplo, mais da metade da força de trabalho é composta por não cidadãos, e há mais imigrantes trabalhando nesses países do que em qualquer outra região do Sul Global (Khalaf, Al-Shehabi & Hanieh, 2014). Ao mesmo tempo, o desemprego entre jovens no mundo árabe é quase o dobro da média global (Achcar, 2013), e, na África do Norte, cerca de dois terços dos trabalhadores estão empregados no setor informal (Cardarelli *et al.*, 2022).

Nesse contexto, o que significa falar de trabalho digno e como devemos entender os trabalhadores? Inspirado pelas mobilizações políticas do conceito de "trabalhador" realizadas pelo historiador e ativista político guianês Walter Rodney, o acadêmico tanzaniano Issa Shivji afirmou que, "no neoliberalismo, a acumulação primitiva assume novas formas e se generaliza em quase todos os setores da economia, incluindo o assim chamado setor informal. O produtor explora a si mesmo para poder sobreviver enquanto subsidia o capital" (Shivji, 2017). Shivji defende que precisamos de uma nova concepção de "trabalhador" que reconheça a exploração sofrida em comum pelos trabalhadores industriais organizados; pelos trabalhadores informais, precarizados, temporários ou imigrantes; pelos trabalhadores (geralmente mulheres) não remunerados ou sub-remunerados que realizam trabalhos domésticos, de cuidado e de reprodução social; por aquelas pessoas nominalmente autônomas e pelos pequenos agricultores, pastores e pescadores independentes que trabalham diretamente para a própria sobrevivência.

Hoje, a maioria da humanidade, a despeito do tipo de trabalho que realiza, está abrindo mão de alguma parte de seu consumo essencial diário, de seus direitos humanos ou de sua capacidade de levar uma vida digna em prol da garantia dos superlucros das corporações internacionais. Seja porque sistemas de alimentação, saúde, energia e cuidado foram privatizados, com a passagem integral do fardo do cuidado para a unidade familiar; seja porque perderam ou estão sob risco de perder o acesso a terras, territórios ou zonas pesqueiras tradicionais; seja ainda porque não conseguem encontrar trabalho e têm de pelejar para pagar as contas numa economia informal em que não há meios políticos para exigir um salário mínimo — o efeito é o mesmo. Não é coincidência que essa maioria precarizada e explorada também seja o grupo mais ameaçado pelas mudanças climáticas e o menos capaz de se proteger de seus efeitos.

Considerada em conjunto com o conceito de "transição justa", podemos empregar essa compreensão de "trabalhador" para definir quem deve estar no controle da transição energética e, de modo mais amplo, da resposta à crise climática. Juntos, os conceitos de "transição justa" e "trabalhador" formam uma base para questionarmos como seria a justiça na ação climática e quais passos concretos precisamos tomar para alcançá-la em contextos diferentes. É a essas questões que este livro tenta responder, reunindo perspectivas diversas de muitos tipos diferentes de trabalhadores de toda a região árabe, iluminando algumas possibilidades para a construção de alianças e coalizões.

Por que este livro? Por que agora?

Muito do que é escrito sobre as mudanças climáticas, a crise ecológica e a transição energética na região árabe é dominado pelas — ou reproduz as — perspectivas das instituições neoliberais internacionais. As análises divulgadas por essas instituições são enviesadas e não contemplam questões de classe, raça, gênero, justiça, poder ou história colonial. As soluções e prescrições que elas propõem se baseiam no mercado, são impostas de cima para baixo e não combatem as causas que estão na raiz das crises climática, ecológica, alimentar e energética. O conhecimento produzido por essas instituições é profundamente desempoderador, ignora questões de opressão e resistência, e, focado em grande medida nas recomendações de "especialistas", exclui vozes vindas "de baixo".

Este livro vai na contramão dessa tendência. Trata-se de uma coleção de ensaios de autores oriundos sobretudo do Mena e que se concentram nas dimensões da transição energética e em tornar esse processo igualitário e justo. Os capítulos abrangem uma ampla variedade de países — Marrocos, Saara Ocidental, Argélia,

Tunísia, Egito, Sudão, Jordânia, Palestina, Emirados Árabes Unidos, Arábia Saudita e Catar. O livro também inclui contribuições com perspectivas regionais sobre a transição agrícola e a corrida neocolonial por várias fontes de energia (incluindo o hidrogênio "verde") na África do Norte, além dos desafios e contradições da transição energética no Golfo.

Até agora, nenhuma coletânea amplamente acessível de textos escritos por pesquisadores ou ativistas da África do Norte e do Oriente Médio sobre transição energética justa havia sido publicada em árabe, inglês, francês ou português — seja como livro ou on-line. Enquanto obras importantes sobre Green New Deal ou Novo Pacto Verde[9] e outras transições energéticas necessárias atraem cada vez mais atenção, as contribuições de autores críticos vindos do Sul Global, incluindo a região árabe, permanecem marginalizadas. Dadas a enorme importância da contestação do eurocentrismo e a necessidade de uma abordagem consciente de classe para a mitigação e a adaptação às mudanças climáticas (incluindo um movimento urgente em direção às energias renováveis), assim como a importância da reflexão crítica e da contestação sobre o papel que os governos e as elites do Mena desempenham no atual regime de energia fóssil, acreditamos que há uma gigantesca lacuna a ser preenchida.

Este livro adota explicitamente uma ótica baseada na *justiça*. A ideia é expor condutas governamentais e práticas que pro-

9 "Propostas de 'Green New Deal' exigem que as políticas públicas enfrentem as mudanças climáticas ao lado da consecução de outros objetivos sociais, como criação de empregos e redução das desigualdades econômicas. O nome remonta ao New Deal, um conjunto de reformas sociais e econômicas e de projetos de infraestrutura pública implementado pelo presidente dos Estados Unidos Franklin D. Roosevelt em resposta à Grande Depressão". Para mais informações, ver o site do Green New Deal UK, disponível em: greennewdealuk.org.

tegem elites políticas, corporações multinacionais e regimes autoritários/militares. A obra busca reconhecer e contribuir com os processos de produção de conhecimento e de resistência contra o extrativismo, a apropriação de terras/recursos e as pautas neocoloniais, e ainda apoiar um percurso em direção à sustentabilidade transformadora que venha de baixo para cima, com base no pressuposto de que aí se encontra o maior potencial para o enfrentamento das crises ambiental, alimentar, energética e social.

Até onde sabemos, esta é a primeira coletânea de ensaios que confrontam diretamente a questão da transição energética na região árabe com as lentes da justiça e da transição justa. O livro se empenha em contribuir com as discussões globais em curso sobre a ação climática — e, de modo mais geral, sobre a transição energética — ao questionar o que esses processos significam nas circunstâncias únicas dos diferentes países da região árabe caracterizados por: (a) regimes autoritários, (b) economias dependentes de exportação de petróleo, (c) histórias de colonização e imperialismo e (d) fontes potencialmente imensas de energia verde. Uma vez que a transição justa implica uma transformação planetária, e como a região árabe será um lócus fundamental dessa mudança, estamos convencidos de que a relevância deste livro é não apenas regional, mas global. Com ele, pretendemos:

- aprofundar a análise a respeito da atual posição da transição energética na região árabe. Para qualquer esforço que pretenda produzir uma transição justa, é imprescindível compreender com clareza qual é a situação, quais os agentes envolvidos e quais os potenciais vencedores e perdedores;
- enfatizar ainda mais as críticas estruturais nos debates sobre transição "verde", centralizando as vozes de ativistas, estudiosos e escritores da região árabe;

- ressaltar a urgência da crise climática na região árabe e reagir contra o entrincheiramento do extrativismo e do colonialismo energético, enfatizando a necessidade de análises holísticas e mudanças estruturais;
- contrabalançar o discurso neoliberal/neocolonial dominante sobre a transição "verde" divulgado por vários agentes internacionais na região;
- superar a predominância do discurso da *segurança*. O livro evita reivindicações organizadas ao redor do termo, como no caso das seguranças climática, alimentar ou energética. No lugar delas, promove as noções de justiça, soberania e decolonialidade;
- apoiar forças/movimentos/grupos de base progressistas na região árabe para articular respostas locais, democráticas e públicas à transição energética urgentemente necessária, com a incorporação de análises políticas, econômicas, sociais, de classe e ambientais.

Resumo dos capítulos

A parte I, intitulada "Colonialismo energético, intercâmbios desiguais e extrativismo verde", examina as dinâmicas (neo)coloniais em curso para a apropriação de diferentes recursos naturais (incluindo combustíveis fósseis e energias renováveis), a persistência de abordagens extrativistas e de práticas de pilhagem e a externalização de custos socioambientais, transferidos para populações periféricas e oprimidas.

No capítulo 1, Hamza Hamouchene mostra como os projetos de engenharia de energias renováveis tendem a apresentar as mudanças climáticas como um problema comum ao planeta inteiro, sem questionar o modelo energético capitalista e produtivista ou as responsabilidades históricas do Ocidente industrializado. Como o autor argumenta, no Magreb isso tende a se traduzir em "colonialismo verde", e não na busca de uma transição energética que beneficie os trabalhadores. Hamouchene usa como exemplo a nova febre do hidrogênio "verde" e afirma que os projetos a ele relacionados representam esquemas neocoloniais para a pilhagem e a espoliação.

No capítulo 2, ao ressaltarem como o extrativismo opera hoje na parte do Saara Ocidental ocupada pelo Marrocos, Joanna Allan, Hamza Lakhal e Mahmoud Lemaadel se concentram, sobretudo, nos projetos de energia verde. O Marrocos é amplamente celebrado no palco internacional por seus compromissos com a assim chamada "transição energética verde", mas os autores apresentam uma história que enfatiza as vozes da população saaraui e afirmam que os atuais projetos de energias renováveis no Saara Ocidental apenas conservam o colonialismo e promovem *greenwashing*, prejudicando uma transição justa que venha a beneficiar de fato as comunidades locais.

No capítulo 3, Manal Shqair joga luz sobre a econormalização árabe com o Estado colonial e genocida de Israel, ou seja, o uso do "ambientalismo" para normalizar e dar um verniz verde à opressão israelense e às injustiças ambientais daí resultantes para a região árabe e além. O texto investiga como a econormalização compromete a luta anticolonial dos palestinos e impede uma transição agrícola e energética justa na Palestina, pauta inextricavelmente ligada à luta por autodeterminação. Shqair introduz o conceito de "eco-*sumud*" (ecoperseverança) diante da opressão israelense e do papel que ele desempenha na oposição à função maquiadora da economalização.

No capítulo 4, Karen Rignall mostra como a energia solar se insere em uma longa história de extração no Marrocos e revela algumas das continuidades impressionantes entre as cadeias produtivas dos combustíveis fósseis e suas contrapartes renováveis no país. Essas continuidades levantam questões sobre a possibilidade de caminhar rumo a uma transição justa não só no Marrocos como também em outros países que vem se tornando palco de uma onda de projetos de energia renovável, frequentemente em áreas com histórias antigas de mineração. A autora reflete sobre como defender novas formas de energia que não reproduzam as mesmas desigualdades econômicas e políticas inerentes ao capitalismo movido a carbono.

No capítulo 5, dedicado à necessária transição agrícola na África do Norte, Saker El Nour afirma que os países da região estão sujeitos a intercâmbios desiguais com o Norte Global, sobretudo com a União Europeia, por meio de acordos comerciais que permitem que o Norte se beneficie dos produtos agrícolas norte-africanos a taxas preferenciais. O autor argumenta que a África do Norte precisa reformular suas políticas agrícolas, ambientais, alimentares e energéticas. O texto é persuasivo em sua defesa de alternativas centradas em âmbito local, capazes de florescer de forma autônoma e independente dos interesses europeus.

No capítulo 6, a contribuição de Razaz H. Basheir e Mohamed Salah Abdelrahman sobre a crise elétrica no Sudão mapeia a evolução do setor energético no país desde os tempos coloniais e atribui seu desenvolvimento desigual às políticas daquela época e à sua permanência no período pós-colonial. Os autores apresentam uma crítica aos projetos hidrelétricos no Sudão considerando custos socioeconômicos e ambientais, com impactos negativos sobre os meios de subsistência e o aprofundamento das desigualdades. Também contestam a pauta de liberalização e privatização do setor energético defendida pelo FMI para o país e mostram como esses planos fariam empobrecer ainda mais pessoas, além de limitar o acesso à energia. O capítulo serve como gancho para a segunda seção do livro.

A parte II, intitulada "Os ajustes neoliberais, a privatização da energia e o papel das instituições financeiras internacionais", direciona os holofotes para as estruturas político-econômicas neoliberais globais que facilitam a exploração continuada das ecologias periféricas e a corrida por recursos em nome da transição energética. Os capítulos dessa seção documentam as várias dinâmicas de privatização e liberalização do setor energético e os subsequentes impactos econômicos e sociais dessas políticas; ao mesmo tempo, realçam o papel crucial das instituições financeiras internacionais, como o Banco Mundial e o FMI, para impulsionar pautas como essas.

No capítulo 7, Mohamed Gad documenta a resposta do Egito à falta maciça de energia em 2014 nos termos da liberalização da produção de eletricidade e do afastamento do modelo de preços subsidiados para um amplo leque de faixas de renda. Gad desmente a afirmação do Banco Mundial de que a liberalização dos preços da eletricidade pôs fim a subsídios concedidos aos mais abastados e redirecionou recursos para os menos favorecidos. Em vez disso, o autor nos mostra como essa medida pavimentou o caminho para a entrada das finanças internacionais no setor elétrico egípcio à custa dos mais pobres — e transformou radicalmente um serviço básico em mercadoria.

No capítulo 8, Asmaa Mohammad Amin investiga as políticas que geraram sucessivas crises no setor de energia jordaniano. Os problemas com as reservas de gás do Egito, entre 2011 e 2013, revelaram que tais políticas, a começar pela agenda de privatização e liberalização defendida pelo Banco Mundial e pelo FMI, não só eram míopes como também inadequadas para esses propósitos. Amin contesta ainda a visão que celebra a Jordânia como um dos líderes regionais em energia renovável e afirma que, por trás de estatísticas atraentes, se esconde o fato sombrio de que lucros gigantescos foram drenados pelo setor privado, enquanto o Estado continuou a registrar prejuízos significativos. Isso, por sua vez, exacerbou o fardo da dívida do país e aumentou sua dependência de credores externos à custa das pessoas mais vulneráveis da sociedade.

No capítulo 9, Chafik Ben Rouine e Flavie Roche mostram como o plano de transição energética da Tunísia se apoia pesadamente na privatização e em investimentos estrangeiros, enquanto negligencia a tomada democrática de decisões e estabelece firmemente o país no esquema neoliberal global para o desenvolvimento das energias renováveis. Os autores afirmam que, em vez de buscar lucros privados, uma transição justa na Tunísia concederia às residências e às comunidades os meios para a produção de sua própria eletricidade, o que reduziria a dependência e promoveria o desenvolvimento de indústrias locais e a criação de empregos dignos.

No capítulo 10, Jawad Moustakbal analisa o setor energético do Marrocos, levantando uma série de perguntas muito importantes: quem se beneficia, quem paga o preço e quem decide sobre a assim chamada transição energética marroquina? Moustakbal expõe como as parcerias público-privadas garantem lucros altos para as corporações privadas, enquanto os mais pobres precisam pagar preços cada vez mais altos pela energia. O autor atesta que não haverá transição justa enquanto o setor energético do país permanecer sob controle de companhias transnacionais estrangeiras e as elites locais forem autorizadas a saquear o Estado e gerar tanto lucro quanto desejem.

Uma vez que a transição justa será diferente em contextos diferentes, a parte III, intitulada "Capitalismo fóssil e os desafios de uma transição justa", trata das dificuldades e contradições da transição energética em países exportadores de combustíveis fósseis. Os capítulos desta última seção revelam a extensão dos desafios a serem enfrentados regional e localmente, enquanto nos alertam para os perigos da continuidade do vício em combustíveis fósseis.

No capítulo 11, Adam Hanieh argumenta que a ascensão dos Estados do Golfo precisa ser entendida à luz das mudanças significativas que tiveram lugar no capitalismo global nas últimas duas décadas. Fundamental para isso é o novo eixo de hidrocarbonetos que liga as reservas de petróleo e de gás do Oriente Médio às redes produtivas da China e da Ásia, que operam para alocar o Golfo no coração do "capitalismo fóssil" contemporâneo. Para Hanieh, o caráter de qualquer tipo de transição verde, seja no Oriente Médio, seja em escala global, será significativamente determinado pelas ações e políticas desses Estados. O autor defende que, sem uma compreensão das mudanças no controle e na estrutura da indústria petrolífera — e sem a criação de estratégias efetivas em relação a elas —, jamais seremos bem-sucedidos em campanhas para interromper e reverter os efeitos das mudanças climáticas antropogênicas.

No capítulo 12, Imane Boukhatem afirma que a Argélia encara um desafio triplo no setor energético: a dependência econômica de receitas de hidrocarbonetos, o aumento da demanda doméstica por eletricidade e os acordos de exportação de combustíveis fósseis de longo prazo. A autora ressalta as oportunidades, as dificuldades e as potenciais injustiças no contexto da transição energética verde na Argélia e afirma que o país precisa transformar rapidamente seu setor de energia priorizando a justiça social. O texto lista vários obstáculos socioeconômicos, institucionais e de políticas públicas a serem superados para que uma transição justa seja alcançada na Argélia.

No capítulo 13, Christian Henderson contesta algumas das suposições reducionistas sobre o Golfo veiculadas por vários relatórios e análises dominantes, que retratam os Estados do Golfo como meras vítimas das mudanças climáticas à beira da ruína em razão do potencial declínio na demanda por petróleo e gás. De acordo com Henderson, longe de serem produtores impotentes e agentes passivos na política das mudanças climáticas, os países do Golfo trabalham para permanecer no centro do regime energético global. Isso resulta na formulação de uma política dualista, que permite que eles se beneficiem tanto dos combustíveis fósseis quanto das energias renováveis.

Conclusão

Com os ensaios deste livro, os autores pretendem iniciar uma discussão mais aprofundada sobre o que significa uma transição justa no contexto da região árabe. As dinâmicas são complexas e, evidentemente, diferem entre países e sub-regiões — ainda assim, muitos desafios e questões compartilhados vêm à tona. De quem são as necessidades e os direitos priorizados em uma transição energética? Qual modelo de produção e extração pode fornecer energia para todos os trabalhadores locais? Como os países no Norte Global e as instituições financeiras internacionais levam a região a arcar com o fardo da transição energética, e qual seria uma solução mais justa? Qual papel os Estados devem desempenhar na condução dessa transição, e quais são as possibilidades de reivindicação democrática do poder estatal para alcançar essa meta? Quais alianças entre trabalhadores, movimentos de justiça ambiental e outros agentes políticos da região são possíveis e necessárias, e quais papéis a solidariedade e a resistência podem desempenhar para apoiá-las?

Fica cada vez mais nítido que uma transição justa na região árabe exigirá o reconhecimento não apenas da responsabilidade histórica do Ocidente industrializado frente ao aquecimento global mas também do papel das potências econômicas emergentes, incluindo os Estados árabes, na perpetuação de uma ordem econômica global destrutiva. Também é necessário reconhecer o papel do poder em moldar as causas das mudanças climáticas e apontar quem deve carregar o fardo de seus impactos e das "soluções" para a crise. A justiça climática e a transição justa demandam uma ruptura com os "negócios de sempre", que protegem as elites políticas globais, as corporações multinacionais e os regimes não democráticos, e exigem a adoção de um processo radical de transformação e adaptação social e ecológica. Os imperativos da justiça e do pragmatismo convergem cada vez mais para a necessidade de reparações climáticas ou do (re)pagamento de dívidas a ser efetuado pelos países do Norte para os países do Sul Global. Isso deve assumir a forma não de empréstimos e novos endividamentos, mas de transferências de riqueza e tecnologia, de cancelamento das odiosas dívidas atuais, de interrupção dos fluxos ilícitos de capital, de desmantelamento do comércio neocolonial, de acordos de investimento, como o Tratado da Carta de Energia[10] (Eberhardt, Olivet & Steinfort, 2018), e de cessação da pilhagem

10 Acordo assinado em 1998 por diversos países, sobretudo europeus, que permite que empresas do setor energético movam ações jurídicas contra Estados em caso de aprovação de leis que elas julguem serem prejudiciais a seus negócios, como as que pretendem reduzir o nível de emissões de gases causadores do efeito estufa. Em 2024, a União Europeia formalizou sua retirada do acordo. [N.E.]

de recursos, que segue em curso. O financiamento dessa transição precisa levar em consideração as perdas e os danos — passados, presentes e futuros — que se dão de modo desproporcional no Sul. Ao mesmo tempo, as desigualdades não existem somente entre Norte e Sul, mas também dentro dos países, incluindo os da região árabe. Sendo assim, é necessário combinar um programa de reparações ambientais à criação de um sistema de energia justo, democrático e igualitário no interior desses países.

Essas questões são cada vez mais urgentes. Enquanto as negociações internacionais sobre a ação climática estão estagnando, as mudanças climáticas aceleram, com efeitos cada vez mais mortíferos e inegáveis. Este livro foi pensado como uma ferramenta para ativistas tanto na região árabe quanto ao redor do mundo, como uma forma de ajudá-los a formular questões críticas e construir coalizões, alianças e poder popular em apoio a suas próprias soluções para uma transição justa.

Evidentemente, esta coletânea possui algumas lacunas. Uma delas é o impacto continuado de guerras e conflitos (e o deslocamento devastador de populações entre fronteiras daí resultante)[11] sobre as questões da transição justa em países como Iraque, Líbia, Síria e Iêmen. Essa ausência se deve, em parte, a nossas próprias limitações. No entanto, esperamos oferecer aqui um vislumbre relevante, além de contribuir com a área emergente dos estudos da transição energética em uma perspectiva de economia política que investigue os relacionamentos entre as indústrias de combustíveis fósseis, o setor de energias renováveis, as elites regionais e o capital internacional. Em última instância, o objetivo é articular e explorar conceitos e ideias políticas que possam aju-

11 Recentemente, a região testemunhou o maior deslocamento forçado desde a Segunda Guerra Mundial. Ver Devarajan e Mottaghi (2017, p. 26).

dar a guiar e a galvanizar mudanças de base transformadoras na região. Esperamos que esta coletânea multiplique e aprofunde diálogos e análises sobre o papel do Oriente Médio e da África do Norte em uma transição justa global.

parte I

Colonialismo energético, intercâmbios desiguais e extrativismo verde

Hamza Hamouchene é pesquisador-ativista argelino estabelecido em Londres e membro fundador da Campanha de Solidariedade da Argélia (ASC), da Justiça Ambiental da África do Norte (EJNA) e da Rede Norte-Africana de Soberania Alimentar (Siyada). Atualmente, é coordenador de programas para a região árabe do Transnational Institute. Sua obra se concentra em temas como extrativismo, recursos, terra e soberania alimentar e justiça climática, ambiental e energética na região árabe. É autor/organizador de três outros livros: *The Arab Uprisings: A Decade of Struggles* (2022), *The Struggle for Energy Democracy in the Maghreb* (2017) e *A futura revolução do Norte da África: a luta por justiça climática* (2015, em árabe). Também contribuiu com capítulos para vários livros, incluindo *The Oxford Handbook of Economic Imperialism* (2022), *The Routledge Essential Guide to Critical Development Studies* (2021), *Fanon Today: Reason and Revolt of the Wretched of the Earth* (2021), *A Region in Revolt: Mapping the Recent Uprisings in North Africa and West Asia* (2020), *The Palgrave Encyclopaedia of Imperialism and Anti-Imperialism* (2016) e *Voices of Liberation: Frantz Fanon* (2014).

A transição energética na África do Norte: o neocolonialismo outra vez

1

Hamza Hamouchene

A pandemia de covid-19, que contribuiu para a crise multidimensional global pela qual estamos passando, demonstra que o que vivemos hoje é uma amostra de que o pior está por vir caso não tomemos as medidas necessárias para implementar soluções justas para a crise climática.

Os impactos das mudanças climáticas no Oriente Médio e África do Norte (Mena) já são uma realidade e estão comprometendo a base socioeconômica e ecológica da vida na região. Esses impactos são sentidos desproporcionalmente pelos setores marginalizados da sociedade, sobretudo por pequenos agricultores, pastores e pescadores. Secas e tempestades de inverno mais fortes e mais frequentes, expansão dos desertos e elevação do nível dos oceanos estão expulsando as pessoas de suas terras. Além disso, as colheitas estão deficientes e as reservas de água estão secando, o que causa um impacto profundo na produção de alimentos (Hamouchene & Minio-Paluello, 2015).

Enfrentar essa crise climática global exige uma redução rápida e drástica na emissão de gases de efeito estufa. Ao mesmo tempo, sabemos que a ordem econômica atual debilita os sistemas naturais que sustentam a vida no planeta e irá colapsar em algum momento. A transição para energias renováveis passou a ser urgente. Contudo, é muito provável que essa transição, se e quando acontecer, acabe mantendo as mesmas práticas de espoliação e exploração que prevalecem hoje, reproduzindo injustiças e aprofundando a exclusão socioeconômica. Assim, antes de falarmos de projetos "verdes", é apropriado questionar o quadro geral e determinadas escolhas, de modo a esclarecer quais transições seriam injustas e quais aspectos problemáticos das energias renováveis têm sido deixados de lado pela narrativa dominante.

Colonialismo verde e apropriação verde

O Saara costuma ser descrito como um vasto território vazio, esparsamente povoado e representado como um eldorado da energia renovável — uma área que proporciona uma oportunidade de ouro para abastecer a Europa com a energia "verde" necessária para dar continuidade a seu estilo de vida consumista e extravagante e a seu consumo excessivo de energia. Contudo, essa narrativa falaciosa ignora questões de propriedade e soberania e encobre as relações globais de hegemonia e dominação que estão em curso e facilitam a pilhagem de recursos, a privatização dos comuns e a espoliação das comunidades, consolidando formas não democráticas e excludentes para a condução da transição energética.

Vários exemplos da região norte-africana mostram como o colonialismo energético e as práticas extrativistas são reproduzidos mesmo na transição para as energias renováveis, o que pode ser descrito como colonialismo verde ou apropriação verde. Se o que de fato importa para nós não é apenas um tipo qualquer de transição, mas uma transição justa, que não agrave a exclusão socioeconômica e que beneficie os empobrecidos e os marginalizados da sociedade, esses exemplos levantam algumas preocupações sérias.

Antes de nos aprofundarmos em alguns desses casos, gostaria de apresentar algumas definições breves para os termos "colonialismo verde" e "apropriação verde". O colonialismo verde, ou colonialismo das energias renováveis, pode ser definido como a extensão das relações coloniais de pilhagem e espoliação (e desumanização do outro) para a era "verde" das energias renováveis, acompanhado da transferência dos custos socioambientais para países e comunidades periféricos, priorizando assim as necessidades energéticas de uma região do mundo em detrimento de outra. O mesmo sistema colonial continua basicamente em vigor, mas utiliza uma fonte diferente de energia, com a passagem dos combustíveis fósseis para a energia renovável. Enquanto isso, são mantidos os mesmos padrões globais de produção e alto consumo energético e as mesmas estruturas políticas, econômicas e sociais que geram a desigualdade, o empobrecimento e a espoliação.

O termo "apropriação verde" (*green grabbing*), por sua vez, refere-se aos casos em que as dinâmicas de tomada de terras se dão no interior de uma pauta supostamente verde (Fairhead, Leach & Scoones, 2012). Em outras palavras, terra e recursos são expropriados para fins declaradamente ambientais. Isso abarca desde certos projetos de conservação que usurpam terras e territórios de comunidade indígenas até o confisco de terras comunais para produzir biocombustíveis e instalar grandes usinas solares ou parques eólicos em áreas pastoris sem consentimento prévio das populações afetadas.

A atual transição desigual para as energias renováveis, em curso sobretudo no Norte Global, tem como alicerce a extração continuada de minerais básicos e metais de terras-raras (como cobalto, lítio, cobre, níquel e grafite) usados na produção de painéis solares, turbinas eólicas, hélices e baterias. De onde vêm esses recursos? De países como República Democrática do Congo, Bolívia, Chile, Indonésia e Marrocos, onde a destruição ambiental e a exploração de trabalhadores persistirão e até mesmo se agravarão.

O colonialismo se mantém sob outras formas — se é que em algum momento chegou formalmente ao fim — e em vários níveis, incluindo a esfera econômica. É a isso que alguns estudiosos e ativistas chamam de "neocolonialismo" ou "recolonização". As economias periféricas do Sul foram colocadas em uma posição de subordinação dentro de uma divisão global do trabalho profundamente injusta: de um lado, como fornecedoras de recursos naturais baratos e reservatórios de mão de obra barata; de outro, como mercados para as economias industrializadas/de alta tecnologia (Rodney, 2012 [2022]; Amin, 1974; Galeano, 1973 [2010]; Foster & McChesney, 2012; Brie, 2016). Essa situação foi imposta e moldada pelo colonialismo, e, até agora, as tentativas de escapar dela sucumbiram às novas ferramentas de subjugação imperial: dívidas devastadoras, a religião do "livre-comércio" e os programas de ajuste estrutural impostos por instituições financeiras internacionais como o Banco Mundial e o Fundo Monetário Internacional (FMI).

Assim, para levarmos a sério a superação dos combustíveis fósseis, é crucial examinar de perto os elos que eles estabelecem com a economia mais ampla e abordar as relações de poder internas e as hierarquias do sistema energético internacional (Hanieh, 2020). Isso significa reconhecer que os países do Sul Global ainda são sistematicamente explorados por uma economia colonial e imperialista, construída em torno da pilhagem de recursos e da transferência maciça de riqueza do Sul para o Norte.

Transição energética, espoliação e apropriação verde no Marrocos

Tomemos o Marrocos como exemplo, uma vez que o país avançou muito mais na transição energética do que seus vizinhos. A meta nacional é de que mais de 50% da matriz energética seja composta de fontes renováveis até 2030. A usina solar de Ouarzazate, que começou a operar em 2016, é um dos componentes para alcançar esse objetivo. Mas fracassou em beneficiar as comunidades empobrecidas que a rodeiam: os agropastores amazigh, cujas terras foram usadas sem consentimento para a instalação de uma infraestrutura de três mil hectares (Hamouchene, 2016). Além disso, a dívida de nove bilhões de dólares relativa a empréstimos do Banco Mundial, do Banco Europeu de Investimento (BEI) e de outras instituições similares para a construção da usina foi amparada por garantias do governo marroquino, o que significa um potencial de mais endividamento público em um país já sobrecarregado pela dívida. O projeto é uma parceria público-privada (PPP) — eufemismo para a privatização dos lucros e a socialização dos prejuízos via estratégias de redução de riscos — e tem registrado desde o início déficits anuais de aproximadamente oitenta milhões de euros, arcados pelo Estado. Por fim, a usina de Ouarzazate emprega energia solar concentrada (CSP),[1] que depende de uso extensivo de água para resfriamento do sistema e limpeza dos painéis solares. Em uma região semiárida como Ouarzazate, o desvio de água que seria usada pelos seres humanos para hidratação, alimentação e plantio é escandaloso.

1 A energia solar concentrada usa espelhos ou lentes a fim de concentrar a luz solar em um receptor, que então a converte em calor para ativar um gerador de energia elétrica. [N.E.]

Outro exemplo de transição injusta é o do projeto Noor Midelt, que corresponde à segunda fase do plano de usinas solares do Marrocos. Planejado para oferecer mais capacidade energética do que Ouarzazate, será um dos maiores projetos solares do mundo a combinar tecnologias tanto de CSP quanto fotovoltaica (FV). As instalações de Noor Midelt serão operadas por um período de 25 anos pela entidade francesa EDF Renewables, pela entidade emiradense Masdar e pelo conglomerado marroquino Green of Africa, em parceria com a Agência Marroquina para Energia Sustentável (Masen). O projeto acumulou por volta de quatro bilhões de dólares em dívidas até o momento, incluindo mais de dois bilhões de dólares do Banco Mundial, do Banco Africano de Desenvolvimento (BAD), do BEI, da Agência Francesa de Desenvolvimento (AFD) e do banco de investimentos e desenvolvimento do Estado alemão, o Kreditanstalt für Wiederaufbau (KfW).[2]

A construção de Noor Midelt começou em 2019, com o comissionamento previsto, a princípio, para 2022. Contudo, atrasos foram se acumulando por vários motivos, incluindo o ritmo lento de avanço do programa solar e os problemas políticos encontrados pela direção da Masen em 2021, assim como as tensões geopolíticas entre Marrocos e Alemanha. O complexo solar de Noor Midelt será implementado em uma área de 4.141 hectares no planalto de Haute Moulouya, na região central do Marrocos, aproximadamente vinte quilômetros a nordeste da cidade de Midelt. Dessa área, um total de 2.714 hectares eram anteriormente administrados como terras comunais/coletivas pelas três comunidades étnicas agrárias de Ait Oufella, Ait Rahou Ouali e Ait Massoud Ouali, enquanto aproximadamente 1.427 hectares haviam sido declarados áreas florestais e eram geridos por essas comunidades.

2 "Noor Midelt Solar Power Project, Morocco", NS Energy, 28 maio 2019.

A terra foi confiscada por meio de leis e regulamentos nacionais que permitem o esbulho em prol do interesse público. A expropriação foi concedida em favor da Masen por decisão de um tribunal administrativo em janeiro de 2017, com a divulgação da decisão judicial ao público em março do mesmo ano.

Em uma narrativa colonial ambiental recorrente que rotula as terras a serem expropriadas como marginalizadas e subutilizadas e, assim, disponíveis para investimentos em energia verde, o Banco Mundial ressaltou, em um estudo conduzido em 2018, que "o terreno arenoso e árido permite apenas o crescimento de pequenos arbustos, e, devido à falta de água, o solo não é adequado ao desenvolvimento agrícola" (Banco Mundial, 2018). Tal argumento/narrativa também se usou para promover a usina de Ouarzazate no começo dos anos 2010. Ao mesmo tempo, um habitante local afirmou: "Os envolvidos no projeto falam desta região como um deserto sem uso, mas, para as pessoas daqui, isto não é um deserto, é um pasto. É o território delas, e o futuro delas está na terra. Quando você toma minha terra, você toma meu oxigênio" (Rignall, 2012).

O relatório do Banco Mundial declara ainda que "a aquisição de terras para o projeto não produzirá impactos nos meios de subsistência das comunidades locais". No entanto, a sociedade pastoril transumante de Sidi Ayad, que há séculos utiliza a área para a pastagem de seus animais, não tem a mesma opinião. Em 2018, Hassan El Ghazi, um jovem pastor, declarou a um ativista da Associação pela Taxação das Transações Financeiras para Ajuda aos Cidadãos (Attac) no Marrocos:

> Nossa profissão é o pastoreio, e agora esse projeto ocupou nossas terras e os lugares aos quais levamos as ovelhas para pastar. Eles não nos empregam no projeto; empregam estrangeiros. A terra em que vivemos foi ocupada. Eles destroem as casas que construímos. Somos

> oprimidos, e a região de Sidi Ayad está sendo subjugada. As crianças são oprimidas, os direitos delas e de nossos ancestrais se perderam. Nos tornamos "analfabetos" que não sabem ler e escrever... As crianças que você vê aqui não foram para a escola, e há muitas outras. Estradas e trilhas foram bloqueadas... No fim, somos invisíveis, não existimos para eles. Exigimos que os encarregados se atentem à nossa situação e às nossas regiões. Com essas políticas, nós não existimos — e é melhor morrer, é melhor morrer![3]

Nesse contexto de espoliação, miséria, subdesenvolvimento e injustiça social, as pessoas de Sidi Ayad vêm vocalizando seu descontentamento desde 2017 com uma série de mobilizações. Em fevereiro de 2019, realizaram um protesto sentado (*sit-in*) que levou à prisão de Said Oba Mimoun,[4] membro do Sindicato dos Pequenos Produtores e dos Trabalhadores Silvícolas, que acabou condenado a doze meses em regime fechado.

Mostepha Abou Kbir, outro sindicalista que tem apoiado a luta de Sidi Ayad, descreveu como a terra foi cercada sem a anuência das comunidades locais, que têm suportado décadas de exclusão socioeconômica. Barreiras foram colocadas ao redor da área, impedindo que qualquer pessoa se aproximasse. Abou Kbir contrasta os projetos de megaconstruções do Estado marroquino com a inexistência de infraestrutura básica em Sidi Ayad. Além disso, ele aponta outra dimensão do cercamento e da apropriação de recursos: o esgotamento das fontes de água na região do Drá-Tafilete em prol desses projetos gigantescos (a usina solar de Midelt será alimentada pela represa Hassan II, situada nas

3 Attac Marrocos, "Oh Earth" [vídeo], 8 jul. 2020. Disponível em: youtube.com/watch?v=rQouJbUXEPw.

4 "Liberdade imediata para o ativista sindical Said Oba Mimoun", Attac Marrocos, 17 abr. 2019. Disponível em: tinyurl.com/sh7rkuv9 (em árabe).

proximidades) que não vão beneficiar as comunidades.[5] Em um contexto desafiador no qual pequenos pastores são expulsos de suas terras, em que a riqueza está cada vez mais concentrada, além da mercadorização da criação de animais e das secas crônicas, o projeto solar de Midelt está a caminho de exacerbar a ameaça aos rebanhos dessas comunidades pastoris e de piorar as adversidades que elas já enfrentam.

Essa mega iniciativa de geração de energia renovável não preocupa apenas as comunidades de Sidi Ayad. As mulheres do movimento Soulaliyate também demandam o direito de acesso ao solo na região do Drá-Tafilete e reivindicam compensações adequadas pela perda de suas terras ancestrais, onde a usina solar foi construída. O termo "mulheres Soulaliyate" se refere às mulheres do Marrocos que vivem em terras coletivas. Iniciado no começo da década de 2000, o movimento das mulheres Soulaliyate surgiu no contexto de mercadorização e privatização intensas das áreas comuns.[6] Na época, elas começaram a exigir direitos iguais e participação igualitária no processo de definição dos projetos de privatização ou divisão de suas terras. Apesar de intimidações, prisões e até mesmo cercos realizados por autoridades, o movimento se espalhou por todo o país, e agora mulheres de diferentes regiões se uniram sob a bandeira do movimento Soulaliyate por igualdade e justiça.

A despeito de todas essas preocupações e injustiças, o projeto Midelt continua a avançar, protegido pela monarquia e suas ferramentas de repressão e propaganda. Neste momento, não parece ser possível vislumbrar o fim da lógica de externalização e trans-

5 "Liberdade imediata para o ativista sindical Said Oba Mimoun", Attac Marrocos, 17 abr. 2019.

6 Attac Marrocos, "The Soulaliyate Movement: Moroccan Women Fighting Land Dispossession", War on Want, 14 ago. 2020.

ferência espacial e temporal de custos socioecológicos característica do impulso extrativista do capitalismo.

Colonialismo verde e ocupação no Saara Ocidental

As usinas solares de Ouarzazate e Midelt certamente são casos de apropriação verde, ou seja, apropriação de terra e recursos para fins supostamente ambientais. Nos territórios ocupados do Saara Ocidental, porém, há projetos renováveis similares (solares e eólicos) que podem ser rotulados simplesmente de colonialismo verde, já que são realizados apesar dos saarauis e em suas terras ocupadas.

Neste momento, há três parques eólicos em operação no Saara Ocidental ocupado; há mais um em construção, em Boujdour, e vários outros em estágio de planejamento. Combinados, esses parques eólicos terão uma capacidade superior a 1.000 megawatts (MW). Eles integram o portfólio da Nareva, a companhia de energia eólica pertencente à holding da família real marroquina. Noventa e cinco por cento da energia que a estatal marroquina Office Chérifien des Phosphates (OCP) precisa para explorar as reservas de fosfato do Saara Ocidental em Bou Craa é produzida por torres eólicas. Essa energia renovável é gerada por 22 turbinas da Siemens no parque de 50 MW de Foum el Oued, em operação desde 2013.[7]

Em novembro de 2016, época das discussões climáticas da COP22, a saudita Acwa Power assinou um acordo com a Masen para implementar e operar um grupo de três estações solares fotovoltai-

7 "Dirty Green Energy on Occupied Land", Western Sahara Resource Watch (WSRW), 14. abr. 2022.

cas para gerar 170 MW de eletricidade. Contudo, duas dessas estações (hoje operacionais), responsáveis pela produção de 100 MW, não estão situadas no Marrocos, mas no interior do território ocupado do Saara Ocidental (El Aiune e Boujdour). Também há planos para uma terceira estação em El Argoub, perto de Dakhla.[8]

Está claro que esses projetos de energia renovável são utilizados para entrincheirar a ocupação, aprofundando as ligações entre o Marrocos e os territórios ocupados, com a cumplicidade evidente do capital e das empresas estrangeiros.

Transição energética na Argélia? *Drill, baby, drill!*

As classes dominantes argelinas vêm se referindo à era "pós-petróleo" há décadas, e há anos sucessivos governos têm falado da boca para fora sobre transição para as energias renováveis, mas sem ações concretas. Na verdade, houve atrasos significativos na implementação dos atuais planos para energias renováveis, o que reflete a completa ausência de uma visão séria ou coerente para a transição. Acumulam-se anúncios e declarações de agentes oficiais, enquanto as promessas não passam de palavras no papel. A licitação recente para a implementação de 1 gigawatt (GW) de capacidade solar, por exemplo, foi adiada em mais de dois anos. Até 2030, a Argélia planeja gerar 22 GW em fontes de energia renovável, dos quais 15 GW seriam provenientes de energia solar. Trata-se de uma meta simplesmente irreal, uma

8 "Concrete Plans for Third Solar Plant in Occupied Western Sahara", Western Sahara Resource Watch (WSRW), 24 ago. 2020.

vez que, de acordo com a Agência Internacional para as Energias Renováveis (Irena), o país dispunha de cerca de 423 MW de capacidade solar total instalada no fim de 2021 (Irena, 2021b). Somadas todas as fontes, a capacidade de energias renováveis não excede, atualmente, 500 MW. Isso passa longe do plano de 22 GW para 2030 anunciado em 2011. O Ministério da Transição Energética e das Energias Renováveis, criado em junho de 2020, reduziu essas metas para 4 GW até 2024 e 15 GW até 2035. Mesmo essas estimativas, no entanto, são demasiado otimistas.

Em suma, a Argélia precisa avançar rapidamente na direção das energias renováveis, pois chegará o dia em que seus clientes europeus irão interromper a importação de combustíveis fósseis para fins energéticos. A União Europeia está expandindo e acelerando sua transição energética, um padrão cuja urgência se acentuou depois que a Rússia invadiu a Ucrânia. No curto prazo, a União Europeia evidentemente continuará a importar gás natural e intensificará seus esforços de diversificação de fontes, mas, no longo prazo, fará o que puder para se afastar dos combustíveis fósseis. Isso representará uma ameaça existencial para países como a Argélia, caso continuem a depender da venda de petróleo e gás. A urgência em produzir energias renováveis (primariamente para o mercado local) não é apenas a coisa certa a se fazer de um ponto de vista ecológico mas também um imperativo estratégico e de sobrevivência.

A tendência geral do país nos últimos anos, no entanto, tem sido a de caminhar rumo à liberalização da economia e de oferecer mais concessões ao setor privado e aos investidores estrangeiros. As leis orçamentárias de 2020-2021 e a nova Lei de Hidrocarbonetos são exemplos esclarecedores. Esta última é muito favorável às multinacionais e abre caminho para projetos destrutivos, como a exploração de gás de xisto no Saara e de recursos em alto-mar no Mediterrâneo.

Já as leis orçamentárias de 2020-2021 reabriram as portas para empréstimos internacionais e impuseram severas medidas de austeridade ao suspender vários subsídios e cortar gastos públicos. Em nome do incentivo ao investimento estrangeiro direto, elas isentaram multinacionais de tarifas e impostos e, comprometendo ainda mais a soberania nacional, aumentaram a participação dessas empresas na economia doméstica ao eliminar a regra que limitava a 49% a participação estrangeira em qualquer projeto (Hamouchene, 2021b). Agora chegou a vez do setor de energias renováveis. Definitivamente, não se trata de uma decisão que assegure a soberania num setor estratégico que crescerá em importância nos próximos anos.

Ainda que se apresentem como favoráveis ao meio ambiente, pois baniram técnicas de fraturamento hidráulico (*fracking*) dentro de suas fronteiras e estabeleceram metas de redução de emissões de carbono, certos governos ocidentais oferecem, ao mesmo tempo, apoio diplomático a suas multinacionais que exploram derivados do xisto em suas antigas colônias, como fez a França com a Total na Argélia em 2013 (Petitjean & Chapelle, 2016). Se isso não é colonialismo energético e racismo ambiental, o que seria?

No contexto da guerra da Ucrânia e das tentativas da União Europeia de se livrar da dependência do gás russo, vemos mais uma vez que a segurança energética europeia está acima de todo o resto. Testemunhamos uma perpetuação da inércia no uso do gás como combustível (*gas lock-in*), mais extrativismo (Hamouchene, 2019), uma maior dependência de trajetória (*path dependence*) e uma interrupção na transição verde nos lugares em que esses projetos extrativos são implementados. Foi exatamente isso o que aconteceu no acordo para reforçar o fornecimento de gás argelino para a Itália. Com efeito, a estatal de hidrocarbonetos argelina Sonatrach e a italiana Eni extrairão um volume adicional de nove bilhões de metros cúbicos entre 2023 e 2024.[9] A União Europeia também receberá remessas de gás natural liquefeito (GNL) do Egito, de Israel, do Catar e dos Estados Unidos.

Algumas economias norte-africanas altamente dependentes de combustíveis fósseis serão imensamente impactadas quando a Europa reduzir de modo significativo as importações de produtos vindos dessa região nas próximas décadas. Assim, é preciso que haja uma discussão séria quanto à transição necessária e urgente para as energias renováveis, com o abandono gradual dos combustíveis fósseis. Novos projetos para extração e exploração de combustíveis fósseis deveriam estar fora de questão, e isso não pode ser desvinculado dos temas da democratização e da soberania popular sobre a terra, a água e outros recursos naturais. Em ditaduras militares cleptocratas, como na Argélia e no Egito (que sediou a COP27), de que maneira as pessoas podem decidir e moldar o futuro sem a desmilitarização e a democratização de seus países e sociedades? Ademais, é necessária a construção consciente de alianças entre movimentos trabalhistas e outros movimentos e organizações sociais e de justiça ambiental. Precisamos encontrar uma forma de envolver os trabalhadores da indústria petrolífera nas discussões sobre transição e empregos verdes, uma vez que nada disso acontecerá sem eles. É de suma importância que comecemos a nos envolver com os sindicatos para debater essas questões.

Na Argélia e em outros países da África do Norte e do Sul Global, a transição energética precisa ser um projeto soberano, que olhe sobretudo para dentro e que, antes de embarcar em iniciativas de exportação, esteja primeiramente voltado à satisfação das necessidades locais. Não podemos dar continuidade às

9 "ENI, Sonatrach Sign Deal to Boost Algeria Gas Exports to Italy", *Reuters*, 26 maio 2022.

velhas modalidades de produção e exportação para a Europa e de obediência a seus ditames, incluindo o desejo europeu de se livrar da dependência do gás russo com a diversificação de fontes energéticas. A prioridade agora é a descarbonização das economias da África do Norte, com o alcance de 70% a 80% de fontes renováveis na matriz energética antes mesmo de começarmos a pensar em exportações para a União Europeia.

Além disso, precisamos ter em mente que países como a Argélia, que ficaram presos à prática predatória de um modelo extrativista de desenvolvimento, não dispõem de meios financeiros nem de know-how suficientes para concretizar uma transição energética rápida. Para que o petróleo seja deixado debaixo da terra, é preciso algum tipo de compensação financeira, os monopólios da tecnologia e do conhecimento verdes têm de acabar e essa expertise deve ser colocada à disposição dos países e comunidades no Sul Global.

A privatização da energia para exportação

O impulso na direção da privatização da energia e do controle corporativo sobre a transição energética é global. O Marrocos já está nessa rota, assim como a Tunísia. Neste momento, há forte pressão pela privatização do setor de energias renováveis tunisiano e pela concessão de enormes incentivos para que investidores estrangeiros produzam energia verde no país, inclusive para exportação. A Lei 2015-12 e sua emenda de 2019 permitem o uso de terras agrícolas para projetos de energia renovável em um país que já sofre de uma dependência alimentar aguda, como ficou escancarado com a pandemia de covid-19 e a guerra da Ucrânia. Nesse contexto, devemos nos perguntar: transição energética para quem?

Em 2017, a companhia TuNur protocolou o pedido para a construção de uma usina solar de 4,5 GW no deserto tunisiano, com o objetivo de oferecer eletricidade via cabos submarinos para abastecer dois milhões de residências europeias. Esse projeto ainda não concretizado é uma parceria entre a Nur Energy, sediada no Reino Unido, e um grupo de investidores malteses e tunisianos do setor de petróleo e gás.[10] Até pouco tempo atrás, a TuNur se descrevia abertamente como um projeto de exportação de energia solar que ligaria o Saara à Europa. Dado que a Tunísia depende da Argélia para suprir algumas de suas necessidades energéticas, é escandaloso que projetos como esse se voltem à exportação, e não à produção de energia para uso doméstico.

O mesmo se aplica a outro projeto, proposto em 2021 por um ex-presidente da rede varejista Tesco[11] em parceria com a saudita Acwa Power, com o objetivo de conectar o sul do Marrocos ao Reino Unido via cabos submarinos que transmitiriam eletricidade por uma distância de 3.800 quilômetros. Mais uma vez, as mesmas relações de extração e as mesmas práticas de apropriação de terras, enquanto as pessoas da região não são sequer autossuficientes em energia. Ainda que proclamem boas intenções, esses grandes projetos de geração renovável acabam por mascarar a brutalidade da exploração e da pilhagem. Ao que parece, um esquema colonial bastante familiar se desenrola debaixo de nosso nariz: o fluxo irrestrito de recursos naturais baratos (incluindo a energia solar) do Sul empobrecido para o Norte rico, enquanto a fortaleza Europa constrói muros e cercas para impedir que seres humanos alcancem seu território.

10 "Huge Tunisian Solar Park Hopes to Provide Saharan Power to Europe", *The Guardian*, 6 set. 2017.

11 "Ex-Tesco CEO Wants $22 Billion Power Link from Morocco to U.K.", *Bloomberg*, 26 set. 2021.

Hidrogênio: a nova fronteira energética na África

À medida que o mundo procura adotar fontes renováveis de energia em meio à crescente crise climática, o hidrogênio é apresentado como um combustível "limpo" alternativo. A maior parte da produção atual de hidrogênio resulta da extração de combustíveis fósseis (hidrogênio "cinza"), com grandes emissões de carbono. Esse processo pode ficar um pouco menos sujo (hidrogênio "azul") com o uso, por exemplo, de tecnologias de captura de carbono. Contudo, a forma mais limpa de extração de hidrogênio usa a eletrólise para separar moléculas de água, um processo que pode ser abastecido com a eletricidade proveniente de fontes renováveis (hidrogênio "verde" ou "limpo").

Nos últimos anos, em resposta a um lobby pesado de vários grupos de interesse, a União Europeia abraçou a ideia da transição para o hidrogênio como uma das peças centrais para sua resposta climática, introduzindo essa estratégia na estrutura do Pacto Verde Europeu em 2020. O plano propõe a mudança para o hidrogênio "verde" até 2050 graças à produção local e à instauração de um fornecimento constante vindo da África.[12] A estratégia é inspirada em ideias divulgadas pela associação comercial e grupo lobista Hydrogen Europe, que preparou a Iniciativa de Hidrogênio Verde 2×40 GW. Por meio dessa iniciativa, até 2030 a União Europeia terá implementado 40 GW de capacidade doméstica de hidrólise de hidrogênio renovável e importará outros 40 GW de eletrolisa-

12 "Communication from the Commission to the European Parliament, the Council, the European Economic and Social Committee and the Committee of the Regions: A Hydrogen Strategy for a Climate-Neutral Europe", Comissão Europeia, 8 jul. 2020.

dores de áreas vizinhas, incluindo os desertos da África do Norte, com o uso dos gasodutos que já conectam a Argélia à Europa.[13]

Vale ressaltar aqui que o impulso em direção ao hidrogênio "verde" e os esforços rumo a uma economia de hidrogênio já conquistaram o apoio das grandes petrolíferas europeias, que veem na extração de hidrogênio com o uso de gás fóssil (a produção de hidrogênio "cinza" e "azul") uma porta lateral para a manutenção de suas operações. Fica claro, portanto, que a indústria dos combustíveis fósseis pretende preservar a infraestrutura existente de gasodutos e oleodutos.[14]

Na África e em outros lugares, as empresas de combustíveis fósseis continuam a usar as mesmas estruturas de exploração montadas durante a época colonial para extrair recursos locais e transferir riqueza para fora do continente. Também estão ansiosas para preservar o status quo político nos países africanos, de modo que possam continuar a se beneficiar de relações lucrativas com elites corruptas e líderes autoritários. Isso lhes permite praticar impunemente a exploração trabalhista, a degradação ambiental e a violência contra comunidades locais.

No contexto da guerra da Ucrânia, a substituição do gás fóssil pelo hidrogênio de fontes renováveis se tornou um dos pilares do REPowerEU, o plano da Comissão Europeia para pôr fim à dependência do gás russo.[15] Frans Timmermans, vice-presidente da Comissão, disse ao Parlamento Europeu em maio de 2022: "Estou convicto de que o hidrogênio verde será a força motriz do nosso sistema energético no futuro [...] e igualmente con-

13 "European Union Sets Gigawatt-Scale Targets for Green Hydrogen", *Greentech Media*, 9 jul. 2020.

14 "The Hydrogen Hype: Gas Industry Fairy Tale or Climate Horror Story?", Corporate Europe Observatory (CEO), 12 jul. 2020.

15 "REPowerEU: Affordable, Secure and Sustainable Energy for Europe", Comissão Europeia, 2022.

victo de que a Europa jamais conseguirá produzi-lo em quantidades suficientes".[16]

Além de substituir o fornecimento de gás oriundo do país de Vladimir Putin pelo de outros regimes autoritários (como os que governam a Argélia, o Azerbaijão, o Egito e o Catar), ou pelo gás do Estado colonial e genocida de Israel, e de construir mais portos e dutos para importar e transportar gás, a Comissão Europeia quadruplicou as metas de hidrogênio, que passaram de cinco milhões para vinte milhões de toneladas até 2030 — e metade desse montante deve ser importada sobretudo da África do Norte, ainda que outros países, incluindo a Namíbia, a África do Sul, a República Democrática do Congo, o Chile e a Arábia Saudita, também estejam na lista de alvos. Estudos recentes mostraram que, do ponto de vista do custo e da energia, essas metas não são realistas e já estão levando ao aumento na exploração de combustíveis fósseis (Barnard, 2022).

Dentro da Europa, a Alemanha está à frente dos esforços de hidrogênio "verde" implementados na África. O país trabalha com a República Democrática do Congo, o Marrocos e a África do Sul para desenvolver "combustíveis descarbonizados", gerados com o uso de energias renováveis para serem exportados à Europa, e explora outras áreas/países potenciais particularmente propícios à produção de hidrogênio "verde". Em 2020, o governo marroquino firmou uma parceria com a Alemanha para desenvolver a primeira usina de hidrogênio "verde" do continente.[17] Como sempre, o Marrocos, que se gaba de ser uma das economias mais neolibera(l)i(zada)s da região, acumula elogios

16 "'Europe Is Never Going to Be Capable of Producing Its Own Hydrogen in Sufficient Quantities': UE Climate Chief", *Recharge News*, 4 maio 2022.

17 "Focus on Hydrogen: A New Energy Frontier for Africa", Clifford Chance, 21 jan. 2021.

por seu ambiente favorável aos negócios, sua abertura ao capital estrangeiro e sua "liderança" no setor de energias renováveis. Segundo algumas estimativas, o país pode responder por até 4% do mercado global Power-to-X (produção de moléculas verdes) até 2030, em razão de seus "recursos renováveis excepcionais e seu histórico de sucesso no desenvolvimento de usinas renováveis de grande escala" (Eichhammer *et al.*, 2019).

Tudo isso se dá à custa do acesso à energia e da transição energética nesses países africanos. Se tais projetos não forem interrompidos, a transição verde será descarrilada em nome da segurança energética da União Europeia e dos esforços europeus para cumprir as próprias metas climáticas. Além disso, os planos europeus para a estratégia de hidrogênio renovável (REPowerEU) não se limitam à questão das emissões; também são parte de um movimento mais amplo de reposicionamento do bloco e de suas corporações como agentes globais na economia verde de alta tecnologia[18] na competição contra outras potências, como a China.

Desertec 3.0, ou embarcando no bonde do hidrogênio "verde"

O projeto Desertec é uma iniciativa ambiciosa, voltada a abastecer a Europa com a energia de usinas solares no Saara e de parques eólicos que se estenderiam por todo o Oriente Médio e África do Norte. Lançado em 2009 por uma coalizão de empresas industriais e instituições financeiras europeias, tinha como base a ideia de que

18 "Hydrogen from North Africa: A Neocolonial Resource Grab", Corporate Europe Observatory (CEO), 17 maio 2022.

uma área ínfima da superfície do deserto seria capaz de fornecer cerca de 20% da eletricidade da Europa até 2050, a qual seria transmitida via cabos especiais de corrente contínua de alta voltagem.

Passados alguns anos de entusiasmo, o empreendimento Desertec naufragou em meio a críticas aos seus custos astronômicos e às suas conotações neocoloniais (Hamouchene, 2015). Contudo, houve tentativas de revivê-lo como Desertec 2.0, com ênfase nos mercados de energias renováveis locais, e o projeto acabou por renascer como Desertec 3.0, que tem como objetivo satisfazer a demanda de hidrogênio da Europa. No início de 2020, a Desertec Industrial Initiative (DII), posteriormente batizada como Dii Desert Energy, lançou a Aliança de Hidrogênio do Mena, que reúne agentes privados e públicos, assim como cientistas e universidades, para criar economias de hidrogênio "verde" e produzir hidrogênio para exportação.[19] Dois dos parceiros da DII são a gigante energética francesa Total e a grande petrolífera anglo-holandesa Shell.

A proposta da Desertec 3.0,[20] que defende um sistema energético europeu baseado em 50% de eletricidade renovável e 50% de hidrogênio "verde" até 2050, tem como pressuposto que, "devido a seu tamanho limitado e sua densidade populacional, a Europa não será capaz de produzir toda sua energia renovável no interior do continente". A nova proposta da Desertec busca se distanciar do enfoque exportador dos primeiros dias da iniciativa e acrescenta a dimensão do desenvolvimento de um sistema local de energia limpa. Mas a pauta de exportações não pode ser subestimada ou ignorada, já que, de acordo com o manifesto Desertec 3.0, "além de suprir a demanda doméstica, a maioria dos países

19 "Mena Hydrogen Alliance", DII, [s.d.]. Disponível em: dii-desert-energy.org/initiatives/mena-hydrogen-alliance/.

20 "A North Africa-Europe Hydrogen Manifesto", DII, 2019.

norte-africanos possui um potencial gigantesco em termos de área e recursos para produzir hidrogênio verde para exportação".

Se isso não bastasse para convencer as elites políticas e empresariais de ambos os lados do Mediterrâneo, a Desertec tinha outras cartas na manga. O documento continua: "Ademais, uma abordagem conjunta europeia-norte-africana para as energias renováveis e para o hidrogênio criaria desenvolvimento econômico, postos de trabalho voltados para o futuro e estabilidade social nos países da África do Norte, com a potencial redução do número de migrantes econômicos da região rumo à Europa". Não está claro se essa é uma estratégia desesperada e agressiva de vendas, mas parece nítido que essa visão favorece a consolidação da fortaleza Europa e a expansão de um regime desumano de imperialismo de fronteira, enquanto busca se aproveitar do potencial para energias baratas da África do Norte, o qual também depende do trabalho subvalorizado e subordinado.

A Desertec é apresentada, portanto, como uma solução para a transição energética da Europa, uma oportunidade para o desenvolvimento econômico da África do Norte e um freio contra a imigração ilegal transmediterrânea. Ao apresentar-se como uma solução tecnológica apolítica, ele promete superar essas questões sem a implementação de mudanças fundamentais, isto é, basicamente mantendo o status quo e as contradições do sistema global que, para começo de conversa, causaram esses problemas. Ajustes tecnológicos como esse recebem de braços abertos a obsessão com o crescimento econômico ilimitado, reformulado pelo oximoro do "crescimento verde", e transmitem a ilusão de uma disponibilidade infinita de energia e recursos, com a perpetuação dos estilos de vida consumistas e do produtivismo intensivos em energia. Isso não dará nenhuma contribuição à urgente tarefa de adequar o nosso sistema socioeconômico aos limites do planeta a tempo de evitarmos o colapso climático e ecológico.

Grandes "soluções" de engenharia como a Desertec tendem a apresentar as mudanças climáticas como um problema comum à humanidade, desprovido de contextos políticos e socioeconômicos. Essa perspectiva encobre a responsabilidade histórica do Ocidente industrializado, os problemas do modelo energético capitalista e a diferença das vulnerabilidades vividas por países do Norte em comparação com os do Sul. Além disso, o uso de expressões como "cooperação mútua" e "para o benefício de ambos" representa a região mediterrânea como uma comunidade unificada — em outras palavras: agora somos todos amigos na luta contra um oponente comum! — e oculta os inimigos reais dos povos africano e árabe: as estruturas neocoloniais de poder emanadas da Europa, que exploram e pilham os nossos recursos.

Mais do que isso, na prática, a defesa do uso da atual estrutura de gasodutos promove a mera substituição das fontes de energia enquanto mantém as atuais dinâmicas políticas autoritárias e deixa intactas as hierarquias da ordem internacional. A Desertec encoraja o uso dos gasodutos da Argélia e da Líbia (incluindo trechos na Tunísia e no Marrocos), o que suscita questões quanto ao futuro das populações nesses dois países ricos em combustíveis fósseis. O que acontecerá quando a Europa parar de importar gás combustível (em um contexto em que 13% do gás consumido na Europa vem da África do Norte)? E quanto ao caos e à desestabilização em curso, provocados pela intervenção da Organização do Tratado do Atlântico Norte (Otan) na Líbia? As aspirações dos argelinos por democracia e soberania — bem expressadas no levante de 2019-2021 contra a ditadura militar do país — serão levadas em conta nessa equação? Ou será essa apenas mais uma reformulação do status quo, em que o hidrogênio simplesmente entrará no lugar do gás? Talvez não haja nada novo sob o sol, no fim das contas.

Para agravar a situação, o manifesto Desertec aponta que, "em uma fase inicial (entre 2030-2035), um volume significativo de hidrogênio pode ser produzido com a conversão de gás natural em hidrogênio, na qual o dióxido de carbono (CO_2) será armazenado em campos esvaziados de gás/petróleo (hidrogênio azul)". Em primeiro lugar, as tecnologias de captura e armazenamento de carbono ainda são caras e pouco confiáveis. Além disso, há um grande risco de que o CO_2 capturado seja empregado para a recuperação avançada de petróleo,[21] como já acontece no mundo todo. Mesmo que não fosse o caso, ao lado do uso de recursos hídricos escassos para a produção de hidrogênio e da poluição potencial vinda da dessalinização, o armazenamento de CO_2 em campos esvaziados de gás na África do Norte seria mais um exemplo do despejo de resíduos no Sul Global e da transferência dos custos ambientais do Norte para o Sul, ou seja, a criação de "zonas de sacrifício": uma estratégia do capital imperialista em que o racismo ambiental se une ao colonialismo energético.

Por último, mas não menos importante, a infraestrutura necessária para a produção e o transporte do hidrogênio "verde" exigirá vultosos investimentos iniciais. Dadas as experiências anteriores de implementação de projetos de alto custo e de capital intensivo (como a usina solar de Ouarzazate), os investimentos poderiam muito bem acabar em um acúmulo ainda maior de dívidas para o país-alvo, aprofundando a dependência de empréstimos multilaterais e de auxílio estrangeiro.

Se efetivamente seguirem adiante, esses planos representarão a forma mais recente de apropriação neocolonial de recursos, e num momento em que os recursos renováveis deveriam

21 Na técnica de recuperação avançada de petróleo, o CO_2 é injetado sob pressão em campos petrolíferos. A mistura de ambos aumenta a fluidez do óleo, além de facilitar a extração e potencializar a recuperação de hidrocarbonetos. [N.T.]

ser utilizados para as necessidades energéticas locais e a consecução de metas climáticas locais, e não para ajudar a União Europeia a garantir sua segurança energética e concretizar sua estratégia climática.

Conclusão

O que parece unir todos esses projetos "verdes" e o entusiasmo em torno deles é a suposição, profundamente equivocada, de que todo e qualquer passo rumo às energias renováveis deve ser bem-vindo e de que todo e qualquer distanciamento dos combustíveis fósseis vale a pena, independentemente de como seja realizado. É preciso dizer com clareza: a crise climática que enfrentamos hoje não é atribuível aos combustíveis fósseis *em si*, mas a seu uso não sustentável e destrutivo para o abastecimento da máquina capitalista. Em outras palavras, o capitalismo é o culpado, e, para levarmos a sério nossos esforços de enfrentar a crise climática (que é só uma das facetas da crise multidimensional do capitalismo), não há como escapar da necessidade de mudança radical dos nossos modos de produção e distribuição, dos nossos padrões de consumo e das questões fundamentais de igualdade e justiça. Disso decorre que uma mera substituição dos combustíveis fósseis por fontes de energia renováveis que se mantenham dentro das estruturas capitalistas de mercadorização e privatização da natureza não solucionará os problemas que enfrentamos. De fato, caso continuemos nesse caminho, cujo objetivo final é a concentração de lucro e riquezas, vamos apenas exacerbar o problema ou criar outro conjunto de problemas relacionados à propriedade da terra e dos recursos naturais.

Uma transição verde e justa deve transformar fundamentalmente o sistema econômico global, que é inadequado ao seu propósito tanto em nível social quanto ecológico ou mesmo biológico, como revelou a pandemia de covid-19. Ela deve pôr fim às relações coloniais escravizadoras e espoliadoras. Devemos perguntar: quem é dono de quê? Quem faz o quê? Quem se beneficia de quê? Quem ganha e quem perde? E de quem são os interesses que estão sendo atendidos? Se não nos dispusermos a procurar essas respostas, incorreremos no colonialismo verde, com a aceleração da extração e da exploração a serviço de uma suposta "agenda verde" comum.

A luta por justiça climática e por uma transição justa precisa levar em conta as diferenças nas responsabilidades e vulnerabilidades entre Norte e Sul. A dívida ecológica e climática deve ser paga aos países no Sul, que também são os mais atingidos pelo aquecimento global e foram aprisionados pelo capitalismo mundial em um sistema de extrativismo predatório. Em um contexto global de liberalização forçada e de imposição de acordos comerciais injustos, assim como de uma corrida imperial por influência e recursos energéticos, a transição verde e as conversas sobre sustentabilidade não podem se transformar em uma fachada simpática para esquemas neocoloniais de pilhagem e dominação.

Além disso, ainda que sempre se mencione a falta de expertise tecnológica nos locais do Sul Global em que os projetos de energia são instalados, não se costuma perguntar por que as coisas são assim, para começo de conversa. Não seria essa falta de expertise atribuível ao monopólio da tecnologia e ao regime de propriedade intelectual existente (cuja crueldade foi revelada durante a pandemia)? Isso não decorreria da imposição de todos os programas de ajuste estrutural, que esvaziaram os serviços públicos e a pesquisa científica? A transferência de tecnologia deve ser uma pedra angular em toda e qualquer transição energética justa ou, de outro modo, as nações do Sul Global continuarão reféns da dependência.

A transição justa é um enquadramento para a passagem equitativa a uma economia ecologicamente sustentável, equânime e justa. Significa a transição de um sistema econômico construído ao redor da extração excessiva de recursos e da exploração de pessoas para um sistema estruturado em torno da restauração e da regeneração dos territórios, dos direitos e da dignidade dos povos. Uma visão robusta e radical para a transição justa enxerga a destruição ambiental, a extração capitalista, a violência imperialista, a desigualdade, a exploração e a marginalização a partir dos eixos de raça, classe e gênero, e como efeitos simultâneos de um sistema global que precisa ser transformado. Sob esse prisma, "soluções" que tentem enfrentar uma única dimensão (como a da catástrofe ambiental) de forma isolada das estruturas sociais, culturais e econômicas que a trouxeram à tona inevitavelmente se tornarão "soluções falsas" (Transnational Institute, 2020).

Uma transição justa, é claro, terá características diferentes em lugares diferentes. Por isso, é mais adequado falar em "transições", no plural. Devemos ser sensíveis ao fato de que as imensas desigualdades globais e históricas e a continuidade delas no presente são parte do que precisa ser transformado a fim de gerar uma sociedade justa e sustentável. Assim, o que pode funcionar na Europa não necessariamente será aplicável na África. O que pode ajudar no Egito pode não dar certo na África do Sul. E o que pode ser eficaz nas áreas urbanas do Marrocos pode não ser bom para suas áreas rurais. E talvez uma transição em um país rico em combustíveis fósseis, como a Argélia, seja diferente daquela em países menos dotados desse tipo de recurso. Precisamos ser criativos, adotar uma abordagem descentralizada e buscar orientação nas populações locais.

A ideia de transição justa se vale de conceitos como "democracia energética" e "soberania energética" para elaborar a visão de um mundo em que as pessoas tenham acesso e controle sobre os recursos de que precisam para viver de modo digno e desempenhar um papel político na tomada de decisões sobre como esses recursos são usados e por quem. Essa transição deve ser controlada pelas comunidades e seus representantes eleitos democraticamente; não pode ficar nas mãos do setor privado e das empresas. A participação popular ativa na tomada de decisões e na conformação das transições é crucial.

Por fim, a transição justa não tem a ver só com energia. O modelo agrícola também precisa ser transformado. A agricultura industrial, ou agronegócio, é outro lócus de interseção entre a dominação imperialista e as mudanças climáticas. Além de ser um dos motores das mudanças climáticas, mantém muitos países do Sul prisioneiros de um modelo agrário insustentável e destrutivo, baseado na exportação de algumas monoculturas e no esgotamento do solo e de recursos hídricos escassos em regiões áridas e semiáridas, como o Egito, a Tunísia e o Marrocos (e, cada vez mais, a Argélia).

De diversas maneiras, a crise climática e a necessária transição verde nos oferecem uma chance para remodelar a política. Enfrentar essas transformações dramáticas exigirá uma ruptura com os projetos militarista, colonial e neoliberal existentes. Assim, a luta por uma transição justa e pela justiça climática deve ser ferozmente democrática. Precisa envolver as comunidades mais afetadas e estar voltada ao atendimento das necessidades de todos. E significa a construção de um futuro no qual todos tenham energia suficiente e um ambiente limpo e seguro — um futuro com um horizonte ecossocialista, em harmonia com as demandas revolucionárias dos levantes africanos e árabes: soberania popular, pão, liberdade e justiça social.

Joanna Allan é professora no Departamento de Geografia e Ciências Ambientais da Universidade de Northumbria, Reino Unido. Também é ativista na Campanha pelo Saara Ocidental no Reino Unido e no Western Sahara Resource Watch (WSRW).

Hamza Lakhal é doutorando em antropologia na Universidade de Durham, Reino Unido. É poeta saaraui e ativista pró-independência do Saara Ocidental.

Mahmoud Lemaadel é pesquisador independente e ativista midiático. É cofundador da plataforma local de mídia e de direitos humanos Nushatta Foundation for Media and Human Rights, que opera no Saara Ocidental ocupado pelo Marrocos e nos campos de refugiados saarauis no sudoeste da Argélia.

2 Transição injusta: energia, colonialismo e extrativismo no Saara Ocidental ocupado

Joanna Allan

Hamza Lakhal

Mahmoud Lemaadel

As múltiplas crises ecológicas geradas por atividades humanas estão ligadas a — e são exacerbadas por — outros desafios políticos, sociais e econômicos atualmente enfrentados pela África do Norte (Aly, 2019). No Saara Ocidental, esses desafios e crises são moldados pela continuidade da condição colonial. Este capítulo busca contribuir para os debates sobre transição justa — ou seja, uma transição rumo a "economias vicejantes que ofereçam meios de subsistência dignos, produtivos e economicamente sustentáveis, governança democrática e resiliência ecológica"[1] — no Saara Ocidental. Nestas páginas, discutimos de que modo opera o extrativismo na parte do Saara Ocidental atualmente ocupada pelo Marrocos. O cerne da análise são os projetos de energia renovável, já que o Marrocos é internacionalmente celebrado por seus compromissos com a assim chamada "transição energética verde" (Irena, 2021a). Mas a história contada aqui é outra e pretende amplificar as vozes da população saaraui, uma vez que esses pro-

1 "La Transición Justa: A Framework for Change", Climate Justice Alliance, [s.d.]. Disponível em: climatejusticealliance.org/just-transition.

jetos de energia renovável comprometem a transição justa, prejudicam a autodeterminação do Saara Ocidental e aprofundam as desigualdades (tanto percebidas quanto concretas) entre os indígenas saarauis e os marroquinos.

Traçamos um breve histórico sobre o conflito do Saara Ocidental ocupado, depois apontamos as formas de extrativismo na região e identificamos quem contribui para as indústrias extrativas e quem lucra com elas. Embora o enfoque esteja nos projetos energéticos, este capítulo também jogará luz em formas correlatas de extrativismo, incluindo a extração de fosfato, a pesca e as indústrias de areia e agrícola. Buscamos situar nossas pesquisas no interior dos debates globais mais amplos sobre energia e colonialismo tanto na academia quanto no ativismo. Este capítulo também analisa por que os projetos de geração energética renovável no território ocupado devem ser considerados uma forma de extrativismo.

Na sequência, argumentamos que a energia (potencialmente) produzida no Saara Ocidental ocupado contribui para a diplomacia "verde" do regime marroquino ao passo que intensifica seu controle colonial sobre o território saaraui.

Por fim, esboçamos como seria uma transição justa saaraui. Como inspiração, voltamo-nos aos campos de refugiados saarauis e para o governo no exílio, localizado em Tindouf, na Argélia. Analisamos uma pequena amostra de iniciativas saarauis lá produzidas, pensando em como elas podem se relacionar com uma transição justa ou influenciá-la.

Breve história do conflito no Saara Ocidental

A colonização espanhola do Saara Ocidental teve início em 1884, depois da Conferência de Berlim, quando os Estados europeus partilharam a África. De início, a presença colonial no então chamado "Saara Espanhol" se limitava à pesca nas águas costeiras e ao comércio com as sociedades saarauis. Contudo, a descoberta de fosfato, petróleo e outros depósitos minerais nos anos 1940 incentivou a Espanha a expandir seu controle político, social e econômico sobre o território.[2]

No início da década de 1960, uma nova era de descolonização foi desencadeada após a adoção Resolução 1.514 (XV) ou Declaração sobre a Concessão de Independência aos Países e Povos Coloniais pela Assembleia Geral das Nações Unidas (ONU, 1960). O "Saara Espanhol" foi incluído na lista de territórios não autogovernados a serem descolonizados em 1963. Movimentos de massa organizados em prol da independência saaraui surgiram por volta dessa época; o primeiro deles foi a Organização de Vanguarda para a Libertação do Saara, formada em 1968 por Mohamed Sidi Brahim Bassiri. Mais tarde, depois de a Espanha sumir com Bassiri (Hodges, 1983), um grupo de jovens estudantes e membros da Organização de Vanguarda formou a Frente Popular para a Libertação de Saguia El Hamra e Río de Oro (Polisario) em 1973. Naquele mesmo ano, lançaram a luta armada contra os espanhóis.[3]

Desde a independência do Marrocos em 1956, e dadas as ambições expansionistas do país, o regime marroquino vem expres-

2 Para mais informações sobre a história da exploração espanhola do Saara Ocidental, ver Martínez Milán (2017).

3 Para mais informações sobre a história do nacionalismo saaraui, ver San Martín (2010).

sando o sonho de um "Grande Marrocos", que abarcaria o Saara Ocidental, a Mauritânia e partes da Argélia e do Mali (San Martín, 2010, p. 66). Assim, quando a Espanha sinalizou o plano de realizar um referendo de autodeterminação para os saarauis em 1974, o Marrocos e a Mauritânia reapresentaram seus próprios argumentos de soberania territorial sobre o Saara Ocidental. As declarações dos dois Estados — dizendo que, antes da colonização espanhola, o Saara Ocidental havia pertencido ao Grande Marrocos e à Grande Mauritânia — foram apresentadas à Corte Internacional de Justiça (CIJ), que as rejeitou em um parecer opinativo e conclamou pela aplicação da Resolução 1.514 (XV) das Nações Unidas, que permitiria a autodeterminação dos indígenas saarauis (CIJ, 1975). A Espanha, no entanto, assinou um acordo ilegal de tripartição com o Marrocos e a Mauritânia, que dividiu o Saara Ocidental entre os dois países africanos, deu à Espanha uma participação de 35% nos lucros dos depósitos de fosfato do território e assegurou a continuidade de seu acesso às reservas pesqueiras da região.[4]

Em outubro de 1975, o Marrocos e a Mauritânia invadiram o Saara Ocidental.[5] Dezenas de milhares de saarauis se deslocaram a campos de refugiados na vizinha Argélia, e alguns deles foram

4 Para mais informações sobre o Acordo Tripartite de Madri, ver Zunes e Mundy (2010, cap. 1).

5 Costuma ser descrita como pacífica a assim chamada "Marcha Verde" de Hassan II, quando cerca de 350 mil cidadãos marroquinos adentraram o Saara Ocidental armados apenas com exemplares do Alcorão. Mas tropas marroquinas vinham se posicionando no território desde o verão anterior. Em outubro de 1975, o Marrocos já havia lançado uma "invasão militar de escala total que envolvia milhares de soldados" (San Martín, 2010, p. 104). Diversos grupos de direitos humanos publicaram relatos detalhados sobre ataques extensos contra populações civis e violações sistemáticas à Convenção de Genebra pelas forças marroquinas (Zunes & Mundy, 2010, p. 114).

bombardeados com napalm durante o trajeto.[6] Em 1976, a Polisario, sediada nos campos de refugiados — no exílio, portanto —, declarou a fundação da República Árabe Saaraui Democrática (Rasd). Esse foi o quartel-general da luta armada da Polisario contra o Marrocos e a Mauritânia até 1991, quando as Nações Unidas intermediaram um cessar-fogo, aceito com base na promessa de que se convocaria um referendo de autodeterminação sobre a independência saaraui. Esse referendo nunca aconteceu, o que levou a uma estagnação diplomática que se estendeu até novembro de 2020.

A Mauritânia saiu da guerra em 1979, quando assinou um acordo de paz com a Polisario. O Marrocos, por outro lado, permanece como poder ocupante no Saara Ocidental. A ONU "conclamou o Marrocos a participar do processo de paz e pôr fim à ocupação do território do Saara Ocidental" (ONU, 1979).[7] Hoje, a Polisario controla aproximadamente um quarto do território, a leste da fortificação que, construída pelo Marrocos, é considerada a "maior barreira militar em funcionamento do mundo" (Jensen & Lovelace, 2013, p. 10).

Cerca de 180 mil refugiados saarauis vivem de ajuda humanitária em campos na Argélia, enquanto o Marrocos continua a implementar políticas de colonialismo de assentamento (*settler colonialism*) no Saara Ocidental ocupado. Essas políticas abrangem desaparecimento forçado, tortura de prisioneiros de cons-

6 A Força Aérea do Marrocos bombardeou acampamentos de refugiados civis em Guelta Zemmour e Um Draiga, ambos no Saara Ocidental, em fevereiro de 1976, com o uso de napalm em quatro ocasiões conhecidas (Zunes & Mundy, 2010, p. 114).

7 A maioria dos pesquisadores do direito que trabalham com o caso do Saara Ocidental também considera o Marrocos como "poder ocupante". Ver Allan e Ojeda-García (2021).

ciência[8] (Anistia Internacional, 1996) e o deslocamento de uma população considerável de colonos marroquinos para dentro do território (não há dados confiáveis sobre a proporção exata entre colonos e indígenas saarauis, mas o consenso é de que, atualmente, os primeiros superem em muito os segundos), assim como a apropriação cultural (Robert F. Kennedy Human Rights *et al.*, 2015).

Iniciado em 1991, o cessar-fogo intermediado pela ONU entre a Polisario e o Marrocos durou 29 anos e chegou ao fim em 13 de novembro de 2020 após um incidente violento. Civis saarauis haviam bloqueado uma estrada na passagem do muro militar próxima ao vilarejo de Guerguerat, localizado em uma zona-tampão desmilitarizada perto da fronteira mauritana. Abdelhay Larachi, um saaraui que ajudou a preparar o bloqueio, explicou: "Nossa intenção era fechar a passagem ilegal em Guerguerat [...]. [Trata-se de] um portão pelo qual nossos recursos naturais saqueados pelo Marrocos são transportados para a Mauritânia e outros países".[9] O Marrocos abriu fogo contra os manifestantes no local, e, declarando a violação do cessar-fogo, a Polisario atirou de volta.

Não é coincidência que a nova guerra tenha sido provocada pelo bloqueio saaraui do assim chamado "corredor da pilhagem" em Guerguerat, pelo qual os produtos extraídos do território ocupado seguem para o porto de Nouadhibou, de onde são exportados para o mundo todo: o extrativismo está no âmago do conflito e do colonialismo no Saara Ocidental.

8 Termo cunhado em 1961 por Peter Benenson, fundador da Anistia Internacional, denota alguém que foi preso com base apenas em sua etnia, orientação sexual, religião ou por professar de modo não violento seus ideais. [N.E.]

9 Entrevista por telefone com Abdelhay Larachi, 19 nov. 2020.

Extrativismo no Saara Ocidental ocupado

O extrativismo é um modo de acumulação capitalista por meio do qual se extraem recursos naturais de regiões do Sul Global com o objetivo de comercializá-las no mercado internacional, sobretudo com os países do Norte. O extrativismo vem caracterizando o relacionamento da Europa com as Américas, a África e a Ásia desde a era da Conquista e da Colônia (Acosta, 2013 [2016]) e continua vigente na África do Norte sob uma roupagem neocolonial. Os recursos extraídos vão de petróleo e gás até minérios preciosos, peixes e produtos agrícolas (Hamouchene, 2019). O turismo e a apropriação cultural também são amplamente considerados formas de extração neocolonial, uma vez que os recursos do Sul Global ou indígenas, incluindo intelectuais e artísticos, são explorados comercialmente pelo Norte.[10]

Nos últimos anos, está cada vez mais claro que os projetos de energia renovável também podem perpetuar ou fortalecer o extrativismo. A fracassada Desertec Industrial Initiative (DII), por exemplo, que pretendia suprir aproximadamente 20% das necessidades energéticas da Europa até 2050 utilizando parques solares e eólicos construídos por todo o Oriente Médio e África do Norte, foi percebida por ativistas locais como uma empreitada capitalista neocolonial e suscitou preocupações quanto à possível pilhagem de recursos hídricos já escassos, à exportação de energia para a Europa sem que fossem supridas as necessidades energéticas locais e à linguagem colonial usada para descrever o deserto do Saara. A iniciativa acabou desmoronarando por razões financeiras (Hamouchene, 2015). Nesse sentido, Alexan-

10 Sobre turismo, ver Hamouchene (2019, p. 4). Sobre apropriação cultural, ver Juhn e Ratté (2018).

der Dunlap se vale de pesquisas em meio às comunidades indígenas do México para descrever os projetos renováveis de escala industrial como "combustível fóssil+" com base no fato de que, conduzidos por corporações, tais empreendimentos de grande escala renovam e expandem a ordem exploradora, capitalista e colonial da indústria dos combustíveis fósseis (Dunlap, 2019). Os projetos de energia renovável no Saara Ocidental ocupado podem ser entendidos como extrativistas porque aprofundam tanto os modos de acumulação capitalista quanto o colonialismo e a ocupação militar e porque usam os recursos do território de formas que não beneficiam nem reconhecem os direitos humanos das comunidades locais.

Com exceção de um parque eólico privado que abastece uma fábrica de cimento, todos os projetos de energia eólica no Saara Ocidental ocupado fazem parte do portfólio de uma companhia chamada Nareva, que integra a Al Mada, uma holding de propriedade da monarquia marroquina.[11] A Nareva trabalhou em parceria com a multinacional alemã Siemens (e, depois, com a espanhola Siemens Gamesa) em todos os parques eólicos que desenvolveu no Saara Ocidental ocupado. O parque de 200 MW de Aftissat gera energia para a indústria, incluindo a estatal marroquina Office Chérifien des Phosphates (OCP).[12] O parque de 50 MW Foum el Oued fornece 95% da energia necessária para o funcionamento da mina de fosfato da OCP em Bou Craa.[13] Existem vários outros projetos de parques eólicos para o Saara Ocidental ocupado,

11 Para mais elos entre a família real marroquina e os projetos de energia no Saara Ocidental ocupado, ver "Greenwashing Occupation: How Morocco's Renewable Energy Projects in Western Sahara Prolong the Conflict Over the Last Colony in Africa", Western Sahara Resource Watch (WSRW), 6 out. 2021.

12 "Dirty Green Energy on Occupied Land", WSRW, 2020.

13 *Idem.*

com uma capacidade combinada de mais de 1.000 MW. Há ainda planos de expansão para os dois parques solares já existentes e para a construção de um terceiro. E estão em curso estudos para a exploração do potencial geotérmico do território.[14]

Embora o enfoque deste capítulo sejam os projetos de energias renováveis, é importante situá-los no contexto mais amplo do extrativismo no Saara Ocidental ocupado. O fosfato da mina de Bou Craa — cuja mineração envolve a drenagem de poços subterrâneos valiosos — é transportado ao mundo todo para ser usado como fertilizante agrícola.[15] Estufas industriais produzem frutas e vegetais para o mercado da União Europeia.[16] Os fartos recursos pesqueiros do Saara Ocidental também são explorados pelas redes de arrasto de vários países e regiões, sobretudo a União Europeia e a Rússia, com o uso de práticas não sustentáveis.[17] Em âmbito local, várias licenças de pesca foram concedidas a figuras de vulto da *makhzen* [elite dominante] marroquina.[18]

Muitos pesquisadores do direito questionam a licitude dessas atividades, já que os recursos de um território ocupado não podem ser legalmente explorados sem o consentimento de seu povo. Desse modo, várias cortes internacionais analisaram requerimentos apresentados pela República Árabe Saaraui

14 "Dirty Green Energy on Occupied Land", WSRW, 2020; "Greenwashing Occupation: How Morocco's Renewable Energy Projects in Western Sahara Prolong the Conflict Over the Last Colony in Africa", WSRW, 6 out. 2021.

15 "P for Plunder: Morocco's Exports of Phosphates from Occupied Western Sahara", WSRW, abr. 2021.

16 "Label and Liability: How the EU Turns a Blind Eye to Falsely Stamped Agricultural Products Made by Morocco in Occupied Western Sahara", WSRW & Emmaus Stockholm, 2012.

17 "Saharawis: Poor People in a Rich Country", Saharawi Campaign Against the Plunder (Scap), 2013.

18 "Los tentáculos de la ocupación", Observatorio de Derechos Humanos y Empresas en el Mediterráneo (ODHE), fev. 2019.

Democrática e por grupos de solidariedade aos saarauis (Allan & Ojeda-García, 2021).

Abastecendo a ocupação: a diplomacia energética do regime marroquino

Projetos energéticos são usados para criar novas modalidades de dependência externa ao Marrocos por meio de energia extraída, ao menos em parte, do Saara Ocidental. Isso cria um incentivo diplomático para que outros países apoiem a ocupação. O Saara Ocidental está conectado à rede elétrica do Marrocos por uma interconexão em sua capital, El Aaiun. Uma nova interconexão de 400 quilovolts (KV) está sendo preparada entre El Aaiun e Dakhla, ao sul do Saara Ocidental (Khatib, 2018). O Marrocos espera conectar sua rede à da Mauritânia via Dakhla, com a meta futura de exportação de energia para o mercado da África Ocidental.[19] De modo similar, nas conversas climáticas da COP22, em Marrakech, o Marrocos assinou um plano de futuras exportações de energia para a Europa.[20] Esses planos e acordos representam graves obstáculos à autodeterminação do povo saaraui. Se essas interconexões forem implementadas, o Marrocos poderá criar uma dependência parcial da Europa e da África Ocidental com relação à energia gerada no Saara Ocidental.

19 "ONEE au Maroc et en Afrique: Activité électricité", Office National de l'Electricité et de l'Eau Potable, 2016.

20 "Joint Declaration on the Establishment of a Roadmap for Sustainable Electricity Trade between Morocco and the European Internal Energy Market Between Germany, France, Spain, Portugal and Morocco", Comissão Europeia, 2016.

O regime marroquino também usa a promessa de energia para fortalecer seu "soft power", ou seja, o poder de persuadir ou coagir outros Estados a apoiarem certas políticas ou praticarem certas ações no continente (Bennis, 2019).[21] O Gasoduto Nigéria-Marrocos (GNM), por exemplo, consiste em um projeto *onshore* e *offshore* com objetivo de fornecer gás nigeriano para a África Ocidental e do Norte, com potencial de abastecimento para a Europa. O GNM é um projeto energético gigantesco, com implicações políticas igualmente gigantescas: embora o regime nigeriano tradicionalmente seja um forte apoiador da Polisario, sua postura diplomática quanto ao conflito do Saara Ocidental tem enfraquecido em função do gasoduto.[22] Isso pode ser visto como uma forma de diplomacia energética: o Marrocos faz com que agentes poderosos sejam cúmplices da ocupação e cria alianças para seu projeto colonial por meio de projetos de energia.

Também é possível analisar pela ótica do *greenwashing* os investimentos em energias renováveis do Marrocos no Saara Ocidental ocupado. A prática do *greenwashing* consiste em divulgar falaciosamente que determinado produto, política ou ação é benéfico ao meio ambiente. Atualmente, o Marrocos se vende como "o líder no desenvolvimento de energias renováveis no continente africano".[23] Ao fazê-lo, dá um verniz "verde" à ocupação do Saara Ocidental. O impacto ambiental do envio de um enorme contingente de militares, da construção do muro que divide o país, da extração de fosfato e da drenagem de poços de água potável para irrigação de estufas de escala industrial é ocultado pela imagem ecológica cuidadosamente preparada pelo regime marroquino.

21 "Morocco Reaps Diplomatic Gains of Soft Power in Africa", *The North Africa Post*, 10 abr. 2019.

22 *Idem*.

23 "Morocco: Sharing Experience in Renewable Energy with Africa", *Afrik 21*, 20 dez. 2018.

Os projetos energéticos no Saara Ocidental ocupado reforçam uma falsa "soberania" energética do Marrocos (falsa porque, legalmente, o país não é o poder soberano do Saara Ocidental) ao torná-lo "energeticamente independente" de outros países da região graças à expropriação dos recursos de um território ocupado. Ao menos até o outono de 2021, o Marrocos estava aparentemente tentando acelerar o projeto do gasoduto com a Nigéria, depois que a Argélia se recusou a dar continuidade à cooperação e cortou relações diplomáticas com o regime marroquino em razão do conflito com o Saara Ocidental (Ediallo, 2021; Zoubir, 2021). Com efeito, numa situação em que o país produz apenas quantidades marginais de petróleo e gás, os planos do Marrocos para as energias renováveis têm como objetivo dar fim à dependência das importações de energia estrangeira. De acordo com o Western Sahara Resource Watch (WSRW),

> a energia eólica produzida no Saara Ocidental ocupado poderá responder por 47,2% da capacidade eólica total do Marrocos até 2030. Nesse mesmo ano, a participação da energia solar gerada no território poderá estar entre 9,7% e 32,64% da capacidade solar total do Marrocos — e mais provavelmente em algum valor próximo da cifra mais alta.[24]

Assim, o Marrocos busca aliviar seus problemas de suprimento de energia por meio da exploração colonial dos recursos do Saara Ocidental.

24 "Greenwashing Occupation: How Morocco's Renewable Energy Projects in Western Sahara Prolong the Conflict Over the Last Colony in Africa", WSRW, 6 out. 2021.

Abastecendo a opressão: perspectivas saarauis para o sistema energético no Saara Ocidental ocupado

Reunimos dados sobre as percepções saarauis quanto ao sistema de energia no Saara Ocidental ocupado via observação participante (2015), dois grupos focais (2019) e vinte entrevistas em profundidade ou semiestruturadas (2019-2020). Os participantes da pesquisa, cujos nomes foram alterados, eram saarauis que viviam nas cidades ocupadas de El Aaiun e Boujdour, e se autoidentificavam como não ativistas ou ativistas discretos quanto a questões de independência, ambientalismo ou direitos humanos (Allan, Lemaadel & Lakhal, 2022). Por "sistemas de energia", estamos nos referindo a projetos, infraestrutura, transmissão e imaginários de energia (isto é, às concepções sobre a energia e aos sentidos a ela vinculados em dada comunidade). Isso abarca tanto combustíveis fósseis quanto renováveis.

Os participantes da pesquisa descreveram os apagões elétricos como "frequentes" e elencaram vários motivos. Segundo Dadi: "[Um apagão] acontece por razões políticas, por exemplo, por causa de manifestações durante a noite". De modo similar, Hartan explicou:

> Quando saarauis detidos por motivos políticos voltam para casa, as autoridades da ocupação marroquina cortam [a eletricidade] de forma intencional para prejudicar o evento [...]. Pude testemunhar o sofrimento de ativistas midiáticos quando fomos emboscados durante protestos populares realizados durante a visita do emissário da ONU Christopher Ross à El Aaiun ocupada [...]. Percebi como as baterias das câmeras acabaram, e eles não puderam monitorar as violações de direitos.

Mahmoud relatou: "[Os distribuidores de energia] dizem que [as ocorrências de falta de eletricidade] são causadas por problemas na rede, mas sabemos que eles às vezes cortam de propósito, quando querem trazer coisas secretas para a cidade ou quando os jovens protestam nas ruas". Quanto a essas "coisas secretas", Fadel contou: "Eles às vezes cortam [a eletricidade] quando trazem mais soldados e armas do aeroporto para o deserto, para a fortificação; não querem que as pessoas ou os ativistas saibam quantas armas, tanques e soldados estão entrando" (Allan, Lemaadel & Lakhal, 2022).

Quem são "eles" a quem Fadel se refere? Seriam tanto os distribuidores de energia quanto o Estado marroquino? Ou apenas este último? A necessidade de fazer essas perguntas reflete a frequente fusão entre ambos — distribuidores de energia e Estado marroquino — nos depoimentos colhidos pela pesquisa. Essa fusão é comum em contextos neocoloniais e produz implicações para a forma como os Estados são vistos por seus cidadãos. Como argumenta Idalina Baptista, quando os provedores de serviços são percebidos como intimamente associados ao Estado, o relacionamento provedor/consumidor passa a ser entendido como um substituto para o relacionamento Estado/sociedade (Baptista, 2016). De modo similar, Charlotte Lemanski afirma que o acesso de um povo às infraestruturas públicas molda sua identidade como cidadãos e seu relacionamento com o Estado (Lemanski, 2020). No Saara Ocidental, as experiências dos participantes da pesquisa com os sistemas de energia aprofundam o antagonismo com o Estado marroquino.

Os participantes da pesquisa pensavam que os distritos com maiores proporções de saarauis étnicos, como o de Maatalla, na cidade de El Aaiun, eram propensos a mais cortes de energia. Alguns ressaltaram que isso também se aplicava ao abastecimento de água. Ali, um homem de 31 anos, relatou: "Esses cortes são comuns em Maatalla e outros subúrbios saarauis, mas pode apostar que os chuveiros dos colonos não ficam sem água" (Allan, Lemaadel & Lakhal, 2022). Para ele, a infraestrutura — tanto hídrica quanto elétrica — era compreendida como uma ferramenta empregada pelo colonizador para estabelecer diferenças entre colonos e nativos. Como em outras situações coloniais históricas e atuais, a infraestrutura de energia medeia a segregação étnica (Harrison, 2016; Baptista, 2016). A dimensão de gênero dos cortes de energia também deve ser levada em conta. Na sociedade saaraui, o fardo (ou o prazer) da educação das crianças e do cuidado com a casa recai desproporcionalmente sobre mulheres e meninas. O impacto da falta de eletricidade doméstica é, assim, generificado. Nas palavras de Mahmoud, "como nômade, [um corte de luz] não me afeta, estou acostumado. Mas, às vezes, precisamos bastante da eletricidade, principalmente minha esposa e nossos filhos".[25]

Todos os participantes da pesquisa cuja moradia está conectada à rede elétrica caracterizaram suas contas de luz como "caras"; na maioria dos casos, essa despesa causava uma ansiedade significativa. Salka contou que gastava mais da metade de seus rendimentos mensais com a conta de luz (Allan, Lemaadel & Lakhal, 2022). Os participantes da pesquisa também relataram que várias famílias, sobretudo nos cortiços a leste de El Aaiun, não tinham sequer acesso à luz. As palavras de Zrug merecem ser citadas na íntegra, já que revelam o senso de injustiça ligado à natureza dispendiosa da energia, a importância da soberania popular sobre os recursos energéticos e a questão política mais ampla da exploração dos recursos naturais:

25 Entrevista com Mahmoud (pseudônimo), El Aaiun, Saara Ocidental ocupado, 27 maio 2019.

> Estamos em 2019, e em poucos dias estaremos em 2020. Conheço muita gente que não tem eletricidade em casa. Várias empresas lançaram grandes empreendimentos de eletricidade, e, não muito longe deles, há pessoas em El Aaiun que vivem sem luz. Houve um protesto no bairro de Al Matara contra a falta de energia e de água. Os parques eólicos e afins estão fazendo com que os pobres fiquem mais pobres e os ricos, mais ricos. A energia verde é exportada para fora do Saara Ocidental e para outros lugares na África e fora dela. Embora isso seja ilegal, já que é feito pela ocupação marroquina, me orgulho de saber que muitas pessoas em outros lugares podem usar a eletricidade para a iluminação e outras atividades. Assim como eu, elas precisam de eletricidade. Sou a favor de benefícios para as pessoas de todos os lugares e posso abrir mão dos meus direitos para produzir luz para pessoas pobres, mas sob uma condição: ela deve ser gratuita, e não comercializada. (Allan, Lemaadel & Lakhal, 2022)

Vários participantes disseram que as distribuidoras de energia cobram valores indevidos. Mahmoud, por exemplo, declarou: "Às vezes, eles nos enviam faturas com valores errados. Não temos muitos aparelhos elétricos em casa e, por isso, sabemos quanta energia usamos". Essa desconfiança em relação às distribuidoras também se refletiu na percepção de quem gerencia e quem é o proprietário da energia no Saara Ocidental ocupado. Nguia considerava que as empreiteiras do setor de energia eram "companhias estrangeiras" e "desprovidas de humanidade". Ela afirmou: "O poder ocupante deixa que outros países invistam aqui como forma de fazê-los reconhecer a soberania marroquina sobre o Saara Ocidental". Dadi comentou: "Essas empresas contribuem para a colonização marroquina e oferecem apoio inesgotável à sua presença". Já para Salka: "Todos os lucros vão para a ocupação marroquina e empresas estrangeiras" (Allan, Lemaadel & Lakhal, 2022).

Todos os participantes da pesquisa manifestaram desejo de protestar contra os projetos de energia, mas alguns deles estavam assustados demais para concretizá-lo. Aqueles que haviam comparecido a manifestações contra os empreendimentos energéticos no passado relataram ter apanhado da polícia e/ou sofrido outras formas de retaliação, incluindo a cassação de benefícios sociais, a perda de empregos, ameaças contra familiares e a imposição de vetos para viajar. Ainda que ONGs presididas por saarauis sejam em geral proibidas de se registrar oficialmente no Saara Ocidental ocupado, duas organizações saarauis não registradas vêm concentrando esforços em campanhas contra a exploração dos recursos naturais do Saara Ocidental, inclusive no campo da energia. Uma delas é a Liga Saaraui pelos Direitos Humanos e Recursos Naturais, liderada por Sultana Khaya; a outra é o Comitê para a Proteção dos Recursos Naturais no Saara Ocidental (CSPRON), cujo presidente é Sidahmed Lemjeyid. Ambos sofreram graves violações de direitos humanos nas mãos do Estado marroquino: Lemjeyid cumpre hoje pena de prisão perpétua (Moe, 2017), enquanto Khaya está em prisão domiciliar depois de ter perdido um olho sob tortura na delegacia (Allan, 2016). Policiais recentemente tentaram estuprá-la; em retaliação ao ativismo de Sultana, estupraram sua irmã na residência da família Khaya (Anistia Internacional, 2021). Essa forma de agir segue um padrão mais amplo e entrincheirado que, desde 1975, emprega formas generificadas de tortura contra presos políticos, incluindo assédio sexual, humilhação sexual e sexo forçado entre prisioneiros (Allan, 2019). Assim, o sistema de energia "verde" no Saara Ocidental ocupado está nitidamente relacionado a violações de direitos humanos graves e baseadas em gênero.

Como seria uma transição justa liderada pelos saarauis? Inspiração e questões vindas dos campos

Debates de alto nível sobre o futuro dos sistemas de energia muitas vezes fracassam em interagir com vozes autóctones (Loloum, Abram & Ortar, 2021). Nesta seção, ressaltamos uma série de iniciativas saarauis que sugerem como poderia ser uma transição justa no Saara Ocidental. Elas incluem a hidroponia de baixa tecnologia para a produção sustentável de alimentos, residências construídas com plástico de reúso e projetos para abastecer as cidades com energia renovável no território — que precisa ser libertado do jugo marroquino. Apesar disso, devemos estar cientes de que essas "boas práticas" vindas dos campos de refugiados não são em si uma garantia de que o governo de um Saara Ocidental independente realizará uma transição efetivamente justa. Como vimos nas seções anteriores, ainda que a autodeterminação seja um componente fundamental da transição saaraui, ela não garantirá por si só uma transição justa. Desse modo, salientamos questões que precisarão ser enfrentadas em um futuro Saara Ocidental independente, a fim de assegurar uma transição que se afaste do extrativismo e caminhe rumo a um sistema justo, equânime e regenerativo.

O engenheiro Taleb Brahim desenvolveu uma hidroponia de baixa tecnologia que permite que cidadãos refugiados cultivem as próprias frutas e vegetais, além de forragem animal. A hidroponia é um tipo de horticultura que envolve o cultivo de plantas sem o uso do solo. "Baixa tecnologia", aqui, se refere a soluções técnicas de preço reduzido, acessíveis a qualquer refugiado, de modo que mesmo as famílias mais pobres consigam produzir alimentos saudáveis e nutritivos para consumo próprio. As unidades hidropônicas reciclam água e usam fertilizantes naturais. Nas palavras de Brahim, "se insistirmos na ideia de que pesticidas e fertilizantes artificiais são necessários para a agricultura, então dependeremos das multinacionais". O engenheiro explica que é movido por uma ética de "sustentabilidade, autossuficiência e independência para os saarauis". Acredita ser a primeira pessoa no mundo a desenvolver a hidroponia de baixa tecnologia em condições amplamente consideradas como "extremas" em termos de clima e disponibilidade de recursos. O Programa Mundial de Alimentos vem agora testando o modelo em outros sete países com populações de refugiados, e 1.200 saarauis nos campos de refugiados receberam o treinamento necessário para replicar a inovação de Brahim.[26]

Já o engenheiro Tateh Lehbib criou um método de construção de residências que leva a menores temperaturas internas e maior resistência a ventos e enchentes (as casas tradicionais são feitas de adobe, que esfarela quando chove). O método utiliza materiais baratos — garrafas d'água recicladas — e pode ser facilmente replicado por qualquer pessoa. A forma abobadada dessas construções mantém as temperaturas interiores mais baixas do que nas casas quadradas tradicionais. Refugiados especialmente vulneráveis, incluindo idosos e pessoas com problemas crônicos de saúde, têm sido os primeiros a se beneficiar da nova forma de habitação de Lehbib.[27]

Enquanto Brahim e Lehbib estão à frente de inovações que tornam a vida nos campos mais sustentável, confortável e saudável, outros cidadãos refugiados voltam os olhos para o futuro da zona do Saara Ocidental controlada pela Polisario. O arquiteto e engenheiro Hartan Mohammed Salem Bechri projetou uma

26 Entrevista com Taleb Brahim, campo Smara, 11 out. 2019.
27 *Idem.*

cidade sustentável do futuro — ou, como ele a denomina, um "habitat durável e permanente" para humanos e seus companheiros não humanos (camelos e cabras) —, sem perder de vista os territórios controlados pela resistência. O projeto abrange áreas para a moradia de cidadãos sedentarizados, assim como zonas com melhorias públicas para visitantes nômades e para animais. A cidade seria inteiramente abastecida com energia renovável.[28]

As inovações de Bechri, Lehbib e Brahim reverberam, de diversos modos, a ideia de uma transição justa. Uma transição justa exige a redistribuição equânime de recursos.[29] As inovações de Lehbib e Brahim revelam uma preocupação com preços acessíveis e autossuficiência. Com inovações economicamente (para as famílias em si) e ambientalmente sustentáveis, os dois engenheiros desenvolveram formas de garantir que os mais pobres tenham acesso a abrigo e comida saudável sem que precisem depender de multinacionais para obter matérias-primas. Embora sejam ainda apenas desenhos, os projetos de Lehbib levam em conta mais do que apenas seres humanos em sua visão para o futuro de um Saara Ocidental independente. A maioria dos esquemas de transição justa enfatiza a importância de cuidar não só das comunidades humanas como também da natureza "mais que humana" — no caso saaraui, isso se alinha às tradições nômades. Ecológica e ambientalmente conscientes, as práticas saarauis tradicionais têm sido registradas desde, pelo menos, o século XVIII;[30] a centralidade tradicional dos camelos

28 Informações com base em Bechri (2017) e entrevista de Joana Allan com Hartan Bechri, campo Aaiun, 15 out. 2019.

29 "La Transición Justa: A Framework for Change", Climate Justice Alliance, [s.d.]. Disponível em: climatejusticealliance.org/just-transition.

30 A mais antiga documentação escrita que encontramos é de Pierre Saugnier, que contém um relato sobre os naufrágios e a subsequente escravização dos autores, com detalhes interessan-

e o cuidado que lhes é dispensado também são bem documentados (Volpato & Howard, 2014). As estimativas da República Árabe Saaraui Democrática para a quantificação daquela que seria sua Contribuição Nacionalmente Determinada (CND) para o Acordo de Paris também ilustram a intenção do governo de contribuir com debates globais mais amplos sobre o enfrentamento da crise climática e a preservação dessas práticas tradicionais ecologicamente conscientes.[31]

De modo mais imediato, o Departamento de Energia da República Saaraui tem planos para implementar energias renováveis na parte do Saara Ocidental que já está sob seu controle, o que incentivaria o retorno de refugiados ao Saara Ocidental. O Departamento realizou uma revisão de escopo e busca financiamento para projetos-piloto para algumas das recomendações traçadas, com cálculos para a infraestrutura solar e eólica que seria necessária para abastecer as instalações públicas, como hospitais, e ponderações sobre a infraestrutura já existente, como os poços comunais que, atualmente energizados por turbinas eólicas, são utilizados por nômades. O estudo também buscou opções para o abastecimento energético residencial. Daddy Mohammed Ali, engenheiro elétrico e coautor da revisão de escopo, discutiu com sua equipe a opção de utilizar amplos parques solares. Contudo, eles se perguntaram se um modelo similar seria "adaptável o bastante" para estilos de vida nômades. Desse modo, a

tes sobre os modos de vida dos árabes no deserto e dos escravizados no Senegal e em Galam, com um mapa preciso da África. O náufrago Saugnier, "abduzido" em Boujdour (no atual Saara Ocidental) por "árabes errantes", fica maravilhado com as práticas ecologicamente conscientes dos saarauis, como a insistência em usar apenas madeira morta, e nunca arbustos vivos, para fogueiras. Ver Saugnier (1792, p. 35).

31 "Saharawi Government Launches Climate Plan", WSRW, 8 nov. 2021.

equipe sondou a possibilidade de oferecer a cada família saaraui sua própria tecnologia solar portátil e independente. Mohammed Ali explica: "Percebemos que as famílias na zona liberada viajam com frequência, então é bom que tenham seus painéis independentes e que possam transportá-los — que tenham sua própria rede, como se poderia dizer".[32] Tais preocupações com a preservação de estilos de vida não sedentários seriam parte vital de uma transição justa saaraui, com a garantia de espaços de inclusão para práticas nômades.

Os planos recentes para um futuro renovável concebidos pelo Departamento de Energia da República Saaraui são uma ruptura drástica com os projetos mais antigos de sua Autoridade do Petróleo e da Mineração (APM). Por meio de rodadas de licenciamento iniciadas em 2005, a República Saaraui entrou em tratativas com quatro companhias internacionais pelo direito de explorar petróleo em um futuro Saara Ocidental independente (Kamal, 2015). A APM disse ter consultado extensivamente a sociedade civil antes de lançar a rodada de licenciamento (Irwin, 2019, p. 79). Contudo, pesquisas em meio a jovens ativistas saarauis encontraram tanto grupos da sociedade civil que apoiavam acordos do tipo, sob o fundamento de que seus termos contestavam os esforços marroquinos de exploração de petróleo, quanto grupos críticos à iniciativa, com base na ideia de que a energia solar é preferível por razões ambientais. Isso suscita a questão da soberania popular — crucial para toda transição justa — e de como decisões relacionadas à energia seriam tomadas no Saara Ocidental livre. Haveria exploração de petróleo, apesar da crise climática e de seus impactos desproporcionais sobre comunidades que vivem em climas quentes, como os saarauis? Os parques eólicos e solares existentes no Saara Ocidental ocupado seriam naciona-

32 Entrevista com Daddy Mohammed Ali, 9 out. 2019.

lizados? Além do abandono da extração de combustíveis fósseis, uma transição justa exige a tomada democrática e participativa de decisões quanto aos recursos energéticos.

Por outro lado, há aspectos tranquilizadores nas políticas energéticas do governo da República Saaraui já existentes nos campos de refugiados. Por exemplo, quando algumas oportunidades limitadas de geração elétrica solar apareceram nos campos, no final da década de 1980 (em grande medida via financiamento de ONGs suíças e espanholas), o governo priorizou três instituições públicas para a eletrificação: hospitais e farmácias, escolas primárias e centros de educação e qualificação para mulheres.[33] Sem dúvida, essas prioridades refletem o compromisso da República Saaraui com a equidade de gênero.[34] Como argumentamos na seção anterior, o atual modelo energético do Saara Ocidental ocupado produz desproporcionalmente impactos negativos sobre mulheres e meninas em função da frequente escassez de energia e da opressão baseada em gênero contra aqueles que se opõem ao modelo energético extrativista. Assim como em outros contextos, uma transição justa saaraui deverá, portanto, ser uma transição feminista.[35]

33 Grupo focal com o diretor e vários servidores públicos do Departamento de Energia da República Árabe Saaraui Democrática, campo Rabouni, Tindouf, 7 out. 2019.

34 Para mais informações sobre os discursos nacionalistas saarauis sobre igualdade de gênero, ver Allan (2010).

35 Para mais informações sobre a necessidade de que uma transição justa seja feminista, ver Steinford (2018).

Conclusão

O sistema de energia no Saara Ocidental ocupado está fisicamente conectado ao Marrocos via linhas e cabos de transmissão. Além de possibilitarem que o Marrocos faça o *greenwashing* da ocupação, esses projetos de energias renováveis proporcionam uma falsa "soberania" energética que diminui a dependência marroquina de vizinhos como a Argélia. Ademais, são usados para criar novas formas de dependência externa com relação a uma energia que, ao menos parcialmente, é produzida no Saara Ocidental. É possível dizer que tais iniciativas criam um incentivo diplomático para que outros países apoiem a ocupação.

Para os saarauis, o atual sistema energético no Saara Ocidental ocupado é uma ferramenta opressiva e colonial, uma vez que consideram que a justiça energética está inextricavelmente ligada à independência e à descolonização. Isso também é verdade para os saarauis que vivem no Estado em exílio e nos campos de refugiados na Argélia, onde inovações baseadas na sustentabilidade, na autossuficiência e na autodeterminação vêm sendo testadas. Apesar disso, questões quanto às políticas energéticas em um futuro Saara Ocidental livre e independente permanecem em aberto. Ainda que o fim da ocupação marroquina e a descolonização total sejam parte integrante de uma transição justa saaraui, a capacidade do governo da República Árabe Saaraui Democrática de garantir a soberania popular sobre os recursos energéticos do Saara Ocidental também será de importância fundamental.

Manal Shqair é ativista climática palestina, pesquisadora e porta-voz internacional da campanha Stop the Wall, uma organização de base sediada na Palestina. Atualmente, cursa o programa de doutorado em sociologia da Universidade Queen Margaret, na Escócia, onde examina o papel das práticas diárias de *sumud* (perseverança) das mulheres palestinas seminômades na manutenção e no reforço da solidariedade do grupo e na viabilização da resistência popular contra o emaranhamento entre a espoliação colonial israelense, o patriarcado e o capitalismo.

3 A econormalização árabe-israelense: o *greenwashing* do colonialismo de assentamento na Palestina e em Jawlan

Manal Shqair

Israel tem retratado a Palestina pré-1948 como um deserto vazio e ressequido, além de sugerir que, depois da fundação do Estado judeu, esse ambiente árido se transformou em um oásis vicejante (Galai, 2017). Para Israel e seus apoiadores, o que circunda esse oásis é um Oriente Médio terrível, degradado e escaldado, afundado em primitivismo e atraso.[1] A imagem "verde" de Israel, comparada com a representação de um entorno árabe bárbaro e não democrático, tem sido fundamental para as tentativas de retratar o apartheid colonial israelense na Palestina como "ecológico". Israel usa sua expertise em agronegócio, aflorestamento, soluções hídricas e tecnologias de energia renovável como parte de sua narrativa de *greenwashing*, propagandeada para o mundo inteiro (Hughes, Velednitsky & Green, 2022).

1 A criação de Israel sobre as ruínas de cidades e vilarejos palestinos em 1948 representa o ápice dos esforços sionistas iniciados no século XIX. O sionismo é um movimento colonial de assentamento racista que emergiu na Europa no século XIX, durante o período de expansão colonial europeia na Ásia e na África. A criação de um Estado judeu na Palestina a partir da limpeza étnica da população autóctone era apoiada por potências coloniais como Grã-Bretanha e, depois, Estados Unidos. Para mais informações sobre o movimento sionista, ver Said (1979 [2012]).

A asserção de uma superioridade ambiental de Israel sobre o resto do Oriente Médio e da África do Norte foi fortalecida depois dos Acordos de Abraão, firmados com Emirados Árabes Unidos, Bahrein, Marrocos e Sudão em 2020. Os Acordos de Abraão são um tratado intermediado pelos Estados Unidos que tem como objetivo reforçar relações normalizantes (já existentes) com outros países árabes que não fazem parte oficialmente do acordo — incluindo os que ainda não estabeleceram relações duradouras com Israel, como Arábia Saudita e Omã, e outros que já o fizeram, como Egito e Jordânia. Essa coalizão de Estados árabes formada sob o guarda-chuva dos Acordos de Abraão se comprometeu em aumentar as colaborações com Israel em questões relacionadas a segurança, economia, saúde, cultura e meio ambiente, entre outras.[2] Amparados pelo tratado, Israel e os países árabes com os quais normalizou relações assinaram nos últimos anos vários memorandos de entendimento para a implementação conjunta de projetos ligados a energias renováveis, agronegócio e água.[3]

O Comitê Nacional Palestino para o Movimento de Boicote, Desinvestimento e Sanções (BDS), que trabalha para pôr fim à cumplicidade internacional com a opressão israelense, define "normalização" como "a participação em qualquer projeto, iniciativa ou atividade, local ou internacional, que reúna (na mesma plataforma) palestinos (e/ou árabes) e israelenses (indivíduos e instituições)".[4] O BDS explica que os atos de normalização não atendem aos direitos dos palestinos à autodeterminação, ao des-

2 "The Abraham Accords Declaration", U.S. Department of State, Bureau of Near Eastern Affairs, [s.d.]. Dispoínvel em: state.gov/the-abraham-accords.

3 *Idem*.

4 "The BDS Movement's Anti-Normalization Guidelines Explained", Palestinian BDS National Committee, 30 out. 2022.

mantelamento do sistema tripartite de opressão (colonialismo de assentamento, apartheid e ocupação militar) e ao retorno de refugiados a suas casas, conforme garante a Resolução 194 da ONU.[5] Israel usa a normalização com os países árabes para naturalizar o apartheid e o colonialismo de assentamento que promove na Palestina. Na esteira desse raciocínio, o *think tank* palestino Al-Shabaka observa que os chamados projetos ambientais entre Israel e os Estados árabes são uma forma de econormalização.[6] A econormalização é apresentada aqui como o uso do "ambientalismo" para maquiar e normalizar a opressão israelense e as injustiças ambientais que provoca na região árabe e além.

Este capítulo analisa a econormalização tanto na Palestina quanto em Jawlan (as colinas de Golã sírias ocupadas)[7] e se debruça sobre duas questões: (i) de que modo a econormalização, enquanto ferramenta de *greenwashing*, prejudica a luta anticolonial palestina? e (ii) de quais maneiras a econormalização impede uma transição agrícola e energética justa na Palestina, inextricavelmente ligada à luta por autodeterminação? O capítulo também introduz o conceito de "eco-*sumud*" (ecoperseverança) diante da opressão israelense e de seu papel na contraposição ao *greenwashing* da econormalização.

5 "The BDS Movement's Anti-Normalization Guidelines Explained", Palestinian BDS National Committee, 30 out. 2022.

6 "Environmental Normalization in Palestine with Inès Abdel Razek", *Al-Shabaka: The Palestinian Policy Network* [podcast], 28 jul. 2022.

7 Ao longo do texto, usaremos Jawlan, o nome árabe para os territórios sírios ocupados por Israel, em vez de Golã, a denominação em hebraico para a área.

Projetos de econormalização

Em 8 de novembro de 2022, durante a 27ª Conferência das Partes da Convenção-Quadro das Nações Unidas sobre a Mudança do Clima (COP27) em Sharm el-Sheikh, no Egito,[8] Jordânia e Israel assinaram um memorando de entendimento intermediado pelos Emirados Árabes Unidos com o objetivo dar continuidade a um estudo de viabilidade de dois projetos interligados, chamados de Prosperidade Azul e Prosperidade Verde, que, juntos, constituem o Projeto Prosperidade. Nos termos do acordo, a Jordânia deve comprar anualmente duzentos milhões de metros cúbicos de água produzidos em estações de dessalinização israelenses que serão instaladas na costa mediterrânea (Prosperidade Azul). Essas estações serão abastecidas com a energia produzida por um parque solar fotovoltaico de 600 MW a ser construído na Jordânia (Prosperidade Verde) pela Masdar, uma estatal emiradense de energias renováveis. Os signatários do acordo se comprometeram a apresentar planos mais concretos para a implementação dos projetos na COP28, realizada nos Emirados Árabes Unidos em 2023 (Riedel & Sachs, 2021), mas, com o início da campanha genocida isralense em Gaza, em 7 de outubro, essas negociações saíram da agenda.

O Projeto Prosperidade foi originalmente apresentado pela Eco-Peace Middle East, uma organização não governamental israelense-jordaniana-palestina que promove a normalização ambiental entre os três povos, no interior da estrutura do Pacto Verde Azul do Oriente Médio ou Green Blue Deal for the Middle

8 "Jordan, Israel, and the UAE Sign MOU to Advance Project Prosperity, Targeting COP28 for Implementation Plan Development" (*press release*), Ministério Israelense de Energia e Infraestrutura, 8 nov. 2022.

East, uma iniciativa que pretende enfrentar questões hídricas e energéticas em Israel, Palestina e Jordânia. Ainda que faça parte do acordo, a Palestina não tem participação no Projeto Prosperidade (Bromberg, Majdalani & Taleb, 2020).

Em outra empreitada, a Jordânia se juntou a Marrocos, Emirados Árabes Unidos, Arábia Saudita, Egito, Bahrein e Omã para assinar, alguns meses antes da COP27, um memorando de entendimento com duas empresas de energia israelenses para a implementação de projetos de energia renovável. A Enlight Green Energy (ENLT) e a NewMed Energy, doravante ENLT-NewMed, as duas empresas israelenses envolvidas nesse gigantesco projeto de energia, iniciarão, financiarão, construirão, implementarão e operarão usinas de energias renováveis em terras árabes. Esses projetos de energia "verde" incluem a produção de energia eólica e solar, além do armazenamento de energia. Enquanto a ENLT se especializou nos projetos de energias renováveis, a NewMed é uma empresa de petróleo e gás natural — e ambas, sobretudo a NewMed, desempenham papel central no fortalecimento dos laços de normalização com Estados árabes por meio de acordos baseados tanto em combustíveis fósseis quanto em energia verde.[9]

Prosperidade Azul: Israel inunda uma Jordânia ressequida

Nos últimos anos, a Jordânia testemunhou a acentuação de uma crise hídrica que já dura décadas. A mídia dominante sugere que,

9 "Two Israeli Companies to Launch Renewable Energy Projects in Morocco", *Morocco World News,* 15 ago. 2022.

além da crise climática, a razão para isso está no número crescente de refugiados sírios e iraquianos acolhidos pelo país. De fato, o afluxo de refugiados das guerras imperialistas travadas contra seus países fez com que a Jordânia não conseguisse atender à demanda crescente por água.[10] Contudo, culpar apenas os refugiados sírios e iraquianos pelo agravamento da escassez de água sem ressaltar o que está na raiz do problema — a usurpação israelense das águas jordanianas — não passa de racismo e xenofobia, além de desviar a atenção do papel de Israel na transformação da Jordânia em um país ressequido. Há décadas Israel vem esvaziando as fontes de água jordanianas para obter ganhos políticos e econômicos na região. O *greenwashing* da apresentação da Prosperidade Azul nos veículos de mídia israelenses e ocidentais absolve o país de suas responsabilidades pela crise hídrica na Jordânia (Zeitoun & Dajani, 2019).

Após a assinatura do memorando de entendimento para o Projeto Prosperidade em 2022, o *Times of Israel* comentou que

> a Jordânia é uma das nações mais hidricamente limitadas do mundo. O país [...] enfrenta perspectivas hídricas severas à medida que sua população se expande e as temperaturas sobem. Israel também é um país quente e seco, mas seus avanços em tecnologias de dessalinização abriram oportunidades para a venda de água fresca.[11]

Essa declaração reflete o cerne das narrativas de *greenwashing* israelenses de benevolência e gestão responsável de recursos (Hughes, Velednitsky & Green, 2022). Israel sempre se retratou como um país seco que, apesar disso — e diferentemente de

10 "Jordan Is Running Out of Water, a Grim Glimpse of the Future", *The New York Times*, 9 nov. 2022.

11 "Israel, Jordan, UAE Sign New MOU on Deal to Swap Solar Energy for Desalinated Water", *The Times of Israel*, 8 nov. 2022.

seus vizinhos árabes —, desenvolveu a tecnologia necessária para administrar com eficiência recursos hídricos escassos e mitigar a crise climática. Nas últimas duas décadas, Israel exaltou a própria tecnologia hídrica avançada e celebrou seu sucesso na dessalinização da água do mar.[12] De acordo com essa narrativa, Israel, como "altruísta ambiental", sempre busca pôr essas tecnologias a serviço de seu vizinho ressequido, a Jordânia, mesmo em tempos de tensão entre ambos os países. Essa visão fica evidente em um comentário de 2021 publicado no site *The Hill* a respeito do Projeto Prosperidade:

> Israel e Jordânia têm uma longa história de colaboração hídrica, mesmo em meio a tensões políticas. Desde a assinatura do tratado de paz entre Israel e Jordânia em 1994, Israel tem reservado no Mar da Galileia parte das alocações jordanianas do Rio Jordão e liberado esses recursos para o país quando necessário.[13]

Isso não é verdade. Israel não tem "reservado" parte das "alocações" jordanianas no Mar da Galileia. Em vez disso, tem pilhado a cota jordaniana de água dos rios Jordão e Jarmuque contra a vontade expressa da Jordânia (sobretudo no passado). Israel também não liberou "esses recursos quando necessário"; em vez disso, o país continua a acumular a água que usurpa da Jordânia (Zeitoun & Dajani, 2019).

Historicamente, o Rio Jordão foi uma das principais fontes de água da Jordânia e também do resto do Bilad al-Sham: Palestina, Síria e Líbano. Após a criação de Israel, em 1948, isso mudou drasticamente. Nos anos 1950, o Fundo Nacional Judaico,

12 "Lakes Are Drying Up Everywhere. Israel will Pump Water from the Med as a Solution", CNN, 19 ago. 2022.

13 "Israel, Jordan, UAE Sign Pivotal Deal to Swap Solar Energy, Desalinated Water", *The Hill*, 23 nov. 2021.

uma organização paraestatal israelense, drenou o Lago Hula e os pântanos vizinhos a ele no norte da Palestina histórica (que hoje corresponde a Israel mais os territórios palestinos ocupados).[14] O governo israelense afirmou que essa era uma medida necessária para aumentar as terras aráveis, parte do esforço do Estado nascente para "fazer o deserto florescer". O projeto não só fracassou em expandir as terras cultiváveis "produtivas", disponíveis para colonos judeus recém-chegados da Europa, como ainda causou danos ambientais significativos, destruindo habitats naturais de uma série de espécies animais e vegetais.[15] A qualidade da água que fluía do Mar da Galileia (Lago de Tiberíades), uma das maiores fontes de água doce do país, também foi gravemente afetada. E, como se não bastasse, essa deterioração também perturbou o fluxo de água no Rio Jordão (Zeitoun & Dajani, 2019).

Na mesma época, a Mekorot, a companhia estatal israelense de recursos hídricos, começou a construção do aqueduto nacional de Israel, concebido para desviar a água do Rio Jordão que iria para a Cisjordânia e para a Jordânia a fim de atender os colonos israelenses ao longo da costa e nos assentamentos judeus no deserto de Naqab (Neguev).[16] Depois da ocupação israelense do resto da Palestina (a Cisjordânia, incluindo Jerusalém Oriental, e a Faixa de Gaza) em 1967, a pilhagem israelense das águas do Jordão se intensificou. Sobretudo em sua parte mais baixa, o Rio Jordão não passa, hoje, de um riacho sujo e cheio de esgoto (Anistia Internacional, 2017).

14 "Rehabilitation of the Hula Valley", KKL-JNF, [s.d.]. Disponível em: kkl-jnf.org/organization-chief-scientist/water-for-israel/water_activity_hula_valley_rehabilitation/.

15 *Idem.*

16 "Israel's Water Company Mekorot Nurturing Water Apartheid in Palestine", Stop the Wall, [s.d.].

O baixo Jordão é particularmente afetado pelas práticas israelenses porque recebe a vazão do Mar da Galileia e do Rio Jarmuque. Do mesmo modo, o Jarmuque é negativamente afetado pela pilhagem israelense dos recursos hídricos palestinos e árabes. O rio, que tem sua nascente na Síria, é o maior afluente do Jordão. A Síria, a Jordânia e a Palestina ocupada/Israel são os três Estados que se valem do Jarmuque: a Síria com o maior pedaço, e a divisão do restante entre Jordânia e Israel. Os israelenses bloquearam totalmente o acesso dos palestinos ao rio. Antes de 1967, Israel tinha acesso limitado ao Jarmuque, mas, depois da ocupação de Jawlan naquele ano, o país expandiu seu controle territorial direto por mais três quilômetros do rio e aumentou a exploração de suas águas. O acordo de paz Israel-Jordânia assinado em 1994 previu o controle israelense sobre a quantidade de água do rio que a Jordânia pode utilizar. Israel forçou a vizinha a aceitar a construção de uma infraestrutura que garante a captura israelense do excesso de vazão do Jarmuque (Zeitoun *et al.*, 2019).

A infraestrutura de barragens e poços construída pela Síria (cuja cota de uso do Rio Jordão é completamente bloqueada por Israel) garante que a maior parte do Jarmuque seja utilizada pelos sírios. A Síria afirma que essa infraestrutura foi construída para limitar a exploração israelense do Jarmuque, sobretudo porque o país se recusa a sair de Jawlan. Isso, ao lado da exploração do Jarmuque por Israel, da aceitação de um acordo injusto pela Jordânia e de uma miríade de outras questões burocráticas, reduziu a quantidade de água do Jarmuque a que a Jordânia tem acesso. A deterioração do fluxo do rio devido à queda nas precipitações diminuirá ainda mais a cota da Jordânia nos próximos anos (Zeitoun *et al.*, 2019).

Assim, a retórica benevolente por trás da Prosperidade Azul esconde o papel de Israel na pilhagem das águas palestinas e árabes. Em vez da apropriação e da mercadorização da água na forma como ela é vendida para a Jordânia, Israel deveria devolver ao país a água usurpada e que continua a ser acumulada. Longe de tomar essa atitude, Israel, por meio da Prosperidade Azul, nega sua responsabilidade pela escassez hídrica na Jordânia e afirma oferecer uma solução, com a qual se pinta como ambientalmente responsável e como potência hídrica regional.

Derrotando o coração (árabe) das trevas: um tema recorrente do *greenwashing* israelense

Os dois projetos de energias renováveis na pauta da econormalização — a Prosperidade Verde e a ENLT-NewMed — fortalecem a imagem de Israel como polo de tecnologias criativas para as energias renováveis. Ao exaltarem Israel, as narrativas dominantes omitem o fato de que as inovações do país no setor têm como base o colonialismo energético (verde) na Palestina e em Jawlan. O colonialismo energético se refere a empresas e países estrangeiros que saqueiam e exploram os recursos e a terra de países e comunidades no Sul Global para gerar energia para uso e benefício próprios. Perpetuando a dicotomia Norte/Sul, o colonialismo energético também leva o caos ao meio ambiente e à vida socioeconômica das populações no Sul. O colonialismo energético "verde" inclui a apropriação e a pilhagem de recursos de energia renovável ao lado da manutenção das mesmas estruturas políticas, econômicas e sociais de assimetria de poder entre Norte e Sul. O colonialismo energético está entranhado no paradigma capitalista colonial de poder, exploração, desumanização e alteridade, e continua a persistir décadas depois que muitas partes do mundo adentraram a era pós-colonial (Sultana, 2022). Na Palestina e em Jawlan, o colonialismo energético, incluindo sua vertente "verde", é uma das facetas do colonialismo de assentamento israelense. Israel o emprega como um instrumento, entre muitos outros, de espoliação e "guetização" de palestinos e jawlanis (os 26 mil sírios que vivem hoje sob ocupação israelense em Jawlan) em enclaves cada vez menores e de expansão da supremacia judaico-israelense sobre os territórios. Tanto a Prosperidade Verde quanto a ENLT-NewMed podem ser vistas como projetos energéticos colonialistas, que permitem a Israel dar continuidade a seu projeto de colonização de assentamento e ampliar seu poder geopolítico no Oriente Médio e na África do Norte sob a fachada de uma narrativa de *greenwashing*.

Prosperidade Verde

De acordo com os termos da Prosperidade Verde, a Jordânia deverá vender para Israel, por 180 milhões de dólares ao ano, *toda* a eletricidade gerada nos parques solares que vierem a ser construídos em solo jordaniano. Os lucros serão divididos entre o governo da Jordânia e a Masdar, a empresa emiradense responsável pela construção dos parques solares. O raciocínio é de que Israel não precisará usar sua própria energia para operar as estações de dessalinização de água que suprirão a Jordânia com duzentos milhões de metros cúbicos de água por ano. Isso é parte da meta israelense de fortalecer tanto seu setor energético quanto o de dessalinização. Israel confia que a dessalinização será sua principal fonte de água até 2030, um processo que demanda muita energia e corresponde a 3,4% do total do consumo elétrico do país. A Prosperidade Verde, portanto, faz parte de uma série de esforços israelenses para expandir o acesso a fontes alternativas de energia.[17]

17 "Background: Seawater Desalination in Israel", Ministério das Finanças de Israel, 2021.

A Jordânia é uma grande importadora de gás fóssil, que representa 75% de suas fontes energéticas, mas, nos termos do acordo, não poderá receber energia das placas solares da Prosperidade Verde nem favorecer seu próprio setor energético (Ready, 2020). Desse modo, o país vai extrair energia solar, mas continuará profundamente dependente de combustíveis fósseis importados — aliás, importado de Israel, um de seus principais fornecedores desde 2020, graças a um acordo bilateral firmado em 2014 no valor de dez bilhões de dólares pelo qual Leviatã, um campo de gás natural no Mediterrâneo controlado por Israel, fornecerá à Jordânia sessenta bilhões de metros cúbicos de gás ao longo de quinze anos.[18] A Jordânia, portanto, permanecerá refém de importações de gás israelense enquanto exporta sua própria energia verde a fim de receber água dessalinizada de Israel.[19]

Portanto, ao ter sido concebida para empoderar o setor de energias renováveis de Israel e, ao mesmo tempo, manter a Jordânia dependente de fontes israelenses de energia fóssil, a Prosperidade Verde é uma forma de colonialismo energético — ou, mais especificamente, de colonialismo verde. E o colonialismo é ainda mais evidente porque os parques solares serão construídos na Jordânia, e não em Israel. "A lógica é de que Israel precisa de energias renováveis, mas não dispõe de terra para parques solares enormes, como a Jordânia", resumiu um site de notícias em 2021.[20] Karine Elharrar, ex-ministra da Energia de Israel, reverbera a mesma ideia:

18 "Jordan Gets First Natural Gas Supplies from Israel", *Reuters*, 1 jan. 2020.

19 "Scoop: Israel, Jordan and UAE to Sign Deal for Huge Solar Farm", *Axios*, 17 nov. 2021.

20 *Idem.*

> A Jordânia, que goza de uma abundância de espaços abertos e de luz solar, ajudará o Estado de Israel a avançar em sua transição para a energia verde e a cumprir as metas ambiciosas que estabelecemos; e Israel, que goza de uma excelente tecnologia de dessalinização, ajudará a Jordânia a enfrentar sua escassez de água.[21]

Essa categorização hierárquica do solo, na qual o deserto é concebido como inferior em relação à terra cultivada/verde, é nutrida pelo discurso sionista, que retrata a criação de Israel sobre as ruínas de centenas de vilarejos palestinos destruídos como uma forma de redenção da terra.[22] Discursos como esse buscam legitimar e moralizar as ações israelenses, retratando o Estado judeu como um gestor moral e progressista para a eficiência do solo, e não como um regime imoral colonialista, de apartheid e genocida.

Alinhada a esse discurso de *greenwashing* e de redenção da terra, a construção dos parques solares é considerada como um favor à Jordânia: sob a benevolência dos Acordos de Abraão, as terras jordanianas estéreis e "improdutivas" vão se tornar rentáveis graças ao desenvolvimento ambiental e à generosidade de Israel. Na prática, a Prosperidade Verde moraliza e legitima a apropriação e o colonialismo verdes como ações progressistas dignas de elogios, e não de repúdio.

21 "Israel, Jordan, UAE Sign Pivotal Deal to Swap Solar Energy, Desalinated Water", *The Hill*, 23 nov. 2021.

22 O discurso sionista de redenção da terra fica evidente na narrativa construída acerca do projeto de aflorestamento liderado pelo Fundo Nacional Judeu para esconder as ruínas de 86 vilarejos palestinos destruídos depois de 1948; ver Galai (2017).

ENLT-NewMed

A ENLT-NewMed também é retratada como uma demonstração da superioridade ambiental e moral de Israel em relação aos vizinhos árabes. Após chegar a um acordo para o desenvolvimento de projetos de energia com a Jordânia, o Marrocos, os Emirados Árabes Unidos, a Arábia Saudita, o Egito, o Bahrein e Omã, a ENLT declarou que a parceria "trará para primeiro plano a grande experiência e a expertise das duas companhias israelenses no campo da energia".[23] Trazer para primeiro plano a "experiência" e a "expertise" de Israel é manter na sombra as lutas palestinas e jawlanis contra o colonialismo energético israelense. Embora a ENLT-NewMed se apresente como prestadora de auxílio no atendimento das necessidades energéticas desses sete países árabes, isso também deve ser compreendido como um ato de colonialismo energético, por duas razões principais. Primeiro, ela busca aprofundar a integração de Israel e firmar o país em uma posição dominante nas esferas econômica e energética da região árabe, criando novas dependências (via acesso e controle de energia) que intensificam a pauta da normalização e a posição de Israel como parceiro indispensável. Segundo, permite que a ENLT e a NewMed, duas empresas profundamente envolvidas com os projetos de energia israelenses, normalizem e financiem suas atividades coloniais na Palestina e em Jawlan ocupados. A ENLT opera vários projetos de energias renováveis em Jawlan com o apoio do governo israelense, incluindo os de Emek Habacha, Ruach Beresheet e Emek Haruchot. A ENLT tem uma participação de 41% e 61%, respectivamente, nesses dois primeiros,[24] que são financia-

23 "Two Israeli Companies to Launch Renewable Energy Projects in Morocco", *Morocco World News*, 15 ago. 2022.

24 "Enlight Renewable Energy", Who Profits Research Center, [s.d.]. Disponível em: whoprofits.org/companies/company/6339.

dos por um consórcio encabeçado pelo banco Hapoalim, listado pelas Nações Unidas entre os negócios e companhias cúmplices dos assentamentos israelenses ilegais na Cisjordânia.[25] A ENLT também está envolvida em projetos de energias renováveis em assentamentos ilegais na Cisjordânia. A empresa vem desenvolvendo um projeto de turbinas eólicas de 42 MW (em que detém 50,15% de participação) na floresta de Yatir, localizada no deserto de Naqab e em partes da Cisjordânia.[26]

Os projetos de parques eólicos em Jawlan e em alguns dos territórios palestinos ocupados são parte do plano de Israel para aumentar suas fontes de energia renovável. Os jawlanis vêm protestando há anos para afirmar a soberania sobre seus territórios e recursos, e consideram esses projetos como mais uma ferramenta israelense para usurpar suas terras (Dajani, 2020). Israel já controla 95% de Jawlan, que administra em benefício de cerca de 29 mil colonos israelenses ilegais que vivem em 35 assentamentos na região.[27] Como projeto colonial, as turbinas eólicas dificultam ainda mais a relação sustentável entre o povo jawlani e suas terras: após o início da construção, as autoridades israelenses restringiram o acesso dos jawlanis a suas terras agrícolas. Os projetos afetarão 3.600 *dunams* (360 hectares) de pomares de maçã e cereja e de vinhas que pertencem aos jawlanis. A luta dos jawlanis contra esses parques eólicos é parte de décadas de resistência ao colonialismo de assentamento, à expulsão, à pilhagem de recursos e à negação da soberania e da identidade nativas em relação ao solo.[28]

25 "Named: 112 Companies Linked to Illegal Israeli Settlements by the UN", *Middle East Eye*, 12 fev. 2020.

26 "Enlight Renewable Energy", Who Profits Research Center, [s.d.].

27 "Illegal Settlements", *Al-Marsad*, 2022.

28 "Syrians in Occupied Golan Heights Protest Over Israel Wind Farm Project", *Middle East Eye*, 7 dez. 2020.

A NewMed Energy, especializada na extração de gás natural do Mediterrâneo Oriental, é tão cúmplice quanto a ENLT no entrincheiramento do apartheid e do colonialismo de assentamento israelenses. Anteriormente conhecida como Delek Drilling, a empresa foi renomeada em 2022, depois de expandir seus negócios nos países árabes, sobretudo na Jordânia, nos Emirados Árabes Unidos e no Egito.[29] Pioneira no setor israelense de gás natural no Mediterrâneo Ocidental, a NewMed Energy esteve envolvida na maioria das descobertas israelenses de gás naquela região nos últimos trinta anos. A mais impressionante dessas descobertas se deu em 2010: o já citado campo Leviatã, a maior reserva de gás natural do Mediterrâneo. A NewMed Energy assegurou para si o direito de explorar 45,3% do Leviatã.[30] Um ano antes, em 2009, a empresa, em conjunto com a Chevron, descobriu a reserva de gás natural de Tamar, também no Mediterrâneo. Juntas, estima-se que essas duas reservas contenham 740 bilhões de metros cúbicos de gás natural e, por representarem uma fonte de poderio geopolítico e econômico na região e além, ambas elevaram a posição de Israel nos mercados regional e global de energia (Zhukov, 2021). Espera-se que elas atendam as demandas energéticas de Israel por trinta anos e permitam a exportação regional de gás (incluindo para a União Europeia, sobretudo agora, no contexto da guerra da Ucrânia). Tanto o Egito quanto a Jordânia, como já mencionado, importam hoje gás israelense dos campos Leviatã e Tamar.[31]

Israel vem rejeitando há anos as declarações do Líbano de que uma porção das reservas de Leviatã está dentro de sua Zona Eco-

29 "Israeli Companies Tout Big Plans to Develop Renewable Energy Projects in Mena", *The Times of Israel*, 17 ago. 2022.

30 *Idem.*

31 "Israel Starts Exporting Natural Gas to Egypt under Landmark Deal", *Reuters*, 15 jan. 2020.

nômica Exclusiva.[32] Também negou a cota do Líbano em Karish, outro campo de gás descoberto pela NewMed Energy em 2013.[33] Em 2022, os dois lados chegaram a um acordo injusto, intermediado pelos Estados Unidos, que garante a Israel o acesso total ao campo de Karish.[34] O Líbano só está autorizado a explorar o campo de Qana, outra reserva de gás em disputa no Mediterrâneo, com quase cem bilhões de metros cúbicos de gás natural, e deve pagar royalties acordados com Israel. O acordo reflete as relações assimétricas de poder entre o Líbano, de um lado, e Israel e seu apoiador mais ferrenho, os Estados Unidos, de outro.[35] Enquanto isso, e em resposta às reivindicações libanesas, os israelenses vêm intensificando a militarização do Mediterrâneo com o aumento da presença de navios de guerra na região (Zhukov, 2021). Mesmo enquanto alimenta disputas sobre esses campos de gás e fortalece, em escala tanto regional quanto global, a posição de uma potência colonial altamente militarizada, a NewMed Energy continua a enfatizar seu compromisso com o desenvolvimento de fontes verdes de energia.[36]

O acesso e a exploração de Qana é negociado principalmente pela Total, empresa francesa que detém uma participação de 35% no campo. A Total faz parte de um consórcio de operações em Qana que inclui a italiana Eni e também a estatal Qatar Energy, que detém uma participação de 30% no projeto (a Qatar Energy entrou no lugar da Novatek, uma companhia

32 "Karish Gas Field: Are Lebanon and Israel Preparing for War?", *Middle East Eye*, 2 set. 2022.

33 *Idem*.

34 "Israel Signs Agreement on Gas Field Shared with Lebanon", *Al Jazeera*, 15 nov. 2022.

35 "Sidon-Qana Gas Field Could Contain 100 BCM", *Globes*, 28 out. 2022.

36 "Israeli Companies Tout Big Plans to Develop Renewable Energy Projects in Mena", *The Times of Israel*, 17 ago. 2022.

russa excluída em razão das sanções impostas após a invasão da Ucrânia).[37] O envolvimento da Qatar Energy na exploração do campo de Qana foi aprovado pelo governo israelense[38] e torna o Catar cúmplice da normalização energética de Israel. Essa normalização explícita pelo Catar, que desde a década de 1990 vinha participando dela por baixo dos panos, se dá em detrimento dos palestinos (Feierstein & Guzansky, 2022) e reflete um padrão visto também em outros países árabes: Egito, Marrocos, Jordânia e Emirados Árabes Unidos estão envolvidos em vários projetos de energia (incluindo projetos verdes) com Israel ou empresas israelenses, um sinal de que esse relacionamento de normalização já não é mais considerado escandaloso pelos líderes árabes.

O Egito, como dissemos, compra gás do Leviatã, que é extraído e transferido por meio do exercício violento e ilegal de controle israelense sobre a Zona Econômica Exclusiva palestina,[39] o que se manifesta em ataques sistemáticos da Marinha israelense contra pescadores palestinos.[40] Mas a história entre Egito e Israel com relação ao gás natural não se restringe à eletrificação de residências egípcias. Junto com o Chipre e a Grécia, integram um consórcio voltado a suprir a Europa com gás vindo do Mediterrâneo, hoje parte de um esforço da União Europeia para pôr fim à dependência do gás russo. O consórcio tem como objetivo construir um novo sistema de gasodutos que levará o gás de Israel e do Chipre a usinas de liquefação no Egito, de onde será transportado para a Europa em navios-tanque. O projeto tam-

37 "Qatar Replaces Novatek in Lebanon's Qana Gas Field Project", *The Maritime Executive*, 30 jan. 2023.

38 "Qatar to Join Consortium Pumping Gas from Offshore Field Straddling Lebanon, Israel", *The Times of Israel*, 23 nov. 2022.

39 "Siemens and Chevron: Stop Fueling Apartheid and Climate Disaster", BDS Movement, [s.d.].

40 "Three Palestinian Fishermen Wounded by Israeli Navy off Gaza's Coast", *Middle East Eye*, 16 jun. 2022.

bém inclui a construção de usinas de liquefação na costa oriental do Chipre e de "uma usina de liquefação flutuante como parte da expansão do campo Leviatã".[41] Ainda não está claro se o gasoduto e o sistema de liquefação propostos substituirão os planos para a construção do Gasoduto do Mediterrâneo Oriental (EastMed, na abreviação em inglês), mas, ao que parece, são considerados como alternativas a ele, uma vez que sua viabilidade tem sido questionada.

Independentemente de quais sejam as formas dos projetos de energia no Mediterrâneo, dois fatos importantes persistem. Primeiro, o sofrimento causado pelo cerco e as experiências traumáticas de violência e desumanização vividas pelos pescadores palestinos e pelas pessoas na Faixa de Gaza não podem ser separados das reservas de gás altamente militarizadas por Israel no Mediterrâneo e dos projetos a elas relacionados. Segundo, a União Europeia mostra mais uma vez sua hipocrisia: trata os povos palestino e jawlani como menos humanos do que os ucranianos ao importar gás israelense como parte de seus esforços de fazer a Rússia pagar pela invasão à Ucrânia. Além disso, o Egito e outros Estados árabes que participam de negócios energéticos sujos no Mediterrâneo tomam parte na desumanização sistemática dos palestinos e dos sírios nas mãos tanto de Israel quanto da União Europeia. A desumanização dos colonizados e a cumplicidade dos Estados árabes são maquiadas como ecológicas pela União Europeia e por Israel, encobertas por uma propaganda de transição para um futuro mais verde e para uma economia de baixo carbono. Nesse aspecto, a representação do gás fóssil como uma fonte de energia limpa é, para dizer o mínimo, enganosa.[42]

41 "Israel Intensifies Efforts to Increase Gas Exports", *Globes*, 8 fev. 2023.

42 "Siemens and Chevron: Stop Fueling Apartheid and Climate Disaster", BDS Movement, [s.d.].

Econormalização: uma investida violenta contra o direito de autodeterminação dos palestinos

A econormalização permite que Israel galgue altas posições locais e globais no setor energético e hídrico, reforçando seu poder político e diplomático. Com o agravamento das crises climática e energética, os países que dependem de energia e água (assim como de tecnologia) israelenses poderão começar a ver a luta palestina como uma questão de menor importância, se comparada com suas próprias seguranças hídrica e energética. Isso permite que a econormalização fortaleça o papel do *greenwashing* de Israel como uma máquina de fazer dinheiro para empresas israelenses enquanto compromete uma transição agrícola e energética justa na Palestina, inextricavelmente ligada à luta por autodeterminação.

A Mekorot, um dos principais agentes na dessalinização da água israelense, tem conseguido se posicionar como líder global em soluções hídricas graças, em parte, à narrativa de *greenwashing* de Israel. A empresa é responsável, por exemplo, por 40% da dessalinização da água do mar no Chipre.[43] Sua tecnologia e "expertise" geram milhões de dólares de receita em projetos hídricos desenvolvidos mundo afora, sobretudo no Sul Global.[44] Esse dinheiro financia as práticas de apartheid hídrico da empresa — e do governo israelense — contra o povo palestino: a Mekorot é responsável pela construção da infraestrutura hídrica de segregação, pois controla a maior parte da água palestina na Cisjordânia e sua transferência para assentamentos israelenses ilegais, além de ter

43 "Water Resource Management", Mekorot, [s.d.]. Disponível em: mekorot-int.com/water-resources/.

44 "Israel's Mekorot Targets World Water Market", *Reuters*, 7 jun. 2012.

participado da usurpação do Rio Jordão.[45] A infraestrutura de poços e dutos da empresa é construída de modo a garantir que os palestinos que vivem na Área C da Cisjordânia não tenham acesso à água,[46] enquanto ajuda o exército israelense a confiscar aquedutos palestinos e outros meios alternativos de acesso à água na região.[47] Ao praticar um apartheid hídrico, a Mekorot cria um ambiente de coerção voltado à expulsão dos palestinos de suas terras e à expansão de assentamentos israelenses ilegais. A aplicação ativa dessas políticas hídricas segregacionistas interfere no uso do solo como fonte de subsistência para que os palestinos possam manter sua vida e sua identidade. É uma ameaça ao setor agrícola e à soberania alimentar palestinos, ambos componentes essenciais para uma transição justa. As comunidades agrícolas palestinas no Vale do Jordão, por exemplo, já não podem contar com a agricultura para seu próprio sustento devido às restrições israelenses ao acesso à água e à terra (Isma'il & Dajani, 2021).

A mesma história se observa na encurralada Faixa de Gaza, onde há décadas Israel vem destruindo o setor agrícola. Desde 2007, o cerco a Gaza restringiu o acesso dos agricultores palestinos à terra e exacerbou uma crise hídrica severa na região (Isma'il & Dajani, 2021).

45 "E.U. Funding for Mekorot: Aiding and Abetting the Israeli Settlement Project", Pengon/Foei, [s.d.].

46 Nos termos dos Acordos de Oslo assinados por Israel e pela Organização pela Libertação da Palestina (OLP) em 1993, a Cisjordânia foi dividida em três áreas: A, B e C. A Área A, integrada por 18% da Cisjordânia, está sob controle civil e de segurança da Autoridade Palestina. A Área B, correspondente a 21%, está sob controle misto israelense e palestino. A área C, que constitui 61% das terras da Cisjordânia — sobretudo terras agrícolas férteis —, está sob total controle israelense.

47 "E.U. Funding for Mekorot", Pengon/Foei, [s.d.].

Esse entrincheiramento do colonialismo energético e do apartheid israelenses também é notório no *greenwashing* promovido pela Prosperidade Verde e pela ENLT-NewMed. Com uma eficaz estratégia de espoliação e opressão colonial, Israel nega a soberania dos palestinos (e dos jawlanis) em relação a seus próprios recursos energéticos e os mantém dependentes do mercado de energia israelense. Ao mesmo tempo, situada não muito longe dos campos de gás de Leviatã e Tamar, a Faixa de Gaza vive na escuridão por anos, uma vez que Israel impede seu acesso total à eletricidade. A crise elétrica em Gaza se agrava ainda mais durante os frequentes ataques e massacres israelenses.[48] Eletricidade, água, violência e uma miríade de outras ferramentas são parte dos mecanismos de colonização de assentamento, usados por Israel para "gerir" e controlar os palestinos nos guetos para os quais foram designados. Os projetos energéticos de econormalização e *greenwashing* dão a Israel apoio financeiro para consolidar suas políticas de guetização de milhões de palestinos na Faixa de Gaza e além.

Os palestinos de modo geral são reféns de Israel também no que se refere à energia. Os moradores da Área C da Cisjordânia ocupada não têm acesso à rede elétrica local, implementada pelos israelenses para atender os assentamentos ilegais. Eles tampouco têm permissão de instalar painéis solares, que muitas vezes são custeados por ONGs e pela União Europeia apenas para serem em seguida confiscados por Israel e destruídos.[49] Entre 2001 e 2016, as políticas israelenses na Área C causaram aos palestinos prejuízos estimados em 65 milhões de euros em relação aos recursos

48 "Power Outage Adds to 'Unbearable'" Hardships for Palestinians in Gaza", *Al-Monitor*, 12 ago. 2022.

49 "COP26: Destruction of Solar Panels in Area C of the West Bank, an Attempt to Undermine Palestinian Development of Sustainable Energy", *Al-Haq*, 4 nov. 2021.

enviados pela União Europeia, incluindo os destinados a instalações de energia solar. O setor de energia solar na Área C vem sendo estabelecido pela sociedade civil palestina a fim de fortalecer a perseverança das comunidades na região, e os israelenses empregam seu desmantelamento como tática para expulsá-las.[50]

Enquanto isso, o setor de energia solar israelense floresce graças à expansão de assentamentos e parques solares ilegais por toda a Cisjordânia. Em 2016, as receitas israelenses provenientes de energia gerada em parques solares localizados tanto na Cisjordânia quanto em Israel alcançaram 1,6 bilhão de shekels (aproximadamente 445 milhões de dólares). Já em 2017, Israel operava quatro parques solares de grande escala na Cisjordânia, todos conectados à rede nacional israelense, que fornece eletricidade para assentamentos ilegais na Cisjordânia e dentro de Israel.[51] A força do setor de energia solar israelense contrasta fortemente com o fato de que dezenas de milhares de cidadãos (de segunda classe) palestinos de Israel que vivem nas 35 vilas "não reconhecidas" no deserto de Naqab não têm acesso a eletricidade (ou a água, saúde e educação), naquilo que é parte das políticas discriminatórias israelenses pensadas para expulsá-los de suas terras e substituir suas vilas por assentamentos exclusivamente judeus e por pinheiros plantados pelo Fundo Nacional Judeu (Anistia Internacional, 2022).

50 "COP26: Destruction of Solar Panels in Area C of the West Bank, an Attempt to Undermine Palestinian Development of Sustainable Energy", *Al-Haq*, 4 nov. 2021.

51 "Israeli Solar Fields in the West Bank", Who Profits Research Center, jan. 2017.

Eco-*sumud*: uma visão para a transição justa na Palestina

Ainda que a palavra *sumud* (perseverança) tenha múltiplas acepções, neste capítulo ela é definida como um padrão de práticas cotidianas de resistência e adaptação às dificuldades diárias da vida sob domínio colonial israelense. *Sumud* também se refere à persistência do povo palestino em permanecer em suas terras e preservar a identidade e a cultura palestinas, em resistência à espoliação israelense e às reivindicações dos colonos judeus como únicos habitantes legítimos do território (Johansson & Vinthagen, 2020, p. 149-52). O eco-*sumud* combina as práticas diárias de perseverança dos palestinos com modos ecológicos de preservar os vínculos com a terra da Palestina. Abarca conhecimentos autóctones, valores culturais, táticas e ferramentas que os palestinos empregam para reagir à violenta interferência imposta pelo colonialismo de assentamento israelense contra o relacionamento sustentável com a terra. O conceito de "eco-*sumud*" tem como premissa a compreensão de que as únicas soluções sustentáveis para as crises ecológica e climática são as que apoiam a busca do povo palestino por uma transição agrícola e energética justa.

Um estudo de caso que pode ajudar a entender os significados do eco-*sumud* em termos concretos é o da agricultura pluvial praticada pelos habitantes palestinos da vila de Dayr Ballut (Tesdell, Othman & Alkhoury, 2019). Habitada por mais de três mil pessoas, Dayr Ballut fica no distrito de Salfit, na região central da Cisjordânia, e tem uma área total de aproximadamente 11.898 *dunams* (1.189 hectares), dos quais 5.985 *dunams* (598 hectares) são terras aráveis. Apenas 5,2% das terras da vila são classificadas como Área B, sob controle misto palestino/israelense; os outros

94,8% pertencem à Área C, sob total controle civil e de segurança israelense. Dayr Ballut sofre com uma miríade de políticas e práticas de colonialismo de assentamento que têm por objetivo expulsar os aldeões, entre as quais o confisco de propriedades para a construção de vias marginais israelenses, assentamentos ilegais e o muro do apartheid. Israel estabeleceu um posto militar de controle na entrada da vila, onde assedia e humilha palestinos de Dayr Ballut e de vilas próximas. O posto de controle também restringe a movimentação de bens e de produtos agrícolas saídos de Dayr Ballut para os mercados da Cisjordânia.[52]

Como em outras partes da Área C, os palestinos em Dayr Ballut têm acesso a menos água e eletricidade do que necessitam, e as autoridades israelenses controlam o poço da vila.[53] Apesar do apartheid hídrico israelense e da apropriação de terras em curso, os palestinos em Dayr Ballut continuam no controle de suas terras agrícolas. Isso tem sido possibilitado, sobretudo, pela adesão a práticas de agricultura pluvial. A agricultura pluvial na Palestina (conhecida como *ba'li* no árabe vernacular) é definida como "um conjunto de estratégias de plantação, lavoura e proteção de plantas que explora a umidade do solo para o cultivo de safras sem irrigação" (Tesdell, Othman & Alkhoury, 2019). Também abrange conhecimentos e técnicas que os palestinos empregam para captar água durante a estação chuvosa, como o uso de cisternas e terraços. A água captada é usada pelas comunidades de agricultores para regar as plantações durante a estação seca. A agricultura *ba'li* possui uma dimensão espiritual, já que *ba'li* deriva de Baal, o deus da fertilidade e da chuva adorado pelos ancestrais cananeus do povo palestino. Apesar do controle rei-

52 "Deir Ballut Town Profile", The Applied Research Institute Jerusalem, p. 1-23, 2013.

53 *Idem.*

terado de Israel sobre a terra, a água, as fronteiras, os deslocamentos e os mercados, a agricultura *ba'li* persiste como principal forma de cultivo na maioria das terras agrícolas da Cisjordânia.

O que faz com que a agricultura pluvial de Dayr Ballut se destaque em comparação com o resto da Cisjordânia é a flexibilidade dos fazendeiros, que se adaptaram às mudanças nas circunstâncias políticas, econômicas e sociais ao longo de um século de colonialismo. Duas qualidades fundamentais caracterizam o dinamismo da agricultura pluvial de Dayr Ballut: a diversificação do plantio em resposta aos desafios que se apresentam constantemente e o protagonismo das mulheres nas atividades agrícolas. Vistos sob a ótica do eco-*sumud*, os sistemas de plantação e as estruturas de trabalho mutáveis em Dayr Ballut são parte das táticas, técnicas e conhecimentos que os camponeses aplicam para a sustentação do relacionamento com a terra.

Depois da captura da Cisjordânia, da Faixa de Gaza e de Jerusalém Oriental por Israel em 1967, e da consequente abertura do mercado de trabalho israelense a milhares de homens palestinos, as estruturas de trabalho da sociedade palestina foram transformadas, inclusive na forma da alocação de um papel maior para as mulheres no setor agrícola (Tamari, 1981). Ainda mais do que em outras áreas da Cisjordânia, Dayr Ballut foi testemunha disso: desde 1967, as mulheres têm sido as principais responsáveis pelo cultivo de suas planícies (conhecidas como *marj* no árabe vernacular) e colinas. Isso foi acompanhado por uma adaptação no sistema de plantio. Até 1948, a planície e as colinas de Dayr Ballut tinham produções locais de trigo, cevada, gergelim, tabaco, sorgo e oliveiras. Em 1948, na sequência da fundação de Israel, novas plantações, todas adequadas à agricultura *ba'li*, começaram a ser cultivadas no vilarejo por influência da chegada de refugiados que, expulsos de cidades costeiras próximas, trouxeram consigo diferentes sementes e expertise para novas culturas, que compartilharam com os habitantes locais. As novas plantações incluíram alho, quiabo, tomate, cebola, melancia e melão, e permitiram que os aldeões diversificassem seus cultivos, dos quais dependiam para a subsistência. Depois, nos anos 1970, as mulheres de Dayr Ballut substituíram o trigo e outros grãos menores por oliveiras nas áreas de colina do vilarejo. Uma vantagem é que as oliveiras não exigem a presença constante dos agricultores, e, com cada vez mais obstáculos israelenses, tornaram-se uma estratégia para preservar na terra a existência palestina. Além disso, em comparação com outras culturas, as oliveiras são mais resilientes e adaptáveis a mudanças climáticas. Ao plantarem essas árvores, as mulheres puderam reduzir o fardo do cultivo que, na ausência dos homens, recaía exclusivamente sobre elas. Também puderam extrair alguma renda desses olivais diante do crescimento da demanda pelo azeite, resultado da expansão dos assentamentos isralenses e da destruição de antigos campos de oliveiras palestinos.

As mulheres palestinas continuam a introduzir novos cultivos no vale em resposta às circunstâncias mutáveis, incluindo o plantio do lucrativo *faqqous* (pepino armênio). Todos os anos, em maio, palestinos de toda a Cisjordânia vencem a fragmentação espacial imposta pelos israelenses e se reúnem na planície de Dayr Ballut para celebrar o festival da colheita do *faqqous*.

Embora Israel inunde o mercado palestino com seus próprios produtos agrícolas como parte da estratégia de manter os palestinos economicamente dependentes, as plantações de Dayr Ballut são altamente competitivas. Diferentemente da agricultura israelense, que apresenta grande dependência de fertilizantes sintéticos, a agricultura *ba'li* não usa insumos químicos, de modo que as colheitas dos camponeses palestinos são superiores em sabor e qualidade.

No comando do cultivo da terra e da colheita desde 1967, as mulheres de Dayr Ballut têm conseguido protegê-las do confisco e das práticas insustentáveis de plantio e manejo do solo israelenses graças à diversificação criativa de culturas adequadas à agricultura pluvial. Dayr Ballut representa, assim, um modelo de eco-*sumud* que deveria servir de base para a visão mais ampla da descolonização na Palestina (inclusive no setor energético). Esse modelo para uma transição justa se baseia em cinco elementos principais. Primeiro, a rejeição da inferioridade sistematicamente construída dos palestinos em relação a seus colonizadores em termos de conhecimento e cultura, um pré-requisito para a transformação anticolonial. As mulheres em Dayr Ballut são palestinas exemplares, que se veem como verdadeiras administradoras — e cuidadoras — de suas terras ancestrais. Nesse sentido, o eco-*sumud* é significativo como contranarrativa ao discurso de *greenwashing* israelense, que, como ressaltado, busca legitimar e naturalizar a espoliação e a violência colonial de Israel. Em segundo lugar, o relacionamento com a terra e com seus recursos naturais deve ter como base a reciprocidade e a interdependência. Terceiro, a terra, a água e o conhecimento devem ser coletivizados, e não monopolizados e mercadorizados como um luxo para poucos. Quarto, as mulheres são as agentes primárias, e não secundárias, na luta anticolonial por soberania e autodeterminação. Por fim, a prática do eco-*sumud* está enraizada na crença da possibilidade da derrota do colonialismo de assentamento israelense e da invencibilidade do desejo ardente dos colonizados de determinarem seu próprio destino.[54]

54 Dayr Ballut fica perto do vilarejo de Al-Zawya, onde nasci e cresci no interior de uma família *fallahi* (camponesa). Alguns dos fatos narrados sobre Dayr Ballut — agricultura pluvial, o festival do *faqqous* e o posto de controle israelense — vieram das minhas próprias observações, baseadas em experiências pessoais no vilarejo.

Conclusão

Há uma conexão persistente entre o *greenwashing* israelense, reforçado pela econormalização, e a consolidação do apartheid e do colonialismo de assentamento na Palestina e em Jawlan. Como demonstramos, a econormalização é social e ambientalmente injusta e insustentável, uma vez que obstrui a democracia energética, a soberania alimentar e toda e qualquer tentativa de alcançar uma transição energética e agrícola na Palestina e em Jawlan. Com as crescentes violência e expansão colonial isralenses nos territórios palestinos ocupados, a luta anticolonial palestina se encontra em um momento crítico. O túnel escuro em que consiste a vida dos palestinos submetidos à opressão israelense se mostra cada vez mais tenebroso. Ainda assim, podemos perceber uma luz fugaz que ilumina o longo caminho que os conduzirá à libertação: essa luz é a resistência crescente do povo palestino, que se recusa a ser isolado, desumanizado e obliterado. A luta para derrubar o regime opressivo de Israel também é parte das lutas mais amplas de outros povos ao redor do mundo por emancipação e autodeterminação. As tentativas coloniais voltadas a intensificar o isolamento da Palestina em relação ao mundo árabe via econormalização podem ser frustradas com o poder coletivo dos povos árabes e de outros povos. Para isso, movimentos sociais, grupos ambientais, sindicatos, associações estudantis e organizações da sociedade civil na região árabe e além devem intensificar os protestos contra seus governos até que a normalização com Israel seja interrompida. Meios de comunicação alternativos devem contestar a mídia dominante, que invisibiliza a Palestina e menospreza a luta dos povos árabes (e não árabes). Tanto indivíduos quanto instituições, em particular na região árabe, devem ser mais vigilantes quanto a projetos e iniciativas culturais, acadêmicos, sociais e ambientais: antes de se envolverem com eles, devem investigar seus financiadores, seus participantes e suas pautas. Os movimentos ambientais também podem apoiar a luta palestina por autodeterminação ao se concentrar no eco-*sumud* e valorizá-lo como forma de conhecimento autóctone capaz de subsidiar soluções e estratégias para a mitigação da crise climática. Por fim, movimentos internacionais de base devem aumentar o apoio ao boicote, ao desinvestimento e às sanções contra Israel.

Karen Rignall é antropóloga cultural e professora associada na Universidade do Kentucky, Estados Unidos. Sua pesquisa examina a política de acesso à terra, a ruralidade e a governança de recursos naturais nos oásis pré-saarianos e nos Apalaches estadunidenses. Conduz estudos de campo etnográficos e colaborações multidisciplinares, com enfoque no apoio a redes de base lastreadas em comunidades rurais e no trabalho em direção a uma transição energética e econômica.

Mineração e energias renováveis no Marrocos: lições das mobilizações sociais

4

Karen Rignall

Em 2011, quando eclodiram os protestos contra uma nova usina solar no sudeste do Marrocos, tanto representantes do governo quanto os residentes das áreas rurais contíguas os compararam a conflitos de longa data relacionados a uma mina de cobalto nas proximidades (Rignall, 2016). Enquanto os representantes do governo buscavam administrar o dissenso político e proteger os megaprojetos, a população local tinha outras preocupações e passou a questionar quem eram os donos daqueles recursos, da terra onde os projetos estavam instalados e da riqueza que geravam. Os moradores queriam empregos. Queriam o desenvolvimento econômico que havia sido alardeado como resultado desses projetos. Desde então, intensificaram-se os conflitos motivados por prata, cobalto e fosfato — e também pelas instalações de energias renováveis. Os próprios residentes apontam similaridades entre os impactos econômicos, ecológicos e políticos provocados por esses dois tipos aparentemente díspares de projetos (Bogaert, 2016; El Kahlaoui & Bogaert, 2019; Hamouchene, 2016; Aoui, El Amrani & Rignall, 2020). Estão preocupados com os impactos materiais — empregos limitados, investimentos insignificantes na economia local e apropriação da água, que já é escassa —, mas também contestam a repetição de formas duradouras de repressão e marginalização, em dinâmicas políticas já conhecidas e comuns a todos esses diferentes setores. As similaridades entre a mineração e a produção de energia solar fazem mais do que apenas reforçar desequilíbrios de poder, nos quais moradores de áreas rurais marginalizadas são novamente demandados a arcar com os custos do desenvolvimento nacional em benefício de corporações privadas e do poder estatal. As continuidades entre a mineração e as energias renováveis também suscitam questões sobre como podemos caminhar rumo a uma transição justa no Marrocos e em outros países que veem uma explosão de projetos de energia limpa, frequentemente em áreas com longos históricos de mineração. Como apoiar novas formas de energia que não reproduzam as desigualdades econômicas e políticas inerentes ao capitalismo movido a carbono? A capacidade de diagnosticar aquilo que precisamos *transicionar de* é essencial para identificarmos aonde chegaremos ao *transicionar para*. Mais do que uma mera crítica, esse diagnóstico é crucial para definirmos as políticas coletivas capazes de produzir uma transição equânime.

Os esforços rumo a uma transição justa exigem mapear de que modo ocorre a produção de energia em cada lugar. Afora o nível mais alto das negociações, que envolve políticas nacionais ou internacionais, quais são os procedimentos burocráticos e jurídicos que esses projetos trazem para o cotidiano das pessoas? E quais são os lugares que rodeiam esses empreendimentos? Esse mapeamento também documenta como as pessoas se mobilizam no nível local de formas que considerem significativas, mesmo que não aparentem ser muito poderosas. Trata-se de um exercício político e analítico particularmente importante no Oriente Médio e na África do Norte (Mena). As discussões a respeito de uma transição justa para a região se voltam, muitas vezes, à governança democrática e ao modo como as lutas por representação, transparência, redistribuição e responsabilização ganham prioridade nas mobilizações sociais, em detrimento da justiça climática ou de um enquadramento ambiental (Sowers, 2018). O enfoque na transição justa como um processo ao menos em parte desenvolvido nos encontros diários entre moradores e agentes poderosos ajuda a tirar o enfoque na democratização como *pré-requisito* para uma transição justa e a ressaltar a democratização como *um passo importante nessa transição.*

Transição justa no Marrocos

No outono de 2021, no exato momento em que a COP26 acontecia em Glasgow, um projeto de pesquisa-ação colaborativa que incluía parceiros marroquinos e a autora deste texto iniciou seus próprios esforços para enfrentar as demandas ambientais urgentes naquele momento. A meta era capitalizar quase uma década de experiência em uma dimensão particular da democratização do movimento por uma transição justa. O novo projeto pretendia democratizar o conhecimento sobre a extração e a governança local no sudeste do Marrocos, em um esforço para apoiar formas diversas de engajamento e mobilização dos moradores. Integrantes de uma rede de ativistas de direitos humanos e da sociedade civil parceiros do projeto já haviam intermediado relações entre diferentes grupos de residentes nos arredores da Société Métallurgique d'Imiter (SMI), da mina de prata de Imider e da corporação contra a qual eles protestavam (Benidir, 2021). Esse esforço anterior ocorreu entre 2012 e 2015 e incluía um programa de responsabilidade social corporativa (RSC) nas minas da controladora do grupo empresarial no sudeste marroquino. Embora os resultados tenham sido, na melhor das hipóteses, mistos, os ativistas efetivamente aprenderam valiosas lições para gerar o impacto que desejam como intermediadores, mediadores e defensores da justiça social. Essas lições foram integradas à recém-formada Association pour la Promotion de la Médiation au Maroc (APMM) — fundada em 2017 — e à iniciativa de pesquisa-ação que inauguraram no outono de 2021.

O projeto de pesquisa-ação formulou duas questões cruciais para uma transição justa no Marrocos: (i) quais são as leis, políticas e regulamentos burocráticos que disciplinam os projetos de extração e de energias renováveis de grande escala?; e (ii) como as relações de poder relacionadas à extração e às energias renováveis em nível local moldam a vida cotidiana dos moradores? As interações diárias que dão forma à política rural não são apenas provincianas ou locais: elas importam em múltiplos níveis, desde o reconhecimento das formas de mobilização política importantes para os residentes rurais até a identificação de pontos de engajamento ou resistência capazes de alterar a trajetória de projetos específicos. Um programa de transição justa para o Marrocos — e para a região como um todo — precisa amplificar seu enfoque para não só analisar a energia ou a extração como também compreender de que modo os residentes incorporam esses projetos a suas metas políticas mais amplas. O sudeste rural do Marrocos não deve ser visto como a periferia dos países de rendimentos mais altos (ou mesmo dos centros urbanos do Marrocos) para onde serão transferidos os custos ambientais da transição energética; é um centro de práticas políticas que devem ser consideradas como ponto de partida para vislumbrarmos como seria uma transição justa nas terras áridas da África do Norte, em particular se considerarmos a importância das áreas rurais do Marrocos para a oposição política ao regime do país na última década (Bogaert, 2014).

Este capítulo descreve como o mapeamento de poder e uma análise dos procedimentos burocráticos podem ajudar a democratizar o conhecimento sobre a extração e a produção de energia, com o objetivo de apoiar os movimentos locais e regionais em prol de uma transição justa. Esse processo deve ser colaborativo e crítico, envolvendo residentes das zonas de extração independentemente de suas histórias de vida, conhecimentos especializados ou familiaridade com a linguagem da reivindicação de direitos própria dos movimentos sociais globais. Os moradores locais oferecem ideias únicas para as políticas relacionadas à extração, o que sinaliza a importância de uma análise contextual ampla para a governança rural em uma transição justa. O programa aqui exposto é genérico o bastante para que possa ser aplicado a outros contextos e, de fato, emana do meu próprio envolvimento com o trabalho de transição justa nas regiões carboníferas dos Apalaches centrais, nos Estados Unidos. O capítulo começa descrevendo os contextos contemporâneos da extração convencional e das energias renováveis no sudeste do Marrocos. Depois, esboça uma metodologia para mapear quatro continuidades entre a mineração e a produção de energias renováveis: os agentes e interesses financeiros similares envolvidos em ambos os setores; as estruturas jurídicas e burocráticas que governam ambos os tipos de projeto; os sistemas de receitas locais; e as reivindicações políticas ao redor da representação e da redistribuição.

Diversas formas de extração no sudeste marroquino

O ímpeto para esta análise, e para a iniciativa de pesquisa-ação de modo mais amplo, tem origem nos paralelos entre a energia solar e a mineração convencional. A instalação solar de grande escala de Nooro, em Ouarzazate, foi anunciada em 2010 como uma "ruptura definitiva com o passado". Essa usina de energia solar concentrada (CSP) foi divulgada como carro-chefe do programa de energia solar do Marrocos, cujo objetivo é fazer com que o país passe da dependência quase total da importação de combustíveis fósseis para a produção de 52% de sua energia com fontes renováveis até 2030 (Aoui, El Amrani & Rignall, 2020). As metas ambiciosas e a guinada ambiental do governo em relação às políticas energéticas foram internacionalmente aclamadas, mas as dinâmicas local e regional foram ambivalentes e conflituosas desde o início da construção da usina. Ativistas, residentes e representantes do governo que compararam explicitamente os protestos contra a expropriação de terras com as mobilizações trabalhistas e ambientais ligadas à mina de cobalto de Bouazzer, a menos de duzentos quilômetros de distância, tinham plena ciência de que, apesar do discurso salutar da transição energética, a energia solar se insere na secular história de extração no árido sudeste do país.

A mina de prata de Imider já era descrita pelos cronistas do período islâmico clássico. Na pesquisa preliminar do projeto-ação, residentes da província de Zagora também observaram a possibilidade de algumas minas da região datarem do período almôada (século XII). Contudo, as atuais minas da região foram abertas durante o protetorado francês e com o extrativismo agressivo dos especuladores, industrialistas e regentes locais (*caids*), que impuseram o domínio colonial aos habitantes do sudeste do Marrocos (Bouimezgane, 2016; Oubenal, 2021). Pesquisas iniciais no recém-inaugurado Arquivo do Marrocos revelam em que extensão as reivindicações ligadas à prospecção e à exploração nessa região são anteriores ao estabelecimento formal do protetorado e à vitória militar final dos franceses em Bougafer (atual província de Tinghir), em 1933. A mineração estava interligada a disputas a respeito de qual tipo de poder teria o soberano da região — o paxá de Marrakech e *Grande Caide* Thami El-Glaoui. Alguns agentes do protetorado defendiam que o governo de El-Glaoui tivesse permissão de explorar as jazidas; outros, alinhados aos interesses financeiros europeus, advogavam pela formação de um setor totalmente privado de extração. Os primeiros prevaleceram, e a mina de cobalto de Bouazzer, inaugurada em 1928 por uma aliança entre o capital francês e El-Glaoui, se tornou um ponto no arquipélago de minas pertencentes à companhia que viria a se chamar Managem, a holding pública com participação majoritária da família real. Essas minas — em Imider, Bouazzer e Bleida — foram palco de mobilizações sociais na década de 2010.

Rastrear a genealogia da extração é um componente importante da iniciativa de pesquisa-ação que começou no outono de 2021, pois explicita as ideologias duradouras de domínio que continuam a governar a extração e a administração de recursos naturais de modo mais amplo. Também revela as relações de força brutais envolvidas na expropriação desses recursos em prol dos interesses estrangeiros ou das elites marroquinas. Quando se valem das mesmas estruturas legais e relações de poder, mesmo iniciativas aparentemente progressistas, como as relacionadas à energia solar, devem ser contextualizadas no interior dessa história. Os moradores da região jamais viram os decretos, os contratos ou outros documentos que formalizaram a transferência de terras e a exportação das riquezas levadas a cabo por esses projetos. Tais papéis estão nos arquivos franceses ou no Arquivo do Marrocos, longe das pessoas afetadas por eles. Democratizar o conhecimento sobre a extração significa levar esses documentos até os proprietários originais dos recursos e lançar luz a uma história que precisa ser confrontada, de modo que possamos compreender as dinâmicas sociais contemporâneas dos projetos de alto investimento. A necessidade de um acerto de contas histórico se aplica independentemente de qual seja o recurso natural extraído: o cobalto, a prata, a água empregada para a produção comercial de melancias no árido Vale de Draa ou o uso da terra para a instalação da infraestrutura necessária à geração de energia solar. Essa história também é crucial para entendermos as continuidades entre mineração e energias renováveis — enfoque da próxima seção.

Extração convencional e energias renováveis têm agentes e interesses financeiros similares

Há grande quantidade de produção intelectual e de pesquisas de ativistas que traçam as conexões entre corporações, instituições financeiras internacionais e fluxos globais de capital, da extração tradicional até as energias renováveis (Blondeel *et al.*, 2021; Huber & McCarthy, 2017). Essa é uma via importante para compreender como e por que os esforços de transição podem aprofundar, ao invés de contestar, relações de dependência cujas raízes remontam ao período colonial. As continuidades entre as cadeias produtivas dos combustíveis fósseis e as das energias renováveis são impressionantes. As pressões geopolíticas pela transição na Europa, por exemplo, não se limitam às metas de descarbonização; também estão a serviço de interesses financeiros voltados à diversificação de portfólios e ao uso das energias renováveis como proteção ou fonte de uma nova acumulação de capital (Carafa, Frisari & Vidican, 2016). Até mesmo a proliferação de projetos de energia renovável na região do Mena reflete continuidades nas relações geopolíticas entre os governos europeus, de um lado, e as corporações e os produtores de combustíveis fósseis locais, de outro. A disponibilidade de capital e de expertise em infraestrutura energética e a meta de diversificação de fontes de receita significam que muitos produtores de combustíveis fósseis são, ao mesmo tempo, líderes em energias renováveis. Uma das expressões mais nítidas desse posicionamento é a Desertec Industrial Initiative (DII), um esforço para ligar toda a orla sul do Mediterrâneo — e seus desertos — à rede elétrica europeia. Ainda que formalmente engavetada, a lógica subjacente da Desertec influencia a política de energias renováveis do Marrocos e outras iniciativas regionais, como a do hidrogênio "verde" (Cantoni & Rignall, 2019; Hamouchene, 2021a).

O rastreamento dessas relações também revela a natureza das decisões técnicas e econômicas que moldam as políticas e os projetos de energia renovável no Marrocos e além. A energia renovável de grande porte, por exemplo, é alardeada como uma forma de alcançar economias de escala e utilizar a infraestrutura existente para transmitir energia limpa para a rede elétrica. Foram essas as justificativas para o CSP em Ouarzazate, uma tecnologia de eletricidade em larga escala relativamente nova e com perspectivas financeiras ainda não testadas (Cantoni & Rignall, 2019). Mas a escolha de CSP em detrimento das tecnologias fotovoltaicas e da energia renovável descentralizada está tão atrelada às economias de escala quanto à centralização do poder econômico e político. A produção de energia solar comunitária ou de pequena escala que evite a rede elétrica barra as oportunidades de acumulação de capital que estão presentes na abordagem do megaprojeto de energias renováveis do Marrocos. Essa acumulação de capital pode ocorrer independentemente de os projetos em si serem lucrativos quando passarem a operar — os projetos existentes não o são, e o Estado marroquino precisa subsidiar a energia produzida nos novos empreendimentos para que seja competitiva se comparada à eletricidade gerada com combustíveis fósseis (Daumas, 2016; Escribano, 2019). De fato, os múltiplos contratos para a construção — e, em menor medida, operação — dessas usinas criam várias oportunidades de lucro (ou, mais precisamente, de renda). Muitas das empresas que recebem esses contratos são subsidiárias de companhias de combustíveis fósseis ou, no mínimo, financiadas pelo excedente de capital no Golfo produtor de petróleo (sobretudo a Arábia Saudita, lar da Acwa Power, que detém o contrato para a instalação inaugural da Nooro em Ouarzazate). Essas empresas representam um esforço de diversificação para além dos combustíveis fósseis e se desenvolvem a partir de elos geopolíticos fortes, forjados pelo governo marroquino sobretudo graças ao petróleo.

É importante entender de que modo esses cálculos geopolíticos impactam a vida diária das pessoas. O registro de como essas cadeias produtivas funcionam pode democratizar o conhecimento sobre as alianças entre Estados e corporações voltadas à acumulação extrativa de capital. Mas o registro não basta. Como traduzir essas relações complexas para que os moradores afetados possam fazer as conexões entre suas realidades locais e os processos globais? No nível local, as cadeias produtivas globais podem não parecer tão relevantes quanto a forma como os setores estatal e privado obscurecem seus papéis e borram as linhas de autoridade entre ambos. As *makhzen* (instituições do governo associadas ao rei e instituições governamentais sem cargos eletivos) e as *sulta* ("autoridades", especialmente o ministro do Interior e os membros dos serviços de segurança) estão, muitas vezes, na linha de frente das autoridades que respondem às mobilizações e garantem a estabilidade da Managem, uma organização que, formalmente privada e listada na bolsa de valores de Casablanca, começou como uma empresa de El-Glaoui, o *caide* regional no período do protetorado, e subsequentemente passou para as holdings reais. Quando os residentes dizem que os projetos são provenientes do "nosso comandante", com o uso do título de longa data de Comandante dos Fiéis em referência ao rei, fica difícil discernir entre as *makhzen* e as companhias privadas de propriedade real.

Contudo, não há garantias de que revelar essas cadeias produtivas globais seja a forma mais eficaz de apoiar esforços para a transição justa no sudeste rural do Marrocos. Com relação às minas privadas em Imider e Bouazzer, e também à instalação paraestatal de energia solar em Ouarzazate, as reivindicações populares na última década se concentraram no emprego, no investimento rural e na transparência quanto aos recursos (sobretudo água) usados em prejuízo das populações locais. Essas reivindicações têm sido similares em vários lugares e com relação a recursos diferentes — os gatilhos que desencadearam o protesto de oito anos de duração perto da mina de prata de Imider foram a expropriação da água e a falta de empregos na mina, enquanto as preocupações atuais a respeito da usina solar em Ouarzazate são a água e a escassez de empregos para os residentes locais (Aoui, El Amrani & Rignall, 2020). Ainda que as estimativas oficiais para o consumo de água em Ouarzazate estejam entre 2,5 milhões e 3 milhões de metros cúbicos por ano, o consumo efetivo parece ser substancialmente maior, como reconhecido mesmo oficialmente. Isso se deve às altas exigências hídricas relativas à limpeza dos refletores solares no ambiente desértico e a possíveis ineficiências da tecnologia de turbina a vapor usada na instalação de CSP de Ouarzazate. Em uma pesquisa preliminar em Midelt, o local da próxima instalação do plano solar marroquino, representantes do governo comentaram que a usina em construção incluía tecnologias mais novas e menos dependentes de água, com o objetivo de produzir 300 MW a mais do que a usina de Ouarzazate com um sexto da quantidade de água.

Os problemas políticos encontrados pelo diretor da Agência Marroquina para Energia Sustentável (Masen) no ano passado têm sido atribuídos a preocupações geopolíticas relacionadas à fragilidade dos laços do país com a Alemanha e ao ritmo lento do plano solar, assim como à ineficiência econômica e à intensidade de recursos necessária em Ouarzazate.

O enfoque em um único projeto ou cadeia produtiva, no entanto, pode ofuscar as similaridades entre as energias renováveis e a extração convencional. Uma visão de transição justa em um determinado local amplia nosso enfoque para cobrir o leque de recursos e estratégias de imposição do controle necessário para projetos grandes como esse, independentemente do que seja extraído. No Marrocos, essas estratégias se centram no controle das terras de propriedade coletiva — talvez a questão mais premente nas áreas rurais do país (e em algumas zonas urbanas) nas últimas duas décadas. Além das empresas de extração e dos prestadores de serviços de energias renováveis, os agentes envolvidos incluem os investidores na agricultura de exportação, que competem pela água, e os membros de coletividades étnicas ou outros grupos sociais com ressentimentos históricos. Este não é o tipo de pesquisa que pode ser feito no conforto da biblioteca; exige um engajamento prolongado com os residentes e as diferentes formas pelas quais eles mobilizam laços com os agentes estatais e outras autoridades. Estabelecer alianças de pesquisa e ativismo com diversos grupos nas regiões dos megaprojetos é uma das formas de construir um entendimento a respeito dessa complexa política local. Tal abordagem evita conversas sobre como os projetos impactam "a comunidade", com a rejeição da ideia de que exista algo como uma comunidade única; em vez disso, busca ativamente perspectivas e posicionamentos divergentes.

Conflitos de terra e política de recursos no contexto jurídico e burocrático

O mapeamento da continuidade da extração tradicional até as energias renováveis ganha concretude para os residentes rurais quando o enfoque recai sobre as leis e os procedimentos burocráticos para implementar um projeto específico em suas regiões. Claro, as histórias dos *projets structurants* [megaprojetos] no sudeste do Marrocos divergem de modo significativo: a mina de cobalto de Bouazzer, inaugurada em 1928, antes mesmo que os franceses assegurassem o controle militar sobre toda a região, tem uma história diferente do discurso de renovação globalizado e voltado para o futuro utilizado para apresentar o plano solar. Mas a mineração e a produção de energias renováveis se concentram nas mesmas regiões e se valem das mesmas leis e procedimentos burocráticos para assegurar os recursos necessários à extração. Além dos recursos tangíveis, como terra, metais ou minerais, há os investimentos públicos em infraestrutura — as estradas necessárias para o transporte dos materiais e dos produtos minerados, por exemplo — e o uso do poder estatal para conter a insatisfação popular. A história da mineração, desde o período colonial até o presente, revela uma continuidade impressionante no modo de extração de riqueza das áreas mais pobres do país, com reinvestimentos ínfimos na infraestrutura social e econômica.

As historiografias sobre o Marrocos moderno criticam a dupla situação colonial do país como um centro "útil", que recebia recursos e "desenvolvimento", e uma periferia "inútil", que era negligenciada. Trata-se de uma descrição particularmente explícita do capitalismo extrativo, comum a todos os contextos coloniais. No entanto, um binarismo tão organizado como esse não descreve por inteiro de que modo os Estados colonial e independente do Marrocos *efetivamente* investiram nas margens rurais do país. A infraestrutura e outros investimentos econômicos na periferia rural extraíram recursos e trabalho em prol de populações de outros lugares. O sudeste do Marrocos era — e é — definitivamente útil. Mas útil para quê e para quem? A compreensão de como as histórias da extração se intersecionam com a governança da terra, as políticas agrícolas e o poder estatal no sudeste mostra que o Estado e as corporações se utilizam de estratégias similares para garantir o acesso a todo tipo de recurso.

Identificar continuidades nas regras e nos procedimentos que regulam os projetos tanto de mineração quanto de energias renováveis é importante, porque possibilita registrar a totalidade do espectro dos mecanismos usados para a expropriação. Alguns desses mecanismos estão enterrados sob a intrincada linguagem dos regulamentos e dos procedimentos administrativos, longe dos olhos dos moradores das regiões afetadas. Ao mesmo tempo, a descrição das estruturas burocráticas pode ajudar a identificar aberturas para a formulação de reivindicações que expandam as ferramentas políticas à disposição dos residentes que vivem em meio à extração. A estrutura jurídica e burocrática contemporânea para a mineração no Marrocos foi influenciada pela expansão global da mineração de metais e minerais — sobretudo pelos esforços para aplicar novas tecnologias com o objetivo de viabilizar mais uma vez operações antigas — e pela corrida para garantir fontes estratégicas dos metais de terras-raras, tão essenciais para o setor de tecnologia e para a produção de energias renováveis.[1] Essas novas formas de valoração da extração são evidentes no novo Código de Mineração do Marrocos, de 2015. Trata-se de uma estrutura legal detalhada para estimular inves-

1 "How the Rise of Copper Reveals Clean Energy's Dark Side", *The Guardian*, 9 nov. 2021.

timentos na extração de metais e minerais — para além do setor dominante do fosfato —, sob a premissa de que um ambiente regulatório pesado impediu o desenvolvimento completo das empresas extrativas (El Atillah, Souhassou & El Morjani, 2018). Assim, a extração convencional não é um setor "legado", um precedente obsoleto para as energias renováveis que desaparecerá como parte da transição que abandone os combustíveis fósseis; ao contrário, a extração passa a ser ainda mais importante para apoiar a necessidade crescente de metais e minerais fundamentais para a produção de energia elétrica. Além disso, os gigantescos complexos associados ao plano solar exigem materiais de construção convencionais e insumos intensivos em carbono, como estradas pavimentadas mais amplas e infraestrutura de transmissão de alta voltagem.

Os esforços para ampliar o setor de mineração e de energias renováveis no Marrocos correm em paralelo à estratégia de desenvolvimento agrícola do país na última década, o Plano Marrocos Verde (Faysse, 2015). A filosofia que guia esse plano consistia em mapear cada uma das zonas agroecológicas do país para encontrar novas formas de promover a agricultura de exportação em benefício dos interesses comerciais e em detrimento dos pequenos agricultores (Akesbi, 2011). No sudeste, o Plano Marrocos Verde estimulou o crescimento de latifúndios de tâmaras, maçãs e melancias que, ao lado das minas e instalações de energia renovável, competem por água e terras. Essa competição coíbe os residentes, que só dispõem de uma capacidade limitada de defender seu direito à terra ou de garantir seus meios de subsistência. Ao documentar os procedimentos legais e burocráticos no âmago das políticas extrativistas, os pesquisadores devem, portanto, olhar para além do turbilhão de leis e empresas de investimento nos setores emergentes como os de energia solar ou de metais de terras-raras. Também precisam considerar as políticas agrícolas, novas e velhas, assim como as estruturas jurídicas arcaicas e ambíguas que regulam a terra e a água. Aqui, o amplo grau de discricionariedade atribuído às autoridades estatais por políticas coloniais concebidas para facilitar a expropriação produz frutos contemporâneos para agentes poderosos. As autoridades estatais usam essa discricionariedade para obter terra e outros recursos de forma rápida e sem estardalhaço (Rignall, 2021).

Assim, apesar da natureza distintiva de cada forma de extração, as estruturas burocráticas compartilhadas que regem a terra, a água e a extração de recursos naturais arrastam todos esses elementos para a mesma dinâmica política. Mas, assim como as estruturas jurídicas para a terra e a água têm sido usadas para espoliar residentes da região, os ativistas também se perguntam se há algum ponto de entrada que possa ser utilizado pelos cidadãos para contestar a implementação dos novos projetos extrativos. Isso exige uma organização continuada e uma democratização do conhecimento sobre os códigos legais. As apropriações pelo Estado ou pelas corporações de direitos sobre os minerais que estão debaixo da terra são difíceis de contestar. Como na maioria dos países (os Estados Unidos são a exceção mais notável, com algumas complexidades quanto aos povos indígenas), o Estado marroquino reivindica soberania e propriedade sobre tudo o que está abaixo da superfície. Embora o Estado colonial francês também tenha reivindicado o domínio público sobre a água no Marrocos, os direitos hídricos, hoje, são complexos e sujeitos a camadas de direito positivado (formalmente islâmico) e consuetudinário. Assim como na ocupação da mina de prata de Imider, as mobilizações sociais realçaram o esgotamento e a contaminação das águas, mas as reivindicações de soberania sobre os recursos naturais e a riqueza extraída não figuram em lugar de destaque nos movimentos sociais marroquinos.

As terras de propriedade coletiva também têm sido uma seara de contestação para projetos extrativos. A instalação solar em Ouarzazate, por exemplo, usou leis coloniais para expropriar terras comunais a fim de abarcar uma extensão de três mil hectares (Rignall, 2016). É essa a estrutura jurídica empregada para regulamentar a transferência fundiária em todas as terras de propriedade coletiva do Marrocos. Assim como o Plano Marrocos Verde e o Código de Mineração de 2015, uma nova lei de propriedades coletivas foi aprovada em 2019 para facilitar os investimentos privados e a expropriação de terras consideradas subaproveitadas para fins de desenvolvimento nacional (Aoui, El Amrani & Rignall, 2020; Balgley & Rignall, 2022). As discussões sobre os problemas espinhosos associados a terras coletivas no Marrocos já se estendem por décadas. É difícil definir quem tem direito a elas, e proponentes da privatização dizem que a propriedade coletiva inviabiliza os investimentos. Essas questões foram usadas para justificar a lei de 2019, que afirma racionalizar a administração das terras coletivas. No entanto, pesquisas preliminares revelaram um medo generalizado de que a norma só venha a acelerar a transferência de terra para projetos de investimento de grande escala e a imposição da lógica do mercado sobre terras que jamais estiveram à venda.

A documentação do conjunto de normas e procedimentos administrativos que disciplinam determinado projeto exige um mergulho profundo em várias áreas da lei, algumas diretamente relacionadas aos recursos extraídos e outras relativas a recursos diversos, à administração local, à tributação e ao orçamento público. São áreas enfadonhas e difíceis de penetrar sem expertise jurídica ou fiscal, mesmo para estudiosos e ativistas mais experientes. Elas não capturam a imaginação popular com a mesma facilidade das mobilizações sociais. E o desenvolvimento de materiais de educação popular que tratem de rincões da lei aparentemente enigmáticos talvez possa parecer questionável. Mas as experiências de organização contra a extração na América Latina e em outros lugares indicam que esses mecanismos legais e burocráticos podem oferecer aberturas para a resistência popular e a participação cívica (Veltmeyer & Petras, 2014). A proliferação de organizações da sociedade civil no Marrocos em torno da descentralização, da transparência e do Estado de direito, em especial em meio a um punhado de observadores em áreas rurais e capitais regionais menores, mostra um potencial similar. A democratização do conhecimento sobre as estruturas jurídicas e burocráticas é importante em si mesma, mas também pode ser uma ferramenta para reivindicar a restituição ou a prestação de contas, mesmo que essas aberturas sejam pequenas e a mudança aconteça em um longo intervalo de tempo.

Por que impostos são importantes: um argumento a favor das reparações

Uma análise similar se aplica ao registro dos procedimentos e das práticas para a alocação das receitas provenientes das atividades extrativas e das energias renováveis. Os debates públicos sobre os custos e benefícios tanto da usina solar de Ouarzazate quanto das minas do sudeste do país se concentram em como as operações dos projetos afetam os residentes da região de três formas decisivas: impactos ambientais, emprego e outros impactos diretos provocados pela empresa ou prestador de serviço. Esse viés tinha a tendência de limitar as discussões sobre custos e benefícios à questão da operação direta dos projetos e dos programas de RSC em cada instalação, que são similares nas atividades extrativas e de energias renováveis. No caso da Nooro, a então denominada Masen respondeu ao descontentamento social com medidas *ad hoc*, antes de fazer a transição para um programa formal de desenvolvimento comunitário ancorado pela AgriSud, uma ONG francesa responsável pela coordenação de iniciativas de desenvolvimento agrícola nas comunas próximas à usina. Com o tempo, porém, após a Masen ser renomeada como Agência Marroquina para as Energias Renováveis (a mudança, efetivada em 2016, levou a uma modificação de enfoque para o financiamento e para a transferência de tecnologias), foi progressivamente se distanciando do envolvimento direto em programas de RSC. Em Ouarzazate, é a Acwa Power, uma concessionária saudita, a encarregada das relações com a comunidade e das iniciativas de RSC. A controvérsia política envolvendo a Masen em 2021 — pretensamente relacionada à demora na implementação da usina, a questões financeiras ligadas à pandemia de covid-19 e a ineficiências operacionais — também abafou a visibilidade da RSC na usina solar. Para a Managem, o descontentamento com as minas de Bouazzer e Imider — e, como as pesquisas preliminares estão mostrando, de outras minas no portfólio da empresa — veio à tona junto com as dúvidas quanto à instalação solar em Ouarzazate. Um programa de RSC de dois braços foi uma das várias respostas da empresa, e o Ministério do Interior se encarregou da segurança dos estabelecimentos no interesse da ordem social geral. O primeiro desses braços foi um Programa de Urgência (2012-2013) voltado a reduzir tensões com residentes de Imider, embora também representasse um esforço da empresa para tirar a atenção da ocupação de altíssima visibilidade em Mount Alban. Um extenso Plano Estratégico (2013-2016) envolveu todas as minas da Managem no sudeste do Marrocos e incluiu um processo de avaliação das necessidades de cada comuna. Esse processo produziu uma lista de projetos para os quais os governos das comunas precisavam angariar o devido financiamento, em geral vindo de ministérios associados à intervenção (especialmente nas áreas de educação e saúde pública). Conversas com os participantes dos comitês de coordenação e dos governos das comunas revelaram uma experiência de resultados ambíguos, mas também um senso de muito aprendizado com o processo de interação com a empresa e as autoridades governamentais.

Todas essas iniciativas, porém, foram, por definição, intervenções limitadas e baseadas no voluntariado, como é típico em programas de RSC. Não envolveram um diálogo estrutural ou sistemático entre moradores, Estado e setor privado. As operações cotidianas do governo local e o sistema de tributação podem representar uma área mais frutífera para reivindicações sobre riqueza, investimento sustentável e envolvimento dos moradores na alocação de recursos. Aqui, são importantes as lacunas entre as políticas defendidas e a prática, assim como a paisagem mutável das reformas de descentralização no regime fiscal historicamente centralizado do Marrocos. Nos estágios iniciais do "projeto avançado de regionalização", como é denominado o processo iniciado após a chegada do rei Mohammed VI ao poder, em 1999, os impostos pagos pela extração iam inteiramente para os governos regionais, e não para as províncias ou comunas locais. O Código de Mineração de 2015 mudou essa alocação, e hoje 50% dos tributos sobre produção minerária vão para as regiões; os outros 50%, para as comunas. As informações sobre essa mudança oscilam, já que há uma confusão generalizada, entre residentes e alguns representantes das comunas, a respeito de quais provisões do novo Código de Mineração foram adotadas e quando. Esse novo regime de alocação, no entanto, gerou alguns questionamentos e novas possibilidades para avaliar como diferentes projetos se relacionam com os planos para o desenvolvimento econômico local, a provisão de serviços e as discussões mais amplas sobre quanta riqueza é extraída de algumas das comunas mais pobres do país.

Em muitas zonas de sacrifício, como nas regiões carboníferas dos Apalaches, nos Estados Unidos, os impostos sobre a propriedade do solo e o sistema de tributação oferecido às empresas de extração de determinado setor criam uma dependência de trajetória, em que novas formas de extração se seguem às antigas porque podem tirar vantagem de sistemas tributários projetados para outros recursos (Shade *et al.*, 2025). No longo prazo, o resultado é um investimento insignificante em infraestrutura ou na diversificação, cuja causa está na redução da base de contribuintes ou na falta de capacidade ou de vontade dos governos locais (e mesmo de alguns ativistas) em demandar medidas redistributivas que concentrem recursos auditáveis e transparentes para as zonas de extração. A exigência de reparações por décadas, e mesmo séculos, de extração e espoliação realizadas em benefício alheio pode parecer inimaginável.

A pesquisa a respeito dessa dependência de trajetória no contexto marroquino está só no começo, mas a documentação dos sistemas de tributação para moradores no entorno desses empreendimentos é um passo importante na democratização do conhecimento sobre a relação entre a riqueza extraída e o que é devolvido na forma de receitas governamentais ou investimento. A princípio, esse tem sido um exercício descrito apenas para o Marrocos — com o registro dos níveis de produção ao longo do tempo, dos tributos pagos e das receitas alocadas para as comunas onde os projetos estão situados —, mas uma florescente literatura acadêmica sobre os efeitos da dependência de recursos em relação ao crescimento econômico, a transparência governamental e outras medidas de bem-estar indica vias adicionais para documentar como a extração afeta moradores e economias políticas regionais.[2] A descrição empírica dos efeitos da riqueza e dos impactos econômicos da extração não oferece, em si mesma, uma abordagem estrutural para a espoliação histórica associada ao extrativismo, mas pode proporcionar uma ferramenta extra para a organização e para a apresentação de reivindicações. Esse tipo de pesquisa aplicada se vale das estratégias dos ativistas da sociedade civil para a participação na — e a contestação da — política local, a fim de cobrar as promessas feitas pelo Estado quanto à aplicação da lei e à devolução das competências tributárias às comunas locais. Ainda que as ferramentas do senhor jamais possam ser usadas para derrubar a casa-grande (Lorde, 2007 [2019]), a compreensão e o uso dessas estruturas administrativas podem ampliar o espaço para a participação popular e para reivindicações quanto à extração e aos projetos de energia.

A participação de experts em questões fiscais e jurídicas pode ser necessária para que ativistas e pesquisadores consigam entender esses regulamentos, mas estratégias de educação popular são fundamentais para traduzi-los a um público mais amplo. Além do registro dos procedimentos formais de alocação de receitas, há a contabilidade de despesas diretas e em espécie associadas à extração ou aos projetos de investimento que recaem sobre os governos locais, a riqueza gerada e exportada e a riqueza devolvida na forma de arrecadação tributária, criação de empregos e outros efeitos multiplicadores (positivos ou negativos). Esse é um exercício altamente político, que envolve a identificação de como contabilizar as externalidades ou os serviços ecossistêmicos que pretendem quantificar valores inerentemente inquantificáveis para muitos, inclusive para os guardiões históricos des-

2 Para uma introdução, ver Sachs e Warner (2001) e Van der Ploeg (2011).

ses recursos. Variações dessa contabilidade de custo-benefício em outros lugares e para outros recursos também revelam que a análise assume formas bastante diferentes quando conduzida em escala nacional ou em escalas local e regional — o cerne da abordagem aqui defendida (Douglas & Walker, 2017). Minas que talvez representem uma parte relativamente pequena da economia geral do país podem produzir impactos transformadores nas socioecologias e relações de poder regionais e locais. Com frequência, as considerações que pautam esses impactos transformadores são escanteadas, tidas como provincianas ou muito locais, como reivindicações pouco razoáveis de moradores desinformados que deveriam estar dispostos a arcar com os custos inevitáveis de uma transição necessária. Uma transição justa depende não apenas do reconhecimento dessas demandas ou de uma melhor distribuição dos benefícios da energia renovável mas também de reparações para as ondas anteriores de espoliação e desinvestimento. Uma transição justa depende ainda de repensarmos por que e como essas zonas estão mais uma vez sendo demandadas a suportar o fardo de atender às necessidades dos consumidores endinheirados de outros lugares.

Mobilização social e reivindicações políticas comuns entre a extração e as energias renováveis

Para os defensores de uma transição justa, um dos primeiros indícios de que a energia renovável pode estar repetindo as desigualdades históricas da mineração são as similaridades nas mobilizações sociais contra ambos os setores. No sudeste marroquino, participantes e representantes do governo fizeram comparações explícitas entre os protestos relacionados à Nooro e às minas da região. Uma análise estrutural dessas similaridades precisa ir além da mera observação de que pessoas de áreas rurais sempre foram marginalizadas e continuarão a ser espoliadas nas abordagens dominantes para a produção de energias renováveis. Essa é uma observação importante, claro, mas não responde por que as histórias de espoliação estão se repetindo. Tampouco abre espaço para a agência dessas pessoas ou leva em consideração seu relacionamento muitas vezes ambivalente com a extração ou com a produção de energia.

Os dois tipos de extração (energias renováveis e mineração) podem aprofundar a desigualdade de diversos modos. O projeto de pesquisa-ação no sudeste do Marrocos iniciado no outono de 2021 se concentra: (i) nos processos que naturalizam e perpetuam uma economia política regional dependente da exportação de riqueza com reinvestimentos ínfimos; e (ii) nos discursos dominantes que afirmam que os residentes marginalizados devem "sacrificar" seus recursos ou seu bem-estar em prol do desenvolvimento nacional ou de uma transição energética de baixo carbono. Ao mesmo tempo, uma análise bem embasada não supõe que a extração é o único — ou mesmo o mais importante — motor da política local ou regional. Ambos os projetos se inserem em um mosaico complexo de reivindicações políticas que se estendem para além da mineração ou da energia. Assim como todos os outros tipos de políticas, a política rural é multidimensional, e o cálculo que as pessoas realizam quanto a esses projetos se pauta por aspirações e prioridades diferentes e, muitas vezes, antagônicas. O registro dessas diversas reivindicações esclarece como e por que os moradores de áreas rurais se mobilizam da forma como fazem ou por que respondem com outros modos de expressão política para além da mobilização explícita.

A identificação do contexto mais amplo da política de extração reconhece a natureza às vezes esmagadora dos poderes estatal e corporativo, mas não supõe um resultado predeterminado para o encontro extrativo. Os moradores não só exercem agência em suas capacidades de resistir e de responder como também negociam ou usam a presença de projetos de grande porte para elaborar seus próprios projetos políticos. Essa abordagem ainda reconhece a possibilidade de dissenso ou de diferenças internas entre Estado e agentes corporativos, e leva a sério os universos morais próprios a cada um deles (High & Smith, 2019; Li, 2016). Em um reflexo dos imperativos concorrentes e das complexidades morais associados a esses projetos, poucas pessoas que vivem no interior e nas proximidades de áreas extrativistas no Marrocos descrevem agentes ou instituições como puramente "bons" ou "maus". Essas complexidades produzem múltiplas agências entre moradores e trabalhadores, cujas críticas ou metas podem não se entrelaçar com facilidade — se é que se entrelaçam — à estrutura dos movimentos sociais (Rolston, 2013).

As respostas populares à extração também são diversas e abarcam desde movimentos de resistência organizada até o fraturamento social que provoca conflitos violentos (Jacka, 2018; Zilliox & Smith, 2018). No sudeste do Marrocos, a ocupação em Imider capturou a imaginação de muitos marroquinos e observadores internacionais com a combinação sagaz e, ao mesmo tempo, culturalmente lastreada dos discursos consuetudinários e dos idiomas globalizados de resistência. Os protestos na mina de cobalto de Bouazzer ou no parque solar da Nooro foram similarmente inteligíveis para ativistas de movimentos sociais e observadores. Contudo, essas são apenas algumas de várias respostas, parte das quais teve menos visibilidade para os não versados na prática da política rural no sudeste marroquino.

Adicionar a pauta da extração às reivindicações mais amplas a respeito da terra, do controle dos recursos e da representação política traz à luz múltiplas formas de prática política, em especial nas áreas em que os movimentos sociais ou a resistência aberta não são proeminentes (Gaventa, 2019). E até mesmo os fracassos — de projetos de extração ou de mobilizações sociais — podem produzir políticas e permitir que os moradores construam alianças ou expertise e alimentem seus projetos políticos diversos (Powell, 2018). Desse modo, ainda que o campo de ocupação em Imider, por exemplo, possa ter sido desmontado em 2019, esse esforço de quase uma década dificilmente pode ser chamado de "fracasso"; foi uma entre as várias formas de expressão política que mudaram os rumos das políticas local e comunal ao redor da mina, como atestado pela troca de guarda representada pelos jovens eleitos nas últimas duas eleições comunais. É possível que os moradores locais trabalhem com escalas temporais e aspirações diferentes daquelas dos movimentos por justiça climática. Assim como a extração pode implementar uma violência lenta,[3] também o ambientalismo dos pobres ou outras respostas políticas se desenrolam em escalas temporais mais estendidas (Martinez-Alier, 2002 [2007]; Nixon, 2011).

Essa abordagem também evita um julgamento *a priori* sobre qual deve ser a resposta dos moradores à extração. Eles podem equilibrar suas críticas com o desejo de desenvolvimento, com os empregos que um projeto de grande escala pode trazer e com

3 Elaborado pelo autor sul-africano Rob Nixon em *Slow Violence and the Environmentalism of the Poor*, de 2011, o conceito se refere às violências que, por ocorrerem de modo paulatino e pouco visível, muitas vezes não são sequer percebidas como tal e, via de regra, produzem impactos de efeito vagaroso, que se disseminam no tempo e no espaço afetando principalmente grupos marginalizados, minoritários ou mais vulneráveis. Uma de suas manifestações possíveis é a depredação ambiental. [N.T.]

uma conexão emocional com as pessoas e identidades associadas à extração (Bell & York, 2010; Filer & Macintyre, 2006). Pesquisas preliminares sobre conflitos por recursos no Marrocos rural indicam que a mineração e as energias renováveis aprofundam as desigualdades, mas as pessoas podem usar esses conflitos para imaginar e viver um novo tipo de política ou abordagem para a governança rural. Esse novo imaginário pode ser considerado uma política emergente dos comuns, que inclui formas de agência política não relacionadas a movimentos sociais (Bayat, 2013; Rignall, 2021). Em outras palavras, os defensores de uma transição justa precisam ouvir os diversos objetivos das pessoas e reconhecer suas formas favoritas de ação, em vez de utilizar uma estrutura de análise predeterminada que privilegie os movimentos sociais organizados.

Mesmo a resistência pode não se conformar aos discursos ambientais dominantes, já que alguns grupos se valem de práticas consuetudinárias e aparentemente apolíticas de articulação em suas reivindicações (Rignall, 2021). Essa mobilização não ligada a movimentos sociais pode representar um conjunto de abordagens eficazes e com ressonância cultural para a extração, reconhecendo os relacionamentos complexos das pessoas com os projetos de grande escala — são poucas as que querem rejeitá-los de imediato, mas a preferência geral é por reimaginar o que eles podem proporcionar, as formas como operam e a quem beneficiam. O histórico de pesquisa e ativismo da equipe do projeto no sudeste indica que os discursos de justiça ambiental não repercutem em muitos moradores da região. O poder de análise da equipe pode ser notado no modo como envolve formas diversas de agência política para tornar menos abstrato o impulso por uma transição justa, a fim de vê-lo como um encontro concreto e fisicamente localizável, que não precisa se parecer com outros movimentos por justiça social. Ao mesmo tempo, essa abordagem não é uma substituta para — ou um argumento contra — os movimentos sociais formais. Em vez disso, representa um reconhecimento expansivo e crítico da necessidade de formas diversas de prática política.

Conclusão

Dado o poder aparentemente esmagador exercido pelo Estado, pelas corporações e pelas instituições financeiras internacionais, a proposta de trabalhar com os procedimentos administrativos e com a lei nos níveis locais e regionais para influenciar o encontro com a extração pode soar ingênua. Em si mesma, essa abordagem não alcançará uma transição energética ou econômica justa para os marroquinos — ou para os habitantes de outros lugares — que foram espoliados por ondas sucessivas e aparentemente incessantes de políticas extrativistas. Mas ela é, apesar disso, um passo crucial para o engajamento de moradores que experimentam a realidade complexa da extração como originária da espoliação e, ao mesmo tempo, do desenvolvimento. A democratização do conhecimento sobre a extração como modo de governança, que abarca tanto a mineração quanto as energias renováveis, é uma das formas de reconhecer as pessoas que convivem com projetos extrativos como parceiros em igualdade de condições dos movimentos sociais, adotem ou não os enquadramentos da resistência ou da justiça climática. Para pesquisadores e também para ativistas, honrar modos diferentes de prática política significa se comprometer com o engajamento crítico frente às estruturas discursivas adotadas pelos próprios moradores. Compreender a história e as dinâmicas sociais locais para além do encontro extrativo descentraliza a extração como única força política capaz de moldar a vida das pessoas. A agência delas se desenrola ao longo de relações desequilibradas de poder que põem empresas e instituições estatais à parte e acima dessas dinâmicas.

Contudo, o desenvolvimento de estratégias de transição justa específicas para uma determinada região não se resume simplesmente ao envolvimento com os moradores em seus próprios termos. Uma abordagem do tipo também oferece uma base para a solidariedade com outros movimentos e estratégias específicas, em que modelos bem-sucedidos de engajamento podem ser usados e adaptados para novos contextos e fortalecimento mútuo. Quando vistas sob essa luz, as críticas incisivas, as estratégias incrementais e as visões de longo prazo dos ativistas e dos moradores do sudeste marroquino são parte tão essencial dos esforços por uma transição justa no Marrocos e na África do Norte quanto as de qualquer movimento por justiça climática.

Saker El Nour é pesquisador visitante no programa de pós-doutorado do Grupo Internacional sobre Autoritarismo e Contraestratégias da Fundação Rosa Luxemburgo e do Centro para Políticas do Oriente Médio e da África do Norte da Universidade Livre de Berlim. Sua pesquisa engloba ecologia política, sociologia rural, movimentos sociais rurais e políticas agroambientais, com enfoque nos países árabes. É cofundador da Rede para uma Transição Justa na África do Norte e no Oriente Médio (Réseau Tanmo).

5 Rumo a uma transição agrícola justa na África do Norte

Saker El Nour

A realidade desoladora do aquecimento global fica mais nítida a cada novo relatório publicado pelo Painel Intergovernamental das Nações Unidas sobre Mudanças Climáticas (IPCC, 2021). A África do Norte é extremamente vulnerável às crises climática e ambiental, que atingem cotidianamente milhões de pessoas que habitam as regiões áridas, semiáridas e desérticas da região. As temperaturas e a frequência das secas têm aumentado continuamente nas últimas décadas, expandindo a desertificação. A área também padece de uma severa escassez de água (Drine, 2011), de degradação do solo e de esgotamento da pecuária (Wodon *et al.*, 2014). A aceleração das crises ambientais afeta direta e indiretamente a agricultura, o pastoreio e as atividades pesqueiras. Também intensifica a pobreza e erode a soberania alimentar (Sowers, Vengosh & Weinthal, 2011). Cerca de 52% da população da África do Norte vive no campo (Jobbins & Henley, 2015), e essa população, que inclui pequenos agricultores e trabalhadores rurais, está entre as mais pobres e mais afetadas pelos efeitos extremos das crises agroecológicas.

A situação periclitante da África do Norte com relação às mudanças climáticas contrasta com o fato de a região ser responsável por um percentual muito reduzido das emissões globais de gases de efeito estufa. Em 2021, o continente africano como um todo produziu cerca de 3,8% das emissões de dióxido de carbono do mundo, enquanto a média de emissões per capita do continente permaneceu a menor do planeta — aproximadamente 0,94 tonelada métrica por ano.[1] Na África do Norte, o Egito foi responsável por 0,68% das emissões globais; a Argélia, por 0,46%; a Tunísia, por 0,08%; e o Marrocos, por 0,2% (Crippa *et al.*, 2022). Um estudo recente mostra o desequilíbrio global nas emissões de gases de efeito estufa: enquanto o Norte Global é responsável por 90%, o Sul representa apenas 10% (Hickel, 2020). Apesar disso, os países do Sul Global arcam com o fardo mais pesado das crises trazidas pelas mudanças climáticas e precisam urgentemente de uma transição justa para ajudar a mitigar os seus impactos danosos e se adaptar às consequências de longo prazo.

Impactada de modo negativo pelas mudanças climáticas, a agricultura, ao mesmo tempo, contribui significativamente para esse processo. Devido à predominância dos sistemas capitalistas globais de alimentação e de produção agrícola industrial, o uso do solo e o manejo florestal responderam por 23% das emissões de gases de efeito estufa entre 2007 e 2016 (Smith *et al.*, 2013). Dominados por um regime alimentar corporativo de altas emissões, os países da África do Norte não fogem a esse padrão (Friedmann, 2009). Daí a necessidade de avaliar as possibilidades e os obstáculos à transição justa no setor agrícola da África do Norte, que passou por transformações significativas nas últimas décadas. Como mostra a tabela 5.1, sua participação no PIB é baixa. No entanto, a agricultura continua a ser uma das principais fontes de emprego, em particular no Egito e no Marrocos. Do mesmo modo, o percentual da população que vive e trabalha em áreas rurais permanece alto, apesar da continuidade do processo de urbanização. Em décadas recentes, a

1 "World Energy Carbon Dioxide Emissions by Region", Statista, 2021.

África do Norte também testemunhou um aumento acentuado na pobreza rural, na desnutrição e nas desigualdades sociais (Ayeb & Bush, 2019). Finalmente, com exceção do Marrocos e da Tunísia, a África do Norte também tem uma balança comercial negativa com a Europa.

A luta contra a fome e o enfrentamento dos impactos das mudanças climáticas sobre a agricultura e as populações rurais dependem de uma transição econômica, social e ambiental. Como deveria ser essa transição, como ela se daria e quem a realizaria têm sido questões de muito debate.

O termo "transição justa" (Transnational Institute, 2020) se refere a um conjunto de princípios, processos e práticas que cria um movimento para fora da economia extrativa e em direção à economia globalmente igualitária e de baixo carbono.[2] O conceito de "transição justa" apareceu pela primeira vez em debates entre os movimentos ambientalista e trabalhista na América do Norte. Desenvolveu-se nos anos 1990 como um termo ligado às necessidades de empregos decentes e verdes para os trabalhadores, e foi adotado pela Organização Internacional do Trabalho (OIT), como ressalta o Acordo de Paris sobre mudanças climáticas (Winkler, 2020). Nos últimos anos, o conceito de "transição justa" se tornou mais abrangente, englobando as dimensões socioeconômica e ambiental tanto no nível dos Estados-nação quanto em escala mundial. O termo também abre espaço para questões de gênero, classe e formas variadas de anticolonialismo em relação à transição para uma alternativa de baixo carbono (White, 2020). Essa abordagem mais ampla para a transição justa possibilita uma reestruturação social e econômica de

2 "La Transición Justa: A Framework for Change", Climate Justice Alliance, [s.d.]. Disponível em: climatejusticealliance.org/just-transition.

Tabela 5.1. Seleção de indicadores econômicos, sociais e demográficos que moldam a agricultura na África do Norte

INDICADOR	ARGÉLIA	EGITO	TUNÍSIA	MARROCOS
Participação da agricultura no PIB (2020)	14,2%	11,5%	11,7%	12,2%
Percentual da mão de obra ativa no setor agrícola (2020)	10%	21%	14%	33%
Balança comercial agroalimentar (em 1 milhão de dólares): comparação entre a Europa e o resto do mundo (2017)	Mundo: -9,063 Europa: -2,815	Mundo: -8,750 Europa: -1,070	Mundo: -797 Europa: 95	Mundo: 242 Europa: 1,907
Terras agrícolas aráveis em 2018 (em milhões de hectares)	7,5	2,9	2,6	7,5
Percentual de terras irrigadas em relação à terra agrícola total	3,2% (2017)	100%	3,9% (2013)	4,6% (2011)
População rural em 2020 (em milhões)	11,5	58,6	3,6	13,5
Percentual da população rural em relação à população total	26%	57%	30%	36%

Fontes: Banco Mundial; Bessaoud *et al.* (2019).

longo alcance, que enfrente as raízes da desigualdade específicas a cada setor e contexto.

Assim, este capítulo se concentra nos desafios, nos componentes e nas características de uma transição justa no setor agrícola da África do Norte. Como em diversos outros países (Lamine *et al.*, 2012), os últimos anos viram conhecimentos locais e tradicionais sobre sistemas alimentares e de agricultura ecológica e regenerativa serem apresentados como soluções para o sistema agroalimentar dominante e para as crises ecológicas na região. Mas essas novas dinâmicas não têm sido suficientemente estudadas — não há uma visão geral desses desenvolvimentos ou práticas e das redes que os sustentam. Este capítulo preenche essa lacuna com a avaliação e a comparação das transformações nas políticas agrícolas e das possibilidades para uma transição justa nos setores agrícolas na Argélia, no Egito, no Marrocos e na Tunísia.[3] O texto se divide em três seções. A primeira analisa as políticas agrícolas e a trajetória do desenvolvimento da agricultura na região. A segunda explora as questões da dívida ambiental e climática, assim como os efeitos de mudanças ambientais desiguais sobre os recursos naturais e sobre as oportunidades de desenvolvimento. A terceira apresenta e discute as agriculturas ecológica e regenerativa, as iniciativas locais e as redes de agentes que vêm construindo uma transformação justa para a agricultura da África do Norte.

3 A análise exclui a Mauritânia e a Líbia porque não tive acesso a dados suficientes sobre as transformações agrícolas nesses países.

As transformações das políticas agrícolas na África do Norte

Esta seção analisa as mudanças no acesso aos recursos e nas políticas agrícolas ocorridas na África do Norte no período pós-colonial, a fim de compreender melhor as transformações na economia agrícola e no modelo de desenvolvimento predominante na região ao longo do tempo.

Acesso à terra e à água no período pós-colonial

Os debates sobre a questão agrária foram proeminentes durante as lutas anticoloniais e no rescaldo dos projetos de libertação nacional na África do Norte (Abdel-Fatah, 1987). Com a descolonização, os países buscaram múltiplas rotas para administrar seus recursos agrícolas e a herança colonial deixada para o setor.[4] Argélia, Egito, Tunísia e Marrocos implementaram uma miríade de modelos de reforma agrária no período de 1950-1970 que produziram mudanças cruciais nas políticas agrícolas e no estado das sociedades rurais nesses países.

Após a independência argelina, em 1962, a Frente de Libertação Nacional (FLN) adotou reformas agrárias que culminaram em uma revolução agrícola. O desenvolvimento rural foi promovido com a facilitação do acesso dos pequenos produtores e dos fazendeiros sem terra ao solo e a concessão de apoio social e técnico (Amara, 1992; Amichi *et al.*, 2011). Além disso, 250 mil

4 Em 1956, a Tunísia foi libertada do colonialismo francês, e o Marrocos, da ocupação francesa e espanhola, enquanto, naquele mesmo ano, o Egito viu a retirada dos britânicos do canal de Suez. A Argélia alcançou a independência em 1962.

hectares foram redistribuídos para veteranos de guerra agrupados em 250 cooperativas camponesas. A terra anteriormente ocupada por colonos foi distribuída em mais de 2.200 fazendas, a maioria das quais grandes propriedades de mil hectares em média, numa área total de 2,5 milhões de hectares (Bessaoud, 2003). Na década de 1970, as terras improdutivas foram nacionalizadas, e os grupos latifundiários, restringidos (Bedrani, 1987).

No Marrocos, a modernização agrícola se transformou em um dos pilares na rota do país para o desenvolvimento depois da independência, em 1956. Em 1962, por exemplo, foi criado o Instituto Nacional de Pesquisa Agrícola, com o objetivo de modernizar o setor rural. Sob pressão da União Marroquina dos Trabalhadores (UMT), da União Nacional das Forças Populares (UNFP), do Partido do Progresso e do Socialismo (PPS) e do partido Istiqlal, o governo aprovou, em 1963, leis de reforma agrária para reaver as terras ocupadas por colonos franceses. Essas medidas foram implementadas em duas fases e concluídas em 1973. A expropriação das antigas terras coloniais foi significativa e correspondeu a um milhão de hectares de solo agricultável (Bedrani, 1987), e a monarquia redistribuiu essas terras para as elites rurais, como meio de assegurar seu poder e de comprar a lealdade da *makhzen*.[5] A Carta de Investimento Agrícola foi aprovada em 1969, e uma lei foi editada em 1972 para conceder aos agricultores terras de propriedade privada do Estado. Entrou em vigor outra lei, que concedia às cooperativas camponesas acesso a lotes modernizados em antigas terras coletivas. O Estado também investiu na construção de represas e realizou projetos de irrigação de

5 *Makhzen* é um termo exclusivo do Marrocos: denota a classe dominante que gravita ao redor do rei. Consiste em: monarquia, cidadãos notáveis, proprietários de terras, líderes e xeques, veteranos das Forças Armadas, diretores e chefes de segurança e outros membros da burocracia estatal.

grande escala, com o objetivo de desenvolver uma nova classe leal de fazendeiros de renda média. Apesar disso, o sistema de controle de terras permaneceu nas mãos do Estado, servindo como ferramenta para comprar a lealdade das elites locais e atenuar conflitos (Ameur, Amichi & Leauthaud, 2020).

Na Tunísia, a Lei nº 48, de 7 de maio de 1959, permitiu, três anos após a independência, que o Estado se apossasse de propriedades agrícolas coletivas abandonadas e improdutivas, o que abrangeu uma área de quinhentos mil hectares. No mesmo período, personalidades locais, comerciantes, profissionais liberais e membros poderosos do Partido da Constituição, então no poder, conseguiram comprar algumas das terras coloniais (Ayeb, 2019). Depois, em 12 de maio de 1964, uma lei nacionalizou trezentos mil hectares de terras coloniais. Assim, no final dos anos 1960, o Estado tunisiano era dono de oitocentos mil hectares de terras agrícolas, cerca de 10% da área total das propriedades rurais do país. Essas terras ajudaram a dar início a um breve experimento com cooperativas camponesas que se desintegrou em 1969, apenas oito anos após ser lançado. A partir daí, a Tunísia começou a se encaminhar para uma abordagem mais neoliberal e voltada ao mercado. Em um movimento que beneficiou líderes locais e indivíduos poderosos, o país privatizou as terras coletivas com a Lei de 14 de janeiro de 1974 (Fautras, 2021, p. 494).

No Egito, a reforma agrária foi uma política central durante a primeira era do regime de julho de 1952, no início do período pós-colonial. Entre 1952 e 1970, 343 mil hectares (12,5% das terras agrícolas) foram redistribuídos para 343 mil famílias, que consistiam em 1,7 milhão de indivíduos — quase 9% da população rural (Abdel-Fadil, 1978). Como resultado das políticas agrárias do regime de Gamal Abdel Nasser, os vilarejos viram mudanças significativas em sua composição de classe: enquanto os senhores de terras mais poderosos e influentes perderam muitas de suas propriedades, cresceu o número de titularidades de pequenos e médios agricultores, com uma melhora na previsibilidade quanto aos valores cobrados nos contratos de arrendamento. Houve ainda um aprimoramento menos significativo da situação dos agricultores e trabalhadores rurais sem-terra (Abdel-Fatah, 1987). A "revolução verde" instituída pelos governos pós-coloniais valeu-se da mecanização agrícola, dos fertilizantes químicos, dos pesticidas e de variedades híbridas de sementes para incrementar a produção agrícola.

Portanto, os modelos de desenvolvimento agrícola na África do Norte nas duas décadas seguintes à independência se concentraram na modernização da agricultura e na preservação de fazendas de grandes dimensões, seja através de administração estatal, seja via cooperativas altamente centralizadas e controladas. Em vários graus, os países da África do Norte adotaram políticas progressistas, capitalistas de Estado e pautadas pela "revolução verde". Isso foi alcançado com uma combinação de estratégias, como oferta de apoio técnico e material aos agricultores e auxílios para insumos de produção; inauguração de grandes projetos de irrigação; impulsionamento e disseminação de conhecimentos e orientações agrícolas modernos; estabelecimento de centros de pesquisa e escolas agrícolas; e organização de cooperativas agrícolas. Nessa época, em cada um desses países, o Estado adotou discursos de modernização baseados na mecanização, na agricultura comercial e de exportação e na marginalização dos conhecimentos locais de pequena escala. Na verdade, apesar da ênfase na autossuficiência alimentar, a exportação de monoculturas comerciais continuou a seguir o mesmo padrão que havia predominado no período colonial, sobretudo para mercadorias como frutas cítricas, videiras, vegetais, algodão e azeitonas (Bessaoud, 2003).

O impacto do neoliberalismo na agricultura e nos recursos naturais

A guinada neoliberal na África do Norte começou na década de 1980. Sob pressão das instituições financeiras internacionais, e mais especificamente do Fundo Monetário Internacional (FMI) e do Banco Mundial, os países da região começaram a liberalizar o comércio exterior, a desvalorizar as moedas locais e a permitir uma dominância crescente do mercado por meio da privatização contínua de empresas estatais e da erosão gradual dos serviços públicos. Priorizou-se a redução da dívida pública, dos gastos sociais e das taxas de emprego no setor público (Saadi, 2014).

Como resultado, os países da África do Norte viram uma mudança significativa na gestão da água e da terra. O Estado se retirou do manejo dos recursos naturais e permitiu que o setor privado assumisse o controle. Isso levou a um aumento na penetração de companhias privadas de investimento no setor agrícola, com a aquisição, em particular nas vastas áreas desérticas, de maiores recursos através do acesso às águas subterrâneas e às terras que o Estado disponibilizou para grandes investidores (Marcel *et al.*, 2016, p. 64-5).

Na Argélia, a era das fazendas estatais chegou ao fim nos anos 1980, quando estas foram divididas em propriedades menores, de dez a setenta hectares. Em 1987, essas terras foram progressivamente transferidas para as mãos de investidores. Ao lado dessa mudança se dava uma transição gradual em direção às forças de mercado (Amichi *et al.*, 2011), notadamente com a liberalização de longo prazo dos insumos de produção agrícola, que conduziu a um aumento no preço de fertilizantes, pesticidas e equipamentos. Isso, por sua vez, levou ao encarecimento dos produtos agrícolas como um todo. Após um acordo entre a Argélia e o FMI em

1994, os incentivos estatais para aquisição de insumos agrícolas foram completamente revogados.

No Marrocos, a transformação neoliberal no setor agrícola se intensificou em 2003. Isso é exemplificado pela privatização das duas empresas públicas que vinham administrando a maior parte das terras recuperadas das mãos de colonos: a Sociedade do Desenvolvimento Agrícola (Sodea) e a Sociedade de Gestão de Terras Agrícolas (Sogeta). Com esse movimento, a propriedade de 90% das antigas terras coloniais foi transferida para investidores privados e as figuras administrativas de maior destaque no Estado, nas Forças Armadas e nos aparatos de segurança (Aziki *et al.*, 2019).

Na Tunísia, as políticas neoliberais foram implementadas antes do início do programa de ajuste estrutural conduzido pelo Banco Mundial em 1986. O Estado orientou a produção agrícola para exportação e para culturas de alto valor agregado, facilitou o acesso do setor privado à terra e encerrou a comercialização estatal de produtos agrícolas (Fautras, 2021). Além disso, começou uma retirada gradual dos setores agrícolas tradicionais (Bessaoud, 2003).

O Egito vinha buscando uma política de abertura econômica desde 1979. As fazendas estatais foram desmontadas, as leis de reforma agrária, emendadas, e a União Cooperativa Agrícola, dissolvida. O Estado também aplicou um conjunto de medidas para reduzir benefícios a fazendeiros no vale e no delta do Nilo, como a remoção de subsídios a pesticidas e fertilizantes e a autorização para que o setor privado controlasse a produção de insumos agrícolas (Mandour *et al.*, 1995). Não bastasse, os limites à propriedade impostos às empresas agrícolas foram abolidos, de modo que os investidores puderam adquirir mais terras recuperadas dos colonos. A Lei nº 96 foi aprovada em 1992 para regular as relações de arrendamento rural entre proprietários e arrendatários. Essa lei, que pôs fim à previsibilidade dos valores cobrados para o uso do solo, desencadeou uma onda prolongada de protestos nas áreas rurais do país (El Nour, 2017).

Durante esse período, os Estados da África do Norte como um todo se concentraram na expansão do controle governamental sobre a agricultura no deserto para mercados de exportação e, ao mesmo tempo, na aceleração da mercadorização das terras estatais, que passavam a ser disponibilizadas para investidores agrícolas (Arafat & El Nour, 2019; Akesbi, Benatya & El Aoufi, 2008; Tatar, 2013). Desde a década de 1990, as políticas de desenvolvimento agrícola no deserto têm sido consideradas soluções para o abastecimento de alimentos e para a crise de produção na África do Norte (Daoudi & Lejars, 2016; Daoudi *et al.*, 2015; Sims & Timothy, 2016). As instituições financeiras internacionais apoiaram políticas de expansão agrícola no deserto baseadas em um modelo de produção intensivo em capital e de alta dependência tecnológica, voltado majoritariamente para as culturas de exportação — e acompanhado, por sua vez, da degradação dos recursos hídricos e do solo (Laoubi & Yamao, 2012).

Como resultado dessas transformações neoliberais, as medidas de autossuficiência alimentar foram encerradas em prol de políticas de segurança alimentar mais mercadológicas — ou seja, a comida passou a ser fornecida via mecanismos de mercado, muitas vezes sem considerar se era proveniente dos mercados globais de commodities, da produção doméstica ou mesmo de ajuda humanitária. Como consequência, as dietas dessas populações sofreram mudanças significativas, e os países da África do Norte ficaram expostos a um aumento drástico de doenças nutricionais e dependência alimentar. A Argélia e o Egito passaram a figurar entre os maiores importadores mundiais de trigo.

Depois de quarenta anos de neoliberalismo, os atributos centrais do atual sistema agroalimentar dominante na África do Norte podem ser resumidos da seguinte forma:

- remoção de subsídios para pequenos agricultores camponeses e retirada gradual do Estado de todas as formas de apoios técnico e material para a produção agrícola. O Estado abandona seu papel no controle centralizado das operações e práticas agrícolas, como a fertilização e os tipos de sementes e pesticidas utilizados. Essa retirada concede ao setor privado acesso irrestrito aos gêneros alimentícios básicos e aos canais de importação. O Estado também cede completamente seu papel na precificação de insumos e na produção agrícola à iniciativa privada, e põe fim aos incentivos para a aquisição de materiais e aos empréstimos subsidiados;
- promoção de um modelo de agricultura industrial baseado em fazendas de grande escala. Isso foi possível com a reivindicação de espaços desérticos e a disponibilização de acesso a amplas áreas de terra para os investidores agrícolas. Assim, as estruturas coloniais foram adaptadas e reproduzidas em um sistema no qual a terra agora é propriedade de poucos. Essas dinâmicas são particularmente visíveis nos casos do Marrocos e do Egito;
- adoção de uma política de agricultura primariamente de exportação via incentivos financeiros, disponibilização de câmaras de refrigeração em aeroportos etc. Mais significativamente, os Estados da África do Norte integram um sistema de comércio internacional a serviço do fortalecimento dos interesses do Norte Global à custa das populações locais no Sul Global;
- predominância de uma dieta consumista globalizada, com alta presença de carboidratos baratos e níveis elevados de obesidade e desnutrição. Em acréscimo, tem havido a substituição de políticas de autossuficiência alimentar por políticas de segurança alimentar baseadas no mercado.

Campesinato marginalizado e agricultura capitalista extrativa

O declínio do Estado de bem-estar social no período pós-colonial neoliberal testemunhou a emergência e a reprodução de um dualismo local que vigora desde a época de domínio das metrópoles europeias. Trata-se da existência de dois setores agrícolas: um caracterizado por fazendas particulares e de grandes proporções, que recebem apoio estatal; o outro constituído por pequenos agricultores nas planícies, nos vales e nos oásis, que depende da agricultura pluvial e é marcado por subdesenvolvimento e marginalização.

Na África do Norte, a agricultura é uma das principais fontes de emprego para as mulheres, respondendo por 55% dos postos de trabalho femininos (OIT, 2019). Com a migração de homens e mulheres (seja por razões econômicas, seja como resultado de guerras e conflitos), a quantidade de trabalhadores migratórios sazonais continua a aumentar. No Egito, por exemplo, o número total de mulheres no setor agrícola equivalia a cinco milhões, de acordo com o censo agrícola de 2010,[6] e 40% delas desempenhavam trabalho não remunerado para suas próprias famílias. Além disso, o crescimento de formas capitalistas de agricultura amplificou a feminização do trabalho agrícola, assim como a participação de meninas, por vezes de até mesmo oito anos de idade, que trabalham em condições miseráveis e de exploração (Bouzidi, El Nour & Moumen, 2011). A natureza do trabalho agrícola é problemática em várias frentes, a começar pelas condições laborais e por questões de saúde e segurança, e se estende à divisão local e global do trabalho e a seu relacionamento com o empo-

6 "Censo agrícola 2009/2010", Ministério da Agricultura e da Reivindicação de Terras do Egito, 2010.

deramento e o desenvolvimento das mulheres. As condições de trabalho das agricultoras são especialmente importantes à luz da pandemia de covid-19 (Amouzai & Kay, 2021) e dos temores quanto a uma nova crise alimentar que poderia exacerbar tensões já existentes na região. O índice de preços de alimentos da Organização das Nações Unidas para a Alimentação e a Agricultura (FAO), por exemplo, mostra um grande aumento mundial nos preços da carne, dos laticínios, dos cereais, dos óleos vegetais e do açúcar entre novembro de 2020 e novembro de 2021.[7]

A agricultura é um dos setores produtivos mais perigosos do mundo para os trabalhadores. De acordo com estimativas da OIT, aproximadamente 170 mil trabalhadores rurais são mortos a cada ano: uma propensão duas vezes maior de morrer no serviço do que em outros setores. Milhões de pessoas são expostas a acidentes ocupacionais graves ligados a equipamentos agrícolas ou envenenamento por pesticidas e outros produtos químicos (OIT, 2015). De fato, devido à subnotificação de mortes, de acidentes e de doenças ocupacionais no setor, podemos supor que o verdadeiro retrato da saúde e da segurança dos trabalhadores agrícolas é provavelmente pior do que indicam os registros oficiais.

Os intercâmbio desigual no sistema global está na base da crise agrícola na África do Norte. Os países da região estão sujeitos a uma relação assimétrica com o Norte Global, sobretudo com a União Europeia, por meio de uma variedade de acordos comerciais que permitem aos europeus se beneficiarem dos produtos agrícolas da África do Norte a taxas preferenciais. Esses acordos não só facilitam a exploração dos recursos da região como tam-

7 "FAO Food Price Index", Organização das Nações Unidas para a Alimentação e a Agricultura, [s.d.]. Disponível em: fao.org/worldfoodsituation/foodpricesindex.

bém mantêm e aprofundam a diferença salarial do setor agrícola no Sul em comparação ao Norte, além de intensificarem a extração de mais-valor em benefício dos consumidores europeus (Uzelac, 2020). Como maior parceiro comercial dos países da África do Norte, muito da produção regional é voltada à exportação para o mercado europeu. Assim, a União Europeia influencia diretamente as políticas de desenvolvimento e os projetos de comércio e agricultura na região. Sob o lema do "comercializar para desenvolver" (Månsson, 2020), a União Europeia, em parceria com as elites locais, pressiona os países norte-africanos a assinar acordos de livre-comércio que, por sua vez, agravam a crise estrutural (Riahi & Hamouchene, 2020).

Como afirmam os teóricos da dependência, ainda que o colonialismo possa ter acabado, o modelo de desenvolvimento da época colonial continuou a predominar por outros modos, perpetuando as disparidades entre o Norte e o Sul Global. Com o neoliberalismo, os antigos colonizadores desempenharam papel central na integração das economias periféricas à economia e ao sistema de comércio globais e na criação de padrões de dependência (Infante-Amate & Krausmann, 2019). Atender às necessidades dos mercados europeus depende de latifúndios monocultores e da atenção às preferências de consumo dos cidadãos do Norte — por exemplo, na forma como o azeite de oliva é preparado ou no cultivo de variedades específicas de tâmara, morango, flores e frutas cítricas.

Em suma, essas políticas e práticas agrícolas criaram outra forma de dualismo. Por um lado, a agricultura industrial degrada o solo e a água. Baseada na intensificação do capital e da energia, a agricultura capitalista precariza ainda mais os trabalhadores rurais — homens e mulheres. Também exacerba as desigualdades e centraliza a propriedade da terra. Esse é nitidamente o caso da agricultura no deserto, na qual vastas áreas são alocadas para grandes investidores, enquanto os pequenos produtores ficam restritos a espaços limitados (El Nour, 2020). Por outro lado, a ausência de subsídios para a agricultura camponesa levou ao empobrecimento dos pequenos agricultores e à degradação dos recursos naturais nos oásis e nas áreas rurais. Além disso, o legado da "revolução verde", com seu uso intensivo de fertilizantes, pesticidas e sementes híbridas, culminou no descaso com a agricultura local e com os sistemas ecológicos intergeracionais. Como resultado, recursos naturais como a água e o solo foram deteriorados, a diversidade das sementes diminuiu e o equilíbrio entre seres humanos e natureza foi perturbado, levando a um processo referido como "ruptura metabólica" (Foster, 2020; Brand & Wissen, 2021).

Transição justa: confrontar um intercâmbio ecológico desigual

Como já afirmado, o conceito de "intercâmbio desigual" empregado por defensores da teoria da dependência enfatiza o movimento da força de trabalho e do capital. Contudo, apesar de sua importância para descobertas conceituais valiosas, esse conceito fracassa em oferecer um esclarecimento mais profundo quanto aos mecanismos de uma transição justa. Para entendermos as possibilidades de uma transição justa, precisamos olhar para o processo de intercâmbio *ecológico* desigual, um conceito mais abrangente. Para isso, é essencial investigarmos quatro agrupamentos de recursos: (i) as matérias-primas e a energia usadas para a produção de bens e serviços; (ii) a terra necessária para a produção direta ou indireta desses bens; (iii) os serviços consumidos a fim de produzir esses bens; e (iv) o trabalho nas cadeias de suprimentos. Esses fluxos socioeconômicos e ambientais desiguais impedem que os países do Sul Global alcancem o desenvolvimento de acordo com seus próprios termos (Brand & Wissen, 2021).

O conceito de "intercâmbio ecológico desigual" veio à tona e se desenvolveu em debates acadêmicos, enquanto o conceito de "dívida ecológica" se materializou nos movimentos por justiça ambiental (Martinez-Alier, 2002 [2007]). Como termo, a dívida climática foi introduzida durante a Cúpula da Terra de 1992, no Brasil. A expressão tinha o objetivo de salientar a continuidade das formas históricas e coloniais de exploração de recursos no Sul Global. Acima de tudo, a dívida ecológica consiste em um conceito econômico moldado por duas lutas relacionadas à distribuição. A primeira é a do intercâmbio ecológico desigual — que pode ser resumida como o resultado cumulativo do intercâmbio ambiental desigual centrado no comércio —, enquanto a segunda é a da dívida climática — que pode ser sintetizada como uma distribuição desigual histórica mas persistente dos sumidouros globais de carbono em benefício dos países capitalistas avançados.

Os movimentos sociais e ambientais no Sul Global têm enfrentado dificuldades com o primeiro aspecto do conceito de "dívida ecológica". Por isso, concentraram-se no cálculo e na estimativa da dívida climática. Isso foi feito pela primeira vez em 1999, com o Comitê para a Abolição das Dívidas Ilegítimas (CADTM). A Conferência Mundial dos Povos sobre as Mudanças Climáticas e os Direitos da Mãe Terra em Cochabamba, na Bolívia, em 2010, também adotou o conceito de "dívida climática". Nos anais dessa conferência, a dívida climática é definida como a somatória das "dívidas de emissão" e das "dívidas de adaptação". As primeiras se referem ao custo das emissões excessivas históricas e atuais pelo Norte Global, que priva os países do Sul do ar a que teriam direito. As segundas apontam os custos exorbitantes arcados pelos países do Sul Global na adaptação aos prejuízos e riscos significativos das emissões de gases de efeito estufa e das mudanças climáticas, apesar de suas contribuições limitadas para a crise ambiental. Assim, a dívida climática é vista como parte de uma dívida mais ampla com a Mãe Terra (Warlenius, 2012). Nos anais da conferência de Cochabamba, os países desenvolvidos foram conclamados a adotar uma série de medidas que podem ser resumidas em: (i) descolonizar a atmosfera com a redução das emissões de gases de efeito estufa; (ii) compensar os países do Sul Global pela perda de oportunidades de desenvolvimento devido à vida sob um espaço aéreo colonizado; (iii) assumir a responsabilidade pela migração causada pelas mudanças climáticas; e (iv) enfrentar as dívidas relacionadas à mitigação e à adaptação às mudanças climáticas e lidar com os prejuízos das emissões excessivas do Norte Global (PWCCC, 2010).

Na África do Norte, o intercâmbio ecológico desigual está historicamente interligado às relações de troca com a Europa. Aqui, o intercâmbio desigual afeta as alocações de água, terras, recursos climáticos, energia e força de trabalho — todas voltadas à produção de comida para os países europeus. As nações da África do Norte arcam com os custos ambientais, já que seus ecossistemas locais são destruídos e seus recursos naturais, esgotados. Arcam também com os custos econômicos ao gerar mais-valor no comércio internacional com os países europeus. Isso, por sua vez, produz consequências de longo alcance para a sustentabilidade dos recursos, da energia e da terra na África do Norte, assim como para a capacidade de desenvolvimento de estruturas de soberania alimentar e de concretização de uma transição local na região. O intercâmbio ambiental desigual perpetua um modo de vida imperialista nos países do núcleo capitalista enquanto restringe gravemente as chances de uma transição justa no Sul. O que é apresentado como uma transição ambiental e socialmente justa para a Europa não necessariamente será válido para as periferias ao sul do Mediterrâneo e na África Ocidental.

Debates sobre uma transição justa que se concentrem apenas no núcleo capitalista no Norte Global, seja em relação à crise do modo ocidental de produção e de consumo, ou mesmo quanto à introdução da modernidade tecnológica e ecológica como soluções para a crise, ignoram por completo a situação dos países no Sul, assim como as possibilidades e os entraves para a efetivação de uma transição justa nesses contextos. Aqui, uma crítica da transição justa centrada no Norte é essencial: ainda que seja retratada como global, essa transição desconsidera amplamente as questões das dívidas ecológica e climática em relação aos países do Sul.[8] Como mostram os estudos sobre as trabalhadoras marroquinas em fazendas da Espanha (Hellio, 2008), o intercâmbio desigual e a dívida climática deveriam estar no âmago dos diálogos sobre uma transição justa na África do Norte. A exportação de vegetais, frutas e trabalho barato para a Europa é um subproduto da destruição da natureza.

Há muitas estimativas para a escala da dívida climática. Na Cúpula de Copenhague de 2009, por exemplo, um estudo do Instituto Internacional para o Ambiente e o Desenvolvimento estimou o custo das mudanças climáticas para os países em desenvolvimento em até 6,5 trilhões de libras pelas duas déca-

8 A dívida climática é resultado dos prejuízos relacionados à exportação de matérias-primas e outros produtos do Sul Global a preços que não incluem a compensação pelos danos causados ao meio ambiente para obtê-los. A dívida climática também decorre da exploração pelo Norte de serviços e bens ambientais em países do Sul sem contraprestação e sem o reconhecimento dos direitos dessas sociedades. Por último, a dívida climática também emana da distribuição global desigual de resíduos, dos quais o Sul Global é o destinatário. Isso causa uma destruição ambiental significativa no Sul. Ver Goeminne e Paredis (2010).

das seguintes (Simms, 2001). Do mesmo modo, outro estudo, publicado em 2011 pelo Banco Africano de Desenvolvimento, demonstrou que os custos da adaptação na África ficarão entre vinte bilhões e trinta bilhões de dólares por ano pelos próximos vinte anos.[9] Encaminhados ao secretariado da Convenção-Quadro das Nações Unidas sobre a Mudança do Clima (UNFCCC) após a Cúpula de Paris, esses estudos salientam os planos dos países da África do Norte, entre outros, para reduzir emissões e se adaptar às mudanças climáticas, além dos custos relacionados esperados. Por exemplo:

- a Tunísia declarou que, a fim de se adaptar às mudanças climáticas e alcançar uma redução de 41% nas emissões até 2030, em comparação a níveis de 2010, o Estado precisará de financiamento, capacitação e transferência de tecnologia internacionais a um custo total de vinte bilhões de dólares;
- o Marrocos estimou que o custo da redução de suas emissões de gases de efeito estufa em 42% será de cinquenta bilhões de dólares.
- o Egito identificou a necessidade de 73 bilhões de dólares para atenuar os impactos das mudanças climáticas, mas não estabeleceu metas quantitativas específicas para a redução de emissões;
- a Argélia reiterou seu compromisso com a redução de emissões de gases de efeito estufa em 22% até 2030. Esses planos foram divulgados sem a especificação do valor para sua concretização ou dos esforços de adaptação às mudanças climáticas. Tais alterações, no entanto, exigem apoio inter-

9 "The Cost of Adaptation to Climate Change", Vivid Economics, African Development Bank, out. 2011.

nacional na forma de financiamento, desenvolvimento de tecnologias e capacitação.[10]

Ainda que dramaticamente maiores do que o apoio ao desenvolvimento recebido pela África do Norte, essas cifras só retratam um aspecto menor dos fardos econômicos das mudanças climáticas e da responsabilidade global pela assunção de suas consequências.

Agriculturas agroecológica e regenerativa como instrumentos para uma transição justa na África do Norte

Em graus variados, os países da África do Norte estão integrados ao sistema alimentar global contemporâneo, que é dominado por corporações transnacionais, pelo comércio internacional e pela agricultura voltada à exportação. Como mencionado, esses padrões de desigualdade global levaram a uma rápida degradação dos ambientes naturais e dos recursos e à marginalização de pequenos agricultores e camponeses e das comunidades onde estão inseridos.

Assim, a região precisa reescrever suas políticas agrícolas, ambientais, alimentares e energéticas. Serão necessárias alternativas voltadas às realidades locais e que floresçam de forma autônoma, de modo independente dos interesses europeus. Para isso, é necessária uma abordagem de baixo para cima, subsidiada pelas práticas e lutas diárias dos trabalhadores agrícolas, dos ativistas

10 "NDC Registry" (Tunísia, Marrocos, Egito, Argélia), United Nations Climate Change, [s.d.]. Disponível em: unfccc.int/NDCREG.

locais e dos agentes regionais. É evidente que algumas práticas e ideias camponesas disseminadas pela região se intersecionam com os princípios da agricultura ecológica regenerativa, também conhecida como agroecologia. Elas são os tijolos para a construção de uma transição ecológica no setor agrícola. A adoção dessas práticas é motivada por uma série de fatores, incluindo a necessidade de lidar com as mudanças climáticas e os altos preços dos pesticidas e dos fertilizantes químicos. Também tem havido um interesse renovado de parcelas das populações rurais e urbanas quanto ao revigoramento das tecnologias agrícolas tradicionais e ao uso de formas inovadoras de confrontar a escassez de água, a degradação do solo e o aumento das temperaturas. Alicerçadas na realidade, essas práticas delineiam um possível ponto de partida para a construção de um projeto de transição justa de baixo para cima. A transição justa deverá empoderar a população local e redefinir o desenvolvimento para que se baseie na participação popular e na preservação e renovação dos recursos.

A agroecologia pode ser definida como ciência, prática e movimento social (Wezel *et al.*, 2009). Seus principais objetivos consistem em transcender o paradigma agrícola dominante e desenvolver agroecossistemas que dependam o mínimo possível de insumos externos, com práticas que respeitem os ciclos naturais e se concentrem na autonomia e na agência dos produtores para a tomada de decisões e a produção de conhecimento (Altieri, 2002). Já a agricultura regenerativa é um ramo da agroecologia que representa um sistema de cultivo voltado à reparação do meio ambiente. A agricultura regenerativa e a agroecologia enfrentam diretamente os desafios das mudanças climáticas, já que se concentram na saúde da terra, na biomassa,[11] na biodiversidade e no

11 A biomassa é formada por todos os organismos do solo provenientes da decomposição para constituir sua massa de maté-

sequestro de carbono pelo solo.[12] São orientadas pelos seguintes princípios (Francis, Harwood & Parr, 1986): (i) a interdependência de todas as partes do sistema agrário, incluindo o agricultor e sua família; (ii) a importância do equilíbrio dos ecossistemas; e (iii) a necessidade de multiplicar as interações ecológicas e o funcionamento dos ciclos naturais, a fim de reduzir a dependência de produtos químicos e de outros insumos industriais (Nyong, Adesina & Osman-Elasha, 2007; Folke, 2004; Salick & Ross, 2009; Green & Raygorodetsky, 2010; Berriane *et al.*, 2017). Desse modo, a agroecologia e a agricultura regenerativa permitem que os produtores atendam a suas necessidades alimentares por meio de métodos de produção sustentável enquanto revitalizam os ambientes naturais e agrícolas (Méndez, Bacon & Cohen, 2013).

Práticas de agroecologia, agricultura regenerativa e soberania alimentar

O quadro 5.1 mostra uma seleção de práticas ecorregenerativas identificadas em estudos de conhecimentos locais e indígenas para a preservação da água na África do Norte, além de alguns estudos voltados à agricultura ecológica e regenerativa no Magreb, isto é, Tunísia, Marrocos e Argélia (Ameur, Amichi & Leauthaud, 2020; Akakpo *et al.*, 2021). Esses estudos foram complementados pelos

...

ria orgânica. A biomassa do solo inclui componentes vivos, como micro-organismos, minhocas, sementes e caules de plantas que estão abaixo da superfície do solo, e a biomassa residual, como a matéria orgânica da compostagem de plantas e animais. Ver Morgado, Loureiro e González-Alcaraz (2018).

12 Quando manejado de forma sustentável, o solo e, mais especificamente, a biomassa são considerados um depósito natural de carbono. Isso leva à mitigação dos efeitos das mudanças climáticas via sequestro de carbono. Ver FAO (2015).

resultados do meu próprio trabalho de campo nas áreas rurais do Egito, da Tunísia e do Marrocos entre 2008 e 2019 e por entrevistas com pesquisadores e ativistas da Rede Norte-Africana pela Soberania Alimentar.

Essas práticas estão ligadas a um aumento na biomassa, a um alto nível de matéria orgânica, ao aprimoramento da biodiversidade e a um incremento nas interações ecológicas/biofísicas efetivas dentro do sistema agrícola. Além disso, renovam e preservam a paisagem agrícola, mantêm e proporcionam recursos hídricos, melhoram os meios de subsistência dos trabalhadores agrícolas e proveem alimentos seguros, saudáveis e culturalmente apropriados para as populações locais.

O objetivo aqui é oferecer não um panorama geral detalhado, mas um retrato das práticas relacionadas às agriculturas ecológica e regenerativa nos contextos estudados. Apesar de uma experimentação crescente com práticas agroecológicas — muitas vezes com o apoio de iniciativas e organizações de base —, as ecofazendas totalmente integradas continuam a ser raríssimas na África do Norte. É mais comum que os camponeses misturem as práticas de agricultura ecológica com práticas capitalistas de cultivo, como no caso do uso de fertilizantes, tanto químicos quanto orgânicos, ou o emprego de modos de irrigação, tanto ecológicos quanto não ambientais.

A ascensão dessas práticas pode ser explicada, em parte, pelas estratégias que os pequenos produtores desenvolvem para contornar condições ambientais e econômicas difíceis. Os pequenos agricultores do Egito, por exemplo, são mais inclinados a passar ao uso de dejetos dos animais e fertilizantes orgânicos quando confrontados com preços exorbitantes de fertilizantes e pesticidas químicos. De modo similar, eles favorecem as sementes locais e as práticas de economia e compartilhamento no uso de sementes para se esquivar dos altos preços das sementes importadas. Também no Magreb, pequenos agricultores e camponeses usam os conhecimentos e as tecnologias locais em relação à preservação ambiental da água diante do agravamento da escassez hídrica. Ainda que não necessariamente emanem de uma visão ambiental radical para a agricultura, essas práticas podem, no entanto, ser transformadoras. Servem como tentativas de aprimorar os meios de subsistência de fazendeiros empobrecidos e os ajudam a continuar com o trabalho agrícola frente à exploração capitalista. Nesse caso, as práticas de agroecologia e agricultura regenerativa podem ser retratadas como um tipo de agroecologia dos pobres, já que são produto do enfoque dos menos favorecidos em seus próprios meios de subsistência.

Agentes e redes locais

Em diferentes escalas, várias organizações da sociedade civil e instituições governamentais de pesquisa podem ajudar na transição para uma agricultura ecológica. Esta seção ressaltará algumas dessas iniciativas.

Algumas das instituições, associações, organizações e redes mencionadas no quadro 5.2 desempenham múltiplos papéis na promoção da agroecologia e da agricultura regenerativa através, por exemplo, da oferta de ferramentas de treinamento para práticas agroecológicas, da elaboração de pesquisas e relatórios e da facilitação de contato entre os agentes. Na África do Norte, as cooperativas de agricultores ocupam uma posição-chave no apoio às práticas de agricultura ecológica (Ameur, Amichi & Leauthaud, 2020), sobretudo quando entendidas no contexto do conceito de "cooperativa" específico ao Magreb (*ta'adoudya*), que abarca noções de solidariedade, cooperação e irmandade. Essas formas locais de ação conjunta, solidariedade e construção

Quadro 5.1. Práticas selecionadas de agricultura ecorregenerativa na África do Norte

CATEGORIA	PRÁTICAS
Manejo do solo, melhoramento do solo e sequestro de carbono	Plantio direto Rotação de culturas (alternância entre o plantio de cereais e leguminosas) Diversidade na composição das plantações das fazendas Fertilizantes orgânicos não processados Fertilizantes orgânicos processados (compostagem) Fertilizantes orgânicos líquidos (chorume de composteira) Fertilizantes orgânicos produzidos por minhocas (vermicompostagem) Fertilizantes orgânicos líquidos produzidos por minhocas (chorume de vermicompostagem)
Manejo de recursos hídricos	*Khatarras*, *foggaras*, cisternas (*al-majel*), respectivamente no Marrocos, na Argélia e na Tunísia Pontes (Tunísia) Cultivo de variedades específicas do país Irrigação noturna (Egito) Formação de orvalho nas plantações Sistema de agricultura de três níveis em oásis norte-africanos
Economia de energia	Trabalho manual Uso de animais Irrigação por gravidade Irrigação noturna Irrigação solar
Manejo ambiental de paisagens e controle de vida selvagem	Armadilhas ecológicas Colheita manual de gramíneas Multiplicação de variedades e ausência de cultivo das mesmas plantas em um mesmo lote de terra
Produção agrícola sustentável	Terraceamento (regiões montanhosas do Marrocos e da Argélia) Sistemas de oásis Sistemas agropastoris mistos
Soberania de sementes	Autoprodução de sementes Uso municipal/doméstico de sementes

Fontes: Trabalhos de campo do autor no Egito e na Tunísia (2018-2010); Ameur, Amichi e Leauthaud (2020); Hamamouche *et al.* (2018); El Faiz e Ruf (2010); Ayeb e Saad (2013); Boualem, Achour e Albergel (2011); Sraïri e Bentahar (2021).

de alianças são cruciais: ajudam a aprofundar a integração dos sistemas agroecológicos com a disseminação do conhecimento e a ampliação de ajuda prática na forma de cursos de treinamento para o manejo e a renovação do solo, do oferecimento de fertilizantes orgânicos e da propagação de sementes nativas.

Essas parcerias mutuamente benéficas são necessárias para ampliar e popularizar as experiências agroecológicas. Ao chamarem atenção para as questões da saúde dos trabalhadores e do uso de fertilizantes químicos, os sindicatos agrícolas criam pressão por métodos orgânicos de controle de pragas, enquanto as associações facilitam a construção de relacionamentos participativos via venda direta, sindicalização e ajuda mútua de um modo que transcende os limites estreitos do mercado e dos interesses privados e individuais.

Como mencionado, apesar da ênfase cada vez maior às formas locais de agricultura regenerativa e agroecologia no confronto com as mudanças climáticas, essas práticas continuam em grande medida marginalizadas na África do Norte, tanto no nível de políticas de desenvolvimento agrícola quanto no de políticas de mitigação das mudanças climáticas. De fato, elas são implementadas primariamente em nível individual (fazendas) ou em escala local (comunidades) com o apoio de organizações da sociedade civil e de algumas instituições de pesquisa. Essas dinâmicas não permitem grandes mudanças nas políticas agrícolas e não ajudam na reconstrução da soberania alimentar com base na agricultura ecológica regenerativa. O problema é agravado pelo domínio da ciência e da tecnologia industriais nos currículos das faculdades agrícolas. No Egito, por exemplo, empresas de pesticidas, fertilizantes e sementes financiam conferências acadêmicas em universidades agrícolas, enquanto os currículos promovem a engenharia genética e a revolução biotecnológica como soluções para a crise alimentar global (El Nour, 2017).

Apesar dessas limitações, observações de campo mostram o crescimento de uma pressão de baixo para cima para a construção da soberania alimentar, ao lado do apoio à agricultura ecológica regenerativa na região. É sobre essa base que será possível pôr em marcha uma transição justa para o setor agrícola na África do Norte.

Conclusão

Este capítulo lançou luz sobre as oportunidades e os desafios para uma transição justa na África do Norte. Em grande medida orientada à exportação e intensiva no uso de energia e de capital, a agricultura industrial ainda é a estrutura dominante para as políticas agrícolas na região. Essas políticas são incapazes de enfrentar as mudanças climáticas e a crise ambiental; na verdade, as agravam. Também são incapazes de alcançar a soberania alimentar na África do Norte e contribuem ativamente para a marginalização e o empobrecimento dos trabalhadores agrícolas e das populações rurais. Este capítulo realçou algumas das dinâmicas no interior das comunidades rurais e os esforços para inovar e regenerar com o uso dos conhecimentos locais, a fim de contrabalançar a degradação dos recursos naturais e dos meios de subsistência dos camponeses. Mostrou ainda o pluriverso das práticas da agroecologia e da agricultura regenerativa. Tais práticas, no entanto, continuam a se entrelaçar com métodos capitalistas de cultivo. Isso pode ser atribuído, principalmente, à ausência de políticas públicas organizadas e sustentadas de apoio à transição ecológica.

Quadro 5.2. Exemplos de iniciativas de apoio à agricultura ecorregenerativa na África do Norte

ORGANIZAÇÕES	ÁREA GEOGRÁFICA DE ATUAÇÃO
Rede Norte-Africana para a Soberania Alimentar	África do Norte
Centro de Pesquisa para a Adaptação às Mudanças Climáticas em Alexandria (Arca)	Instituição governamental no Egito
Associação de Agricultura Orgânica	Egito
Associação do Desenvolvimento Agro-Orgânico de Faium (Faoda)	Faium, Egito
Ação pelo Desenvolvimento Integral em Minia	Província de Minia, sul do Egito
Associação Egípcia para a Agricultura Sustentável	Província de Asyut, sul do Egito
Instituto das Regiões Áridas	Instituição governamental na Tunísia
Observatório para a Soberania Alimentar e o Meio Ambiente (Osae)	Tunísia
Associação Formas e Cores dos Oásis (Afco)	Oásis de Chenini, sul da Tunísia
Associação Torba	Argélia
Fazenda Ecológica Pedagógica	Região de Zéralda, Argélia
Rede de Iniciativas Agroecológicas no Marrocos (Riam)	Marrocos
Grupos de criação de minhocas — produção de fertilizantes orgânicos baseados em minhocas	Egito, Tunísia, Marrocos, Argélia
Cooperativas agrícolas	Egito, Tunísia, Marrocos, Argélia
Sindicatos rurais/agrícolas	Egito, Tunísia, Marrocos, Argélia
Cestas básicas que ligam consumidores a produtores (e agricultores a consumidores urbanos)	Egito, Tunísia, Marrocos, Argélia
Mercados agrícolas locais	Egito, Tunísia, Marrocos, Argélia
Sindicatos de trabalhadoras rurais	Tunísia, Marrocos

Fonte: Compilado pelo autor com base em entrevistas com participantes de uma pesquisa conduzida em 2021.

A África do Norte precisa reescrever suas políticas agrícolas, ambientais, alimentares e energéticas. As metas da autonomia, do fim da dependência, da redução da pobreza e da mitigação dos efeitos das mudanças climáticas e da degradação ambiental devem estar no âmago de todo e qualquer programa de transição justa. A construção desses programas exige uma abordagem local mais radical e participativa a fim de regenerar e preservar os recursos naturais. Esse movimento oferece uma estrada para a libertação, mas exige a construção de novos sistemas de conhecimentos e habilidades de raízes locais que apoiem a agricultura ecológica e regenerativa. A revolução verde dos Estados pós-independência não teria sido possível sem a intervenção e o apoio estatais. O apoio do Estado consistiu na oferta não só de insumos para a produção e de projetos de irrigação e mecanização, como também de serviços de extensão agrícola e do estabelecimento de fazendas, centros e institutos de pesquisa. Desse modo, a agricultura ecológica e regenerativa na África do Norte precisa de um plano de transição justa voltado às realidades locais. Isso, no entanto, não será alcançado sem uma pressão vinda de baixo, alinhada às necessidades e aspirações dos pequenos agricultores, camponeses e trabalhadores rurais, que continuam a ser indispensáveis para uma transição justa na região e além.

Razaz H. Basheir concentra suas pesquisas em questões de infraestrutura urbana e energética. Já trabalhou em projetos de geração de energia, desde a concepção até a implementação. Possui formação em engenharia mecânica e, recentemente, terminou seu mestrado em urbanismo do Sul Global no Centro Africano para Cidades da Universidade da Cidade do Cabo, África do Sul. Atualmente é pesquisadora no *think tank* Inovação, Ciência e Tecnologia para o Desenvolvimento Voltado às Pessoas (ISTinaD) em Cartum, Sudão, e editora da *Amar*, uma publicação sociotécnica online.

Mohamed Salah Abdelrahman é mestre em ciência ambiental pela Universidade de Cartum, Sudão, além de pesquisador ambiental, ecologista político e mobilizador comunitário com mais de dez anos de experiência na condução de estudos sobre questões ambientais e de extração de recursos, como projetos de barragens hidrelétricas e de mineração de ouro. Seus interesses incluem a correlação entre políticas ambientais, questões de justiça e *drivers* de mercado do conflito entre diferentes comunidades no Sudão. Seu primeiro livro, *O preço social e ambiental da mineração do ouro* (em árabe), foi publicado em 2018.

A crise elétrica no Sudão: soluções paliativas e oportunidades de transição energética sustentável

6

Razaz H. Basheir

Mohamed Salah Abdelrahman

A crise

Nos últimos anos,[1] o setor de eletricidade do Sudão atravessa uma crise: 60% da população sudanesa vive sem eletricidade, enquanto milhões de pessoas sofrem com muitas horas de cortes de luz, já que a capacidade elétrica disponível cobre apenas 60% da demanda (Banco Mundial, 2019a). Aumentos frequentes de tarifas, que chegam a 13.000% para alguns grupos sociais, exacerbam o problema.

Vários fatores ligados à oferta e à demanda causaram esse quadro de deterioração. Para averiguar esse contexto, é necessário identificar transformações políticas fundamentais, tanto

1 Este capítulo foi redigido em 2022, portanto, antes do começo da guerra civil no Sudão, em abril de 2023. Desse modo, o texto infelizmente não considera os desdobramentos ocorridos desde então.

nos governos civis quanto nos militares, ocorridas ao longo da história moderna do Sudão, e analisar as políticas energéticas do período colonial, discutindo as subsequentes mudanças de longo prazo no setor energético. Neste capítulo, também abordaremos a extensão da vulnerabilidade ambiental da produção e do consumo de energia no país, além de seu elo com uma transição energética sustentável. Por fim, este capítulo busca interrogar o papel que o setor de energia pode desempenhar no atendimento das demandas políticas da gloriosa Revolução Sudanesa de dezembro de 2018: liberdade, paz e justiça.

Oferta

As duas principais fontes de geração de energia do Sudão são hidrelétrica e térmica, cada uma responsável por aproximadamente 50% da capacidade atual de 3,5 GW, conforme relatório do Banco Mundial (2019a). De acordo com estimativas de 2018, apenas 32% dos sudaneses, a maioria residente de centros urbanos, estão conectados à rede elétrica nacional. Essa distribuição geográfica desigual exclui os cinco estados federais de Darfur e a região do Cordofão do Sul, cujas áreas metropolitanas são abastecidas por redes locais que operam em média seis horas por dia.[2] Esses são os mesmos locais que vivem conflitos frequentes — situação que tem sido moldada sobretudo por uma desigualdade histórica.

2 "Long- and Medium-Term Power System Plans", Ministério de Recursos Hídricos e Eletricidade do Sudão & Lahmeyer International GmbH, 2012.

Colonialismo e desigualdade

Desde o período colonial, o Sudão padece de graves disparidades quanto ao nível de desenvolvimento das regiões do país, relacionado à significativa diversidade cultural sudanesa. Essa diversidade levou à separação entre o norte e o sul do território, incluindo algumas áreas de Darfur, do Cordofão e do Nilo Azul,[3] com base na lei dos "distritos fechados". Até 1946, essa lei privou grandes áreas e diversos grupos populacionais do desenvolvimento socioeconômico experimentado no resto do país. Em 1955, pouco antes da declaração da independência, uma guerra irrompeu entre o norte e o sul do Sudão. As vastas disparidades regionais e o monopólio do poder pelo norte estavam entre os principais fatores do conflito.

Mesmo com a independência, as políticas coloniais não chegaram ao fim. Na sequência do primeiro golpe militar, em 1958, o conflito se agravou, passando de um embate em que a participação governamental havia sido limitada para uma conflagração de caráter explicitamente religioso (Bola, 2005). Seu ápice se deu sob o "governo de salvação" dos militares,[4] que durou de 1989 a 2019. Durante esse período, os regentes militares do país introduziram o que é conhecido na região como o "Triângulo de Hamdi", que abarca áreas no interior de Dunqulah, Al-Abyad e Sennar — o núcleo de suas políticas de desenvolvimento. Essas políticas resultaram na concentração dos investimentos em uma

3 O Sudão do Sul se separou e declarou independência em 2011.

4 "Salvação" é o termo usado para fazer referência ao Movimento Islamista Sudanês, que chegou ao poder com um golpe militar liderado por Omar al-Bashir. Na época, seus líderes justificaram a medida de força como forma de "salvar" o país dos altos preços e da corrupção e empregavam constantemente o termo em referência a si mesmos.

área geograficamente limitada e culturalmente homogênea, o que facilitou a formação de uma aliança árabe-islâmica que tinha como objetivo lançar as bases para um Estado homogêneo, capaz de operar com eficácia apesar das divisões geográficas. Assim, essas políticas proporcionaram uma fachada ideológica explícita para o Estado, fundada na marginalização do desenvolvimento, enquanto o Sudão era dividido pela exclusão cultural e religiosa.[5] Durante esse período, a energia foi um dos serviços mais importantes oferecidos pelo Estado e, assim, se caracterizava como inerentemente política, pois estava a serviço da perpetuação do poder dos regentes militares.

Os projetos de barragens hidrelétricas sudaneses são mais um legado colonial que continua a impactar profundamente o setor de energia. Uma rápida olhada na história da construção das represas revela sua vinculação com o colonialismo anglo-egípcio no Sudão. Estudos para a Segunda Catarata do Nilo, por exemplo, começaram em 1897, ou seja, antes que os colonos britânicos entrassem em Cartum. Isso demonstra a posição central que o controle sobre as águas do Nilo ocupou na estratégia colonial. Estudos preparatórios para a queda-d'água foram realizados desde a fase inicial do colonialismo, e, em 1904, uma estratégia detalhada foi desenvolvida com tal objetivo. Esses estudos foram realizados de acordo com as prioridades coloniais da época, que se concentravam no armazenamento de água em benefício da expansão da agricultura no Egito — e, depois, no Sudão — para fornecimento de produtos agrícolas a baixo custo para os colonizadores.

William Garstin, um renomado engenheiro civil britânico que estudou a hidrologia do Nilo e tinha uma longa trajetória na Índia e no Egito, foi encarregado de pesquisar opções de arma-

5 "Texto integral do artigo de Abderrahim Hamdi... e planos para a divisão do Sudão", *Sudanese Online*, 2005 (em árabe).

zenamento de água para o Nilo. Garstin foi a primeira pessoa a conceitualizar a construção de barragens no Lago Albert, em Uganda, que se estende até a República Democrática do Congo, e no canal de Juncáli, no Sudão do Sul. Garstin apontou igualmente a necessidade de construção de uma barragem no Lago Tana, na Etiópia, assim como outra no Rio Atbarah, no Sudão, para regular o fluxo de água do Nilo. Também ressaltou a possibilidade de aproveitamento das terras entre o Nilo Azul e o Nilo Branco por meio do Projeto Gezira no Sudão. Para tanto, propôs a construção do reservatório de Sennar. O relatório de Garstin foi publicado em 1904 e continha várias propostas, incluindo o início de projetos no Egito (Garstin, 1904; Cocks, 1904). Assim, é evidente que o armazenamento de água em benefício do Egito foi um dos motivos do projeto colonial britânico no Sudão.

O projeto colonial de expansão agrícola no Egito se pautava pela conservação da água e pela proteção do país contra enchentes, particularmente depois das cheias de 1945-1946 (Saleh, 2011). Isso foi exemplificado no relatório de 1946 sobre a manutenção futura do Nilo, que continha uma discussão detalhada sobre o armazenamento das águas do rio em reservatórios. Além disso, um relatório de 1953, intitulado "Controle das águas do Nilo", e outro de 1954, de autoria de H. A. Morris, consultor de irrigação do governo sudanês (Morris, 1954), aludem de passagem à produção potencial e esperada de energia com as águas do Nilo. De modo similar, os documentos oficiais da Unidade Sudanesa de Implementação de Barragens deixam claro que, desde a década de 1940, a empreitada colonial havia esboçado planos para a conservação da água em benefício do Egito e que a estratégia havia passado da construção da represa de Merowe, no Sudão, para o estabelecimento da represa de Assuã, como um meio de assegurar sua presença no interior do território egípcio (Abdullah, 2016). O objetivo por trás da construção de barragens havia mudado: a conservação hídrica em benefício do Egito deu lugar ao uso exclusivo para a produção de energia. Os motivos para essa mudança começaram a se revelar com nitidez após a publicação de um relatório do Banco Mundial em 1983 detalhando as propostas de uso das represas para produção de energia (Banco Mundial, 1983). Foi nisso que o governo de salvação baseou seus estudos posteriores, ao reenquadrar todos os seus projetos exclusivamente para a produção energética.

A visão geral para a exploração máxima das águas do Nilo foi desenvolvida de acordo com as prioridades do colonizador na época — ou seja, armazenamento de água para garantir a expansão agrícola no Egito —, após o fracasso de todas as outras medidas anteriormente adotadas (Askouri, 2014). Apesar disso, os projetos apresentados nos últimos tempos por diferentes governos nacionais, sobretudo os especificamente relacionados a barragens durante o governo de Omar al-Bashir, não diferem muito da visão colonial defendida pelo relatório de Garstin.

A principal transformação nesses projetos elaborados na segunda metade do século XX foi uma mudança no objetivo principal declarado de exploração das águas do Nilo. Abandonou-se a meta de armazenamento para fins de expansão agrícola (em benefício do Egito) e adotou-se a construção de barragens para produzir energia, de modo a concretizar objetivos de desenvolvimento. Tratava-se de uma camuflagem para os velhos projetos coloniais, bem ativos por trás da fachada de um desenvolvimento cheio de promessas de produção de eletricidade. Tais promessas, no entanto, não seriam cumpridas nem na teoria, nem diante da realidade e da experiência prática.

Em seu primeiro estágio, o governo Al-Bashir se associou ao isolacionismo e a bloqueios econômicos que reduziram drasticamente as possibilidades de expansão de serviços. Logo depois, no início dos anos 2000, foi descoberto petróleo no Sudão e, ao mesmo tempo, um acordo político foi assinado com os maiores movimentos e partidos políticos do país. Juntos, esses eventos representaram um subproduto econômico que se refletiu no fornecimento de vários serviços, em especial no setor de energia. Apesar disso, esse período não foi isento de desafios políticos, inclusive no que se refere à condução da fase de transição pós-acordo. Na época, a prioridade do governo era a sobrevivência da gestão Al-Bashir e, por extensão, do sistema de islamismo político no Sudão. Isso se refletiu nas medidas energéticas do governo, também dotadas de papel político.

A estratégia de sobrevivência ficou evidente na tentativa do governo Al-Bashir de mobilizar redes comunitárias para fins políticos no início do século XXI. Essa iniciativa, que deu prova de um dos maiores projetos políticos já vistos no Sudão, buscou transformar as operações de produção e distribuição de energia no centro do país, isto é, no Triângulo de Hamdi. Ao expandir as redes de transmissão de eletricidade que abasteciam o setor residencial nessa área, o governo buscava angariar apoio político. Como parte da iniciativa, a represa de Merowe foi alardeada como uma salvadora que guiaria o Sudão para longe das trevas e rumo à luz e ao desenvolvimento. Al-Bashir deixou isso claro em seu discurso de inauguração da barragem: "A represa de Merowe é o projeto do século, o projeto que começa a pôr fim à pobreza, o projeto para o grande lançamento do Estado Sudanês Maior".

O governo Al-Bashir apresentou a represa de Merowe como um grande projeto de desenvolvimento. O próprio Al-Bashir tentou usá-la como propaganda na cerimônia de inauguração da represa, como uma resposta ao memorando do Tribunal Penal Internacional. Como declarou naquele mesmo discurso inaugural: "Eles decidirão amanhã e, depois disso, decidirão uma segunda vez, e uma terceira, e o povo não prestará atenção neles. Eles estarão ocupados com as decisões, e nós continuaremos a nos desenvolver". Na época, o lema dos apoiadores de Al-Bashir era "a represa é a resposta".[6] Contudo, a cortina de fumaça do discurso desenvolvimentista logo se dissipou quando a realidade dos cortes de luz cada vez mais frequentes e do aumento dos custos da eletricidade em si ficaram nítidos.

Conforme o governo sudanês foi concentrando as operações de construção e marketing em empresas pró-governo, os custos de construção começaram a subir — resultado do aumento da corrupção e do nepotismo e de uma falta de visão geral. Isso resultou em uma dívida exorbitante de três bilhões de dólares relacionada à construção da represa de Merowe, mesmo diante da constatação de que sua capacidade de produção de energia seria inferior às promessas iniciais. Qaundo inaugurada, anunciou-se que a represa produziria 1.250 MW; sua capacidade efetiva, no entanto, caiu para menos de 600 MW (Hashim, 2016).

A falta de transparência do projeto foi um fator determinante no aumento dos custos ambientais. O governo delegou os aspectos de engenharia da obra para a Lahmeyer International, uma empresa alemã que já havia sido implicada em um caso de corrupção relacionado a projetos hídricos nas Terras Altas de Lesoto, no sul da África[7] — motivo que levou o Banco Mundial a descontinuar negociações com ela por sete anos. No Sudão, a Lahmeyer recebeu fundos de partidos que raramente priorizam a transparência. A empresa continuou a operar como consultora de engenharia para outros projetos de represas e chegou até mesmo a expandir sua atuação durante o período

6 Em outras palavras, a represa era uma resposta ao mandado de prisão expedido contra Al-Bashir pelo Tribunal Penal Internacional.
7 "World Bank Sanctions Lahmeyer International for Corrupt Activities in Bank-Financed Project", Probe International, 6 nov. 2006.

em que o governo de salvação esteve no poder.[8] A construção da represa de Merowe sob orientação da Lahmeyer envolveu violações relacionadas a estudos ambientais — que só foram aprovados para o empreendimento em 2007. Um relatório sobre a situação ambiental no Sudão, publicado após o conflito prolongado de 1983 a 2005, deixou claro que o governo não aderiu a seus próprios padrões legais quando aprovou os estudos de impacto ambiental.[9] De acordo com esse relatório, tais estudos careciam de componentes básicos de integridade. Isso pressionou os investidores a interròmperem o fluxo de financiamento aos projetos relacionados. Como resultado, o governo afastou o ministro e todos os departamentos envolvidos no processo de aprovação de relatórios de impacto ambiental. Os relatórios necessários foram aprovados cerca de uma semana depois da indicação de novos departamentos, um sinal de que a represa de Merowe era considerada de extrema importância. Isso demonstra, igualmente, a falta de atenção aos custos ambientais e sociais da construção de barragens, como o aumento nas taxas de evaporação. De fato, as taxas de evaporação da represa de Merowe chegam a aproximadamente 1,5 bilhão de metros cúbicos de água. E isso em acréscimo ao aumento geral no número de lagos artificiais no Sudão, que nitidamente afetam as taxas de produção de gêneros alimentícios básicos e de pomares nas áreas a norte da barragem. A obra também

8 A expansão da Lahmeyer estava ligada ao diretor da Unidade de Implementação de Barragens, Motazz Moussa, que, mais tarde, se tornaria primeiro-ministro do Sudão (2018-2019). Isso foi documentado em entrevistas de campo conduzidas pelos autores em 2019 e em um grupo de discussão em 2021.

9 "Sudan: Post-Conflict Environmental Assessment", Programa das Nações Unidas para o Meio Ambiente (Pnuma), 2007.

desalojou dezenas de milhares de pessoas, que perderam seus meios de subsistência (Abdelrahman, 2018).

Alguns anos mais tarde, em 2013, anunciou-se a conclusão de uma operação para aumentar a altura da represa de Roseires, localizada no estado do Nilo Azul, aproximadamente 550 quilômetros a sudeste de Cartum. Depois disso, em 2017, foram concluídas as represas do Alto Atbara e de Setit, nos estados de Kassala e El-Gadarif, cerca de 460 quilômetros a leste de Cartum. Na teoria, essas duas represas produzem 280 MW e 320 MW, respectivamente. Vários projetos no Sudão foram financiados por empréstimos vindos do Golfo ou da China. Mas muitos especialistas questionaram quais seriam os benefícios desse financiamento para projetos hidroenergéticos. Como contrapartida aos empréstimos, as companhias estatais chinesas são contratadas para a construção das barragens sudanesas. Quanto aos países do Golfo, destacou-se que os empréstimos são oferecidos em troca de terras férteis, como meio de enfrentar as questões de segurança alimentar dos próprios credores (Verhoeven, 2012).

Os empréstimos são um dos maiores problemas dos projetos de produção de energia, em particular os ligados a represas. Em vez de mobilizarem recursos dos países-sede com financiamento via tributação progressiva, criação de empresas com participação pública e oferta de oportunidades para que as populações afetadas contribuam com projetos e soluções que garantam ampla participação e benefícios gerais, esses empreendimentos são financiados por empréstimos que não só reduzem a soberania nacional em relação a projetos estratégicos como também aumentam o fardo da dívida.

Projetos como a represa Merowe, a elevação do reservatório de Roseires e a construção das barragens do Alto Atbara e de Setit são bons exemplos dessas dinâmicas relacionadas a empréstimos. Graças a eles, empresas chinesas conseguiram contratos de construção, enquanto a Arábia Saudita adquiriu mais de um milhão de *feddan* (420 mil hectares) de terras sudanesas por um período de 99 anos. As terras adquiridas pela Arábia Saudita equivalem à área total do novo projeto do Alto Atbara, localizado em solos férteis que a Arábia Saudita deseja explorar para obter sua própria segurança alimentar.[10] Os residentes dessa área foram expulsos à força de suas terras em troca de uma compensação injusta: aqueles que eram donos de menos de dez *feddans* agrícolas (42 mil metros quadrados) foram indenizados com um lote residencial de trezentos metros quadrados, enquanto aqueles que eram donos de áreas maiores que dez *feddans* receberam dois lotes residenciais com área total de seiscentos metros quadrados. Assim, além de cerca de setecentos mil cidadãos despejados de suas próprias casas, as pessoas da região perderam suas terras agrícolas, e os pastores perderam as trilhas de pastagem natural utilizadas por mais de sete milhões de animais.

O retorno energético desses projetos hídricos é baixo em comparação com seus custos econômicos, sociais e ambientais exorbitantes. Eles exacerbaram as desigualdades de desenvolvimento à medida que levaram uma grande parcela da população a perder seus meios tradicionais de subsistência. Ao mesmo tempo, as áreas mais próximas às barragens — como El Buhaira e El 'Azaza, perto do reservatório de Roseires, e a maior parte dos vilarejos às margens do Rio Atbara — não dispõem nem de eletricidade, nem de acesso à água. Desse modo, esses projetos hidrelétricos criaram zonas de sacrifício em prol do "desenvolvimento" e da acumulação capitalista em outros espaços. Isso

10 "As represas do alto Atbara e do Setit: corrupção e desalojamento", *Al Rakoba*, 2017. Disponível em: tinyurl.com/cmhtwuup (em árabe).

ajuda a reproduzir a disparidade de desenvolvimento, aprofunda as desigualdades históricas e agrava conflitos em várias formas e graus.

Soluções apressadas

Além de mais de 60% do povo sudanês não ter acesso à rede elétrica nacional, os aumentos relativamente grandes nos níveis anuais de consumo (10%) agravaram o déficit nacional. Como resultado, o setor de energia foi pressionado a oferecer mais capacidade elétrica. Essa pressão foi respondida com a construção de novas usinas térmicas, altamente dependentes de combustíveis importados: mais de 1.500 MW térmicos foram acrescentados entre 2008 e 2019. Em 2017, o volume de dinheiro gasto com combustíveis foi estimado em 1,3 bilhão de dólares, com o apoio governamental ao setor chegando a 15% dos gastos públicos (Banco Mundial, 2019a). Essas usinas causam emissões significativas que equivalem a cerca de 6,25 milhões de toneladas de dióxido de carbono.

A velocidade, o custo inicial relativamente baixo dessas novas usinas térmicas e sua contribuição à capacidade elétrica nacional tenderam a ofuscar os desafios operacionais significativos impostos ao país, que perdeu mais de 75% de suas reservas petrolíferas e dos lucros a elas associados após a separação do Sudão do Sul em 2011. Esse evento deixou o Sudão, em grande medida, dependente de combustíveis importados e também exposto a taxas de câmbio instáveis e a índices inflacionários em aceleração. Além do aumento nos preços da eletricidade, a expansão da produção térmica não considerou o impacto negativo dessa forma de produção, que leva a um crescimento significativo nas emissões de gases de efeito estufa.

Apesar dos projetos térmicos, as opções hidrelétricas permaneceram no âmago dos planos futuros para a oferta de eletricidade. O governo de salvação[11] repetidamente expressou o desejo de construir um conjunto de grandes represas na porção do Nilo ao norte de Cartum, nas áreas de Dal, Kajbar e Al Sheraik, a serem localizadas nas segunda, terceira e quinta cataratas no norte do Sudão. Juntas, elas teriam a capacidade de operação combinada de 990 MW. Essas represas seriam um acréscimo a vários outros projetos em Daqash, Mukrat, Sheri e Sablouka (Hashim, 2016).[12] Contudo, houve uma rejeição generalizada por parte das populações dessas áreas, que alegam que os projetos não serão úteis e inundarão a maior parte dos espaços residenciais, agrícolas e arqueológicos desde o norte de Cartum até a cidade velha de Halfa. Elas também argumentam que os custos da implementação são muito elevados, e os retornos, muito baixos. As tentativas de propagandear as hidrelétricas como solução vão de encontro à realidade da construção da Barragem da Renascença Etíope, que mudará a natureza do Nilo e ajudará a estabilizar os fluxos de água ao longo do ano. Esse empreendimento não só tornará os projetos sudaneses tecnicamente inúteis como também imporá desafios que farão com que a sua implementação seja pouco realista.

Em suma, todos esses fatores comprometem o realismo das ambições do plano para o setor de eletricidade, que até 2031 pretende gerar 80% da energia do Sudão.[13] Afora o déficit na capa-

11 "O ministro da Eletricidade adere à construção das represas de Kajbar, Dal e Al-Shareek", *Al Rakouba*, 2016. Disponível em: tinyurl.com/n3f39y7z (em árabe).

12 Ver ainda "Pre-Feasibility and Feasibility Studies of DAL Hydropower Project" (manuscrito não publicado), Scott Wilson & EDF, 2010 .

13 "Long-and Medium-Term Power System Plans", Ministério de Recursos Hídricos e Eletricidade do Sudão & Lahmeyer International GmbH, 2012.

cidade disponível, o custo considerável da extensão das redes de transmissão e distribuição significa que um grande segmento da população continuará no escuro, uma vez que as linhas de fornecimento de eletricidade se concentram no centro e no norte do país, historicamente o centro dos poderes econômico e político do Sudão.

Há certos atributos comuns entre o Sudão e alguns países africanos subsaarianos no que diz respeito ao declínio nas taxas de eletrificação e de densidade populacional, além de tentativas fracassadas de criar mercados e indústrias prósperos para as energias alternativas. Contudo, diferentemente desses países, a situação do Sudão é, em parte, resultado do isolamento internacional imposto ao regime de Al-Bashir pelas sanções dos Estados Unidos. Comparado à Tanzânia, por exemplo (Odarno *et al.*, 2017), que possui 109 usinas solares autônomas, com uma capacidade total de 158 MW, o Sudão possui apenas uma, com capacidade que não passa de 5 MW. A primeira iniciativa solar do Sudão foi lançada em 2014 e envolve um programa-piloto no modelo de sistemas solares domésticos no qual, em cooperação com os bancos locais, as residências individuais recebem sistemas solares parcelados. A iniciativa se dirigia inicialmente a cem usuários, com uma capacidade de 100 watts por usuário (o objetivo é alcançar capacidade total de 110 MW até 2031).[14] De acordo com o último relatório sobre a iniciativa, o número de lares beneficiados pelo serviço chegou a 1.500 em 2018 (Banco Mundial, 2019a).

A primeira usina solar do Sudão só foi inaugurada em 2020, em El Fasher, a capital do estado de Darfur do Norte e uma

14 "Rural Electrification with Solar Home Systems Project", Ministério de Recursos Hídricos e Eletricidade do Sudão, [s.d.]. Disponível em: unescwa.org/sites/default/files/event/materials/2p4.pdf.

das cidades mais importantes da região.[15] Essa usina tem uma capacidade de 5 MW. Uma usina gêmea na cidade de El Daein, em Darfur, encontrou vários obstáculos que, até o momento, impediram sua conclusão, incluindo questões relacionadas ao financiamento, atrasos no recebimento de materiais e alguns casos de furto de equipamentos. As duas usinas foram financiadas pela Sudanese Hydro Generation and Renewable Energy Company (SHG&RE) e foram implementadas por uma empresa local chamada Top Gear.[16]

Embora a crise atual do setor de energia possa ser rastreada até a era Al-Bashir e a corrupção a ela relacionada, o governo de transição pós-revolucionário de 2018 a agravou de forma direta e indireta. A doutrina neoliberal do Banco Mundial e do Fundo Monetário Internacional (FMI) ditaram todas as reformas macroeconômicas implementadas pela nova administração. Abdalla Hamdok, o ex-primeiro-ministro que havia anteriormente trabalhado nas Nações Unidas, não tentou resistir a essa maré neoliberal e chegou até mesmo a defender que as reformas eram pré-requisitos para aliviar dívida e obter novos empréstimos e subsídios (Banco Mundial, 2021a). Além disso, as flutuações da libra sudanesa e o corte de subsídios para mercadorias básicas levaram a uma queda acentuada do valor oficial da libra em comparação com o dólar. No início de 2023, a taxa de câmbio era de 570 libras para um dólar, em comparação a 55 libras para um dólar em janeiro de 2021. A flutuação cambial também cau-

15 "Darfur do Norte recebe oficialmente a primeira usina solar do Sudão", *Sudan News Agency*, 2020 (em árabe).

16 "Solar Energy Shines in the West of the Country" [vídeo], Sudanese Hydro Generation and Renewable Energy Company (SHG&RE Co.), 2019. Disponível em: facebook.com/watch/?v=404676296987592.

sou um aumento maciço no preço dos combustíveis, que saltou de 100 para 2.500 libras por galão.[17]

Os modos indiretos pelos quais o governo de transição desestabilizou a oferta de eletricidade também estão lastreados nessas reformas econômicas neoliberais, que tinham o setor de energia como alvo. Realizadas em um momento crítico, tais reformas foram objeto de um alto grau de coordenação e planejamento. O fracasso do setor nessa questão fez dos usuários vítimas de recomendações de reformas injustas e de suas implementações desastradas. Mais tarde, a situação se agravou ainda mais com o golpe de Estado de 25 de outubro de 2021, que teve como resposta internacional a suspensão de todo tipo de auxílio. Como resultado, o Tesouro Nacional foi cada vez mais pressionado e acelerou a implementação do pacote de reformas falhas.

Consumo

Um dos atributos mais importantes dos anos do petróleo no Sudão, de 1999 a 2011, foi a mudança no estilo de vida da classe média urbana do país. A área da Grande Cartum, que abriga 20% da população sudanesa — cerca de nove milhões de pessoas (Ille & Steel, 2021) — e é a sede de suas principais indústrias, serviços e transações, consome 60% da eletricidade do país, que também atende às residências. Aqui, a arquitetura dos edifícios residenciais é relevante. A arquitetura tradicional, que utiliza os materiais da terra e incorpora pátios espaçosos e bem ventilados,

17 "Sudan Gasoline Prices", Global Petrol Prices, [s.d.]. Disponível em: globalpetrolprices.com/Sudan/gasoline_prices/.

adequados ao clima desértico do Sudão, muitas vezes é substituída por selvas de pedra, formadas por construções verticais e mal ventiladas, inspiradas na arquitetura de Dubai e de outras grandes cidades do Golfo. Essas transformações arquitetônicas fizeram com que uma grande proporção dos cidadãos dependesse completamente de sistemas de ar-condicionado, elevando o consumo de eletricidade. Como resultado, a demanda por energia elétrica no verão dobra em relação à demanda no inverno. Diferentemente de Dubai, no entanto, não há leis nem instituições para restringir a construção de prédios e a produção e importação de eletrodomésticos. O consumo doméstico médio de eletricidade na Grande Cartum é de 308 quilowatt-hora (kWh) por mês, quase seis vezes a média da África Subsaariana (Usui, 2020).

Por um lado, essas altas taxas de consumo urbano de eletricidade põem o setor elétrico sob pressão. Por outro, exercem pressão política sobre o governo para assegurar uma oferta mais estável. De fato, é essa pressão que tem levado o setor a uma busca de soluções paliativas de emergência, como o aumento significativo da capacidade térmica previsto no plano quinquenal esboçado em 2018, durante o governo Al-Bashir. Esse plano propunha aumentar a capacidade disponível em mais 8,7 GW, dos quais 60% seriam provenientes de usinas térmicas. Em seu relatório de meados de 2019, o Banco Mundial analisou o projeto e, ao mesmo tempo, a situação atual do setor elétrico, apresentando recomendações para sua recuperação. Esse relatório serve hoje como ponto de referência para a reforma energética do Sudão. A seguir, discutiremos seus argumentos e eixos mais importantes.

O relatório do Banco Mundial

As principais reformas propostas no relatório do Banco Mundial podem ser divididas em três elementos: a revogação de subsídios tarifários; uma matriz energética que garanta a capacidade futura; e o envolvimento do setor privado.

A revogação dos subsídios sobre as tarifas de energia elétrica

De acordo com o relatório do Banco Mundial, as tarifas de energia elétrica no Sudão são as mais baixas da África Subsaariana, independentemente do nível de rendimentos dos países comparados. O relatório mostra que as tarifas representam entre 1% e 3% da renda mensal média das famílias — compatíveis com a recomendação de que seus valores não devem exceder 5% desses rendimentos. Mas essa recomendação não leva em conta o fato de que, em um país onde mais de 65% da população está empregada no setor informal, muitas famílias não dispõem de renda mensal fixa (Challenge Fund for Youth Employment, 2021). O relatório do Banco Mundial também afirma que a maior parte dos subsídios às tarifas de energia elétrica oferecidos pelo governo é direcionada para os grupos sociais errados, já que um percentual maior da eletricidade é consumido pelas classes em posições mais elevadas na pirâmide de renda. Em outras palavras, a maioria dos subsídios governamentais vai, na verdade, para os ricos. O relatório conclui que os subsídios são muito generosos e recomenda sua redução gradual ao longo de cinco anos, a fim de diminuir o déficit fiscal do país.

Entre janeiro de 2021 e janeiro de 2022, as tarifas de energia elétrica foram ajustadas três vezes, em índices exponenciais. Comparada com a tarifa pré-2021, por exemplo, a Tarifa de Salvação, o tipo menos oneroso e dirigido a grupos de rendimentos menores, passou a ser aplicada para consumo de até 100 kWh, não mais de 200 kWh. Ao mesmo tempo, o custo do kWh aumentou em ritmo superior a 3.000%: de 0,15 para 5 libras.[18] Em acréscimo a isso, as tarifas comerciais e agrícolas subiram 13.000% e 5.000%, respectivamente, em meio a outros aumentos.[19] O resultado desses aumentos agudos se refletiu na disparada dos preços de todos os produtos e mercadorias manufaturados, que, por sua vez, só fez agravar o sofrimento de uma população cujos recursos são corroídos pela inflação.

Embora seja possível concordar com a necessidade de reformas nas tarifas de eletricidade, consideradas as atuais condições do setor energético e a situação econômica geral herdada do regime corrupto de Al-Bashir, os detalhes dessas reformas continuam a ser objeto de debate. É injusto supor que grupos sociais diferentes tenham a mesma capacidade de absorver grandes aumentos nas tarifas de eletricidade e nos preços de bens e serviços que os acompanham. Teria sido possível alcançar uma fórmula mais adequada para a reforma com a compensação entre os aumentos para os diferentes grupos que compõem a pirâmide social. Exemplos de medidas mais nuançadas incluem a manutenção da mesma tarifa subsidiada para os grupos sociais que consomem menos energia (uma média de 177 kWh por mês) e a fixação de tarifas a preço real para os grupos de maior consumo (cerca de 600 kWh por mês, por exemplo). Isso não só aumenta-

18 "Sudan Will Quadruple the Electricity Tariff", *Anadolu Agency*, 2021.
19 "Detalhes sobre os novos preços da eletricidade no Sudão a partir de 24 de janeiro de 2022", *Open Sudan*, 25 jan. 2022. Disponível em: opensudan.net/archives/22037 (em árabe).

ria as receitas do setor como ainda estimularia o 1% que consome mais de um quarto da oferta do setor residencial a racionalizar o uso da eletricidade (Banco Mundial, 2019a).

Apesar dos aumentos significativos nas tarifas, até agora a revogação dos subsídios foi apenas parcial, o que significa que mais aumentos estão a caminho, a fim de cumprir integralmente o recomendado pelo Banco Mundial. Esses aumentos podem exacerbar a ira social que assaltou os cidadãos na sequência das medidas adotadas com o golpe de Estado, sobretudo à luz da atual situação, em que a alta das tarifas não correspondeu a uma maior estabilidade de oferta. Além disso, a última onda de aumentos, em 2022, desencadeou uma forte oposição entre os pequenos agricultores, que viram suas contas de luz subir 2.000%.[20]

No início de 2022, pequenos agricultores no norte do Sudão protestaram, com o apoio de outras vozes civis, contra o aumento nas tarifas agrícolas e exigiram reduções. A mobilização construiu barricadas na estrada nacional que liga o norte do Sudão ao Egito e facilita a movimentação de quantidades significativas de bens e pessoas, culminando no que mais tarde ficou conhecido como as "Barricadas do Norte". A ação foi bem-sucedida: os manifestantes capturaram mercadorias suspeitas (ouro e matérias-primas) contrabandeadas para o Egito. Também expandiram o protesto, de um único ponto da estrada para catorze pontos adicionais. Somando-se à demanda pela redução das tarifas de energia elétrica, os moradores da região apresentaram um conjunto de reivindicações históricas relacionadas ao sofrimento pelo qual passaram devido aos projetos hidrelétricos desde a independência. As Barricadas do Norte perduraram por mais de quatro meses e conseguiram reduzir

20 "Detalhes sobre os novos preços da eletricidade no Sudão a partir de 24 de janeiro de 2022", *Open Sudan*, 25 jan. 2022 (em árabe).

as tarifas de energia elétrica dos pequenos agricultores locais de 21 para 9 libras.[21]

Em suma, sem o controle dos indicadores macroeconômicos do Sudão, a inflação devorará todos os recursos adicionais auferidos com a redução dos subsídios e deixará o setor de eletricidade com uma segunda conta a pagar em razão da compra de combustíveis para as usinas térmicas atuais e futuras. Considerados os índices de inflação, que excederam 260% em março de 2022,[22] e o baixíssimo poder de compra de uma população que tem mais da metade das pessoas vivendo abaixo da linha da pobreza,[23] a liberalização dos preços só levará a um maior distanciamento das metas do setor para a eletrificação até 2031. De fato, as experiências bem-sucedidas de eletrificação em países como Gana e Coreia do Sul (Trotter & Abdullah, 2018) só foram concretizadas como resultado de esforços governamentais para a concepção de pacotes de taxas e tarifas apropriados a cidadãos com rendimentos limitados e irregulares.

A matriz energética para a capacidade futura

Como resultado da falta de coordenação total entre as várias autoridades relevantes durante a era Al-Bashir, é difícil comparar o plano de desenvolvimento de 2018 para a capacidade energética futura do Sudão com as Contribuições Nacionalmente Determinadas, aceitas na COP21, em Paris, e atualizadas em

21 "Barricadas do Norte: Como o movimento de resistência se formou e quais são as demandas dos manifestantes?", Beam Reports, 12 fev. 2022. Disponível em: tinyurl.com/432j4ubk (em árabe).
22 "WFP Market Monitor — Sudan", Food Security Analysis, World Food Program, mar. 2022.
23 "Sudan Income Poverty", Trading Economics, 2022.

2021.[24] O plano de 2018 pretendia construir novas usinas com capacidade de 3.000 MW antes de 2031, combinando energias eólica e solar, tanto dentro quanto fora da rede de transmissão. Enquanto isso, os planos do governo recomendam uma capacidade adicional de 60% de usinas térmicas, uma proposta ligeiramente revisada pelo Banco Mundial, que reduziu a taxa de geração térmica para 50% e aumentou as energias renováveis — com a exclusão da geração hidrelétrica — para 800 MW para as fontes eólica e solar. Isso equivale a 10% da capacidade adicional futura de cada um dos dois setores. Do mesmo modo, o relatório emprega critérios de menor custo para alcançar a matriz energética para a capacidade futura. Essa perspectiva considera apenas os custos financeiros dos projetos, mas ignora seus custos sociais e ambientais.

À luz dessa discussão, uma questão não pode ser ignorada: por que os planos de capacidade futura não se concentram primariamente nas energias renováveis? Isso é particularmente relevante por dois motivos. Primeiro, os índices de radiação solar diária são extremamente altos no Sudão, e a velocidade do vento excede 7 m/s em vários lugares, o que torna o ambiente ideal para a produção de energia eólica.[25] Segundo, tem havido nos últimos anos um declínio perceptível no custo das energias renováveis, com a chegada dos preços a níveis competitivos em comparação com os valores das fontes convencionais de energia.

A hipercentralização é outro atributo que continua a dominar a mentalidade de planejamento do Sudão. Experiências de países da região e de outros do Sul global oferecem diversos exem-

24 "Sudan's Updated First NDC, Interim Submission", The High Council for Environment & Natural Resources, 31 maio 2021.

25 "Wind Turbine Fundamentals", Renewables First, [s.d.]. Disponível em: renewablesfirst.co.uk/renewable-energy-technologies/windpower/windpower-learning-centre/wind-turbine-fundamentals/.

Figura 6.1. Comparação entre o plano quinquenal do governo do Sudão e o plano proposto pelo Banco Mundial

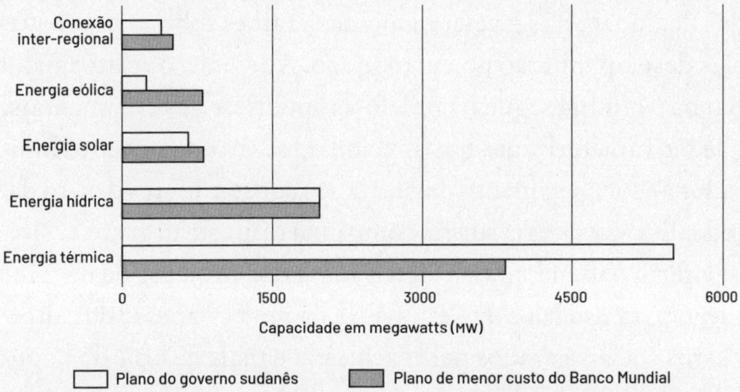

plos de modelos alternativos e descentralizados bem-sucedidos que podem ser empregados como soluções adequadas ao problema de eletrificação, aos desafios das tentativas de transição para as energias limpas e aos enormes obstáculos de financiamento que prejudicam os projetos centralizados. O Quênia, por exemplo, conseguiu aumentar suas taxas de eletrificação de 32% em 2013 para 75% em 2018. Isso se deu com a adoção de uma mistura de soluções técnicas e institucionais, incluindo sistemas solares domésticos convencionais ligados à rede elétrica e a formação de mini/microrredes (Zalengera *et al.*, 2020). Não bastasse, o custo das microrredes continua a cair, e as capacidades daquelas que são atualmente conhecidas como microrredes de tecnologia flexível de terceira geração oferecem perspectivas reais, como a possibilidade de conexão de grupos de microrredes ou de sua ligação à rede nacional no futuro (Esmap, 2022).

Embora os parâmetros do projeto de capacidade energética futura enfatizem o papel determinante das microrredes no programa de eletrificação universal em áreas esparsamente povoadas do Sudão, não há efetivamente detalhes sobre o papel que elas desempenharão no curto prazo. Ademais, o relatório do Banco Mundial segue o modelo das políticas governamentais, que são caracterizadas por direcionar recursos financeiros limitados ao fortalecimento da oferta aos consumidores dentro da rede. Essa estratégia surgiu como uma resposta urgente à crise de oferta urbana, mas se deu à custa dos projetos de eletrificação para usuários que estão fora da rede — apesar dos altos custos sociais gerados pela exclusão de mais de 60% da população do direito de acesso à eletricidade, que deveria ser vista como serviço básico.

O envolvimento do setor privado

No caldeirão de liberalização que tem se repetido diversas vezes ao redor do mundo, o ingrediente mágico é a abertura de oportunidades para que o setor privado participe e atraia financiamento e expertise. Em 2010, a Autoridade Elétrica Nacional, que detém o monopólio de todas as operações de fornecimento de eletricidade, foi dividida em cinco empresas com base em suas funções técnicas, como geração térmica e hidrelétrica, transmissão e distribuição, e assim por diante. Essa reforma deu ao setor privado a oportunidade de entrar no setor de geração como produtor independente de energia (PIE). No entanto, com exceção de usinas isoladas, cujas construção e operação foram privatizadas e que não correspondem a mais de 3% da capacidade total, o setor privado não se envolveu de modo algum com os projetos de geração subsequentes. O relatório do Banco Mundial atribui essa falta de envolvimento à ausência de uma estrutura abrangente que detalhe o processo de parceria e seus regulamentos, além das tarifas de energia elétrica baixas (subsidiadas), tidas como pouco atraentes para os investidores.

A estrutura proposta pelo relatório do Banco Mundial pretende tornar as atuais reformas do setor mais atrativas para os investidores, e não aumentar a capacidade elétrica ou reestruturar empresas públicas para que possam encabeçar projetos futuros com eficiência. Não só a (i)lógica da lucratividade no âmago das reformas do setor de eletricidade ameaça a durabilidade das mudanças; essas reformas também podem ser difíceis de alcançar, o que fará com que o setor seja mais uma vez vítima de soluções emergenciais paliativas.

As linhas gerais e as melhores práticas na indústria de geração de energia (Gratwick & Eberhard, 2008) que orientam os investidores ao redor do mundo contrastam fortemente com o atual estado do setor no Sudão. Há um leque de determinantes considerados importantes para que um setor de energia seja bem-sucedido, como ambientes favoráveis a investimentos, estruturas de políticas públicas claras, práticas licitatórias, fornecimento estável de combustíveis e assim por diante. Essas condições são difíceis de imaginar no futuro próximo do Sudão, sobretudo considerando a instabilidade política e econômica que afeta o país. Por exemplo, produtores independentes turcos de energia, que são donos de algumas usinas isoladas no Sudão, atualmente enfrentam dificuldades para garantir seus suprimentos de combustíveis, além de sofrer com atrasos no recebimento de pagamentos do governo. Em resposta a esses problemas, eles já cortaram por vários dias o fornecimento para algumas cidades sudanesas.[26]

26 "Blecaute total em três grandes cidades em Darfur", *Shabakat 3Ayin*, 4 jan. 2020. Disponível em: tinyurl.com/2bwreupu (em árabe).

Talvez o mais razoável e justo, em particular para as classes mais pobres, seja excluir o setor privado das tentativas de solucionar a crise elétrica no Sudão. Esse cenário envolveria direcionar os empréstimos de desenvolvimento para as empresas públicas do setor e abandonar as condições e determinantes do livre mercado. A maioria dessas condições revelou estar em forte contraste com os projetos de eletrificação que incorporam dimensões sociais, como no caso da Tarifa de Salvação, dos subsídios cruzados,[27] das tarifas de importação justa e dos requisitos de produtos e mão de obra locais pelas indústrias. De modo geral, a necessidade de financiamento — empregado para justificar o envolvimento do setor privado — se tornou um meio de privatizar os auxílios. Tais medidas, por sua vez, servem como ferramentas neocoloniais que aumentam a dependência do Sul global. Além disso, não ajudam a alcançar soluções sustentáveis para os problemas distintos que as sociedades enfrentam. Em vez disso, o auxílio privatizado se torna um canal para o desvio do orçamento de apoio ao desenvolvimento em direção às empresas privadas. A Power Africa, por exemplo, é a maior iniciativa energética na África Subsaariana, com compromissos de financiamento de 54 bilhões de dólares. O projeto é usado pelo governo estadunidense para aumentar os lucros auferidos pelo setor privado do país. Em 2016, quase 90% dos recursos comprometidos — que correspondem a sete bilhões de dólares — foram direcionados a bancos e instituições financeiras estadunidenses para implementação ou financiamento de projetos de energia na África Subsaariana (Trotter & Abdullah, 2018).

27 Subsídios cruzados correspondem ao processo de cobrança de preços maiores de um grupo de consumidores a fim de sustentar uma redução de preços em favor de outro.

Desse modo, é refutávelargumento de que as empresas de energia locais não possuem competência necessária para tomar a frente desses projetos. Durante os anos do petróleo no Sudão, a recuperação econômica associada a esse período proporcionou entradas significativas para o Tesouro Nacional. Apesar da corrupção e do nepotismo, a Autoridade Elétrica Nacional não era desprovida da expertise técnica e administrativa necessária para implementar reformas de grande escala. Essas reformas incluíam a mudança para um sistema pré-pago,[28] que aumentou a taxa de adimplência para 93% — entre as mais altas da região (Banco Mundial, 2019a). Além disso, quantidades generosas foram gastas com requalificação e treinamento de especialistas dentro e fora do Sudão, o que levou o país a uma boa posição: os altos benefícios financeiros protegeram o setor de eletricidade do fenômeno da fuga de cérebros que caracteriza a maior parte dos demais setores sudaneses. Nos últimos anos, também foram realizados projetos para que a produção dos equipamentos seja local, como no caso das fábricas de montagem de transformadores e da manufatura e programação de medidores pré-pagos.

28 Medidores pré-pagos são ferramentas por meio das quais o custo da eletricidade é pago antes do uso, com a compra de um número específico de unidades elétricas, e com a transferência desse crédito para o aparelho. Esse tipo de medidor garante que os consumidores paguem as quantidades devidas sem que precisem ser interpelados por cobradores das empresas de distribuição de energia. O mecanismo melhora as taxas de adimplência das empresas quanto aos valores devidos.

Conclusão

Há quem diga que é melhor dar um pequeno passo no rumo certo, na direção sustentável e socialmente justa, do que tentar grandes saltos para a resolução dos problemas de poucos (os ricos e as classes superiores), inclusive com a tomada de decisões cujos desdobramentos ambientais e sociais são sentidos frequentemente pelos pobres e pelas classes marginalizadas. Em acréscimo ao problema do acesso à rede elétrica que as populações rurais, nômades e as classes urbanas precárias vêm continuamente sofrendo, a extensão das frequentes quedas de energia nas áreas urbanas só se agravou nos últimos anos. Ainda que a situação de crise motive a pesquisa por soluções emergenciais e mais baratas, essa também pode ser uma oportunidade para repensar os modos convencionais de geração e gestão do abastecimento de energia.

Desde a independência, a desconsideração total dos meios de subsistência das comunidades locais e dos problemas que elas enfrentam tem sido um atributo constante nos grandes projetos de energia do Sudão, como no caso das barragens hidrelétricas. Esse descuido se manifesta na expropriação e na destruição dos meios de vida tradicionais. Além disso, o aumento no número de usinas térmicas no país, incentivado pelos baixos custos iniciais e pela facilidade relativa de construção, prejudica o meio ambiente de maneira severa. Ademais, a dependência de combustíveis importados inflou os custos operacionais dessas usinas, sobretudo com a deterioração contínua da moeda local e a subida dos preços globais de combustíveis.

O roteiro atual para a resolução da crise elétrica conta com a adoção total e incondicional das reformas neoliberais ditadas pelas instituições financeiras internacionais. Estas afirmam apoiar as aspirações do povo sudanês por uma transição democrática. Apesar disso, o esboço das reformas futuras não é diferente das estratégias anteriores do setor ou mesmo dos projetos hidrelétricos implementados no período colonial. Entre os principais atributos dessas reformas estão a abolição gradual de subsídios sobre as tarifas de eletricidade, a atração de investidores privados e a estimativa de capacidade futura com base nos critérios do projeto de menor custo. Os três temas foram discutidos ao longo deste capítulo, além de suas consequências sociais, econômicas e ambientais, especialmente com relação aos grupos sociais mais vulneráveis da sociedade sudanesa.

Este capítulo não pretende oferecer uma resposta abrangente para as questões espinhosas suscitadas pela atual crise elétrica no Sudão. Em vez disso, o texto busca apontar critérios e prioridades básicos que devem ser considerados quando se busca solucionar a crise e ponderar por que as abordagens atuais são falhas. Quando se trata do abastecimento de eletricidade, há o problema da priorização do setor privado e das usinas de geração centralizadas que empregam fontes de energia desfavoráveis ao meio ambiente por motivos puramente financeiros. Quando se trata de consumo, os cidadãos que estão fora do alcance da rede em áreas marginalizadas têm sua importância minimizada, enquanto as altas tarifas se mostram desproporcionais em comparação com as condições dos grupos sociais mais pobres.

Além disso, não há uma solução única que atenda a todas as necessidades dos grupos sociais do Sudão. A complexidade da situação atual exige estudar e compreender os contextos dos diferentes grupos sociais, que ditarão diferentes soluções técnicas e estruturas institucionais. Esse processo, por sua vez, demandará diferentes formas de financiamento que permitam a mobilização de recursos financeiros e que abarquem desde o autofinanciamento e os capitais público e privado até os auxílios de desenvolvimento a juros baixos — ou a juro zero. O Sudão também pode se unir a outros países na promoção da pauta das reparações climáticas[29] a fim de obter recursos de financiamento que não sejam acompanhados do fardo de mais endividamento. Com efeito, isso permitiria ao Sudão adotar tecnologias de geração de energia que ajudariam a reduzir tanto suas emissões quanto sua dependência da biomassa como fonte de energia, o que ameaça florestas e vegetações. Esse movimento também permite acesso a soluções apropriadas e baseadas em sistemas centralizados, descentralizados ou autônomos e a uma alocação orçamentária socialmente mais justa.

Assim como acontece com muitos problemas em países do Sul global, a atual crise de abastecimento de eletricidade no Sudão exige uma solução urgente, sustentável e factível. Essa solução precisa envolver um grau acentuado de planejamento integrado entre vários aparatos estatais, assim como o rearranjo das prioridades para atender aos requisitos de um desenvolvimento socioeconômico justo, sustentável e adequado aos contextos locais. Uma transição verde e justa no Sudão deve levar em conta a importância da formulação de políticas que sejam independentes dos imaginários do antigo legado colonial — um legado que se baseia em infraestrutura grandiosa e em símbolos e ícones políticos a serviço das elites. Uma transição justa também deverá evitar os engodos neocoloniais e suas promessas de financiamento, cujos efeitos se refletem exclusivamente nos preços das ações das corporações transnacionais.

29 As reparações climáticas se referem à oferta — pelos países que contribuíram historicamente para a crise climática com atividades que causaram emissões prejudiciais — de apoio aos países que não contribuíram para isso e que são considerados os mais vulneráveis diante das mudanças climáticas.

parte II

Os ajustes neoliberais, a privatização da energia e o papel das instituições financeiras internacionais

Mohamed Gad é jornalista econômico, especializado em economia egípcia. Tem textos publicados em jornais locais e internacionais, assim como em sites independentes de notícias. Escreveu obras acadêmicas em parceria com centros independentes de pesquisa e organizações de direitos humanos e organizou quatro livros sobre a economia egípcia publicados pela Dar al-Maraya.

Finanças internacionais e mercadorização da eletricidade no Egito

7

Mohamed Gad

Entre 2008 e 2014, os egípcios testemunharam um aumento sem precedentes nas interrupções de energia, com consequências severas que abrangeram desde a suspensão de serviços hospitalares até a paralisação de várias linhas de produção industrial, passando pelo colapso dos sistemas de ventilação durante os meses escaldantes de verão. Essas interrupções revelaram uma grave escassez de recursos para modernização e expansão da rede nacional de geração de energia, que à época dependia primariamente de financiamento estatal ou de empréstimos de parceiros de desenvolvimento. Ao mesmo tempo, o Estado manteve o monopólio sobre os processos de geração e distribuição, enquanto o setor privado ocupou uma posição limitada na produção energética pelo sistema *build-operate-transfer* (BOT).[1]

1 Geralmente utilizado em parcerias público-privadas relacionadas a infraestruturas de grande porte, o sistema *build-operate-transfer* (construir-operar-transferir, em tradução literal) consiste em um método de entrega de projetos em que o poder público (ou, mais raramente, empresas particulares) concede a uma entidade privada a licença para financiar, planejar, construir e operar dada instalação por um intervalo de tempo contratualmente determinado, após o qual a propriedade e o uso do estabelecimento revertem para o setor público. [N.T.]

Em resposta ao problema dos blecautes, o Estado deu início em 2014 a um plano urgente para a manutenção e a expansão da rede elétrica. Foram apresentados sucessivos projetos de várias estações para a geração de eletricidade com o uso de gás e o envolvimento de uma série de empresas, como a alemã Siemens. Ao mesmo tempo, o Estado promulgou emendas legislativas que permitiram a ampliação do papel do setor privado no setor de energias renováveis, o que contribuiu para reestabilizar o fornecimento.

A expansão da rede de geração de energia elétrica ocorrida após 2014 foi possível graças à receptividade do Estado a várias modalidades de financiamento internacional, notadamente a EPC-F, que envolve engenharia, aprovisionamento, construção e financiamento, e por meio da qual as empresas contratadas para implementar vários projetos obtiveram empréstimos estrangeiros para custear as próprias estações de energia. Enquanto isso, o déficit público parou de subir; na verdade, foi reduzido de vários modos, com destaque para o fim do sistema de subsídios às tarifas de eletricidade.

Com a liberalização desses preços, o setor privado se envolveu mais com o setor energético, tanto como financiador de projetos de infraestrutura quanto como produtor de energia. Com efeito, o governo encorajou esse envolvimento com a promulgação de emendas legislativas. Em suma, o Estado abandonou o monopólio do processo de geração de eletricidade, abriu-se a novas formas de financiamento de infraestrutura e se afastou dos subsídios, antes concedidos a um amplo leque de faixas de renda.

Este capítulo analisa a economia política da liberalização dos preços da eletricidade no Egito, ressaltando as principais guinadas nas políticas públicas quanto à precificação da energia. O texto se concentra no papel das finanças internacionais, incluindo tanto os empréstimos comerciais dos bancos internacionais quanto o financiamento vindo de instituições internacionais, como o Fundo Monetário Internacional (FMI) e o Banco Mundial. O capítulo demonstra ainda como a crise energética de 2014 pavimentou o caminho para a substituição do financiamento público pelo privado no setor de energia, um processo que transformou as instituições nacionais de geração de energia no Egito, até então consideradas provedoras de serviços públicos, em órgãos semelhantes a empresas privadas, que concorrem com entidades do setor privado.

O capítulo também contesta a narrativa do Banco Mundial de que o principal objetivo da liberalização dos preços da eletricidade consistiria em cortar subsídios concedidos aos ricos e redirecionar recursos aos grupos sociais mais necessitados. Ainda de acordo com o Banco Mundial, a liberalização se caracterizou como uma reforma "socioeconômica". Na verdade, a liberalização dos preços levou à entrada das finanças internacionais, tida como necessária em função da crise elétrica. Embora reconheça o componente social dos supostos processos de reforma, o texto defende que o enfoque principal não era esse. Com efeito, a reforma impôs várias pressões que geraram queda nos padrões de vida, de modo que, em vários aspectos, a liberalização alcançou efeitos opostos aos prometidos.

Depois de décadas de prevaricação, liberalização

A produção de eletricidade no Egito remonta ao século XIX.[2] Nos anos 1940, o país promulgou uma lei para regulamentar os investimentos do setor privado na infraestrutura de serviços públicos.[3] A lei regulou a duração das concessões atribuídas a empresas para a prestação desses serviços e as tarifas a serem cobradas por eles, de modo a garantir que o fornecimento permanecesse lucrativo. Em 1948, um departamento especializado foi criado para regulamentar e gerir as concessões no setor de energia elétrica.[4]

O setor privado continuou a ser um dos agentes na produção de eletricidade no Egito até a onda de nacionalizações da década de 1960.[5] Os processos de nacionalização refletiram uma visão estatal ambiciosa para a expansão da cobertura da rede elétrica. Em 1964, um órgão público foi criado para assumir a responsabilidade pelo planejamento da ampliação do fornecimento nacional de energia.[6] Sete anos mais tarde, foi instituído um departamento especializado para fornecer eletricidade às áreas rurais.[7]

2 "Development of Electricity in Egypt: History", Ministério da Eletricidade e da Energia Renovável do Egito, [s.d.]. Disponível em: moee.gov.eg/english_new/history2.aspx.

3 Lei nº 129 de 1947, sobre a concessão de serviços de utilidade pública.

4 Lei nº 145 de 1948, sobre a criação da Administração de Eletricidade e Gás do Cairo.

5 Decreto Presidencial nº 86 de 1962, que incorporou a Companhia de Eletricidade do Egito à Administração de Eletricidade e Gás.

6 Decreto Presidencial nº 1471 de 1964, sobre o estabelecimento do Órgão Geral para a Eletrificação do Egito.

7 Decreto Presidencial nº 470 de 1971, que estabelece o Órgão Público para a Eletrificação de áreas rurais.

Dos anos 1960 até o final dos 1980, o modelo econômico "socialista árabe" incluiu o envolvimento do Estado na produção de eletricidade e no oferecimento de serviços essenciais. A eletricidade foi disponibilizada para a população a preços em consonância com os níveis salariais vigentes, e o Estado desempenhava um papel crucial na determinação da disponibilidade de empregos no setor privado.[8]

No entanto, na segunda metade da década de 1980, o agravamento da crise da dívida externa levou o Estado egípcio a embarcar em um abrangente programa de desmonte do modelo de "socialismo árabe" — um movimento que também correspondia a uma das condições para o recebimento de um empréstimo do FMI nos anos 1990 (Abdel-Khalek, 2007). A essência do programa consistia na retirada do Estado da economia, para permitir que o setor privado se expandisse e para dar fim a políticas que distorcessem preços, como o controle das taxas de juros, do câmbio e da balança comercial, além de abrir o país ao financiamento externo em substituição à concessão de empréstimos via Banco Central (ou seja, impressão de dinheiro).

O ajuste das tarifas de energia elétrica foi uma das propostas defendidas no novo programa econômico da década de 1990, a fim de fazer com que os preços cobrados equivalessem ao custo efetivo da energia já em 1995. Isso, no entanto, não se concretizou (Korayem, 1993). Esse recuo na liberalização do setor de eletricidade foi uma das várias ocasiões nos anos 1990 em que

8 Em 1952, os Oficiais Livres aplicaram um golpe militar contra a monarquia e estabeleceram uma república. Sob o mandato do segundo presidente da república, Gamal Abdel Nasser, o bem-estar social foi fortalecido conforme o Estado assumia um controle maior da atividade econômica. Esse controle chegou ao ápice no início da década de 1960, com a ampla nacionalização das atividades de produção e serviços.

o Estado se afastou de seus compromissos com as medidas do FMI, temendo descontentamento social. Décadas de "socialismo árabe" haviam contribuído para a politização da vida econômica, e o Estado só poderia abandonar essa responsabilidade política de modo gradual.

Em contraste com os esforços resolutos do Estado para se retirar de seu papel social durante esse período — claramente encarnados na aceleração da privatização no setor industrial estatal na década de 1990 —, houve uma prevaricação significativa quanto à liberalização dos preços dos combustíveis e da energia. Isso fica claro nas muitas emendas legislativas voltadas à liberalização do setor de eletricidade promulgadas nas décadas de 1990 e 2000. Mas, apesar dessas emendas, o setor continuou a operar em grande medida como nas décadas anteriores. Para o Banco Mundial, as dinâmicas de liberalização da época foram mais uma mudança de aparência do que de substância (Rana & Khanna, 2020). Uma dessas mudanças de fachada foi a transferência da responsabilidade pela distribuição de eletricidade do Ministério da Eletricidade para o recém-criado Ministério do Setor da Iniciativa Privada, em 1993. A função do novo órgão era gerir grande parte dos setores tanto industrial quanto de serviços e tinha a capacidade de se desfazer de seus ativos, incluindo aqueles relacionados à eletricidade. Ainda que essa transferência de responsabilidade entre os dois ministérios tenha sido vista como um passo rumo à privatização das entidades públicas, isso não ocorreu.

Em 2000, as empresas estatais de geração e distribuição de energia se fundiram com a Companhia Egípcia de Transmissão de Eletricidade (EETC) e se transformaram em uma holding. Essa nova estrutura permitia a elas oferecer um percentual de suas ações em oferta pública inicial (IPO). A IPO, no entanto, não se materializou.

Em 1996, uma emenda legislativa importante foi aprovada para a lei que regulava o Órgão Egípcio de Eletricidade[9] e permitiu a proliferação de uma nova forma de exploração sob o sistema BOT, ainda que previsse o retorno dos ativos em questão para o governo após o período acordado. Essa foi a tentativa mais comprometida de liberalização do setor de eletricidade durante o período. A emenda, de modo geral, era consistente com os objetivos das políticas fiscais do fim dos anos 1990, voltadas à redução do déficit orçamentário. Contudo, a natureza parcial da liberalização não favoreceu a continuidade do sistema BOT. Embora a emenda de 1996 permitisse ao setor privado entrar na produção de energia, o Ministério da Eletricidade detinha o monopólio sobre a compra da energia proveniente das empresas. Dado o compromisso ministerial com a consistência dos preços para o usuário final, a realização de investimentos com o Estado continuava a ser arriscada. Qualquer crise poderia ampliar o fosso entre o preço com o qual o setor privado vendia eletricidade ao Estado e o preço pelo qual a energia era vendida a usuários finais. Em um cenário como esse, o Estado poderia deixar de honrar seus compromissos com o setor privado.

O risco aumentou em 2003, quando o Egito foi forçado a desvalorizar a moeda local após duas crises significativas: a crise financeira asiática e os atentados terroristas que prejudicaram sua indústria do turismo (Selim, 2010). Como os contratos entre Estado e produtores privados de eletricidade exigiam ajustes de preços alinhados às flutuações das taxas de câmbio, os custos podiam ser exorbitantes. Assim, o Estado recuou em seus planos de expansão dos direitos de uso dos produtores independentes (Rana & Khanna, 2020). Esses direitos foram concedidos a apenas três

9 Lei nº 100 de 1996, que acrescenta algumas previsões à Lei nº 12 de 1976 e cria o Órgão Egípcio de Eletricidade.

produtores independentes, totalizando cerca de 10% da produção da energia do país (Hasan, Al-Aqeel & El Salmawy, 2020).

Nesse período, o Estado ampliou a infraestrutura de energia elétrica com o uso do financiamento de bancos estatais e de países parceiros de desenvolvimento. As tarifas aplicadas aos usuários finais tiveram um aumento limitado, que o Banco Central considerou insuficiente para cobrir os custos reais de produção de eletricidade em vista da inflação (Rana & Khanna, 2020).

Quando a primeira década dos anos 2000 se aproximava do fim, as contradições internas do modelo de eletricidade subsidiada chegaram a um ponto crítico. O Tesouro Nacional já não conseguia financiar a expansão e a manutenção adequadas das redes de geração e distribuição de eletricidade. Isso se devia a dois fatores: primeiro, o rápido crescimento da demanda, reforçado pela expansão do serviço à quase integralidade do território egípcio e por investimentos de alta energia atraídos pelos baixos preços do setor; segundo, as restrições rigorosas aos gastos públicos pelas políticas de redução de déficit e pela implementação de tributações regressivas como forma de atrair investimentos, as quais limitavam a arrecadação de impostos (Gad *et al.*, 2019).

O processo de transmissão de energia egípcio envolvia ainda taxas de perda relativamente altas, de até 15% do total da energia produzida, de acordo com o Ministério da Eletricidade. Isso se devia à má qualidade das redes de distribuição e ao furto de energia. Além disso, a eficiência e a disponibilidade das usinas estavam entre 5% e 8% abaixo da média desejável.[10]

Não bastasse, as estações de energia operavam de acordo com o sistema de "ciclo normal", que tem a enorme desvantagem de

10 "Addressing Egypt's Electricity Vision", Ministério da Eletricidade e da Energia Renovável do Egito, Conferência de Desenvolvimento Econômico do Egito, 2015.

consumir muito combustível: apenas 40% dos volumes empregados produzem eletricidade, enquanto o resto é desperdiçado.[11] A dependência continuada de combustíveis tradicionais, como gás natural e mazute,[12] significa que toda e qualquer escassez ou aumento nos preços de produtos petrolíferos causam uma crise na produção de eletricidade.

Com o passar dos anos, essa crise veio à tona com a queda drástica na disponibilidade de produtos petrolíferos por várias razões. Com efeito, durante a década de 2010, o Egito passou de exportador líquido para importador líquido de produtos petrolíferos. Essa dependência de combustíveis importados para a geração de eletricidade agravou a crise dos custos de produção.

O declínio na produção de produtos petrolíferos não foi apenas resultado de limitações naturais. Ao lado da escassez de recursos financeiros, os subsídios à energia para o consumidor final — incluindo combustível para carros e eletricidade para a indústria e os consumidores — também contribuíram para ampliar o fosso entre o preço dos produtos petrolíferos comprados de entidade extratoras, cuja maioria era e ainda é de empresas estrangeiras,[13] e o preço do produto energético final. Como consequência, o fracasso cumulativo do Estado em pagar as dívidas contraídas com as companhias de extração[14] resultou na diminuição de investimentos privados no Egito (Rana & Khanna, 2020).

11 "Estações de energia combinadas: a solução mágica para a economia de combustível e dinheiro", *Al Mal*, jun. 2013 (em árabe).

12 Mazute é um derivado pesado e de baixa qualidade do petróleo.

13 Os contratos para extração de petróleo são geralmente estabelecidos sob a condição de que o parceiro estrangeiro que realiza as atividades de extração obtenha uma cota dos produtos extraídos, enquanto o governo, em um estágio posterior, compra essa cota com base em um preço acertado entre ambos.

14 "Egypt to Pay USD 1.5B in Arrears to Foreign Oil Firms", *Reuters*, 2 out. 2014.

Figura 7.1. Perdas na transmissão e na distribuição de energia elétrica: comparação entre o Egito e países da OCDE (em percentual da produção total)

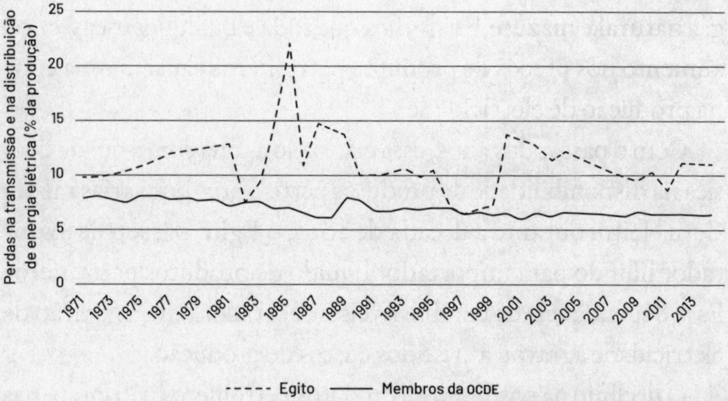

Fonte: Banco Mundial.

Figura 7.2. Oferta total de energia no Egito por fonte em terajoules (TJ)

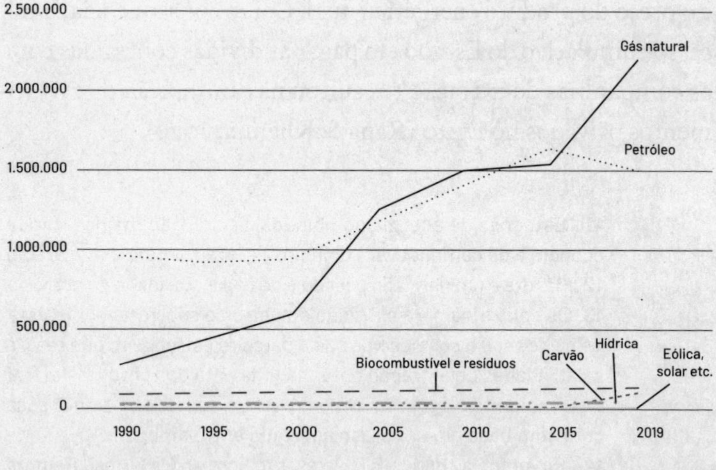

Fonte: Agência Internacional de Energia (AIE).

Depois da revolução de janeiro de 2011 e da instabilidade dos regimes que se seguiram, o Ministério do Petróleo se retirou de novos acordos de exploração, decisão também motivada pela irritação latente das empresas de gás egípcias diante do período de vinte anos de preços pré-fixados para as cotas dos parceiros estrangeiros (Gad, 2015). Os fracos investimentos no setor de energia e o declínio dos recursos petrolíferos aumentaram a dependência de importações, o que sobrecarregou o sistema de subsídios. A instabilidade política geral e a deterioração das reservas internacionais após a revolução de 2011 levaram o governo a insistir na política de cortes de energia como medida de redução de custos. Os apagões geraram altos índices de insatisfação popular entre os principais consumidores de eletricidade — isto é, as residências — e houve grandes perdas econômicas nos setores produtivo e de serviços.[15] Tudo isso pavimentou o caminho para a liberalização acelerada do setor elétrico e o aprofundamento da integração do setor privado com o sistema de geração de energia, ou como financiador de projetos governamentais, ou como produtor independente.

Instituições financeiras internacionais pressionaram pelo desmonte do sistema elétrico estabelecido na década de 1960 — medida apontada como única solução possível para as crises do setor durante o período. O principal argumento era de que, com a liberalização dos preços de combustíveis e da eletricidade, demandas desnecessárias de energia, como o uso de aparelhos de ar-condicionado de alto consumo por famílias mais ricas, poderiam ser reduzidas. As mesmas instituições propuseram o corte

15 "Perdas pesadas para os avicultores devido às quedas de eletricidade", *Al-Masry al-Youm*, 24 maio 2013 (em árabe); "'Simo': A queda de luz aumenta as perdas, e as tentativas de restaurá-la", *Al Mubasher*, 4 mar. 2013 (em árabe); "A eletricidade sob a Irmandade: o Egito deixa seu povo no escuro (cronologia)", *Masrawy*, 25 jun. 2013 (em árabe).

dos subsídios, que apontaram como um dos principais fatores para o déficit orçamentário.

Essas instituições financeiras internacionais afirmaram que a liberalização transformaria a Egyptian Electricity Holding Company (EEHC) em um órgão lucrativo, o que incentivaria contratos de prestação de serviços mais favoráveis, particularmente com investidores internacionais. Defendiam que a liberalização também levaria a um rápido desenvolvimento de infraestrutura, enquanto, ao mesmo tempo, melhoraria a eficiência e reduziria o desperdício de energia. Em última instância, a liberalização da tarifa de eletricidade gerada com gás natural aumentaria a competitividade das energias renováveis. De fato, esse cenário seria mais atraente para o setor privado, levaria a maiores investimentos em parques solares e eólicos, diversificaria os recursos energéticos e reduziria os riscos de crise gerados pela escassez de combustíveis tradicionais.

A próxima seção explica como as finanças internacionais têm sido utilizadas para enfrentar o problema crescente dos cortes de energia e vêm permitindo o processo acelerado de liberalização que tirou o setor de eletricidade do controle estatal.

Origens e desenvolvimento da liberalização

O Egito registrou um recorde no número de cortes de energia no verão de 2014, com uma carga desconectada de até 6.050 MW — quase o dobro dos cortes de 2008. Devido à falta de recursos, o Ministério da Eletricidade deixou de implementar aproximadamente um terço dos planos de manutenção de usinas elétricas. Como consequência, houve uma incapacidade ainda maior

Figura 7.3. Exportações e importações de petróleo (em bilhões de dólares)

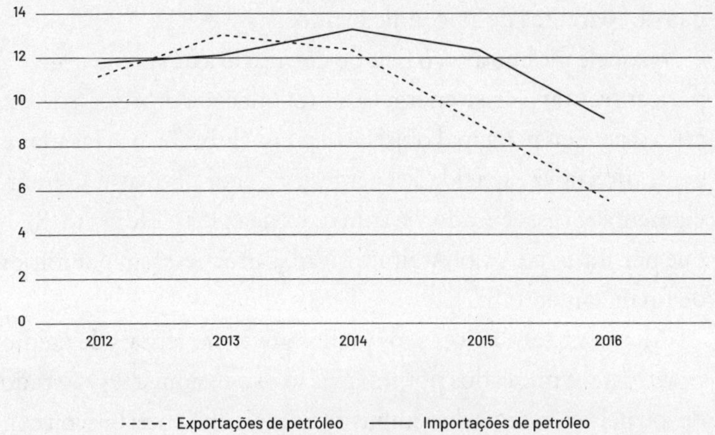

Figura 7.4. Subsídios para combustíveis e subsídios para eletricidade no Egito (em bilhões de libras egípcias)

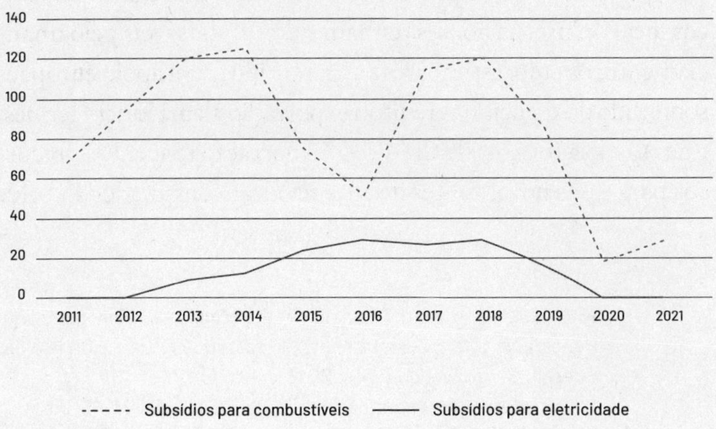

de gerar a energia necessária para atender a demanda crescente, em especial durante as épocas mais quentes, quando aumenta o uso de aparelhos de ar-condicionado.

Naquele mesmo ano, o Estado deu início a um plano urgente para enfrentar a crise energética e fortalecer a produção de eletricidade. Seu principal objetivo era concluir obras atrasadas e gerar uma nova capacidade energética de até 3.636 MW. O financiamento foi assegurado via contratos de EPC-F (Eldin, 2018), o que permitiu que empreiteiras privadas procurassem por fontes de financiamento.[16]

Altamente ambiciosos, os planos governamentais de médio prazo foram marcados por uma visão expansionista. O Estado optou pela estratégia de combustíveis mais eficiente: buscou concluir obras em três usinas térmicas de ciclo combinado de grande escala. Com capacidade total superior a 14.000 MW, essas usinas levaram a uma grande disparada na produção de eletricidade depois de 2014. Os custos, claro, foram exorbitantes — cerca de seis bilhões de euros. Esses fundos gigantescos foram angariados seguindo a mesma lógica do plano de emergência: as empreiteiras privadas responsáveis pelo projeto atuaram como intermediárias que buscaram empréstimos para o Estado. Ainda que bancos locais e internacionais tenham sido responsáveis pelo financiamento, os empréstimos foram garantidos com apoio europeu, sobretudo da agência de crédito à exportação alemã Euler Hermes e da Agência Italiana de Crédito à Exportação (Sace).[17] Os recursos para essas novas fontes de energia foram destinados à EEHC.

16 "Inauguration of the Projects of the Ministry of Electricity and Renewable Energy (Statement)", Ministério da Eletricidade e da Energia Renovável do Egito, 2018.

17 "The Egypt Megaproject: Boosting Egypt's Energy System in Record Time", Siemens AG, 2018.

O período testemunhou um aumento acentuado nos contratos de EPC-F. As empreiteiras da indústria de construção civil viram aí uma oportunidade de ouro para que o governo expandisse a oferta de financiamento. Osama Bishai, diretor-executivo da Orascom Construction, uma das empreiteiras de maior destaque na implementação das novas usinas de energia, comentou sobre essa forma de financiamento em uma entrevista para a mídia: "Por que o governo deveria arcar com o fardo e o serviço da dívida quando outros podem fazer isso em seu lugar?".[18] Na prática, porém, a mercantilização da eletricidade significava que a dívida continuaria a ser paga pelo consumidor, e não pelo Estado, como já havia começado a acontecer depois da liberalização das tarifas de eletricidade.

Em acréscimo à abertura às finanças externas ocorrida nessa época, o Estado também introduziu novas leis para incentivar o setor privado a participar da geração e da venda de eletricidade para a rede nacional, que havia ficado mais atrativa com a liberalização das tarifas. Àquela altura, os riscos para o setor privado haviam sido drasticamente atenuados: já não se esperava que um grande fosso viesse a surgir entre os preços de compra pagos pela EEHC aos produtores independentes e o preço de venda ao público — que, por sua vez, poderia resultar no fracasso da EEHC em pagar os produtores. Nesse contexto, aprovou-se em 2014 uma lei[19] para regular a produção privada de energia com recursos renováveis e sua venda para o Estado. A lei introduziu uma tarifa "*feed-in*" — um valor aprovado pelo Estado para atender ao preço de compra de eletricidade gerada por companhias privadas com base nos custos reais da energia produzida. Um ano depois, outra

18 "Five Questions for Osama Bishai", *Enterprise*, 4 mar. 2017.

19 Lei das Energias Renováveis do Egito, Decreto nº 203 de 2014, sobre o incentivo para que o setor privado produza eletricidade com fontes renováveis.

lei foi introduzida para regulamentar o setor. Observadores argumentaram que essa lei de 2015 levou a um avanço significativo na liberalização do setor de eletricidade, já que incluiu dispositivos que quebraram explicitamente o monopólio estatal da produção elétrica. A lei também deu à EEHC um período de oito anos para reestruturar suas subsidiárias, a fim de que conseguissem operar em um mercado cada vez mais competitivo.[20] Além disso, a lei alçou ao topo do setor a Agência Reguladora Egípcia de Serviços Elétricos e Proteção ao Consumidor (EgyptERA), que existia desde 2000 com um papel marginal, e lhe concedeu poderes robustos, notadamente a capacidade de fixar os valores das tarifas de eletricidade "de acordo com regras e fundamentos econômicos". Isso representou uma transferência da competência que estava nas mãos do governo havia décadas. Assim, a competência para fixar tarifas foi repassada para um órgão independente do governo e cuja mesa diretora era marcada por uma forte representação do setor privado, incluindo os diretores-executivos da Federação das Indústrias Egípcias e da Federação das Câmaras do Comércio Egípcias.[21]

Embora a lei de 2015 permita que o governo continue subsidiando a eletricidade, isso foi tratado como uma exceção à regra. Ela autoriza o Conselho de Ministros a cobrir a diferença entre o custo e o preço de venda via subsídios, caso a tarifa cobrada pelo serviço seja inferior à estabelecida pela EgyptERA. Esse dispositivo visa garantir a estabilidade social em caso de aumento de preços.[22]

Vale notar que, com sua guinada radical para longe da estabilidade dos anos 1960, essa lei não foi um produto de 2015, tendo

20 Artigo 63 da Lei nº 87 de 2015, que dá efetividade à Lei da Eletricidade.

21 Artigos 4 e 5 da Lei nº 87.

22 Artigo 41 da Lei nº 87.

sido concebida logo após as crises de falta de energia. De acordo com um estudo do Banco Mundial, o texto começou a ser elaborado por agentes estatais em 2005, na sequência da realização de consultas internacionais sobre o tema para o governo egípcio. De fato, um estudo do Merrill Lynch enviado ao governo egípcio em 1996 tinha recomendações muito similares aos artigos da lei de 2015 (Rana & Khanna, 2020).

Resultados da abertura às finanças externas

De modo geral, as políticas de abertura às finanças externas tanto em termos de construção de infraestrutura quanto de emendas legislativas levaram à diversificação das fontes de energia e a um aumento nas capacidades de geração de eletricidade.

A figura 7.5 ilustra uma mudança considerável nos níveis de produção em relação à demanda após um período de grande proximidade entre capacidade nominal (isto é, capacidade de produção de energia) e pico de carga (isto é, demanda). Desde 2013, a capacidade nominal vem aumentando em um ritmo mais acelerado que o da demanda por energia. Como resultado, alguns observadores afirmaram que as expansões recentes foram desnecessariamente grandes e que a rentabilidade dessas energias não está clara. Mohammed Younes, pesquisador especialista no setor de eletricidade, deu a isso o nome de "fardo do excedente de eletricidade".[23]

As declarações financeiras da EEHC mostram como tanto cobranças mais altas quanto a abertura para contração de emprés-

23 "O fardo do excedente de eletricidade", *Mada Masr*, 30 jul. 2019. Disponível em: tinyurl.com/yu5tkbk4 (em árabe).

timos aumentaram os investimentos em infraestrutura. Mais especificamente, receitas e saldos de empréstimos experimentaram um rápido aumento depois de 2014.

Quanto à diversificação das fontes de energia, a capacidade de geração de eletricidade em parques solares e eólicos subiu quase 100% de 2017 para 2018 e de 2018 para 2019 (EEHC, 2019). Esse salto foi possibilitado pelos investimentos privados no setor de energia, com o auxílio do Estado e dentro das estruturas regulatórias da legislação mais recente.

De início, uma abordagem tradicional envolveu a preparação, por empresas terceirizadas, de usinas elétricas para o Estado.[24] Contudo, após tê-la adotado, a princípio, para a instalação de usinas a gás, depois de 2014 o Estado desenvolveu um interesse mais pronunciado na geração de energias solar e eólica. A segunda abordagem, também intimamente ligada ao Estado, é conhecida como "investimentos de tarifa *feed-in*", como no exemplo da plataforma Benban, com a qual o Estado permite que grupos privados construam usinas solares enquanto se compromete a comprar, por 25 anos, a energia gerada, com um retorno de 8,4 centavos por dólar a cada kW. Uma abordagem final envolve a montagem de usinas por empresas privadas de energias renováveis para gerar a eletricidade fornecida diretamente aos consumidores pelo sistema de "produtores independentes". Tam-

24 Atualmente, há três tipos de contratos administrativos: licitações de engenharia, aquisição e construção, que são projetos governamentais lançados pela Autoridade de Energias Renováveis com o objetivo de conceber, suprir e instalar projetos de propriedade do Estado, leilões de projetos estatais e projetos *build-own-operate* (BOO), que, oferecidos pela Companhia Egípcia de Transmissão de Energia para investidores no setor com capacidades específicas, são concedidos àqueles que oferecem os preços mais vantajosos. Os dados são do relatório anual de 2018, emitido pela Autoridade de Energias Renováveis do Egito.

bém há um outro mecanismo importante que permite que vários setores de consumo se conectem à rede elétrica para estabelecer suas próprias usinas e produzir energia renovável. Por meio dele, esses setores recebem compensações pelo que produzem e consomem na rede, o que, por sua vez, os ajuda a reduzir o custo de suas contas de luz (Gad, 2021).

Em suma, o financiamento internacional conseguiu não só tirar o Egito da crise de geração de eletricidade como também acabou por impulsionar projetos de eletricidade desnecessários. No entanto, essa forma de financiamento veio acompanhada do desmonte do controle estatal sobre o setor de eletricidade e aumentou o domínio das empresas privadas sobre o serviço público de fornecimento de energia. As instituições financeiras internacionais, particularmente o Banco Mundial, veem a questão por outra perspectiva, com a sugestão de que a mercadorização da eletricidade introduziu "reformas sociais" que beneficiam os mais necessitados. A próxima seção examina essa afirmação ao explorar os efeitos sociais das mudanças recentes no fornecimento de energia.

Impactos sociais da liberalização da eletricidade

"Eu sou contra o desperdício de subsídios" foi o lema da campanha publicitária governamental durante o período da liberalização da eletricidade, uma iniciativa celebrada pelo Banco Mundial como reflexo das políticas de reforma energética que a instituição havia recomendado a vários países por meio de seu Programa de Assistência à Gestão do Setor de Energia (Esmap).

Figura 7.5. Pico de carga e capacidade nominal (em milhares de MW)

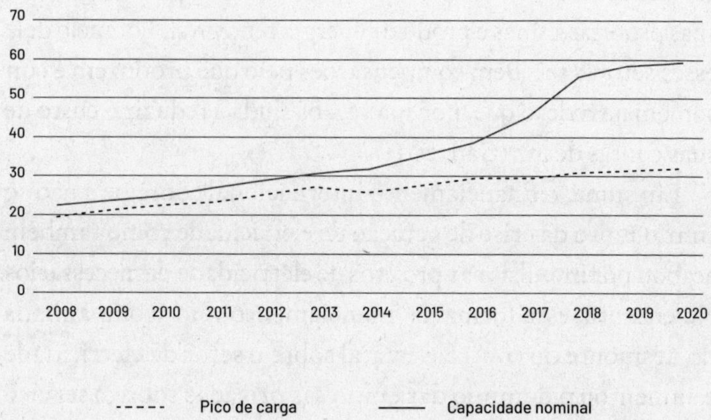

Figura 7.6. Declarações financeiras da EEHC (em bilhões de libras egípcias)

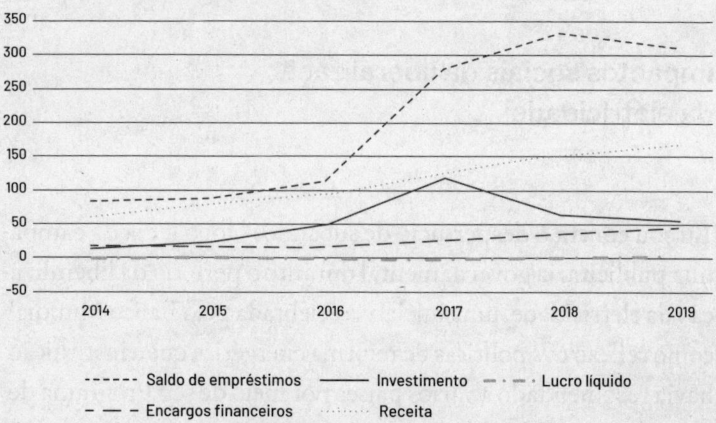

O impacto do financiamento internacional sobre as políticas elétricas no Egito foi além das finanças comerciais que buscaram corporativizar as instituições do setor. As organizações de desenvolvimento, que também influenciaram o setor via financiamento, defenderam que as tarifas subsidiadas beneficiavam os ricos e que a eliminação dos subsídios impediria o desperdício de recursos com pessoas que não teriam direito a eles. Ao lado do Banco Africano de Desenvolvimento (BAD) e da Agência Francesa de Desenvolvimento (AFD), o Banco Mundial concedeu um empréstimo de 3,1 bilhões de dólares para o Egito a fim de apoiar a liberalização da eletricidade e outras reformas. Em acréscimo, os subsídios à eletricidade foram abolidos, como parte de um programa de reforma econômica financiado pelo FMI em 2016, com um empréstimo de doze bilhões de dólares (Banco Mundial, 2019b).

A crítica do Banco Mundial ao sistema de subsídios à eletricidade se concentra na relação entre rendas mais altas e um consumo maior de eletricidade. Como as residências das classes mais ricas usam mais aparelhos de ar-condicionado e eletrodomésticos, afirma-se que elas recebem a maior proporção dos subsídios em questão. Um relatório do Banco Mundial resume a forma como várias classes sociais se beneficiam do auxílio, tanto no nível de bens e serviços públicos quanto no das obrigações impostas a elas via tributação indireta. O texto mostra que a participação das classes superiores nos benefícios decorrentes dos subsídios à eletricidade chega a 40%, de acordo com as estimativas da própria entidade, enquanto as classes mais baixas ficam com apenas 10% deles. Assim, o Banco Mundial recomenda evitar esse desperdício e redirecionar o financiamento para setores que beneficiem mais os pobres, como a educação pública gratuita (Ibarra *et al.*, 2019).

À primeira vista, os argumentos do Banco Mundial parecem lógicos e podem levar a uma mudança em nossa percepção quanto às reformas na energia. De acordo com eles, a liberalização não é um processo de privatização, mas uma revisão do desperdício de recursos financeiros que acentua ainda mais o déficit estatal e atrapalha o financiamento da infraestrutura elétrica. Mas a realidade cotidiana difere da narrativa do banco, que pode ser rebatida com as alegações a seguir.

Os subsídios no setor de eletricidade são diferentes de outras formas de subsídios universais, já que o alto consumo elétrico costuma estar atrelado a grupos de maior renda, enquanto o baixo consumo, a grupos de menor renda. É possível, portanto, diferenciar os níveis de renda dos beneficiários dos subsídios. Os grupos com os menores níveis de consumo poderiam ser excluídos de aumentos alarmantes nas contas de luz, o que seria uma alternativa para apoiar os necessitados. Isso, no entanto, não ocorreu.

O Banco Mundial alega que os grupos com os menores níveis de consumo pagavam contas de luz muito mais baixas do que o preço real da eletricidade. Em outras palavras, suas tarifas eram parcialmente subsidiadas. Isso levanta uma questão crucial: por que essas pessoas não foram totalmente isentas do aumento de tarifas, isto é, por que os subsídios à eletricidade não foram totalmente mantidos? Em vez disso, novas cobranças foram introduzidas durante o período de reforma , disfarçadas de encargos incidentes sobre o "serviço ao consumidor", e passaram por rápidos aumentos anuais. Essas cobranças foram impostas a toda a população, sem isenções para os grupos de baixo consumo.

O argumento do Banco Mundial também não leva em conta a coincidência do processo de liberalização da eletricidade com a série de medidas de empobrecimento que tem sido parte do programa de reformas apoiado pelas instituições financeiras internacionais desde 2015. Tais medidas incluem a elevação do imposto sobre valor agregado (IVA) e a liberalização dos preços dos combustíveis. Essas reformas levaram a um aumento acentuado nos índices de inflação, particularmente desde que o Banco Central deixou a taxa de câmbio aos caprichos da oferta e da demanda, em novembro de 2016. Como resultado, a moeda local perdeu mais da metade do valor em relação ao dólar, o que deu um forte impulso à inflação em 2017.

A inflação jogou as classes vulneráveis ainda mais na pobreza, dada a grave ausência de medidas de compensação. Os altos índices de pobreza de 2018[25] mostram os impactos irreversíveis desses padrões econômicos. Apesar da ligeira queda em 2020, essas taxas ainda não voltaram aos níveis pré-reforma.

É importante ressaltar as várias críticas às políticas de assistência por aferição do nível de renda familiar, oferecidas pelas instituições financeiras como alternativa a formas de apoio generalizado similares aos subsídios à eletricidade. Um exemplo é o programa de benefícios sociais Takaful e Karama. As críticas são motivadas pela falta de disponibilidade de infraestrutura de dados em nível estatal para a identificação dos beneficiários. No lugar de uma transição rápida que se valha do auxílio financeiro direcionado, um afastamento gradual das formas universais de apoio produziria resultados melhores. De fato, os auxílios financeiros no Egito não preveem requisitos claros para indexar o valor dos benefícios à inflação. Assim, esses pagamentos foram rapidamente corroídos no período inflacionário que acompanhou o processo de reforma (Gad & Mohamed, 2019).

Além disso, o argumento do Banco Mundial se concentra na distinção entre os beneficiários mais pobres e mais ricos, mas não aborda a posição da classe média. Na realidade, alguns segmentos da classe média são vulneráveis a sucumbir à pobreza diante de pressão econômica, como no caso do aumento dos preços da

25 De acordo com os dados sobre renda, gastos e consumo da Agência Central para a Mobilização Pública e Estatísticas, os índices de pobreza chegaram a 32,5% entre 2017 e 2018, em comparação com 27,8% em 2015. Depois disso, caíram para 29,7% em 2019.

energia. Ademais, mesmo supondo que a redução dos subsídios à eletricidade e a implementação de programas de auxílio financeiro direcionados aos mais pobres diminuam a pobreza no longo prazo, isso não exclui o fato de que essas políticas levam a uma deterioração da qualidade de vida da classe média. Com efeito, elas reduzem o poder aquisitivo desse setor social em áreas fundamentais como saúde e educação e o desviam para gastos básicos como o pagamento de contas de luz.

Por último, os gastos com os subsídios que o Banco Mundial considera mais adequados aos grupos de menor renda também têm sido insuficientes. Na verdade, muitas organizações de direitos humanos criticaram o fracasso do governo em cumprir o gasto mínimo previsto na Constituição de 2014 para a saúde e a educação.[26]

Conclusão

A geração e a precificação da eletricidade no Egito ficaram por décadas sob total controle do Estado, o que ajudou a manter certo nível de subsídios baseados nos núcleos familiares. Contudo, devido às diferenças crescentes entre os preços de produtos petrolíferos importados e os valores que os usuários finais pagam pela energia, esse modelo de financiamento não era sustentável. Além disso, o compromisso do Estado com a garantia de um déficit orçamentário baixo limitou a capacidade de investimento em infraestru-

26 Em 2021, a Iniciativa Egípcia pelos Direitos Pessoais processou o governo egípcio por violar o artigo 19 da Constituição, que o obriga a alocar 4% do PIB em gastos com educação. Desse total, o governo alocou apenas 2,6%.

tura elétrica. Quando a crise da falta de energia ganhou corpo, em razão dos recursos petrolíferos limitados e da infraestrutura inadequada, o Estado se voltou, com relutância, à implementação de medidas diante das quais havia hesitado por décadas. Entre elas, está a abertura ao setor privado, tanto na forma de produtores de eletricidade quanto de financiadores de infraestrutura. Ao lado do aumento dos preços dos produtos petrolíferos, essa penetração do setor privado exigiu a liberalização dos preços da eletricidade.

No curso de poucos anos, o Egito realizou saltos significativos no sentido de tornar a produção de energia um setor livre de controle estatal, ainda que o Estado continue a ser um de seus principais produtores. Essa privatização da eletricidade está em forte contraste com as políticas de apoio que beneficiaram os egípcios por décadas. A liberalização do setor é um dos principais atributos do processo de transição energética no país. Essa transição ajudou a tornar as finanças do setor de eletricidade mais sustentáveis e, ao mesmo tempo, o protegeu de crises relacionadas ao financiamento de infraestrutura, reduzindo a dependência de combustíveis tradicionais em favor da energia renovável. Mas a transição energética em curso no Egito é justa?

O conceito de "transição justa" foi desenvolvido nos Estados Unidos nos anos 1970. Ganhou proeminência nas décadas seguintes, com uma demanda crescente por políticas públicas que diminuíssem a dependência de fontes poluentes. Uma transição justa implica um setor de energia mais ambientalmente sustentável e mais equânime, em particular no que tange às várias classes sociais que dependem da energia.

No Egito, as finanças internacionais impactaram principalmente a formulação de políticas energéticas, mas não contemplaram as dimensões sociais envolvidas. Isso fica evidente no desenrolar do processo de liberalização da eletricidade, que se deu em conjunção com medidas de austeridade que agravaram a crise social enfrentada pelo país. Exemplos dessas medidas incluem a liberalização dos preços de combustíveis e o aumento dos custos do transporte público e do IVA. O Banco Mundial defendeu que as políticas tradicionais de subsídios via tarifas de eletricidade eram um desperdício de recursos, por considerar que a maioria dos grandes consumidores provinha de grupos de rendimentos mais altos. O banco acredita que o melhor caminho seria acabar com os subsídios e redirecionar esses recursos para benefícios sociais concedidos a grupos de menor renda, que, no entanto, não têm ficado imunes ao aumento nas tarifas de eletricidade. Com efeito, o processo de liberalização se dá a um ritmo alarmante e pressiona enormemente a classe média.

Qualquer discussão sobre uma transição justa no Egito deve incluir uma análise sobre quem controla os recursos do sistema de energia e quem se beneficia do uso deles. Ainda que garantam a sustentabilidade financeira da infraestrutura do sistema energético, as finanças internacionais, que muitas vezes têm a primeira e a última palavra na formação das políticas sociais do Egito, estão transformando radicalmente um serviço básico em mercadoria.

Asmaa Mohammad Amin é escritora e pesquisadora jordaniana interessada em questões energéticas e ambientais. Trabalha no setor de energias renováveis desde 2016. É mestra em administração de empresas e graduada em engenharia elétrica. Publicou artigos e estudos em vários sites e em outros meios de divulgação.

O setor de energia na Jordânia: crises causadas por políticas disfuncionais e injustas

8

Asmaa Mohammad Amin

Em fevereiro de 2011, partes do gasoduto egípcio-jordaniano na região de Arish, no Egito, foram explodidas. Esses ataques continuaram nos dois anos seguintes[1] e culminaram na interrupção total do fornecimento de gás do Egito para a Jordânia, em 2013.[2] Com sua oferta de eletricidade ameaçada — um grave problema a todas as atividades econômicas —, a Jordânia mergulhou em uma crise. Esses eventos ressaltam a excessiva dependência do gás egípcio, que na época atendia a 80% das necessidades de geração elétrica do país.[3] Sem alternativas ao gás egípcio, a Jordânia foi forçada a importar grandes quantidades de produtos petrolíferos, num momento em que os preços globais do petróleo estavam extremamente altos, o que levou a um crescimento acentuado nos custos de produção local de eletricidade. As perdas acumuladas chegaram a 7,7 bilhões de dólares em 2022, o que correspondia a 14,3% da dívida pública do país.[4]

1 Depois da eclosão da Primavera Árabe, em 2011, grupos armados no Sinai atacaram repetidamente os gasodutos que transportam gás para Israel e para a Jordânia.

2 "A suspensão do fornecimento de gás egípcio para a Jordânia", *Al Jazeera*, 7 jul. 2013 (em árabe).

3 *Idem.*

4 "Electricity Company Scored JD5.5 Billion in Losses, Noble Was 'Last Option': Nepco", *Shaheennews*, 6 jan. 2020.

A crise dos gasodutos sinalizou a fragilidade e a disfuncionalidade das políticas energéticas jordanianas. Nos anos anteriores, sobretudo por volta de 2007, o governo, apoiado pelo Fundo Monetário Internacional (FMI), começou a privatizar a geração de eletricidade no país. Empresas de distribuição e investimento foram introduzidas como parceiras em acordos que as protegiam de riscos financeiros e asseguravam seus lucros. Essas dinâmicas aumentaram os fardos financeiros do governo e reduziram o desempenho do setor público de energia. Ao mesmo tempo, o planejamento estatal fracassou em enfrentar a questão da segurança energética.

Embora a narrativa oficial sobre a crise do gás responsabilize a Primavera Árabe e a escassez de recursos fósseis domésticos pelo custo crescente da produção de energia, o gerenciamento e o planejamento ruins contribuíram muito para o problema. O país dependia de uma única fonte insegura, resultado de considerações políticas e da opção por medidas que evitaram a diversificação de fontes de energia e a elaboração de planos de emergência.

Como consequência da crise, após 2011 o governo adotou uma nova estratégia com base na diversificação e na exploração de fontes locais de energia. Foram assinados contratos multibilionários com corporações multinacionais para novos projetos de geração de energia. Um desses investimentos foi firmado em 2016 com a estadunidense Noble Energy e com suas parceiras no campo Leviatã para a compra de gás israelense. Apesar de protestos populares generalizados, problemas legais e dúvidas quanto à segurança e à utilidade econômica do projeto para a Jordânia, o governo seguiu adiante com as negociações (CES, 2020). O acordo, no entanto, repetiu a dinâmica do período anterior a 2011, já que negligenciou a segurança energética e expôs o povo e a economia aos riscos da dependência de fontes estrangeiras de energia.

Outro projeto implementado após 2011 foi a construção da usina de xisto em Attarat, realizado pela Companhia Nacional Estoniana de Energia (Enefit) com financiamento de multinacionais. A princípio, a expectativa era suprir 15% das necessidades energéticas jordanianas a um custo de três bilhões de dólares.[5] Mas o governo percebeu que o alto custo do projeto aumentaria de maneira significativa seus déficits anuais e recorreu à arbitragem internacional, na esperança de reduzir os preços exorbitantes.[6]

Finalmente, desde 2011 o governo também tem incentivado e estabelecido um mercado doméstico para as energias renováveis. Hoje, constituem 30% da geração total de energia no país,[7] alçado a modelo para a energia limpa. Contudo, essa cifra esconde um fato crucial: os projetos de energias renováveis da Jordânia são, em grande medida, dominados por sujeitos ricos e empresas privadas, e as políticas priorizam a produção individual no lugar da redução de custos em nível estatal ou de apoio econômico a setores em recessão, como a agricultura e os cidadãos de baixa renda. Essas políticas voltadas ao lucro também resultaram em perdas públicas significativas, que têm sido compensadas com empréstimos do FMI e do Banco Mundial. Os planos de remediação propostos por esses credores para o setor de energia seguem uma receita básica: privatização e liberalização do mercado de energia e aumento das tarifas de energia elétrica, independentemente da gravidade dos impactos socioeconômicos que isso possa causar.

5 "Oil Shale Power Station to Generate 15% of Jordan's Electricity Needs by Next May", *The Jordan Times*, 8 maio 2019.

6 "Attarat Project Takes Centre Stage at Lower House Oversight Session", *The Jordan Times*, 27 jan. 2021.

7 "Rawashdeh: Renewable Energy Constitutes 30% of Local Energy Mix", *Ammon News*, 15 nov. 2022.

Este capítulo explora cada uma dessas dinâmicas de forma mais aprofundada e, por fim, faz recomendações para uma visão alternativa do futuro energético da Jordânia.

Antes da crise da interrupção do gás

Banco Mundial e FMI: privatização e diminuição de subsídios ao consumidor

O setor de energia jordaniano foi parcialmente privatizado em 2007, como condição para os empréstimos concedidos pelo FMI e pelo Banco Mundial para cobrir o déficit público. Nos anos 1980, a redução dos fluxos financeiros vindos do Golfo e o aumento dos gastos públicos haviam desembocado em uma grave crise econômica. O crescimento despencou vertiginosamente, com o colapso do câmbio em 1989. Os programas "corretivos" de empréstimos se tornaram o único meio de evitar o agravamento da crise. As políticas do Consenso de Washington adotadas pelo FMI e pelo Banco Mundial como soluções rápidas para "Estados falidos" — incluindo a Jordânia, na visão dessas instituições — tinham como premissa o controle dos gastos públicos, a liberalização dos mercados, a remoção de barreiras ao comércio internacional e a privatização de instituições estatais. Argumentava-se que essas medidas solucionariam o baixo desempenho do governo e reduziriam o fardo econômico do Estado (Kanaan & Rahahleh, 2016).

A privatização foi institucionalizada na Jordânia a partir de 1996, quando, em colaboração com o Banco Mundial, a Unidade Executiva de Privatização[8] foi criada junto ao gabinete do primeiro-ministro (Banco Mundial, 1996). Naquele mesmo ano, recomendou-se que a Autoridade Elétrica da Jordânia — órgão público fundado em 1967 que acumulava e gerenciava todas as atividades do setor — fosse convertida em uma sociedade de economia mista, a Companhia Nacional de Energia Elétrica, de maioria estatal.[9] Essa nova estrutura era mais suscetível a uma possível privatização futura. Em 1999, uma nova reestruturação dividiu a companhia em três empresas distintas: a Companhia Nacional de Energia Elétrica da Jordânia (Nepco), encarregada da compra de energia primária e da transmissão, do controle e da interconexão; a Companhia Central de Geração de Eletricidade da Jordânia (Cegco), encarregada das estações de geração de energia; e a Companhia de Distribuição de Eletricidade da Jordânia (Edco), encarregada da distribuição de energia. Essas três empresas possuem autonomia administrativa e financeira. A Comissão Reguladora da Energia e dos Minerais da Jordânia (EMRC) também foi subsequentemente montada como uma entidade independente para regular relações entre as diferentes atividades ligadas à eletricidade.[10]

A reestruturação do setor de energia jordaniano foi um prelúdio para a privatização das empresas de geração e distribuição, um processo que acabou com a participação do setor público e

8 "General Information", Executive Privatization Comission, [s.d.]. Disponível em: portal.jordan.gov.jo/wps/wcm/connect/gov/eGov/Government+Ministries+_+Entities/Executive+Privatization+Commission/General+Information/.

9 "National Electricity Company", Agências Governamentais da Jordânia, [s.d.].

10 "Development of Electricity", Nepco, [s.d.].

a transferiu às companhias e aos investidores particulares, que passaram à condição de principais agentes interessados. Apesar de evidências quanto à eficiência do desempenho da Autoridade Elétrica Nacional, o Estado adotou a visão neoliberal do FMI e privatizou o órgão em 2007. Ao mesmo tempo, 51% das ações da Cegco foram vendidas para a companhia emiradense Dubai International Capital (DIC).[11] Um ano depois, 100% das ações da então sociedade de economia mista Edco e 55,4% das ações da Companhia de Eletricidade do Distrito de Irbid — uma empresa de distribuição de energia no norte da Jordânia — foram vendidas para outras três empresas: a Companhia de Investimentos Kingdom for Energy (KEC), também de propriedade da DIC; para a Holding de Privatização Kuwaitiana; e para a Companhia Unida de Investidores Árabes.[12] Os projetos subsequentes de geração de energia foram transferidos para o setor privado via concessões diretas ou leilões. Desse modo, a atividade de distribuição de energia foi totalmente privatizada, enquanto a atividade de geração se viu em uma mistura de regimes de propriedade pública e privada, tendendo para esta última. As atividades de transmissão de energia e de compra de combustíveis permaneceram sob controle da Nepco, que representa o governo no setor, enquanto a EMRC, independente, continua a regular todas essas atividades.

Depois da privatização, os problemas estruturais só se agravaram, já que o desmonte de uma autoridade governamental única levou a custos administrativos desnecessários e enfraqueceu o desempenho geral. Na privatização, contratos e acordos tendem a "privatizar lucros e socializar riscos", inclusive com a aplicação

11 "Jordan Finalises Energy Firm Sell-Off", *Reuters*, 20 set. 2007.
12 "About Us", Kingdon for Energy Investments, [s.d.]. Disponível em: kec.jo/investment-portfolio/power-distribution.

de abordagens "de maior custo", que asseguram taxas de lucro fixas para as empresas sem garantia efetiva de desempenho e eficiência. Além disso, os contratos de geração de energia obrigam o Estado a custear a geração de capacidade extra mesmo que ela não seja necessária ou utilizada.

Em última instância, a privatização agravou a crise energética da Jordânia. Criado por um decreto real de 2013, o Comitê de Avaliação da Privatização publicou, em 2014, um relatório de análise sobre a experiência do país. De acordo com esse relatório, os indicadores de desempenho mostravam um declínio na qualidade dos serviços (isto é, perdas maiores de energia nas empresas privadas de distribuição), ao lado de um maior fardo financeiro. O documento afirma que "a privatização não alcançou as metas econômicas desejadas [...] [de] aumento de investimentos estratégicos, de proteção do erário contra as consequências dos preços dos combustíveis, de maximização da eficiência do setor e de diversificação das fontes de energia".[13]

Além disso, o relatório alega que a maioria dos lucros das empresas (cujos índices, à época, eram em média de 20% ao ano) estava atrelada aos altos preços de energia estabelecidos pela Comissão Reguladora da Eletricidade, e não a um aumento de eficiência ou produtividade, de modo que as empresas conseguiam uma taxa de retorno incomumente alta graças às vendas e aos lucros garantidos. Em sua defesa, o governo argumentou que a privatização havia sido efetuada em colaboração com investidores que não eram especializados no setor de energia e cujos objetivos, portanto, se voltavam à lucratividade, e não ao aprimo-

13 "Al-Ghad publica o relatório de avaliação das privatizações", *Al-Ghad*, 30 mar. 2014. Disponível em: tinyurl.com/5n8uye3y (em árabe); "Report of the Privatization Evaluation Committee", Gabinete do Primeiro-Ministro da Jordânia, [s.d.]. Disponível em: tinyurl.com/3h4rxbeb.

ramento da produtividade. Afirmou ainda que, em alguns casos, se viu obrigado a recorrer a esse tipo de financiamento por falta de interesse de investidores estratégicos no processo.

Outro aspecto dos planos do Banco Mundial e do FMI após a reestruturação do setor de eletricidade da Jordânia se relaciona à redução de subsídios para os consumidores. Como condição para seus empréstimos ao governo jordaniano após a interrupção do fornecimento de gás egípcio em 2011-2013, essas instituições exigiam que a matriz energética fosse diversificada e que as tarifas de energia elétrica, ajustadas — ou seja, que fossem abolidos subsídios aos combustíveis e à eletricidade —, medidas que afirmavam ser necessárias para solucionar a crise de endividamento da estatal de energia, a Nepco.

O empréstimo condicional do FMI, no valor de cerca de dois bilhões de dólares em 2012 (FMI, 2012), seguido de empréstimos e subsídios adicionais nos anos posteriores, levou à implementação de um grande programa de reformas que eliminou os subsídios de produtos petrolíferos, com aumentos de preços entre 14% e 50%,[14] e envolveu um plano quinquenal para a elevação das tarifas de energia elétrica em cinco estágios, começando em 2013 (Banco Mundial, 2016). Esse plano só foi implementado em parte, com um aumento dos preços da eletricidade por três vezes entre 2013 e 2015, mas sua aplicação foi suspensa depois que os prejuízos da Nepco foram drasticamente reduzidos como resultado da estabilização dos preços internacionais do petróleo e do restabelecimento no fornecimento de gás. Apesar disso, os déficits da Nepco estão voltando a subir, e há previsão de um novo agravamento — o que significa que mais planos e outras propostas do FMI para reduzir subsídios provavelmente

14 "Riots Erupt Across Jordan Over Gas Prices", *The New York Times*, 13 nov. 2012.

voltarão à pauta. Essa poderia ser uma porta de entrada para a retomada das privatizações.

Os relatórios do Banco Mundial insistem na ideia de que as políticas planejadas pelo FMI levarão à economia de recursos financeiros no setor de energia, que podem se reverter em investimentos em programas voltados aos pobres e, em última instância, melhorar os padrões de vida na Jordânia como um todo. Contudo, os fatos e as cifras recentes não sustentam as afirmações de que a redução dos subsídios aumenta os lucros: os índices de crescimento econômico (Banco Mundial, 2022)[15] continuaram a cair mesmo enquanto os planos do FMI eram implementados,[16] a classe média foi erodida, os níveis de pobreza cresceram e o poder de compra diminuiu.[17] Ainda que os subsídios não tenham sido completamente abolidos, os impactos negativos do aumento dos preços da eletricidade sobre as classes baixa e média era evidente.

Primeiro, a opção menos cara

A crise do gás egípcio não foi o primeiro golpe contra o setor de energia da Jordânia. Uma crise similar — embora menos grave — ocorreu em 2003, com a interrupção do envio de petróleo iraquiano após a invasão estadunidense. Assim como o gás egípcio, o petróleo iraquiano era uma fonte barata, mas não segura, e da

15 Ver também "Banco Mundial espera que o crescimento econômico da Jordânia diminua no médio prazo", *Hala News*, 25 jan. 2023. Disponível em: tinyurl.com/vtm4pts8 (em árabe).

16 "Relatório de Estabilidade Financeira", Banco Central da Jordânia, 2015.

17 "We Stand between Two Pressures — Minister of Finance", *Ammon News*, 9 jan. 2023.

qual a geração de energia na Jordânia dependia fortemente. Como resultado, a interrupção levou ao aumento dos preços da energia. Apesar disso, a experiência não afetou a abordagem do governo para o setor; no mesmo ano, o Egito assinou um acordo para fornecer gás natural à Jordânia por quinze anos, cobrindo 80% da demanda de energia do país a um preço baixo, que proporcionava uma proteção contra a rápida escalada dos preços globais do petróleo.[18] De início, o acordo teve efeito positivo nos preços de energia e na economia, mas a oferta de gás começou a flutuar e a diminuir em 2008, desencadeando uma nova crise. Além disso, em 2010, apenas 60% a 70% da quantidade de combustível acordada foi entregue, o que suscitou dúvidas sobre o gás egípcio como uma solução segura de longo prazo para as necessidades energéticas da Jordânia (Martinez Venegas, 2013). A despeito desses problemas, o governo não buscou novas fontes de gás, como havia sido explicitamente recomendado em sua Estratégia Energética 2007-2020. O setor continuou a depender do gás egípcio como fonte primária para a geração de energia até as explosões em Arish, ocorridas em 2011-2013.

Quando a crise do gás egípcio se fez sentir, a Jordânia, apesar dos preços recordes, começou a importar petróleo (e seus derivados) para substituir o agora indisponível gás egípcio. Isso afetou drasticamente os custos da energia pagos pela estatal elétrica, que aumentaram em estonteantes 129%, saltando de cerca de 9,6 centavos por kWh em 2010 para 22,5 centavos por kWh em 2014.[19]

O setor de energia jordaniano sofreu tanto com os preços altos quanto com uma oferta inadequada até a retomada do forneci-

18 "EUR 100 Mio Support for the Regional Gas Pipeline between Egypt and Jordan" (*press release*), European Investment Fund, 7 jun. 2004.

19 "Annual Report", Nepco, 2010.

mento de gás em 2015, quando novas importações tiveram início graças a novos acordos, sobretudo com o Catar.[20] Esses acordos se valeram de uma unidade flutuante de armazenamento para o gás natural liquefeito no terminal petrolífero Xeque Sabah al-Ahmad, em Aqaba, no Mar Vermelho, ao sul do país, que foi arrendado como parte de um acordo com a empresa Golar LNG.[21]

Por volta da mesma época em que o gás começou a chegar, os preços globais do petróleo se estabilizaram, o que levou à diminuição dos custos de produção de energia em aproximadamente 10,3 centavos por kWh em 2016.

O temor de uma repetição da crise de 2011-2013 acabou, afinal, por afastar a Jordânia da dependência de uma única fonte de energia e a conduziu a uma política de diversificação de fontes e formas de geração de energia, assim como a uma exploração doméstica intensiva. Após anos de atraso, em 2012 os legisladores aprovaram às pressas a Lei Permanente de Eficiência Energética e Energias Renováveis e começaram a abrir leilões para projetos renováveis, com o rápido estabelecimento de um grande setor local de energias limpas. Ao mesmo tempo, projetos de energia nuclear e de xisto betuminoso avaliados em bilhões de dólares também foram esboçados, mas os altos custos deixaram o governo apreensivo. Os projetos nucleares, em particular, foram abandonados antes que pudessem ser implementados. Tudo isso se deu de forma concomitante a conversas sobre a volta do fornecimento de gás egípcio. Também nessa época, a celebração de um acordo para a compra de gás com Israel ameaçava o governo da

20 "Jordan Targets Energy Diversification", Economist Intelligence Unit, 27 out. 2016.

21 "Time Charter with Jordan", Golar LNG, nov. 2015.

Figura 8.1. Perdas anuais do governo durante o período da interrupção de gás (em bilhões de dólares)

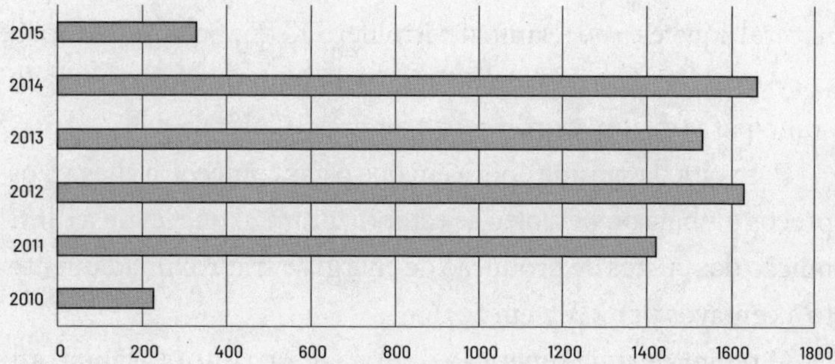

Fonte: Relatórios anuais da Nepco. Desde 2011, as interrupções nos fluxos de gás egípcio para a Jordânia levaram a um acúmulo de prejuízos para a estatal Nepco.

Figura 8.2. Custo da produção de energia elétrica de 2003 a 2018 (em centavos de dólar por kWh)

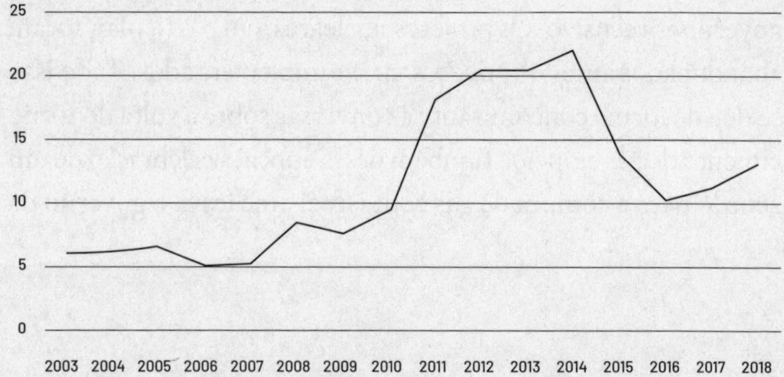

Jordânia ou com o aumento dos preços da eletricidade, ou com apagões periódicos.[22]

Podemos avaliar as novas políticas implementadas desde 2011 ao formular as seguintes questões: as novas fontes de energia são suficientemente seguras para proteger o povo jordaniano do risco de interrupções e de insuficiência de abastecimento? Qual tem sido o impacto dessas fontes nas contas de luz e na economia? Tais recursos têm sido adequadamente administrados nos níveis financeiro e técnico? Seriam todas essas fontes de energia necessárias para a segurança energética do país e as necessidades de seu povo?

Depois da crise

Gás, a palavra-chave

"Gás natural" é a palavra mais importante na estratégia de segurança energética da Jordânia. Trata-se do componente mais utilizado na geração doméstica de eletricidade e o mais significativo para os custos da energia. Acordos, preços e fontes relacionados ao gás são, portanto, fundamentais para o setor de energia jordaniano.

Passados doze anos da crise energética da Jordânia de 2011, é importante reconsiderar os atuais acordos de compra de gás, dos quais o mais importante foi celebrado com Israel. Em 2015, a

22 "Gás israelense: uma mentira jordaniana de um milhão de dinares", *7iber*, 14 dez. 2014 (em árabe).

Jordânia assinou um acordo de dez bilhões de dólares para, pelo período de quinze anos, importar gás israelense do campo Leviatã, no Mediterrâneo. Esse acordo foi seguido de outro, firmado com a jordaniana Arab Potash Company e avaliado em 770 milhões de dólares, para a importação de gás do campo Tamar, também na costa de Israel.[23] O governo não só desconsiderou a opinião pública jordaniana, que rejeitava o acordo de Leviatã, como também ignorou todas as ponderações relacionadas à segurança do abastecimento energético, dado que o proprietário dessa fonte de energia é um inimigo estratégico[24] com o qual as relações são marcadas por tensões e conflitos profundos.

O acordo Leviatã, cuja divulgação ao público não era desejada pelas partes envolvidas, inclui multas elevadas (1,5 bilhão de dólares) para a compradora (a Nepco) em caso de descumprimento contratual, e uma multa mais branda para o vendedor (1,2 bilhão de dólares). Além disso, o vendedor é, formalmente, uma empresa registrada nas Ilhas Cayman, o que significa que outros parceiros no campo israelense talvez consigam evitar toda e qualquer responsabilização caso não cumpram com suas obrigações. Isso aventa a possibilidade de que o gás seja cortado como resultado de uma decisão arbitrária, com consequências limitadas para Israel, mas impactos devastadores para a Jordânia. O acordo também restringe a capacidade jordaniana de subs-

23 "Potash Company to Import Israeli Gas at Preferential Prices", *The Jordan Times*, 19 fev. 2014.

24 A Jordânia lutou três guerras contra Israel: as de 1948 e de 1967 e a batalha de Karameh, de 1968. Um acordo de paz foi assinado entre os dois países em 1994, mas, como Israel ainda procura solucionar a Questão Palestina à custa da Jordânia, enviando palestinos para o país, os jordanianos continuam a considerar Israel como inimigo. Também há aqui razões nacionais e humanitárias em jogo, sobretudo quanto à ocupação continuada de terras árabes por Israel.

tituir as importações por sua própria produção nacional: caso aumente a extração doméstica, a Jordânia não poderá reduzir a quantidade contratada em mais de 20%, e isso apenas depois de, no mínimo, ter comprado metade da quantidade contratada.[25]

Em um relatório publicado em 2020, o Conselho Econômico e Social da Jordânia (CES) declarou que o acordo de gás do campo Leviatã é problemático porque pormenores de engenharia, financeiros e de abastecimento estão acobertados pelo manto do sigilo e porque o contrato menciona outros envolvidos sem identificá-los com clareza. Além disso, o gasoduto que transporta o gás até a Jordânia é administrado pela companhia egípcia Fajr, sem qualquer participação jordaniana. Desse modo, os detalhes do acordo e de sua implementação estão fora do controle da Jordânia. Essa dependência de parceiros externos sem proteções e garantias adequadas ameaça a segurança energética do país no longo prazo. Nesse aspecto, o artigo 19.4.15 do acordo determina: "Sob nenhuma circunstância, os Parceiros no campo Leviatã terão qualquer obrigação ou responsabilidade frente à Compradora [isto é, a Nepco] em conexão com o objeto deste Acordo".

Na ausência de garantias contratuais e legais explícitas que assegurem o direito da Jordânia de suprir suas necessidades de abastecimento de gás, o bombeamento do combustível e o controle da quantidade fornecida podem ser usados como trunfos por Israel. Isso representa uma ameaça real à economia jordaniana e dá abertura para interferências externas nos assuntos do país. O CES recomenda o cancelamento do contrato Leviatã ou sua renegociação. Caso isso seja impossível, o conselho defende que o gás israelense não exceda 15% das importações ou do consumo

25 "Um acordo de dependência e submissão: os termos mais importantes do acordo para a importação de gás de Israel", *7iber*, 4 ago. 2019 (em árabe).

Figura 8.3. Matriz energética de 2010 a 2020 (em percentuais)

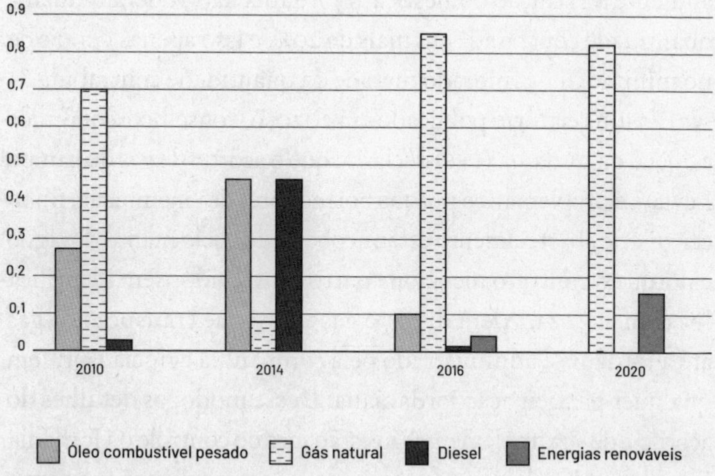

Fonte: Relatórios anuais da Nepco. Gás como percentual da matriz energética total em 2010 antes do corte do fornecimento egípcio; em 2014, quando o fornecimento foi interrompido; em 2016, quando a exploração da unidade flutuante de armazenamento começou no porto de Aqaba; e em 2020, quando a dependência da Jordânia do gás para a produção de eletricidade voltou a aumentar.

Figura 8.4. Custo da produção do kWh em centavos de dólar

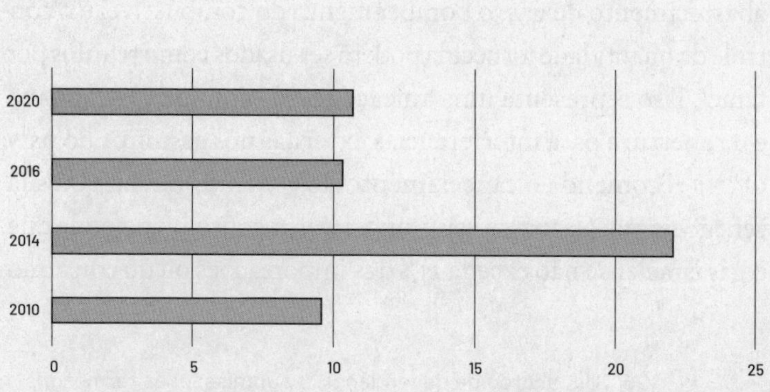

Fonte: Relatórios anuais da Nepco. O percentual de gás na matriz energética está em correlação íntima com os custos de produção.

jordanianos, de forma que a interrupção de seu fornecimento possa ser absorvida. Apesar disso, a cláusula da multa de 1,5 bilhão de dólares por rompimento dos termos do acordo, assim como as sanções adicionais pela redução nas compras, põe em dúvida se alguma das recomendações do conselho é factível (CES, 2020).

Em linha com o espírito das recomendações do CES, alguns representantes do governo, como os ministros da Energia e das Finanças, tentaram reduzir a posição estratégica do gás israelense limitando as importações de Israel a não mais do que 20% da matriz energética.[26] Contudo, esse limiar provavelmente vai se exceder quando chegarem ao fim vários contratos de gás, incluindo o firmado com o Egito e o acordo relativo à unidade flutuante de armazenamento em Aqaba. Ao mesmo tempo, a Estratégia Energética 2020-2030, que fixa a meta do Ministério da Energia de reduzir o percentual de geração de eletricidade a gás de 82% em 2020 para 53% em 2030, declara que quase metade do gás usado na geração de eletricidade será israelense durante o período em questão. Assim, a precificação e a segurança do gás israelense continuarão a ser um fator crítico nos próximos anos.

Xisto betuminoso: ouro negro desperdiçado?

Como parte da guinada para fontes locais de energia, em 2012 o Estado começou a reconsiderar a opção do xisto betuminoso. Durante a gestão dos catorze ministros da Energia anteriores, essa discussão havia empacado no nível dos estudos e das consultas, em função dos custos de exploração serem relativamente altos. Os estudos haviam estimado os depósitos de xisto da Jor-

26 "Gás israelense: uma mentira jordaniana de um milhão de dinares", *7lber*, 14 dez. 2014 (em árabe).

dânia entre 40 bilhões e 70 bilhões de toneladas, a sexta maior reserva nacional do mundo, com uma energia disponível calculada entre 600 e 900 MW por estabelecimento em vários pontos (Jica, 2017) — o equivalente a cerca da metade do consumo de eletricidade anual do país. Após estudos detalhados, um acordo foi celebrado com a Companhia Nacional Estoniana de Energia (Enefit) em 2017 para construir uma usina elétrica à base da queima de xisto na região de Attarat, a sudeste de Amã, com capacidade total de 470 MW (15% das necessidades energéticas nacionais). A usina de Attarat iniciou as operações em 2021 e hoje é o maior projeto de energia do país.[27]

Em 2019, no entanto, quando o projeto caminhava para a conclusão e o início das operações se aproximava, o governo anunciou que recorreria à arbitragem internacional contra a empresa que administraria a usina, apontando a "injustiça obscena" do preço cobrado pela energia produzida no local e argumentando que a Nepco deveria poder rescindir o acordo caso essa grosseira arbitrariedade não fosse corrigida.[28] Significativamente, o Banco Mundial havia solicitado de antemão que o governo jordaniano reconsiderasse o custo, a utilidade e a produtividade do projeto de Attarat, enquanto um relatório do FMI ligava a usina a projeções de prejuízos cada vez maiores para a Nepco (FMI, 2019). De acordo com estimativas de Jafar Hassan, ex-ministro de Assuntos Econômicos, o projeto aumentará as perdas anuais da Nepco, estimadas em mais de 560 milhões de dólares em 2024, com prejuízos totais projetados para alcançar dois bilhões de dólares entre 2020 e 2024 (Hassan, 2020). Isso caso a tarifa continue a mesma e os preços do petróleo bruto

27 "Attarat Mining Company Officially Opens Its Oil Shale Laboratory", Attarat Power Company, 8 dez. 2019.

28 "Ministério da Energia: o custo do projeto de Attarat é menor do que nos contaram", *Al-Mamlaka*, 16 jun. 2021 (em árabe).

Figura 8.5. Matriz energética de acordo com a Estratégia Energética 2020-2030

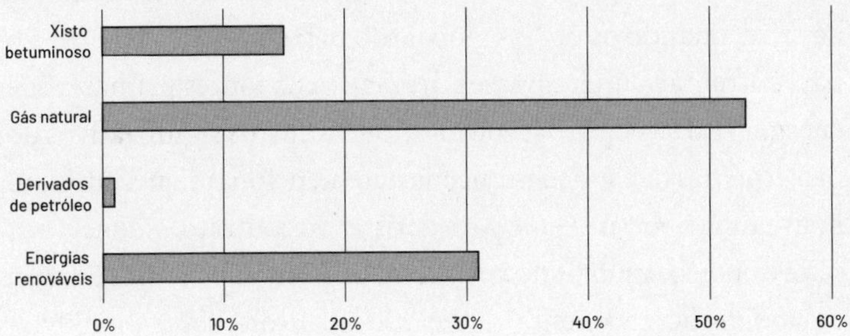

Fonte: "Summary of Jordan Energy Strategy 2020-2030", Ministério da Energia e dos Recursos Minerais da Jordânia, 2020.

Brent permaneçam em 55 dólares por barril. Além disso, relatórios do governo confirmam que a Nepco poupou 82,6 milhões de dólares quando a covid-19 atrasou o projeto de Attarat.

De acordo com o governo, o custo real do projeto de Attarat foi deturpado pela empresa administradora[29] e a tarifa contratada era alta demais — por isso a decisão do Estado de recorrer à arbitragem para reduzir o preço de venda. Dados governamentais indicam que a tarifa média para compra de eletricidade de Attarat é de cerca de catorze centavos por kWh e que a eletricidade é vendida aos consumidores por dezoito centavos,[30] o que inclui os custos de transmissão e distribuição. Isso torna o xisto

29 "Ministério da Energia: o custo do projeto de Attarat é menor do que nos contaram", *Al-Mamlaka*, 16 jun. 2021 (em árabe).
30 "Zawati: duzentos milhões de dinares, o prejuízo da eletricidade nacional em 2021 após o começo de Attarat", *Hala*, 23 dez. 2019 (em árabe).

betuminoso de Attarat a fonte de eletricidade com o kWh mais caro do país — mais de 41% acima da média.

O governo assinou o acordo de Attarat durante um momento de crise, quando os preços globais do petróleo estavam altos e o país enfrentava uma escassez dramática de fontes primárias de energia. Tal situação o levou a aceitar os custos significativos do projeto, mas declarações oficiais não mencionam que, em 2016, houve uma oportunidade para desistir do contrato. Naquela ocasião, os preços globais do petróleo e da energia primária haviam caído significativamente e a energia local voltou a se estabilizar à medida que os custos de produção baixaram. Apesar disso, quando a empreiteira de Attarat quase fracassou em angariar o financiamento necessário em 2016,[31] em vez de rescindir totalmente o contrato, o governo levou o acordo adiante e concedeu dois meses a mais para que a empresa resolvesse as questões financeiras. Dessa forma, desperdiçou-se uma oportunidade real de evitar esses fardos financeiros.

Uma das causas do alto custo do xisto betuminoso, que o torna pouco competitivo em comparação com outras fontes de energia, é a falta de amadurecimento da tecnologia envolvida. Além disso, o xisto betuminoso produz custos ambientais significativos. Sua emissão de dióxido de carbono é alta em comparação com a queima do gás natural (sem falar na produção de energias renováveis), e a queima do xisto ainda exige vastas quantidades de água, o que é especialmente problemático em um país que enfrenta uma crise hídrica severa. Assim, pode-se concluir que a entrada do governo jordaniano nesse investimento de alto custo naquele momento (dado que os custos do xisto betuminoso tendem a diminuir conforme a tecnologia amadurece) e o investi-

31 "Company Developing First Oil Shale Plant Seeks Extension on October Deadline", *The Jordan Times*, 1 out. 2015.

Figura 8.6. Custo médio de várias fontes energéticas na Jordânia em centavos de dólar por kWh (2017-2020)

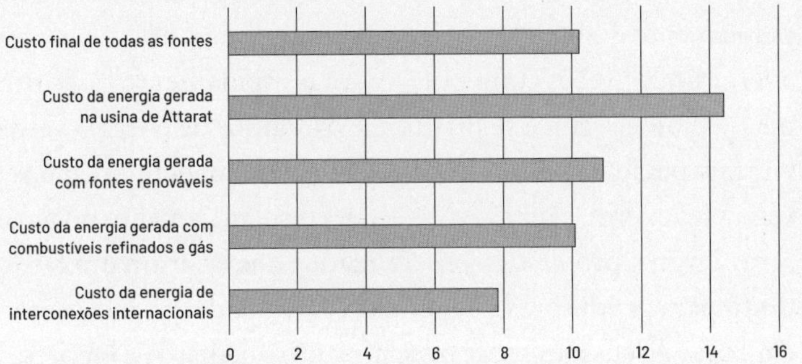

Fonte: Relatórios anuais da Nepco.

mento em uma solução que só exacerbaria a crise hídrica do país foram erros de estratégia. Por fim, o projeto de Attarat também é um poluidor local, de modo que os custos da poluição ao setor de saúde precisam ser igualmente considerados.

Energias renováveis

As energias renováveis constituem hoje 30% da matriz energética da Jordânia[32] — a maior participação depois do gás e a maior fonte de abastecimento doméstico. Elas desempenham um papel central no cálculo dos custos da energia e no modo de organização e planejamento do setor. Houve um boom sig-

32 "Rawashdeh Renewable Energy Constitutes 30% of Local Energy Mix", *Ammon News*, 15 nov. 2022.

nificativo depois da aprovação da Lei de Energias Renováveis e de Eficiência Energética de 2012. Esse boom perdurou até 2018, e, nesse intervalo, o modelo de energia limpa da Jordânia foi amplamente divulgado por suas promessas de autossuficiência energética e preços competitivos. Mas rapidamente essas promessas começaram a se dissipar, e os sonhos de energia verde viraram pesadelo para as instituições governamentais responsáveis pelas energias renováveis. A falta de planejamento no novo setor levou a problemas generalizados que criaram um fardo tanto para produtores quanto para trabalhadores, motivando, em 2022, discussões sobre o fechamento imediato de empresas locais de energias renováveis.

As perspectivas para a geração de energias renováveis, sobretudo de origem solar, são excelentes para a Jordânia. Grandes extensões de terra estão disponíveis nas regiões a sul e a leste, e o país se localiza no "cinturão solar global", com radiação ideal e muitas horas de luz solar ao longo do ano.[33] Além de acessível e sustentável, trata-se de uma fonte de energia de baixo custo de operação e utilização.

Antes de 2011, houve apenas tentativas modestas de inclusão de fontes renováveis na matriz energética, em razão dos altos preços à época, quando custavam aproximadamente o dobro da energia produzida com o gás egípcio. Após a crise de interrupção do gás, no entanto, priorizou-se a diversificação das fontes, com a aprovação da Lei de Energias Renováveis e de Eficiência Energética, em 2012. Em paralelo ao desenvolvimento de projetos renováveis, a lei estabeleceu instruções, regulamentações e linhas gerais aplicáveis ao setor. Duas categorias distintas de

33 "About Renewable Energy Sector", Comissão Regulatória da Energia e dos Minerais da Jordânia, [s.d.]. Disponível em: emrc.gov.jo/Pages/viewpage?pageID=111.

projetos foram criadas: projetos de licitação por concorrência direta e pregões para a venda de energia para o governo com base em acordos específicos; e projetos de autogeração de titularidade dos usuários finais (cidadãos ou empresas) na forma de instalações de painéis solares e de compensação energética.

Projetos renováveis por concorrência direta

Com o objetivo de atrair investimentos estrangeiros e domésticos, após 2012 o governo convidou investidores e empreiteiros a apresentarem propostas técnicas e financeiras para usinas de energias renováveis. Na primeira fase de lances, o governo evitou os processos de pregão e ofereceu preços atrativos de dezesseis centavos por kWh para a energia solar e dez centavos por kWh para a eólica, com um bônus de 15% para projetos domésticos (ou seja, que usem componentes de produção local, geralmente painéis solares).[34] A primeira fase de concorrência direta resultou na construção de usinas com capacidade total de 204 MW de energia solar e 423 MW de energia eólica, concentradas principalmente no sul da Jordânia. A competitividade aumentou na segunda e na terceira fases de lances, para as quais o governo implementou um modelo de pregão. Como resultado, os projetos foram concedidos aos lances de menor preço: 6,5 centavos por kWh na segunda fase e 2,5 centavos por kWh na terceira fase (que desde então foi descontinuada).

Em todos os estágios, os contratos exigiam que o governo comprasse toda a energia produzida pelo preço acordado por prazos de 20 a 25 anos. Esses acordos diferem das situações em

34 Projetos que usem componentes de sistema de produção local, geralmente painéis solares.

outros países, nos quais há uma mudança em curso, em direção a contratos de valor variável que deliberadamente reduzem o preço de compra depois da recuperação dos custos do projeto pelos investidores. Contudo, o caso é que as agências de financiamento continuam relutantes em aceitar o investimento de risco associado a esses contratos de preço variável.

O alto preço da primeira rodada de lances gerou debates sobre a viabilidade da energia renovável, com a responsabilização do setor pelo aumento dos preços da energia na época. Mas os dados oficiais refutam essa interpretação: para a energia solar, por exemplo, os projetos de primeira fase respondem por apenas 2,5% do total gerado,[35] de modo que seu impacto nos custos gerais de energia é mínimo. O custo médio da energia renovável por kWh está próximo do custo médio da energia gerada a gás (a opção local menos cara), e a diferença no custo final é de apenas 0,7 centavos por kWh. Isso indica que as energias renováveis não são as responsáveis pelo aumento dos preços da eletricidade na Jordânia.

Apesar disso, houve objeções aos projetos de energias renováveis no país, e algumas pessoas consideraram que os altos preços aceitos na primeira fase eram uma forma de prover subsídio aos investidores. Somadas à questão do aumento dos preços da eletricidade, essas objeções levaram o Ministério da Energia e dos Recursos Minerais jordaniano a anunciar, em 2022, "medidas corretivas" para reduzir o custo da produção elétrica, incluindo uma renegociação de preços com as empresas de energias renováveis, com abrangência de 29 projetos.[36] Em última instância, no entanto, o governo decidiu encerrar os pregões em 2019 e des-

35 " Zawati: A tarifa de compra de Attart é de 100fils/kWh", *Addustour*, 2 dez. 2021 (em árabe).

36 "Al-Kharabsheh: estamos estudando propostas de revisão dos acordos de compra de energia", *Jordan News Agency*, jul. 2022 (em árabe).

continuar a terceira fase de lances, embora os preços estimados para as energias renováveis na terceira e na quarta fases, ainda não lançadas, tenham sido nove centavos por kWh mais baratos do que os preços da energia em 2021. Com eles, as energias renováveis seriam a fonte de energia mais barata disponível na Jordânia, significativamente mais econômica do que o gás natural e o xisto betuminoso.

Ao retirar o apoio das energias renováveis nessa conjuntura, a Jordânia perdeu uma grande oportunidade para reduzir os preços da energia e acelerar a transição energética. Mas, se os projetos renováveis podem diminuir os custos da energia, por que o governo interrompeu a terceira fase e parou de aceitar lances? Podemos identificar vários fatores potenciais por trás dessa decisão. Em primeiro lugar, o gás israelense, o projeto de xisto betuminoso e as usinas fósseis já atendiam à demanda energética. Assim, projetos adicionais de energias renováveis levariam a um excesso de oferta. Depois, por razões técnicas (em especial a intermitência das energias eólica e solar), a capacidade da rede elétrica de absorver energia renovável continua limitada. Em terceiro lugar, também há o receio de emergências quando os componentes do sistema deixam de funcionar e os parques eólicos e solares param de responder — o que se traduz em um sério risco de colapso total. Isso exige investimentos em infraestrutura, na expansão das redes e no aumento da capacidade de geração. E esses investimentos têm sido insuficientes por causa dos desafios financeiros e organizacionais no setor energético do governo. Por último, havia problemas significativos no investimento governamental em projetos renováveis de autogeração.

Projetos renováveis de autogeração: compensação de energia e *wheeling*

Em 2012, depois da introdução da Lei das Energias Renováveis, o governo pavimentou o caminho para que os consumidores implementassem projetos de energias renováveis para uso próprio com base em dois sistemas: compensação de energia e *wheeling*. Ambos permitem que os consumidores produzam energia elétrica com fontes renováveis, a empreguem para fins particulares e compensem seus excedentes com a energia produzida pelo governo nas ocasiões em que os recursos renováveis não consigam suprir suas próprias necessidades. A diferença entre os dois sistemas é que o de compensação de energia é instalado próximo ao local em que a eletricidade é consumida, enquanto os sistemas de *wheeling* ficam a alguma distância, conectados ao local de consumo via redes de transmissão e distribuição. Em ambos, os produtores-consumidores são cobrados pelo déficit entre o excedente de eletricidade que produzem e a eletricidade que extraem do governo. Caso o excedente de eletricidade produzida seja superior à quantidade extraída, o governo se compromete a comprá-lo a um preço de referência pré-fixado. Trata-se de um processo conhecido como "compensação", uma estratégia governamental para apoiar e estimular o setor de energias renováveis, dando aos consumidores a possibilidade de usufruírem de contas "zeradas".

Infelizmente, os agentes encarregados da regulação do mercado de eletricidade da Jordânia — e, mais especificamente, dos processos de compensação — não levaram em conta todas as ramificações econômicas desse esquema. O custo estimado de 1 kW produzido com os sistemas de compensação e de *wheeling* não passava de 5,5 centavos, enquanto o custo médio para cada kW extraído do Estado era de onze centavos — sem considerar

Figura 8.7. Comparação entre os custos licitados para energia renovável na Jordânia e o custo médio da energia renovável ao redor do globo (em centavos de dólares por kWh)

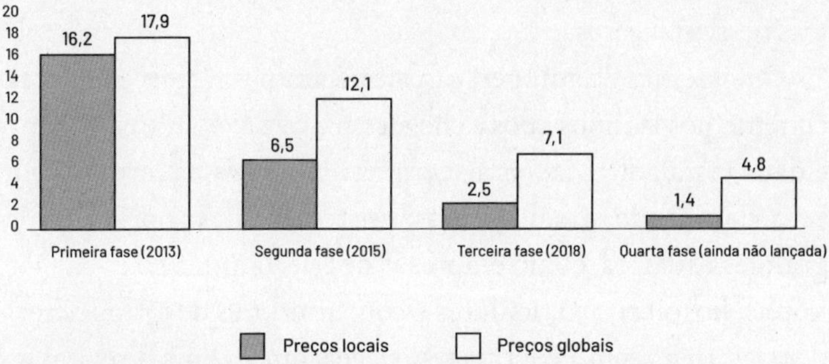

Fonte: Relatórios anuais da Nepco.

Figura 8.8. Comparação entre o custo total médio da energia elétrica em 2021 e os custos da energia solar da terceira e da quarta fases suspensas (em centavos de dólares por kWh)

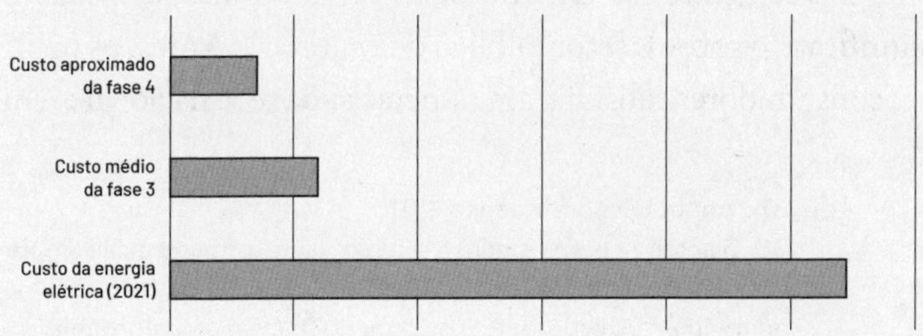

Fontes: Relatórios anuais da Nepco; Irena (2022).

o fato de que o custo é ainda mais alto durante a noite, quando a maior parte da energia estatal é extraída. Assim, a diferença de custo corresponde a um prejuízo com que o Estado está obrigado a arcar. Esse é um dos erros organizacionais estruturais por trás desses projetos.

Os sistemas de autogeração alcançaram um tremendo crescimento nos últimos anos e chegaram a 972 MW — 39% da capacidade instalada total para energias renováveis na Jordânia em 2021.[37] Contudo, a maioria desses sistemas é de propriedade de grandes usuários, como empresas de telecomunicação, bancos, hotéis, hospitais particulares e consumidores de grandes residências, que veem a energia renovável como forma de evitar as altas tarifas cobradas pelo Estado. Dessa maneira, junto com o crescimento dos projetos privados de energias renováveis, tem havido diminuição nas vendas de energia para os maiores clientes (e, mais especificamente, para o setor da grande indústria).[38] Em 2020, as vendas de energia para a indústria corresponderam a apenas 68% do total de 2014, antes da introdução das energias renováveis. Embora parte disso se deva ao fechamento de algumas fábricas por motivos econômicos, a maior fração desse declínio decorre do crescimento da autogeração, sobretudo por energias renováveis.[39] Essa perda de receita produziu impacto significativo sobre o setor público de energia.[40] Antes, os maiores consumidores subsidiavam a operação da rede nacional e, em

37 "Annual Report", Nepco, 2010.

38 O setor da grande indústria jordaniana (formado pelas empresas de potassa e fosfatos, e por fábricas de cimento e produtos químicos), a Corporação de Rádio e Televisão da Jordânia e o Aeroporto Internacional Rainha Alia são os maiores usuários de eletricidade do país.

39 "Uma diminuição de 3,6% nas compras do setor da grande indústria", Nepco, 2022 (em árabe).

40 Relatórios anuais da Nepco (2015-2018).

consequência, subsidiavam os usuários mais pobres. Hoje isso já não acontece. Seria possível argumentar, portanto, que o Estado sofreu prejuízos diretos com essa abordagem neoliberal mal concebida para o setor de renováveis. De fato, esses mesmos usuários mais ricos de energia são beneficiados pelo processo de compensação. Ao mesmo tempo, o uso que fazem da infraestrutura da rede nacional de energia causa desgastes adicionais que não são abarcados pelas tarifas que pagam.

As maiores instituições e companhias do setor privado agora controlam uma fração considerável do setor de renováveis da Jordânia. Isso suscita algumas questões cruciais. Quem são os beneficiários das energias renováveis e quem tem acesso a elas? Essa transição para fontes renováveis e limpas se dá pelo interesse de quem, e quem a comanda?

Até então, os planejadores do setor de energia da Jordânia não levaram em conta a questão da distribuição justa das energias renováveis. Em contraste com a abordagem atual — que, como vimos, beneficia os grandes agentes do setor privado e os indivíduos de alta renda —, políticas justas direcionariam a energia para setores vitais e em dificuldade econômica, como a agricultura e as pequenas e médias indústrias, e/ou usariam a geração de energias renováveis para reduzir os preços de eletricidade cobrados pelo governo de modo geral. Políticas renováveis alternativas poderiam se concentrar, por exemplo, na substituição dos geradores solares autônomos por subsídios financeiros para grupos de renda menor, a fim de blindar essas pessoas de aumentos tarifários, ou ainda implementar a geração de energia renovável em prédios e estabelecimentos governamentais, que são grandes usuários de energia. Em 2012, o governo criou o Fundo de Energias Renováveis e de Eficiência Energética da Jordânia (JREEEF) para lidar com algumas dessas questões. O fundo visa oferecer financiamento e assistência técnica para vários grupos sociais (incluindo pequenos e médios consumidores e pessoas no setor produtivo), aprimorar o acesso dessas pessoas às energias renováveis e reduzir seu consumo de energia. Mas seus resultados têm sido modestos em comparação com os investimentos do setor privado ou com os subsídios existentes para a eletricidade. De acordo com o site do JREEEF, a economia financeira decorrente de seus projetos em todos os setores equivaleu a 9,44 milhões de dólares, enquanto os subsídios anuais para a eletricidade são estimados em 564 milhões de dólares.[41]

Garantir acesso justo às energias renováveis não significa necessariamente prejudicar a capacidade do setor privado de diminuir custos através da autogeração energética ou abandonar a concorrência de mercado. Mas exige certas mudanças-chave, de modo a assegurar uma distribuição equitativa e direcionada da energia renovável para usuários industriais, comerciais, agrícolas, hídricos e domésticos. É fundamental fixar tarifas justas que reflitam os custos gerados pelos projetos privados de energia renovável que utilizam os sistemas e as redes nacionais de eletricidade. Essas tarifas devem permitir o investimento em redes de energia para aprimorar sua confiabilidade e capacidade de absorção da eletricidade autogerada de modos aproveitáveis. Se isso acontecesse, a autogeração de energia renovável possibilitaria ao sistema governamental prover acesso melhor e mais barato ao povo jordaniano. Além disso, seria necessário criar um novo sistema de cobrança que alterasse a compensação de energia, para que, em vez das transações atuais em que o Estado perde dezenas de milhões de dólares com a compra de eletricidade autogerada a taxas profundamente desfavoráveis, o sistema refletisse o

41 "Zawati: Quatrocentos milhões de dinares para subsidiar contas de luz a cada ano", *Ammon News*, 8 jan. 2020 (em árabe).

Figura 8.9. Capacidade instalada total dos projetos de geração de energia elétrica com fontes da Jordânia renováveis até 2021 (em MW)

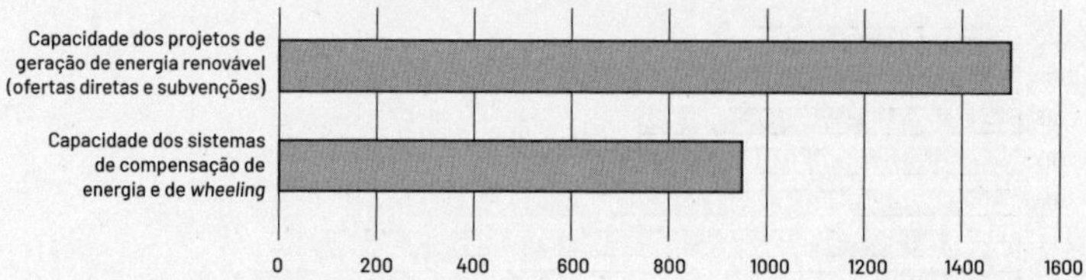

Fonte: Ministério da Energia e dos Recursos Minerais, relatório anual de 2021.

Figura 8.10. Receitas governamentais da venda de energia a grandes compradores (em milhões de dólares)

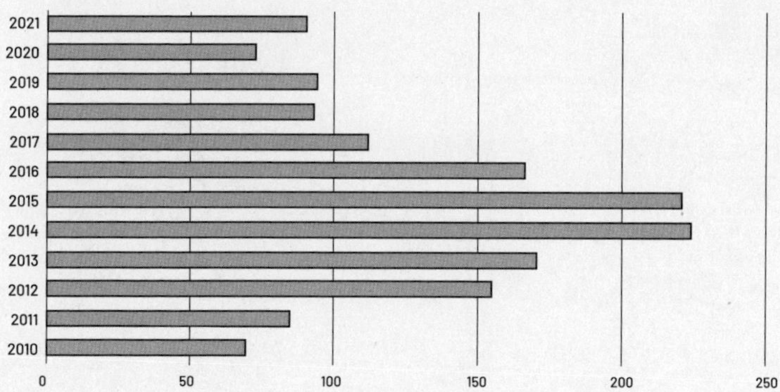

Fonte: Relatórios anuais da Nepco.

Figura 8.11. Quantidade de energia vendida para grandes compradores (gigawatt-hora)

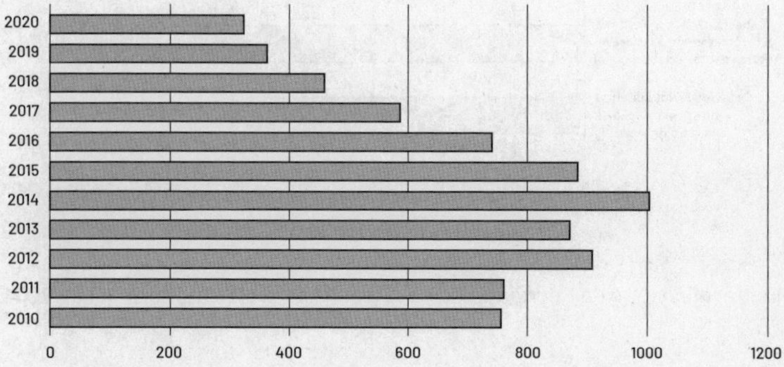

Fonte: Relatórios anuais da Nepco.

valor real da energia extraída da rede. Esse sistema de cobrança por compensação deveria ser estabelecido de forma a beneficiar todos os envolvidos. Por fim, os maiores consumidores teriam que continuar auxiliando de várias formas o fornecimento de energia para usuários mais pobres. Isso poderia se dar por transferências diretas de dinheiro ou por meio de um sistema que exigisse que os projetos de autogeração produzissem um excesso de eletricidade, a fim de que esses excedentes de energia renovável alimentassem a rede elétrica.

Em suma, todo e qualquer sistema de apoio à produção de energias renováveis deveria garantir a todos justiça e acesso à energia adequada.

A trajetória do setor de energias renováveis: ascensão e queda... e ascensão outra vez?

Em 2019, o governo anunciou que pararia de emitir licenças para projetos de energias renováveis acima de 1 MW. Isso foi apresentado como uma suspensão temporária para que o governo estudasse a capacidade da rede elétrica.[42] No entanto, mesmo antes da tomada dessa decisão, já havia claros sinais de que o Estado estava reduzindo seu compromisso com os projetos de energias renováveis e tendo dificuldades para atender à demanda de consumo das licenças para produção particular de energia solar. Projetos novos haviam sofrido atrasos no processo de autorização, as aprovações haviam sido condicionadas à redução da capacidade

42 "A suspensão temporária dos projetos de geração de eletricidade por motivos regulatórios", Ministério da Energia da Jordânia, [s.d.]. Disponível em: tinyurl.com/yvwhfun8 (em árabe).

de geração, e foram impostas exigências técnicas onerosas, que aumentaram os custos.

O volume de investimentos em energias renováveis na Jordânia ao longo do tempo aponta o nível de crescimento do setor e a extensão em que foi afetado pelas decisões do governo. Entre 2012 e 2020, cerca de 3,09 bilhões de dólares foram investidos em energias renováveis. O investimento chegou ao ápice em 2016, com 955 milhões no ano,[43] dos quais 75% provinham de investimentos externos.[44] O período entre 2015 e 2018, que corresponde à segunda fase de lances para projetos de energias renováveis, representou um ponto alto de crescimento. O episódio mais significativo nessa época foi o licenciamento de grande escala para projetos de compensação de energia e de *wheeling*. Isso produziu um boom de energias renováveis, e o setor foi visto como promissor para investimentos. Contudo, em 2019 o crescimento desacelerou bruscamente com a decisão de suspender a aprovação dos lances da terceira fase e a interrupção do licenciamento de projetos acima de 1 MW. A situação ficou ainda pior por causa de outra decisão que suspendeu o funcionamento de instalações de *wheeling* às sextas-feiras e aos sábados durante a pandemia de covid-19. Assim, em 2020 os investimentos despencaram para apenas 16,8 milhões de dólares. Essa queda representou uma ameaça ao setor de energias renováveis como um todo e também, especificamente, à força de trabalho local.

No entanto, houve uma mudança depois que o novo governo de Bisher al-Khasawneh chegou ao poder em outubro de 2020, e o setor de renováveis voltou a crescer. Em 2021, o valor dos inves-

43 “Top Five Emerging Markets for Clean Energy Investment”, *Bloomberg*, 21 jan. 2020.

44 “Emerging Markets Cross-Border Clean Energy Investment”, Climatescope, [s.d.]. Disponível em: 2019.global-climatescope.org/clean-energy-investments.

timentos chegou a 307 milhões de dólares. Além disso, em 2022 o governo decidiu retomar o licenciamento de projetos de energias renováveis com geração maior que 1 MW, embora com novos regulamentos mais rigorosos.[45]

Mesmo que essa retomada de crescimento no setor seja positiva, devemos observar que não houve nem alterações radicais no sistema de cobrança e de tarifas, nem reformas de políticas públicas. Uma tarifa modesta (equivalente a 2,8 dólares por kWh de energia renovável) foi imposta apenas para o setor doméstico (mais especificamente para os proprietários de sistemas de energia renovável), enquanto outros setores foram ignorados, como bancos, hospitais privados, fábricas e companhias de telecomunicação, para os quais uma estrutura de revisão tarifária é igualmente necessária. Como resultado, os problemas que até agora vêm atormentando o setor podem se expandir no futuro.

O futuro do setor energético na Jordânia

A mídia dominante da Jordânia tem apresentado uma imagem açucarada da rápida transição do país para as energias renováveis, mas essa narrativa ignora os obstáculos consideráveis com que seu sistema de eletricidade se confronta, como no caso da incapacidade de absorção de mais energia pela rede elétrica. Esse problema veio à tona porque o crescimento muito acelerado das novas fontes de energia não foi acompanhado por um aumento equivalente na infraestrutura e no desenvolvimento da rede.

Qualquer solução proposta para a crise de energia da Jordânia precisa ser realista e implementável. Ao mesmo tempo, for-

45 "Kharabsheh Announces Criteria for Renewable Energy Projects Surpassing 1 MW Capacity", *The Jordan Times*, 5 jul. 2022.

Figura 8.12. Investimentos em energia renovável na Jordânia entre 2015 e 2020 (em milhões de dólares)

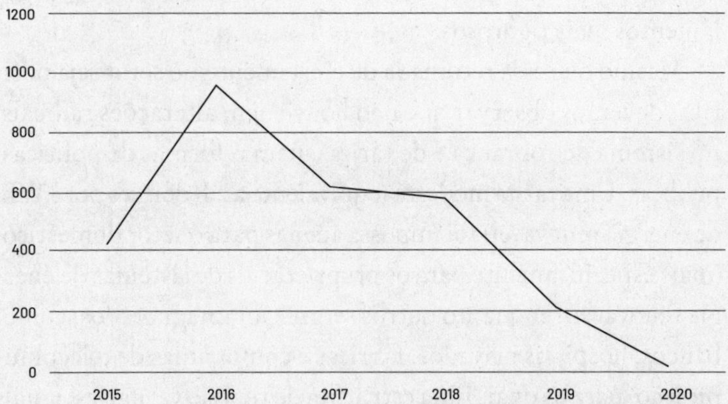

Figura 8.13. Volume de investimentos no setor de energias renováveis (em milhões de dólares)

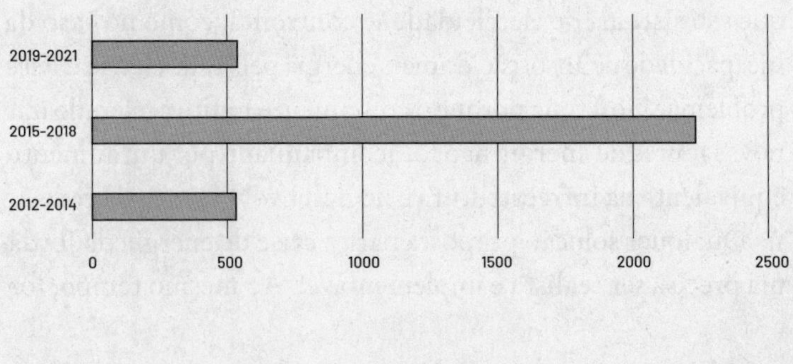

ças populares, civis e sindicais devem pressionar por políticas que façam da soberania energética uma das maiores prioridades nacionais. Apesar das ramificações inevitáveis dos contratos injustos assinados pelas administrações jordanianas anteriores, é possível (e necessário) começarmos gradualmente a construir novas capacidades setoriais em direção à conquista da independência. Para tanto, o setor deve continuar a se expandir no nível local para, desse modo, reduzir tanto os custos de produção de energia quanto a necessidade de grandes projetos financiados pelo setor privado e pelos investimentos externos. Isso beneficiará a Nepco financeiramente e ainda reduzirá a necessidade de recursos internacionais. Mas esse quadro só será possível se nos voltarmos para mais recursos renováveis e montarmos um enquadramento que trate essas fontes como bens públicos, e não como mercadorias.

O primeiro passo é desenvolver uma estratégia nacional para a construção de capacidade para as energias renováveis da Jordânia. A prioridade seguinte deve ser o desenvolvimento de sistemas de autogeração de pequena escala, que atendam às necessidades de indivíduos e pequenas instituições de forma equânime e direta, ao mesmo tempo que reduzam a demanda da rede elétrica nacional. Isso melhorará a vida das pessoas com a diminuição dos custos de energia e, simultaneamente, aliviará o Estado do fardo dos subsídios. Sistemas descentralizados como esse são meios cruciais para o desenvolvimento e podem ser implementados e fortalecidos com eficácia em escala nacional. Isso pode ajudar a reduzir o papel das grandes empresas no setor de energia jordaniano. Contudo, a implementação eficaz desses sistemas exige atribuir um papel forte aos fundos e às instituições financeiras governamentais, semelhante ao que coube, no passado, ao Banco do Desenvolvimento das Cidades e Vilarejos, à Corporação de Crédito Agrícola, ao Projeto de Eletrificação Rural e ao Fundo de Energias Renováveis e de Eficiência Energética da Jordânia. Essas instituições podem atuar como as maiores financiadoras dos sistemas de energia renovável e buscar parcerias com os setores de engenharia e comercial e com a expertise local para novos sistemas e projetos.

No passado, o setor energético da Jordânia sofreu com a dependência de fontes (locais e importadas) que, frequentemente adquiridas a preços insustentáveis, excediam suas necessidades, o que aumentou o custo da energia doméstica e causou prejuízos financeiros para o setor público de energia. Isso pode ser remediado com uma estratégia abrangente que estimule a demanda por eletricidade em setores-chave nos quais ela seja socialmente benéfica, incluindo a eletrificação das atividades dos ministérios governamentais. O transporte (público e privado), por exemplo, que consome em torno de 49% das importações de energia primária da Jordânia,[46] poderia ser eletrificado. Essa e outras mudanças similares reduziriam a conta de luz do Estado, otimizariam o uso de recursos locais e estimulariam um crescimento econômico muito necessário.

Outra área de uso para a capacidade de geração existente da Jordânia é a dessalinização da água do mar. Ao abastecer as usinas de dessalinização, a eletricidade pode ser usada para enfrentar a pobreza hídrica do país. Aqui, é importante observar o acordo recente entre Jordânia e Israel, com o patrocínio dos Emirados Árabes Unidos, pelo qual a Jordânia comprará duzentos milhões de metros cúbicos de água dessalinizada de Israel por ano, em troca da energia produzida por uma usina solar de 200 MW na Jordânia (Riedel & Sachs, 2021). Sobretudo em conjunto com a dependência do gás israelense (ver o capítulo 3), isso torna a Jordâ-

46 "Facilitative Sharing of Views", Ministério do Meio Ambiente da Jordânia, 11 nov. 2021.

nia perigosamente dependente de Israel. É essencial pressionar o Estado a cancelar esse acordo e lutar por uma sinergia doméstica entre os setores energético e hídrico, inclusive empregando tecnologias modernas de energias renováveis para a dessalinização da água e a reestruturação de redes hídricas, a fim de diminuir o desperdício. Isso aprimoraria o papel da energia limpa na Jordânia e atenderia às suas necessidades hídricas futuras.

Por fim, a criação de um mercado energético árabe e local continua a ser um projeto importante — e, até o momento, inacabado. Isso contribuiria para solucionar crises energéticas não apenas na Jordânia mas em toda a região. Fortalecer os planos atuais de interconexão elétrica com o Egito, a Palestina e o Iraque e implementar projetos novos e expandidos que conectem a região melhorariam a estabilidade dos sistemas de energia na Jordânia e no exterior. Além disso, medidas como essas reduziriam os problemas técnicos enfrentados pelo setor hoje e aumentariam a capacidade das redes de energias renováveis. Isso traria grandes benefícios econômicos, por explorar todas as capacidades de geração contratadas e permitir a venda mutuamente benéfica de energia para países vizinhos que, como o Líbano, sofrem com a escassez aguda de eletricidade.

Chafik Ben Rouine é cofundador e presidente do Observatório Tunisiano de Economia.

Flavie Roche é assistente no Observatório Tunisiano de Economia.

Energias renováveis na Tunísia: uma transição injusta

9

Chafik Ben Rouine

Flavie Roche

A Tunísia atingiu um alto índice de eletrificação, subindo de 21% no momento da criação da Companhia Tunisiana de Eletricidade e Gás (Steg), em 1962 (seis anos após a independência), para 99,8% atualmente.[1] Contudo, o setor de energia do país enfrenta hoje uma série de problemas. Majoritariamente dependente de combustíveis fósseis, que respondem por 97% da eletricidade produzida, experimenta um aumento na demanda, enquanto os já limitados recursos nacionais estão diminuindo. Entre 2010 e 2018, a produção nacional de energia primária caiu 36%. No mesmo período, a demanda mais do que dobrou. Esse contexto levou à expansão do déficit da balança energética, que aumentou de 15% em 2010 para quase 50% em 2018, com o agravamento simultâneo da dependência energética do país: mais da metade do gás natural consumido é importado da Argélia. Tudo isso resultou em um aumento constante nos preços da eletricidade para os consumidores (Tractebel Engie, 2019).

A Tunísia assinou o Acordo de Paris em 2015 e se comprometeu com sua própria Contribuição Nacionalmente Determinada (CND), que tem como objetivo reduzir a emissão de gases de efeito estufa em todos os setores do país em 41% até 2030 em

1 “Steg in Numbers”, Steg, 2016.

comparação com os níveis de 2010, embora a Tunísia responda por apenas 0,07% das emissões globais.[2] As reduções planejadas incluem uma diminuição de 46% nas emissões do setor de energia. Atingir essas metas ajudaria o país em suas ambições de redução de déficit energético.

Ainda que tenham incentivado a diversificação da matriz energética com o desenvolvimento de energias renováveis, as políticas climáticas tunisianas das últimas décadas fracassaram em promover as mudanças necessárias. Isso porque essas políticas se mantêm inseridas em um enquadramento capitalista que impõe a busca por um crescimento infinito e prioriza, acima de tudo, o lucro privado, de modo a resultar em uma "expansão energética, e não uma transição" (Angel & Burke, 2021).

É necessária uma alternativa aos modelos seguidos até agora, que incorpore metas sociais e ambientais às políticas climáticas. Isso poderia ser alcançado com uma abordagem pautada por bens públicos e pela propriedade estatal, desde que esta última seja desempenhada por instituições *transparentes* — mais especificamente, em termos de democracia energética. Implica um panorama que envolva "a participação popular e a transparência genuínas" (Angel & Burke, 2021). A fim de enfrentar esse desafio e promover soluções concretas, o conceito de "transição justa" foi introduzido nas discussões globais sobre a transição energética, defendendo que a passagem equitativa para uma economia que seja economicamente sustentável, equânime e justa para todos que façam parte dela. O conceito propõe que a transformação do modo como usamos e pensamos a energia exige mudanças profundas em cada setor e que a transição energética deveria ser implementada com cuidado, para evitar a reprodução ou o

2 "NDC Registry", United Nations Climate Change, [s.d.]. Disponível em: unfccc.int/NDCREG.

aprofundamento das desigualdades existentes. Assim, a ideia de uma transição justa enfatiza, entre outras coisas, a democracia e a soberania dos bens públicos e do meio ambiente.[3] O planejamento de uma transição justa que se concentre nos interesses da comunidade deve envolver a superação do atual sistema financeiro voltado ao lucro e incluir considerações sobre outras dimensões. De acordo com esse enquadramento, uma solução real não poderá atacar um único aspecto do problema das mudanças climáticas — as fontes de energia, por exemplo — enquanto ignora os setores sociais e ambientais que podem depender dessas fontes de vários modos. A ideia é se distanciar de visões e objetivos limitados e considerar a forma com que as energias renováveis deveriam ser desenvolvidas.

Em referência à necessidade de uma transição justa, a Movement Generation declarou, em 2017, que "a transição é inevitável; a justiça, não". Considerando, porém, os desenvolvimentos mais recentes — incluindo o fato de que falhamos em promover significativas mudanças sistêmicas após a pandemia de covid-19 —, fica cada vez mais óbvio que o status quo pode muito bem perdurar mais do que imaginávamos, ao mesmo tempo que suas repercussões crescem exponencialmente. Nesse contexto, não há tempo a perder: ações imediatas devem ser tomadas na direção de uma transição eficaz e justa.

Embora a Tunísia esteja agora adentrando uma nova transição energética em linha com seus compromissos internacionais, praticamente não houve debates nacionais sobre os aspectos redistributivos dessa transição, o que suscita sérias preocupações e questões cruciais. Por exemplo, quem se beneficiará e quem perderá com a transição? Quem controla o conhecimento e a tecno-

3 "Just Transition", Movement Generation Justice & Ecology Project, [s.d.]. Disponível em: movementgeneration.org/justtransition.

logia que serão usados para implementá-la e em que medida ela aprofundará a dependência histórica da Tunísia em relação às potências imperiais? A transição energética abrirá portas para a liberalização e a privatização do setor de energia? Como ela ajudará a enfrentar o desemprego e a desigualdade estruturais no país? Será que a transição facilitará um aumento no controle democrático dos recursos naturais ou exacerbará a apropriação de terras capitalista à custa das comunidades locais?

Este capítulo sugere algumas reflexões que ajudam a responder a esses questionamentos. Aqui, procuramos explorar o conceito de "transição justa" no contexto da Tunísia. Na primeira seção, introduzimos a Lei nº 2015-12, que versa sobre energias renováveis e suas implicações. Depois, examinamos em que medida a transição para as energias renováveis representa uma oportunidade plausível de desenvolvimento para os próprios tunisianos. Por último, questionamos os impactos dos empreendimentos de energia renovável sobre os direitos das pessoas e o meio ambiente.

A lei das energias renováveis: um ponto de virada na transição energética da Tunísia

O Plano Solar Tunisiano: renovação de uma tendência à dependência como orientação estratégica

Como parte da transição energética do país, a Tunísia lançou em 2015 uma versão atualizada do Plano Solar Tunisiano (PST).[4] O plano foi originalmente publicado em 2009 com o objetivo de aumentar a participação das energias renováveis de 3% em 2016 para 30% em 2030 (Kacem, s.d.). Isso exige a produção de 3.815 MW adicionais empregando energia renovável. De acordo com o PST, 46% das energias renováveis serão produzidas com turbinas eólicas, 39,6% com painéis solares fotovoltaicos, 11,8% com energia solar concentrada e 2,6% com biomassa (Khalfallah & Amaimia, 2018).

As metas intermediárias do PST foram atualizadas após uma conferência em dezembro de 2017 sobre a aceleração da implementação de projetos de energias renováveis (Tractebel Engie, 2019). Essa medida seguiu uma tendência regional, se não global, voltada à expansão das energias renováveis, em parte via parcerias público-privadas (PPP), com a justificativa da falta de recursos governamentais suficientes para a construção de usinas elétricas.[5] O Marrocos, por exemplo, segue uma rota similar desde 2009, quando seu plano solar foi apresentado pelo rei Mohammed VI

4 "Nouvelle Version du Plan Solaire Tunisien", Agence Nationale de Maîtrise de l'Énergie, set. 2015.

5 "PPP Reference Guide: Introduction", Banco Mundial, [s.d.]. Disponível em: ppp.worldbank.org.

(Rachdi, 2016). Contudo, a promoção das PPP como substitutas do envolvimento estatal e do endividamento público é equivocada, já que esse tipo de parceria busca reduzir o risco de projetos públicos para as empresas e permitir que os lucros sejam privatizados, enquanto os prejuízos são socializados (Chandoul, 2015). O PST exige um investimento de cerca de oito bilhões de euros de 2015 a 2030, incluindo 6,3 bilhões para equipamentos e 1,7 bilhão para o desenvolvimento da rede elétrica.[6] Segundo o plano, dois terços desse financiamento virão de fontes privadas, predominantemente investimentos externos, e um terço de fontes públicas. A maior parte desses recursos precisa ser concentrada na importação de conhecimento e expertise (isto é, tecnologias, equipamentos e patentes), e acelerará a atual dependência de trajetória da Tunísia. Tal dependência assumirá a forma do aprofundamento da dívida externa tunisiana a fim de financiar a tecnologia importada, que está sujeita a condições de monopólio e direitos de propriedade intelectual. Nesse contexto, o PST foi concebido para reforçar as dinâmicas de poder pelas quais os países do Sul Global precisam tomar mais empréstimos para importar tecnologias e conhecimentos do Norte, a fim de transicionar para as energias renováveis. Com esse plano, a Tunísia continua a promover um modelo econômico guiado pelos investimentos externos como principal forma de custear sua implementação. Ainda que seja possível que parte dos fundos necessários para o plano das energias renováveis da Tunísia venha de investimentos externos — ou mesmo de finanças e dívidas climáticas —, não houve esforços para explorar outros modos de produzir e controlar o conhecimento necessário à consecução de algumas das

6 "Nouvelle Version du Plan Solaire Tunisien", Agence Nationale de Maîtrise de l'Énergie, set. 2015.

etapas do PST, de modo a reduzir a dependência de conhecimento e de capital provenientes de países industrializados.

Lei 2015-12: liberalização, privatização e falta de controle estatal

Desde 2009, deram-se alguns passos rumo à liberalização progressiva do setor de energia tunisiano: a Lei nº 2009-7, de 9 de fevereiro de 2009, introduziu a autoprodução de eletricidade com energias renováveis para o setor privado.[7] A isso se seguiu o Decreto nº 2009-2.773, relacionado às condições de venda de energia excedente para a companhia nacional Steg. Em 2015, houve um grande avanço com a Lei nº 2015-12, relativa à geração de eletricidade com fontes renováveis. Essa lei abriu a rede elétrica para as companhias privadas e permitiu que elas produzissem energia, primariamente para uso doméstico e exportação, via regime de autorização para projetos entre 1 e 10 MW, ou via regime de concessão para projetos acima de 10 MW. Essas medidas de liberalização, que puseram fim ao monopólio da Steg, tinham como objetivo tornar a estrutura regulamentar mais atraente para os investidores externos (Julien-Laferrière, 2017). Decretos e regulamentos subsequentes especificaram as condições e os procedimentos para implementar esses pro-

7 O regime de autoprodução permite que o setor residencial, autoridades locais e empresas públicas ou privadas conectados à rede elétrica nacional de média ou alta voltagem (MT-HT) e que operem nos setores industrial, agrícola ou terciário produzam eletricidade para consumo próprio com o uso de energias renováveis e vendam os excedentes para a Steg.

jetos,[8] incluindo a conexão à rede nacional,[9] e estabeleceram contratos-padrão para que as empresas começassem a produzir dentro de referidos regimes. Nesse contexto, a ideia de que o setor de energia funciona com mais eficácia quando é gerido por empresas privadas, em oposição à ineficiência da administração pública, ainda prevalece na Tunísia, apesar de uma séria carência de estudos independentes sobre os impactos das políticas de liberalização do setor de geração de eletricidade (Louati, 2019).

Na verdade, a afirmação de que empresas do setor privado oferecem serviços melhores por preços mais baixos não foi confirmada pelos acontecimentos. Pelo contrário, enquanto os Estados buscam as PPP para fins de desenvolvimento, as empresas privadas tendem a priorizar os lucros corporativos acima de tudo, e o aspecto da divergência de interesses raramente é considerado. Essas parcerias muitas vezes induzem aumentos de preços, violações laborais, declínio na qualidade do serviço e fracassos na implementação de uma estratégia climática ambiciosa. A lei tunisiana que disciplina as PPP, aprovada no final de 2015, não oferece ferramentas suficientes para que o Estado enfrente os impactos negativos desse tipo de projeto e garanta a proteção dos interesses públicos e dos cidadãos. Não há previsão de direito a compensações para as comunidades afetadas, tampouco mecanismos de controle e supervisão governamentais para impedir, por exemplo, a apropriação verde (Leach, 2012). Além disso, a sociedade civil e as comunidades locais

8 O Decreto nº 2016-1123, de 24 de agosto de 2016, fixa os termos e as condições para a implementação dos projetos para produção e venda de eletricidade de energias renováveis.

9 Ordem do Ministério de Energia, Minas e Energias Renováveis, de 9 de fevereiro de 2017, que trata da aprovação do contrato-padrão para a transmissão de energia elétrica produzida com fontes renováveis para consumo próprio e conectada a redes de alta e média voltagens, além da compra de excedentes pela Steg.

têm acesso limitado a informações sobre as propostas de PPP e não são incentivadas a participar das discussões (Chandoul & Gondard, 2019). Desse modo, as PPP suscitam questões financeiras para o governo, uma vez que representam uma ameaça à entrega eficiente de serviços e ao controle democrático genuíno dos projetos.

A influência dos interesses internacionais no contexto do processo de criação de políticas públicas

A transição energética na Tunísia vem sendo promovida por agentes internacionais, alguns dos quais ligados a projetos anteriores, que buscavam desenvolver as energias renováveis no norte da África para exportação à Europa. Um deles, a Desertec Industrial Initiative (DII), gravitava um "fluxo irrestrito de recursos naturais baratos do Sul Global para o Norte rico e industrializado, com a manutenção de uma divisão internacional do trabalho profundamente injusta", como descreve Hamza Hamouchene (2015). Duas empresas, a Nur Energy (sediada no Reino Unido) e a Zammit Group (sediada em Malta), são as principais interessadas no projeto TuNur, que, em seus primeiros dias, tinha como objetivo construir uma usina solar gigante na região de Kebili, com o propósito de exportar a eletricidade produzida à Europa via cabos submarinos. Esse projeto mobilizou um lobby poderoso que, em sentido contrário à resistência do monopólio estatal sobre a eletricidade, buscava incluir na legislação de energias renováveis previsões relacionadas à exportação.[10] O papel dos agentes internacionais na influência das políticas domésticas

10 "Giant Tunisian Desert Solar Project Aims to Power EU", *Climate Home News*, 4 ago. 2017.

tem sido bem documentado na área das energias renováveis, em especial quanto ao relacionamento entre a Tunísia e a Alemanha. Esta última, pioneira na área, vê na primeira um alto potencial a ser explorado. Desde 2012, quando foi firmada uma parceria energética entre os dois países, a Alemanha tem oferecido apoio técnico e financeiro com investimentos industriais e a criação de institutos e fundações na Tunísia. Essas instituições buscam, entre outras coisas, influenciar os partidos políticos com a promoção de ideias de desenvolvimento "verde", como o programa Políticas Públicas do Futuro, por exemplo. Tais movimentos, que se deram no contexto da cooperação bilateral, tiveram alguma repercussão na estrutura regulatória tunisiana.

Com efeito, algumas das recomendações da Agência Alemã de Cooperação Internacional (GIZ) e da Desertec parecem ter antecipado parte das medidas previstas na lei de 2015. Os motivos oficiais para a cooperação alemã são tidos como benéficos para o desenvolvimento da Tunísia, sobretudo quanto à geração de empregos (Julien-Laferrière, 2017). As ações da Alemanha na Tunísia se encaixam no contexto das atividades da União Europeia. Um comunicado de 2015 da Comissão Europeia sobre a estratégia para uma União Energética expressa claramente o desejo de incentivar e desenvolver as energias renováveis, notadamente via cooperação internacional com países que não integram o bloco.[11] Isso seria feito dentro da estrutura do Tratado da Carta da Energia (TCE), firmado no início dos anos 1990. Na verdade, os esforços europeus para envolver a

11 "Energy Union Package: Communication from the Commission to the European Parliament, the Council, the European Economic and Social Committee, the Committee of Regions and the European Investment Bank — A Framework Strategy for a Resilient Energy Union with a Forward-Looking Climate Change Policy", Comissão Europeia, 2015.

Tunísia nesse processo remontam a 2013, quando, com mediação da embaixada alemã, o secretariado do TCE convidou o país a se unir ao tratado dentro do contexto do "Projeto Mena" de expansão na região. Sua condição de membro no TCE ainda é discutida.[12] O TCE inclui disposições sobre investimentos externos no setor de energia, inclusive em relação à arbitragem de litígios investidor-Estado (ISDS). Essa ferramenta dá às corporações poderes para processar os governos quando consideram que as políticas estatais prejudicam seus lucros, mesmo que tais políticas pretendam cultivar uma transição energética ou garantir direitos sociais de interesse público. Pedidos de ISDS já resultaram na entrega de bilhões de dólares para grandes corporações, de forma que a mera ameaça de arbitragem limita o planejamento de políticas pelos Estados e, portanto, interfere nos processos democráticos (Verheecke *et al.*, 2019; Eberhardt, Olivet & Steinfort, 2018).

Alinhada aos princípios estabelecidos no TCE, a União Europeia busca aprofundar a liberalização, a fim de padronizar o ordenamento jurídico tunisiano via negociações em torno de um Acordo de Livre-Comércio Abrangente e Aprofundado (DCFTA). Essa ofensiva liberalizante comprometeria a capacidade regulatória do Estado (às vezes contrária aos interesses dos investidores) e, assim, facilitaria a introdução de investidores europeus — que se beneficiam dos amplos programas de subsídios da União Europeia — no mercado tunisiano. Com o tempo, isso abriria caminho para as exportações e, portanto, garantiria a segurança energética da Europa, e não da Tunísia (Louati, 2019). Para as empresas europeias, o acesso ao mercado tunisiano significa uma melhor relação de custo-benefício

12 "Report on Policy on Consolidation, Expansion and Outreach (Conexo) for 2013", Energy Charter Secretariat, 2013.

e de concorrência, em razão dos salários e dos encargos fiscais mais baixos e da transferência dos custos ambientais. A pressão exercida sobre a Tunísia e a falta de consulta à sociedade civil no processo de negociação do DCFTA já vêm sendo assinaladas (Riahi & Hamouchene, 2020).

O avanço do — e a resistência ao — processo de privatização

Antes da Lei nº 2015-12, a geração de eletricidade — desconsiderados os regimes de autoprodução — era monopólio da Steg. Essa empresa pública já havia embarcado em vários investimentos para geração de eletricidade através de fontes renováveis. Dois parques eólicos de propriedade da Steg, por exemplo, foram instalados no norte da Tunísia antes de 2015: um parque de 54 MW em Sidi Daoud e outro de 190 MW em Bizerte.[13] No entanto, os executivos da empresa consideram esses projetos caros demais. Em uma entrevista à revista *Nawaat*, Taher Aribi, ex-diretor-executivo da Steg, declarou: "Para investirmos nesses projetos, somos obrigados a assinar acordos de renegociação de dívidas. Os projetos de geração de energia limpa custam três vezes mais do que uma usina convencional. Nossa capacidade financeira é frágil para investimentos, empréstimos e garantia de remessas".[14]

Desde a liberalização da produção de eletricidade renovável sob os regimes de autorização e concessão, a proporção de investimentos privados aumentou. De acordo com números de 2018, 42,5% da energia elétrica proveniente de projetos eólicos e solares

13 "Tunisie: Enjeux énergétiques, l'éolienne entre besoins et appréhensions", *Nawaat*, 12 set. 2014.
14 *Idem*.

será produzida como resultado de PPP. Mas é necessário observar que nem todas essas usinas já se encontram em operação.[15] Em paralelo, a Steg vem implementando suas duas usinas fotovoltaicas (FV) em Tozeur (Tozeur 1 e Tozeur 2), cada uma delas com capacidade de 10 MW.

Dada a falta de informações disponíveis sobre o avanço dos projetos de energias renováveis, é difícil definir em que extensão e sob quais condições o setor está sendo atualmente desenvolvido. Os dados publicados pelo site do Ministério da Indústria, das Minas e da Energia declara que, "em 2017, a Steg começou a construir sua primeira usina FV de 10 MW em Tozeur [Tozeur 1], colocada em operação em 10 de março de 2021. Uma segunda usina de expansão de 10 MW começou a funcionar no mesmo local [Tozeur 2] em 24 de novembro de 2021".[16] Contudo, uma reportagem publicada em 5 de novembro de 2021 relata que a operacionalização das usinas ainda estava só no começo e que o atraso decorreu de questões financeiras enfrentadas em Tozeur 1 e de adiamentos no envio de equipamentos para Tozeur 2 causados pela pandemia de covid-19.[17] Ambas as usinas estão hoje em operação e foram inauguradas oficialmente em março de 2022.

Outra usina foi construída em Tataouine e já estava pronta para começar a operar em junho de 2020. Mas o Sindicato Geral do Trabalhadores Tunisianos (UGTT) bloqueou a ligação da usina

15 "Accélération des projets de production d'électricité à partir des énergies renouvelables", Ministério de Energia, Minas e Energias Renováveis da Tunísia, 2018.

16 "Projets de la Steg", Ministério da Indústria, das Minas e da Energia da Tunísia, [s.d.]. Disponível em: energiemines.gov.tn/fr/themes/energies-renouvelables/projets-et-programmes/projets-de-la-steg/.

17 "Les essais de mise en service de la centrale de Tozeur ont commencé", *WebManagerCenter*, 5 nov. 2021.

à rede nacional,[18] alegando que o processo acabaria por levar à privatização da Steg.[19] Em julho de 2020,[20] Mongi Marzouk, ministro da Indústria, das Minas e da Energia, postou uma mensagem no Facebook acusando a Federação Geral de Eletricidade e Gás (FGEG), um braço do UGTT, de "sabotagem" contra a operação da usina FV de 10 MW em Tataouine, que fora construída sob o regime de autorização pela Empresa Tunisiana de Atividades Petrolíferas (Etap), uma empresa pública subsidiária da companhia italiana Eni. No entanto, a resistência sindical ao projeto deve ser lida no contexto de sua oposição a privatizações em geral. Na verdade, a oposição do UGTT às PPP em particular e à privatização da produção de eletricidade de modo geral não é novidade.

Já em janeiro de 2014, a FGEG se manifestou contra a proposta de lei preparada pelo Ministério da Indústria e que, adotada pelo governo, veio a se tornar a Lei 2015-12. A federação sindical criticou o processo decisório por trás do texto e declarou que ele havia sido concebido sem o envolvimento do UGTT ou dos executivos e engenheiros da Steg. O secretário-geral da FGEG observou que o projeto havia sido lançado às pressas e sem referências a estudos preparatórios ou à estratégia nacional de energia de modo geral.

18 "Tunisie: Le Projet de raccordement de la centrale électrique de Tataouine est saboté (Mongi Marzouk)", *Trustex*, 29 jul. 2020.
19 "La Production d'hydrogène pour libérer les développeurs d'énergies vertes en Tunisie", *WebManagerCenter*, 21 out. 2021.
20 "Exploitation des énergies renouvelables: Pourquoi ça traîne encore?", *La Presse*, 29 jul. 2020; "Centrale solaire de Tataouine: Marzouk 'étonné' de l'opposition face au projet", *African Manager*, 28 jul. 2020; "Le ministre de l'Energie fustige un 'sabotage' du projet de raccordement de la centrale électrique de Tataouine", *African Manager*, 28 jul. 2020; "Tunisie: Grève générale dans le secteur de l'électricité", *Directinfo*, 30 mar. 2018; "Tunisie: Loi sur la production d'électricité à partir des énergies renouvelable", *Directinfo*, 4 jan. 2014.

Em 27 de março de 2018, o FGEG reiterou sua conclamação pela não privatização do setor de geração de eletricidade. Mais tarde, em 26 de fevereiro de 2020, alguns meses antes do bloqueio da usina elétrica de Tataouine pelo UGTT, o governo publicou um decreto que autorizava a criação de empresas de autogeração de eletricidade com fontes renováveis e estabelecia as condições para a transmissão e a venda do excesso de energia para a Steg. Abdelkader Jelassi, secretário-geral da FGEG, expressou, então, a oposição categórica dos sindicalistas à privatização da geração de eletricidade na Tunísia. Para a FGEG, essas políticas visavam abrir caminho para investimentos privados e externos e favorecer os lucros dos investidores em detrimento da Steg. A FGEG declarou ainda que protestaria contra essa orientação, porque a geração de eletricidade pelo setor privado e sua venda direta aos consumidores prejudicariam a rede elétrica e impactariam a distribuição de energia, que se tornaria inacessível a certas categorias da população. E rejeitou a mercadorização da eletricidade, que afeta a segurança nacional e o status público da Steg.

Impactos da transição energética atual: uma guinada justa para o desenvolvimento da Tunísia e para os direitos do povo?

Uma oportunidade real de desenvolvimento para o setor de energias renováveis tunisiano?

A Tunísia está implementando um esquema de qualificação no setor de energia adaptado às fontes renováveis. Programas acadêmicos e profissionais são oferecidos por universidades públicas e privadas, incluindo faculdades de engenharia. A Agência Nacional para o Gerenciamento da Energia da Tunísia (Anme) também começou a oferecer programas de treinamento e certificação. Essas iniciativas levaram ao desenvolvimento de recursos humanos capazes de suprir as empresas com as habilidades necessárias para ajudar na implementação de programas nacionais de energias renováveis com maior "competitividade" (isto é, mais baratos). No entanto, as capacidades e a expertise locais são insuficientes para permitir que as empresas da região concebam, implementem e mantenham projetos de parques eólicos e solares de grande escala. Além disso, a estagnação do parque eólico de Bizarte a partir de 2012 dissipou a experiência anteriormente adquirida (Baccari, 2020). Em paralelo, uma série de operadores veio à tona para dar substância e estrutura ao setor de energias renováveis em implementação: instituições governamentais, fabricantes e fornecedores de equipamentos, empresas de instalação e manutenção, agências de design etc. Além disso, valendo-se de sua experiência industrial anterior, a Tunísia pode firmar parcerias com fabricantes estrangeiros para produzir equipamentos de energia renovável. No que se refere à energia fotovoltaica, empresas nacionais estão efetivamente envolvidas com a montagem de alguns módulos importados da China, da Alemanha, do Japão, da Itália, da Espanha e da França.

No caso das turbinas eólicas, há grande potencial de integração industrial: uma empresa privada tunisiana, a Socomenin,[21] originalmente especializada em construções metálicas, está produzindo torres eólicas, e há capacidade local de produzir componentes de turbinas nos setores de indústria mecânica, elétrica e eletrônica, inclusive adaptando a linha de produção quando necessário. Além disso, atividades correlatas de logística, transporte, construção, exploração e manutenção podem, todas elas, ser realizadas por empresas locais. Apesar dessas vantagens, o setor manufatureiro das indústrias renováveis na Tunísia continua incapaz de fornecer apoio para projetos maiores. O país não dispõe de certas matérias-primas e tecnologias intermediárias essenciais para o desenvolvimento desse tipo de projeto, como sílica, células fotovoltaicas, cabos elétricos e alternadores e controladores para turbinas eólicas (Tractebel Engie, 2019). Equipamentos e tecnologias intermediários que não são produzidos localmente precisam ser importados, o que leva à dependência de fornecedores externos. A realidade é que, até o momento, o setor tem crescido principalmente graças aos programas de instalações fotovoltaicas residenciais — 90% das empresas do setor de energias renováveis tunisiano trabalham nesse subsetor. De acordo com as descobertas preliminares de uma sondagem feita pela GIZ em 2019, das 150 empresas do setor, mais de 85% eram instaladoras; um terço, fornecedoras de componentes fotovoltaicos; e 20%, agências de design, enquanto apenas duas

21 "Wind Towers", Socomenin, [s.d.]. Disponível em: socomenin.com.tn/eoliennes/.

desenvolviam projetos, duas produziam painéis fotovoltaicos e uma funcionava como agência de treinamento. Quando olhamos para propostas e leilões relacionados às autorizações e concessões de energias renováveis no período de 2017-2019, descobrimos que as empresas de desenvolvimento de projetos estavam apenas começando a surgir naquela época (Tractebel Engie, 2019).

Apesar da existência de alguns agentes nacionais, a disposição da Tunísia em atrair investidores estrangeiros tende a excluir empresas locais e empreiteiros tunisianos: o governo prioriza, por exemplo, empresas estrangeiras com experiência no desenvolvimento de projetos de mesma escala e que utilizem as mesmas tecnologias de suas contrapartes nacionais (Julien-Laferrière, 2017). Com efeito, a seleção de projetos é embasada na experiência anterior do empreiteiro ou de seus subcontratados e na consistência e viabilidade do projeto — o que dá preferência *de facto* aos investidores externos, provenientes de países que lideram a implementação de projetos de energias renováveis e que dispõem de recursos financeiros mais sólidos.[22]

No regime de autorização (instalações de 10 MW), dos 22 empreendimentos beneficiados por tratativas após as três rodadas de leilões lançadas entre 2017 e 2019, somente metade tem líderes de projetos tunisianos e só quatro são encabeçados por empresas exclusivamente nacionais. Em comparação, cinco projetos envolveram exclusivamente empresas francesas, e três envolveram empresas alemãs.[23] Quanto às concessões para a produção de energia solar,

22 "Cadre réglementaire pour l'acquisition de l'énergie solaire en Tunisie: Sommaire pour les communes", Ministério de Assuntos Internos e Meio Ambiente da Tunísia e Agência dos Estados Unidos para o Desenvolvimento Internacional (Usaid), abr. 2020.

23 "Énergies renouvelables", Ministério da Indústria, Minas e Energia da Tunísia, [s.d.]. Disponível em: energiemines.gov.tn/fr/themes/energies-renouvelables/.

todos os cinco projetos (que totalizam 500 MW) foram atribuídos a empresas estrangeiras. A norueguesa Scatec Solar ganhou licitações para três projetos, que respondem por um total de 300 MW.

Assim, apesar de dispor de alguns ativos para o desenvolvimento de projetos locais, o setor de energias renováveis tunisiano permanece fraco demais para a implementação de projetos de grande escala no contexto atual. Para que consiga reduzir sua dependência, a Tunísia agiria bem se promovesse projetos de pequena escala de nível residencial ou comunitário, mais adequados à expertise local e que demandam menos capital e conhecimento.

Desafios à promoção do desenvolvimento local e à redução das desigualdades regionais

Para garantir que o desenvolvimento das energias renováveis na Tunísia beneficie a economia local, a lei de 2015 foi acompanhada de várias outras normas e decretos, incluindo leis para a criação de incentivos a investimentos em energias renováveis. Exemplos disso são a Lei nº 2016-71, de 30 de setembro de 2016, que dispõe sobre investimentos na área das energias renováveis, e o subsequente Decreto Governamental nº 2017-389, de 9 de março de 2017, que dispõe sobre incentivos financeiros para estimular o desenvolvimento regional direcionado e a geração local de empregos via projetos de energia renovável. Essas leis e decretos também criam benefícios fiscais para incentivar as empresas a investirem em regiões marginalizadas[24] e reaplicarem parte

24 "Regional Development Zones", Agência de Promoção da Indústria e da Inovação & Ministério da Indústria, Minas e Energia da Tunísia, [s.d.].

Figura 9.1. Percentuais de projetos obtidos por empresas em licitações entre 2017 e 2019 em regime de concessão, de acordo com a nacionalidade

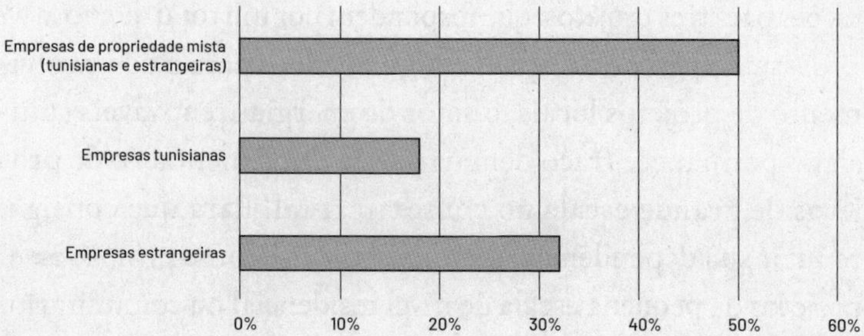

Figura 9.2. Participação (em percentuais) na potência total (MW) dos projetos de geração de eletricidade obtida por empresas via regime de autorização, de acordo com a nacionalidade

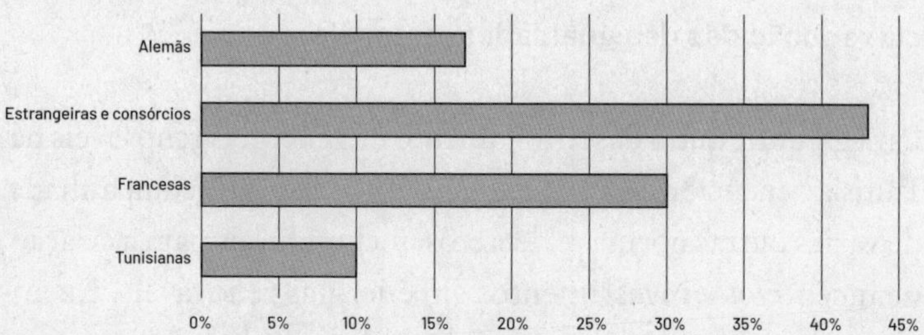

Figura 9.3. Participação (em percentuais) na potência total (MW) dos projetos de geração de eletricidade obtida por empresas via regime de concessão, de acordo com a nacionalidade

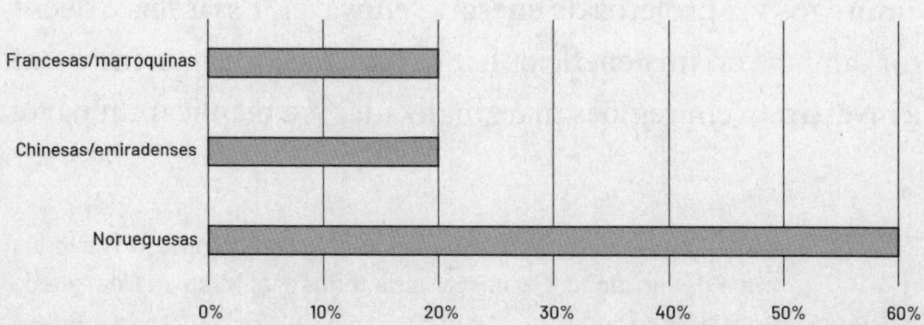

de seus lucros.[25] No entanto, vários empreiteiros e investidores tiveram dificuldade de encontrar financiamento e apontaram alguns desafios regulatórios e burocráticos para participar dos processos licitatórios. Isso também está ligado à pluralidade de instituições envolvidas (Khalfallah & Amaimia, 2018, p. 449).

Alguns incentivos fiscais e financeiros são concedidos com o objetivo de desenvolver as regiões marginalizadas nas quais se localiza a maioria dos projetos de energias renováveis.[26] Contudo, o desenvolvimento efetivo das regiões escolhidas precisa ser avaliado, inclusive considerando os riscos de espoliação das comunidades. Quando analisamos, por exemplo, a lista de empresas elegíveis para a instalação de painéis solares do projeto de autogeração da Prosol Elec,[27] os estabelecimentos sediados em áreas mais desenvolvidas se destacam. Com efeito, de 380 empresas tunisianas, apenas 40 têm sede nas regiões escolhidas,[28] e a maioria está sediada nas áreas de Túnis e Sfax.[29] Isso significa que as regiões mais desenvolvidas colhem a maior parte dos benefícios do desenvolvimento desse setor ao acumular mais lucros e gerar mais empregos à custa das outras regiões que precisam muito mais disso.

25 "Cadre Incitatif", Steg, [s.d.].

26 "Énergies renouvelables", Ministério da Indústria, Minas e Energia da Tunísia, [s.d.].

27 O Prosol Elec prevê a produção de eletricidade para consumo próprio com painéis de energia solar fotovoltaicos pelo setor residencial e por estabelecimentos e grupos que operem nos setores industrial, agrícola e terciário e que, ao mesmo tempo, se beneficiem do direito de venda de excedentes de energia elétrica produzida para a Steg.

28 Jendouba, Beja, Kasserine, Gafsa, Tozeur, Kebili, Tataouine, Gabes, Kairouan, Sidi Bouzid e Kef.

29 "Projet Prosol Elec-Liste des sociétés installatrices éligibles", Anme, 18 mar. 2020.

Para uma estimativa precisa quanto à criação de postos de trabalho, precisamos levar em conta empregos diretos e indiretos. No caso dos projetos de energias renováveis, os empregos diretos abarcam as atividades nas áreas de geração de energia, instalação, construção e manutenção, enquanto os empregos indiretos incluem vendas, engenharia e pesquisa, capacitação etc. A previsão de criação de postos de trabalho na área das energias renováveis gira em torno de três mil empregos a cada 1.000 MW produzidos por ano com energia solar fotovoltaica. Calcula-se que o número de postos de trabalho adicionais para o setor energético renovável da Tunísia como um todo esteja entre sete mil e vinte mil (Schäfer, 2016).

Por ser necessária apenas para as fases de construção e implementação de projetos, a maioria desses empregos não é permanente e só dura alguns anos, com uma média de cinco postos temporários de trabalho nesse estágio para cada MW de energia renovável. A manutenção dos estabelecimentos exige pouquíssimos empregados, em uma média que cai para dois postos permanentes de trabalho para cada MW.[30] Desse modo, projetos fotovoltaicos e de energia eólica de grande escala talvez não sejam os mais adequados para prover oportunidades numerosas de emprego de longo prazo. Além disso, a criação de postos de trabalho precisa estimular todos os ramos do setor. Nesse aspecto, a produção local das tecnologias exigidas pelos projetos de energia renovável ofereceria um grande potencial para a criação de empregos, já que uma menor dependência de importações significa mais postos de trabalho (Schäfer, 2016).

30 Com base nos resultados de uma chamada de projetos de 2019 do Ministério da Indústria, das Minas e da Energia dentro do modelo de autorizações.

Assim, apesar de um enfoque oficial nas regiões marginalizadas e na geração de empregos locais, existe um risco potencial de que o modelo corrente possa acabar usurpando terras nas áreas menos desenvolvidas do país a fim de explorar seus recursos renováveis sem uma compensação adequada para as comunidades locais, de modo a manter uma dinâmica colonial interna.[31]

Direitos sociais e ambientais das comunidades locais: preocupações suscitadas à luz da mobilização da vila de Borj Salhi

A visão estratégica governamental de 2018 para o setor energético promovia a distribuição justa e a boa governança da energia, com garantia de acesso equânime à eletricidade em todas as regiões e sob as melhores condições, com o desenvolvimento de uma política de responsabilidade social, a criação de uma autoridade regulatória e a implementação de um processo transparente (Khalfallah & Amaimia,2018, p. 448-9).

Além disso, nos termos da Lei nº 2015-12, o primeiro passo necessário para um projeto de geração de eletricidade a partir de fontes renováveis dentro do modelo de autorização é a realização de um estudo de viabilidade. Esse estudo deve incluir análises ambientais e sociais. A análise de impactos ambientais deve ser realizada por uma empresa de consultoria e precisa incluir ao menos uma descrição básica das condições iniciais do local, de sua caracterização e a das áreas vizinhas, uma estimativa dos impactos futuros do projeto sobre a flora e a fauna e uma previsão dos impactos visuais e acústicos (Tractebel Engie, 2019).

31 "Interview avec Sghaier Salhi: Les non-dits de la Tunisie post-indépendance", *Nawaat*, 5 abr. 2018.

No entanto, apesar dessa estrutura, as medidas sociais e ambientais nem sempre parecem ser observadas.

Em 2000, o primeiro projeto de turbina eólica da Tunísia foi implementado a uma distância de cerca de setenta quilômetros de Túnis, no norte do país, e seguiram-se outras fases de instalação em 2003 e 2009. Essa usina de energia renovável, que inclui por volta de quarenta turbinas, provê eletricidade para cinquenta mil tunisianos. Contudo, em Borj Salhi, a vila onde foi implementada a ampliação de 2009, os habitantes não dispõem hoje de uma conexão com a linha de alta voltagem, não conseguem acesso aos medidores de eletricidade da Steg e sofrem com quedas frequentes de energia. Por mais de uma década, a comunidade local denunciou o projeto da usina, cuja propriedade é da Steg. Com efeito, a ampliação de 2009 provocou a mobilização social dos moradores que viviam perto do estabelecimento. A proximidade das turbinas eólicas é uma das principais razões do descontentamento: a turbina mais próxima fica a menos de cinquenta metros de distância de uma residência e causa desconforto aos moradores da vila, principalmente em razão das consequências do barulho constante sobre a saúde das pessoas e dos animais. Na perspectiva dos impactos ambientais, as modificações na paisagem levaram à erosão do solo e ao secamento dos ponteiros das oliveiras. Entre outras questões suscitadas pelos moradores da vila está a falta de manutenção das turbinas eólicas, o que causa acidentes.

A falta de um processo decisório inclusivo está no âmago da insatisfação dos residentes — um processo que poderia ter esclarecido quais seriam as consequências para a terra e os habitantes locais, bem como assegurado aos moradores a propriedade do projeto. Em março de 2021, após uma reunião com os residentes, a Steg anunciou que estava "preparada para assumir [sua] responsabilidade total e encerrar esse conflito de dez anos". Mas o caso continua em aberto, já que a empresa se manteve inerte.[32]

O exemplo da vila de Borj Salhi demonstra que a percepção do público e a participação e os direitos das comunidades locais, assim como a sustentabilidade, ainda não estão protegidos no embate com outros interesses. Em projetos futuros, os impactos sobre os direitos sociais e ambientais das comunidades locais devem ser monitorados de perto, tanto no papel quanto na prática.

Conclusão

Esta visão geral dos projetos no setor de energias renováveis na Tunísia realça várias incompatibilidades com um modelo de transição justa. Primeiro, identificamos limites na tomada democrática de decisões, dada a influência de uma série de agentes estrangeiros e uma falta de consulta a outros interessados, como o UGTT ou as comunidades locais. Isso levou à introdução da lei de 2015, que incentivou a privatização, inclusive na forma de PPP, e firmou a Tunísia no esquema neoliberal global para o desenvolvimento de energias renováveis. Consequentemente, abriram-se as portas para iniciativas neocoloniais, como a Desertec e a TuNur, que impedem o controle governamental sobre projetos de energia renovável e, por extensão, obstam a soberania da Tunísia sobre seus próprios recursos.

32 "Projets d'énergie renouvelable en Tunisie: Guide détaillé", *Inkyfada*, 20 abr. 2021; "Revue semestrielle de la justice environnementale: Droits, responsabilité sociétale, souveraineté alimentaire et développement durable. Troisième partie", Forum Tunisien pour les Droits Economiques et Sociaux, jul. 2021.

Além disso, em vez de garantir o investimento do governo tunisiano em soberania energética via desenvolvimento local do setor de renováveis, essa rota reforça a dependência financeira e de conhecimento em relação a agentes externos por meio de investimento estrangeiro direto e importação de tecnologias. A atual estratégia de curto prazo adotada por sucessivos governos na última década, que opta por investimentos em PPP em vez de serviços públicos, esteve menos direcionada a promover o desenvolvimento local e mais concentrada em atrair investidores privados — especialmente estrangeiros — e assegurar seus lucros, independentemente do fardo financeiro de longo prazo. Como resultado, os direitos das comunidades são negligenciados, com efeitos que vão desde o acesso inadequado à eletricidade até a espoliação da terra, notadamente para pessoas que já vivem em regiões marginalizadas.

Essa estrutura continua a favorecer agentes de regiões relativamente privilegiadas, enquanto a marginalização e a espoliação dos recursos das áreas empobrecidas se aprofundam. Parece que, mais uma vez, a maioria das dinâmicas é movida pelo lucro e pela visão de curto prazo, o que também explica por que obrigações contratuais de proteção do meio ambiente são insuficientes. Prioriza-se a realização de grandes projetos a qualquer custo, negligenciando as necessidades dos habitantes locais e da região onde esses projetos são instalados, sem atentar para as condições necessárias para integrá-los à economia nacional. Ainda que haja uma falta de acesso à informação e poucas pesquisas e trabalhos de campo que possam fornecer maiores descobertas sobre os regimes de propriedade, as atividades, os vencedores e os derrotados, certos casos, como o de Borj Salhi, expõem deficiências relevantes na estrutura existente. Isso significa que pode haver exemplos similares que ainda não chamaram a atenção do público.

Numa perspectiva local, uma transição justa possibilitaria que as residências e as comunidades produzissem a própria eletricidade por meio de projetos fotovoltaicos de pequena escala, que reduziriam a demanda de capital e de conhecimento, e promoveriam o desenvolvimento de atividades geradoras de emprego. Ao redor do globo, vários agentes da sociedade civil embarcaram em uma fase de "remunicipalização", isto é, a reivindicação da propriedade comum sobre os serviços públicos para que eles sejam "liderados pela comunidade e climaticamente inteligentes", com a recuperação do controle dos recursos locais. Assim, devemos evitar a privatização em primeiro lugar (Kishimoto, Steinfort & Petitjean, 2020; Kishimoto & Petitjean, 2017). Os governos poderiam incentivar a instalação de unidades fotovoltaicas de pequena escala por empresas locais, a fim de romper com o atual reforço das desigualdades regionais. O gerenciamento desses projetos em nível local também conferiria às comunidades um maior grau de propriedade, direitos e poderes para controlar e supervisionar os meios de produção no setor energético.

Jawad Moustakbal é coordenador nacional para o Marrocos no Programa Internacional Especial "Mudanças Climáticas: Política para Alimentos, Água e Energia" na Escola de Treinamento Internacional em Vermont, Estados Unidos. Trabalhou como administrador de projetos para várias empresas, incluindo a estatal marroquina de fosfatos OCP. Também é ativista por justiça social e climática. É membro do secretariado marroquino da Associação pela Tributação das Transações Financeiras para Ajuda aos Cidadãos (Attac), além de integrar o secretariado compartilhado do Comitê Internacional para a Abolição de Dívidas Ilegítimas (CADTM).

10 O setor energético marroquino: uma dependência permanente

Jawad Moustakbal

Embora o Marrocos tenha conquistado sua independência em 1956, o setor de energia do país continuou dependente dos combustíveis fósseis e do setor privado. Entre 2017 e 2020, as importações de combustíveis fósseis responderam por cerca de 90% da oferta de energia primária e 80% da oferta de eletricidade (AIE, 2019), enquanto o setor privado controla hoje 84% da geração (Cese, 2020) e a quase totalidade da distribuição de energia.

O ambicioso plano de energias renováveis lançado pelo governo marroquino em 2009, que tem como objetivo cobrir 52% da capacidade elétrica instalada até 2030, poderia ter reduzido de maneira significativa essa dependência de combustíveis fósseis, em grande medida importados. Contudo, as políticas liberais adotadas pelo governo para o setor de energia como um todo (incluindo as renováveis) e as parcerias público-privadas (PPP) que as acompanharam exacerbaram tanto a crise da dívida quanto a dependência do setor privado.

Este capítulo busca explorar as raízes históricas, econômicas e políticas da dependência energética do Marrocos — uma ameaça ao que sobrou da soberania do país e um agravante das desigualdades sociais. Também mostramos como, nessa situação, são as populações mais desfavorecidas que pagam o preço pelas escolhas políticas e econômicas feitas por uma elite colonial que, ao internalizar a ideia da superioridade do Ocidente e o desprezo pelas culturas autóctones, ou seja, por sua própria cultura, atua como parceira de corporações transnacionais e bancos internacionais.

O setor de energia: do controle colonial às medidas neoliberais

No início do século XX, a principal motivação do colonialismo francês para a geração de energia no Marrocos era facilitar a extração de matérias-primas, sobretudo fosfato, aprimorar a produtividade das minas e eletrificar a rede ferroviária usada para o transporte de insumos à metrópole (Samir, 2002). O objetivo era eletrificar aquilo que consideravam o "Marrocos útil".[1] A produção e a distribuição de eletricidade foram exploradas em regime de concessão. Esse modelo foi substituído pela Energia Elétrica do Marrocos (EEM), criada em 30 de janeiro de 1924 pela Companhia Geral do Marrocos, que por sua vez havia sido fundada em fevereiro de 1912 por um consórcio de bancos franceses encabeçado pelo Banque de Paris et des Pays-Bas (Barbe, 2020).

Apesar da independência em 1956, o gerenciamento do setor de energia — assim como o de outros setores estratégicos como agricultura, indústria, comércio e oferta de água potável — só passou ao controle do Estado marroquino em 1963, com a fundação do Gabinete Nacional de Eletricidade (ONE), responsável

1 "Les representations politiques de la montagne au Maroc", *Revue de Géographie Alpine*, v. 89, n. 2, p. 141-4, 2001.

pelo "serviço público, produção, transporte e distribuição de energia elétrica".[2]

Durante as décadas de 1960 e 1970, o Marrocos escolheu o petróleo como seu recurso energético primário básico, apesar de não dispor de reservas próprias: em 1980, o petróleo respondia por mais de 80% da matriz energética do país (Mouline, 2012). A partir de meados dos anos 1980 — e após a crise do petróleo de 1973 —, o ONE decidiu aumentar a participação do carvão na matriz energética marroquina.

O ONE ampliou a rede elétrica para as áreas rurais[3] e tem um histórico de prestação de serviços públicos de boa qualidade — evidenciado na ausência de apagões em grandes cidades. Contudo, em meados da década de 1990, o governo decidiu adotar o paradigma neoliberal para o setor de energia. Induzido pelas instituições financeiras internacionais, o Marrocos desmontou, privatizou e liberalizou a distribuição e a produção de eletricidade em benefício das grandes corporações transnacionais.

Como parte de um programa de ajuste estrutural imposto pelas instituições financeiras internacionais após a crise da dívida dos anos 1980, quando o país já não era capaz de quitar seus débitos e pediu por uma renegociação, tiveram início a privatização das empresas públicas marroquinas mais lucrativas e a liberalização de setores estratégicos da economia. Em 1983, o Fundo Monetário Internacional (FMI) e o Banco Mundial exigiram a implementação do ajuste (Akesbi, 1985). O setor de energia esteve entre os primeiros afetados, com a privatização da indústria de refino do petróleo e a introdução da produção privada no mer-

2 Dahir (decreto) nº 1-63-226, de 5 de agosto de 1963, que dispõe sobre a criação do Gabinete Nacional de Eletricidade do Marrocos.

3 "L'Électrification rurale au Maroc: Une expérience à partager", Gabinete Nacional de Eletricidade do Marrocos, [s.d.]. Disponível em: one.org.ma/FR/doc/cier/Brochure_PERG.pdf.

cado petrolífero. A Sociedade Anônima Marroquina da Indústria de Refino (Samir) foi privatizada em 1997 em favor do grupo sueco-saudita Corral Petroleum Holding, cujo principal proprietário é o bilionário saudita Mohammed al-Amoudi. Naquele mesmo ano, os serviços de água potável, distribuição de energia, coleta de águas pluviais e esgoto e iluminação pública na região da Grande Casablanca, com 4,2 milhões de habitantes, foram transferidos para um único operador, a Lyonnaise des Eaux Casablanca (Lydec), uma subsidiária da companhia francesa Lyonnaise des Eaux.[4] Um grande leque de normas e de propaganda apoiou essa primeira onda de privatização, retratada como indispensável para "modernizar" a economia marroquina e para aproveitar o apoio técnico das corporações transnacionais. No entanto, os impactos econômicos, sociais e ecológicos dessas privatizações se mostraram desastrosos.

A privatização da Samir levou à maior falência na história do país,[5] gerando uma dívida de quatro bilhões de euros e deixando desamparados mais de oitocentos trabalhadores (e suas famílias). A Lydec, por sua vez, foi mencionada em vários relatórios — incluindo textos oficiais, como o da Corte de Auditores de 2014 — que revelam uma série de violações a direitos fundamentais cometidas pela empresa, em conluio e/ou com o silêncio das autoridades locais e dos representantes eleitos. Entre os abusos, estavam a privação do direito dos cidadãos ao abastecimento de eletricidade e água e o aumento no custo desses serviços, contrariando as determinações do contrato de concessão. Do ponto de vista econômico e financeiro, a Lydec fracassou em cumprir o programa de investimentos com o qual se

4 Em 1997, a Lyonnaise des Eaux se fundiu com a Suez Environment, que passou a se denominar Suez S/A em julho de 2015.

5 "Samir: retour sur la plus grosse faillite de l'histoire du Maroc", *Jeune Afrique*, 25 maio 2020.

comprometera e, não bastasse, violou o contrato ao transferir dinheiro em moeda estrangeira, com o envio de 160 milhões de euros para acionistas na forma de dividendos e a remessa de cem milhões de euros à matriz como lucros escondidos sob a forma de despesas com "assistência técnica" durante a primeira década da concessão.[6]

De um ponto de vista legislativo, ao lado da Lei nº 39-89, duas normas significativas, aprovadas naquela década, afetaram profundamente o setor de energia e permitiram a transferência de empresas públicas para o setor privado: o Decreto nº 94-503, de 1994, que pôs fim ao monopólio do ONE e permitiu que produtores privados de eletricidade entrassem no mercado; e a Lei nº 1-95-141, de 1995, que autorizou a liberalização do mercado de produtos petrolíferos.

Energias renováveis no Marrocos: um neoliberalismo "verde"

O Marrocos tem um programa ambicioso para energias renováveis, com investimento de bilhões de dirrãs marroquinos, sobretudo para o desenvolvimento da energia solar. Possui, aliás, uma das maiores usinas de energia solar concentrada (CSP) do mundo. Contudo, em 2011, 92,36% da matriz energética do país correspondia a combustíveis fósseis, sendo o carvão o responsável por 57,82% da produção de eletricidade (Ritchie, 2021). O maior consumidor de energia do Marrocos é o setor de transportes: responsável por

6 "Delegated Management of Local Public Services: Summary Report", Court of Accounts, out. 2014.

36% do consumo energético nacional, é, ademais, quase inteiramente dependente de combustíveis fósseis e abocanhou quase 50% do orçamento energético do país em 2018 — ou seja, mais de quatro bilhões de euros e 20% do déficit da balança comercial.[7]

As fontes renováveis corresponderam a 19,71% da geração nacional de eletricidade em 2021, com 12,37% para a energia eólica, 2,93% para a hidrelétrica e 4,41% para a solar. O carvão foi a principal fonte de eletricidade, representando 57,82%, seguido do gás natural, com 11% (Ritchie, 2021).

Uma análise crítica das principais reformas legislativas e institucionais de incentivo ao desenvolvimento das energias renováveis no Marrocos sugere que elas serviram principalmente como pretexto para liberalizar e privatizar ainda mais o setor de energia. De fato, a Lei nº 13-09, de 11 de fevereiro de 2010, por exemplo, permitiu que empresas privadas competissem tanto na geração quanto na exportação de eletricidade renovável via rede elétrica nacional.[8]

A lei das PPP entrou em vigor em agosto de 2015, mas o modelo já vinha sendo testado havia bastante tempo em forma contratual, como nas concessões realizadas fora do enquadramento normativo antes que a lei consagrasse essa orientação (Sitri, 2015), e permitiu que operadores privados se posicionassem como produtores independentes de energia. Esses contratos de compra de energia celebrados no regime de PPP obrigam a estatal ONE a

7 "Transport", Agência Marroquina para a Eficácia Energética, [s.d.]. Disponível em: amee.ma/expertise/transport.

8 "Publications", Departamento de Estudos Econômicos e Previsão Financeira, Ministério da Economia e das Finanças do Marrocos, 2014.

comprar a eletricidade produzida a um preço pré-fixado por um período de 25 a 30 anos.[9]

Esse modelo — e a posterior lei de 2015 — deriva da lei de PPP francesa de 2004 e se vale notadamente do conceito de "pagamento por disponibilidade", pelo qual o ONE, uma instituição pública, é obrigado a comprar a produção inteira das concessionárias privadas, independentemente da demanda real. Assim, essa energia, seja de origem fóssil, seja renovável, tem prioridade sobre a que é gerada em estações públicas.[10] Como o ONE é forçado a consumir primeiro a produção das concessionárias, as usinas públicas são desligadas para evitar apagões em caso de quedas abruptas na demanda por eletricidade, o que acarreta consideráveis custos extras para o Estado (isto é, para o contribuinte).[11]

Esse tipo de parceria se caracteriza, assim, como um embuste que beneficia bancos e operadores privados. De um lado, esses agentes estão blindados de toda e qualquer perda potencial, independentemente de sua natureza (flutuações nos preços de commodities, infraestrutura, aprovisionamento de serviços públicos, riscos climáticos, riscos financeiros etc.); de outro, a

9 Trata-se de contratos de venda de energia entre os produtores de eletricidade e o distribuidor estatal. No caso do Marrocos, é o ONE que se compromete a comprar a energia por um período determinado de tempo. Esse tipo de contrato é exigido por produtores e doadores privados, a fim de garantir suas receitas pela duração do contrato e protegê-los de potenciais flutuações de preços e/ou quedas na demanda por energia.

10 Informação obtida diretamente de representantes do ONE durante uma visita à usina térmica de Mohammedia, na primavera de 2017.

11 É sempre caro religar uma termelétrica — primeiro porque voltar a aquecê-la leva bastante tempo e exige grande quantidade de combustíveis; em segundo lugar, a manutenção também é onerosa, já que os ciclos de desativação e ativação alteram a vida útil dos equipamentos.

lucratividade dos investimentos é integralmente garantida, já que os pagamentos são assegurados mesmo que a energia não seja necessária ou utilizada. Trata-se de um modelo típico em que os lucros são privatizados, e as perdas e os riscos, delegados ao contribuinte.

Governança energética no Marrocos

Quem decide?

O setor de energia do Marrocos é, em grande medida, governado com o uso de instrumentos autocráticos, e as decisões estratégicas são excluídas do controle democrático. A criação da Agência Marroquina para Energias Sustentáveis (Masen), em 2010, e a indicação de Mustapha Bakkoury, ex-presidente do Partido Autenticidade e Modernidade (PAM), como seu diretor são claros indicativos disso. O PAM foi fundado por Fouad Ali El Himma, amigo e conselheiro do rei. Em 2015, sob a liderança de Bakkoury, a Masen ganhou autoridade sobre todo o setor de energias renováveis — o que levou, na prática, à marginalização do ONE.[12] Porém, em março de 2021, Bakkoury foi inesperadamente proibido de sair do país,[13] pois havia se tornado alvo de uma investigação por má gestão e desvio de recursos enquanto esteve à frente da

12 "Masen ou la montée en puissance de Mustapha Bakkoury", *Telquel*, 28 dez. 2015.

13 "Comment Mustapha Bakkoury s'est brûlé les ailes à Masen", *Le Desk*, 30 mar. 2021.

Masen. Apesar da cobertura midiática, nenhuma explicação oficial foi dada na época.[14]

Nas discussões sobre os projetos de energias renováveis da Masen, sempre foram escanteados as comunidades e os parlamentares locais, assim como os engenheiros e técnicos de empresas públicas nas áreas de produção, gerenciamento, transporte e manutenção dos estabelecimentos de energia. Consultar os envolvidos teria ajudado a evitar erros técnicos significativos e aprimorado o monitoramento dos "parceiros" privados que, por sua vez, dispunham de um exército de especialistas para defender seus interesses. Um desses especialistas, que pediu para permanecer anônimo, declarou:

> Desde que as energias renováveis se tornaram um setor estratégico, a agência [Masen] assumiu todas as prerrogativas do desenvolvimento sustentável. Ela se tornou todo-poderosa. Como em qualquer grande projeto do rei, o que prevalece é o silêncio: todos sabiam que os projetos estavam atrasados e que custavam caro demais, mas quem ousaria cobrar os responsáveis?[15]

Quem se beneficia?

Em 2018, teve início uma campanha de boicote sem precedentes contra três empresas cujos donos são conhecidos por sua intimidade com a família real: Danone, Sidi Ali e, em primeiro lugar, Afriquia. Esta última pertence ao poderoso bilionário

14 "Maroc: que cache la disgrâce de Mustapha Bakkoury?", *Jeune Afrique*, 2 abr. 2021.

15 "Au Maroc, les ratés de la stratégie solaire", *Le Monde*, 6 maio 2021.

Aziz Akhannouch, indicado pelo rei como chefe do governo em setembro de 2021. Na sequência dessa ação de desobediência civil, em 2019 o Conselho da Concorrência realizou um estudo aprofundado do setor petrolífero e encontrou evidências de corrupção. O relatório revelou que, em vez de incentivar a concorrência — a principal justificativa de seus defensores —, a liberalização do setor em 2014 havia criado oligopólios em todos os níveis: importação, armazenamento, venda, distribuição e consumo. Com a Afriquia na dianteira, 70% do mercado em 2017 estava capturado pelos cinco maiores operadores — três dos quais detinham uma participação de 53,4% (Cese, 2020).

Essa situação oligopolista se agravou com o fechamento da Samir em 2015, embora a empresa atendesse a 64% da demanda por produtos refinados e dispusesse de uma grande capacidade de armazenamento (dois milhões de metros cúbicos). "Desse modo, a conta de luz foi às alturas, o déficit da balança comercial piorou e as estruturas de pequena e média escalas foram enfraquecidas em benefício dos agentes de maior peso" (Cese, 2020).

O controle total da eletricidade pelo setor privado

De acordo com dados oficiais do governo,[16] embora não se tenha alcançado o objetivo de gerar, até 2020, 42% da eletricidade através de fontes renováveis, a meta de aumento da participação das concessões privadas na produção de eletricidade foi atingida. Ao final de 2021, o setor privado controlava mais de dois terços (71,8%) da geração no Marrocos.

16 "Energy Sector: Key Figures", Ministério de Energia, Minas e Meio Ambiente do Marrocos, abr. 2021.

A elite dominante tornou a geração de eletricidade por concessionárias, seja de origem fóssil, seja renovável, um princípio e um elemento fundamentais do sistema de energia. Isso beneficia, acima de tudo, corporações transnacionais francesas (Engie), espanholas (Gamesa), sauditas (Acwa), emiradenses (Taqa) e alemãs (Siemens), geralmente em cooperação com empresas nacionais de propriedade da família real (Nareva) ou de famílias poderosas e politicamente influentes, como os Akhannouch e os Benjelloun (Green of Africa). Um exemplo é a licitação internacional de energia solar para conceber, financiar, construir, operar e manter o projeto Noor Midelt I, de 800 MW, concedido em maio de 2021 para um consórcio que, encabeçado pela francesa EDF Renouvelables, inclui a Masdar, dos Emirados Árabes Unidos, e a Green of Africa, do Marrocos,[17] que pertence às três famílias mais ricas do Marrocos: Benjelloun (Financecom e grupo BMCE), Amhal (Omafu e grupo Somepi) e Akhannouch (grupo Akwa). Antes de ser indicado como chefe de governo pelo rei em setembro de 2021, Aziz Akhannouch havia exercido o cargo de ministro da Agricultura e da Pesca por mais de quinze anos.

A energia eólica está sendo abocanhada pela Nareva, uma empresa de propriedade do grupo real Al Mada,[18] por meio de sua subsidiária EEM. Ela é hoje dona de cinco parques eólicos "merchant"[19] no regime da Lei nº 13-09, com capacidade total acima de 500 MW, cuja energia elétrica é vendida diretamente a

17 "Masen Announces the Winning Bidder for the Noor Midelt I Solar Project" (*press release*), Masen, 21 maio 2019.

18 Antigas Société Nationale d'Investissement (SNI) e Omnium Nord-Africain (ONA).

19 Usinas que não dispõem de contratos de fornecimento de energia de longo prazo e se concentram em vendas ou em leilões para o atendimento de demandas pontuais da rede elétrica. [N.T.]

clientes industriais.[20] A Nareva também é dona do parque eólico de Tarfaya, um dos maiores da África, em uma *joint venture* com a gigante francesa Engie. A energia produzida nesse parque eólico de 300 MW é vendida exclusivamente para o ONE por meio de um contrato de compra e fornecimento de eletricidade com vinte anos de vigência.[21] Em 2016, a Nareva venceu a licitação para um enorme Projeto Eólico Integrado de 850 MW, formado por Midelt (210 MW), Boujdour (300 MW), Jbel Lahdid (270 MW) e Tiskrad, em Tarfaya (100 MW). A Nareva conquistou esse projeto ao se aliar à fabricante de turbinas eólicas Siemens Gamesa Renewables (Alemanha e Espanha).

Embora se apresente como líder na área de empreendimentos sustentáveis, o grupo Al Mada é responsável pela destruição e poluição de vários ecossistemas. Como já tive oportunidade de explicar em outra ocasião: "Não só sua empresa açucareira Cosumar esteve envolvida em desastres ambientais como, localizada no sul do Marrocos, também a Managem, na mina de prata de Imider, se viu diante da contaminação de aquíferos, e ainda há um conflito em curso com a população local quanto aos recursos hídricos" (Moustakbal, 2016).

Aqueles que se beneficiam dos projetos de energia verde geralmente têm um longo histórico de poluição e destruição de ecossistemas. A reorientação de parte de seus investimentos para as energias renováveis é, na verdade, só mais uma forma — muitas vezes, uma forma ainda mais lucrativa — de gerar lucros e de usurpar territórios das populações locais.

20 "Maroc: comment Nareva s'est imposée dans le secteur de l'énergie", *Jeune Afrique*, 13 jun. 2018.

21 "Our Assets and Projects", Nareva, [s.d.]. Disponível em: nareva.ma/en/project/wind-farm-tarfaya.

Quem paga o preço?

Tanto como contribuinte quanto como consumidora, a população arca com as consequências financeiras de um sistema projetado para ser totalmente desigual e beneficiar exclusivamente os investidores privados. Os contratos de concessão assinados nos anos 1990 e 2000, em particular os de PPA, obrigam o ONE a comprar energia de operadores privados, de acordo com a disponibilidade e a preços maiores do que os efetivamente praticados na venda para distribuição e consumo, e também a arcar com os custos da flutuação dos preços das matérias-primas, em particular do carvão.

Essa situação levou o ONE a afundar em uma crise financeira sem precedentes, da qual foi resgatado pelo governo por meio de um contrato que permitia ao órgão aumentar os preços cobrados dos consumidores. Consequentemente, as contas de luz subiram 20% em 2014.[22] Como os projetos de energias renováveis mais recentes são todos baseados em contratos similares com vigência de trinta anos, esse cenário de investimento público maciço sem garantias de preços mais baixos para a população tende a se repetir.

Ao decidir utilizar a tecnologia de CSP, a Masen não consultou nenhum órgão público, nem mesmo o ONE. Foi uma escolha desastrosa: a produção de cada kWh em Noor I custa 1,62 dirrã; em Noor II, 1,38 dirrã; e em Noor III, 1,42 dirrã, enquanto o kWh é vendido para o ONE por 0,85 dirrã. Assim, a Masen registra déficits anuais estimados pelo Conselho Econômico, Social e Ambiental (Cese) em oitenta milhões de euros para as três usinas (Cese, 2020).

22 "Le prix de l'électricité augmente à partir du mois d'août", *Telquel*, 24 jul. 2014.

Figura 10.1. Distribuição da produção de eletricidade por fonte de energia (em percentuais)

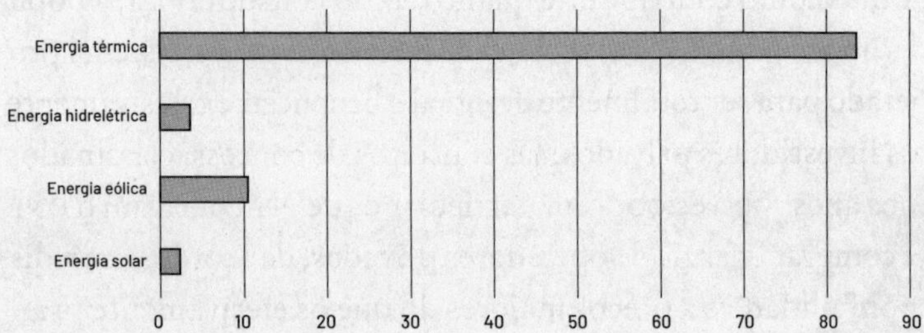

Fonte: "Energy Sector — Key Figures — April 2021", Ministério de Energia, Minas e Meio Ambiente do Marrocos.

Figura 10.2. Distribuição da produção de eletricidade por tipo de produtor (em percentuais)

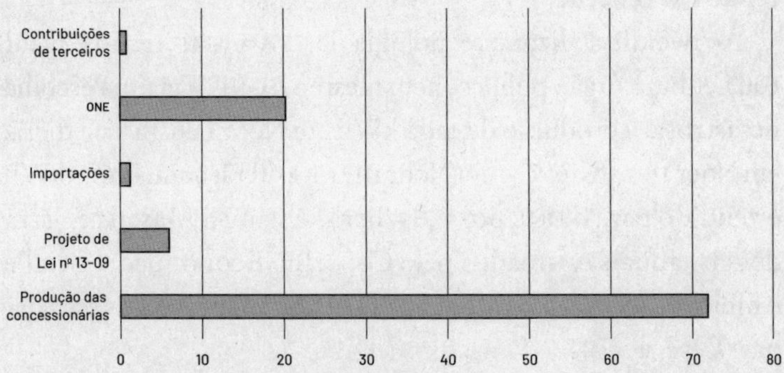

Fonte: "Energy Sector — Key Figures — April 2021", Ministério de Energia, Minas e Meio Ambiente do Marrocos.

A questão da dívida e do financiamento é fundamental. Todos os projetos recentes de geração de energia, incluindo os assim chamados projetos "verdes", são financiados por empréstimos de bancos privados internacionais, organismos multilaterais de crédito, FMI, Banco Mundial, Banco Africano de Desenvolvimento (BAD) e agências de desenvolvimento francesas, alemãs e japonesas. No setor de energia solar, as dívidas da Masen são asseguradas pelo Estado. Esses fundos são usados para implementar a infraestrutura necessária para os projetos, como estradas, sistema hidráulico, cercas, linhas de transmissão e estações transformadoras para o transporte de energia. Além disso, os recursos angariados são empregados para financiar a participação da Masen em sociedades de propósito específico, criadas para projetos exclusivos — Noor Ouarzazate, Noor Midelt etc. (Masen, 2016).

Os credores continuam a ser agentes-chave nesses projetos e têm a palavra final em todas as decisões estratégicas. Como consequência lógica, suas nacionalidades correspondem àquelas das companhias envolvidas no projeto, seja como operadoras (a francesa Engie, a alemã Siemens etc.), seja como fornecedoras de equipamentos (a francesa Alstom, a japonesa Mitsui etc.).

A Safi Energy Company, de copropriedade da Nareva (35%), da francesa Engie (35%) e da importadora e exportadora japonesa Mitsui (30%), recebeu uma concessão de trinta anos para o projeto da usina térmica de Safi, com capacidade de 1.369 MW (isto é, 25% da demanda nacional) e um investimento total de 2,3 bilhões de euros.[23] O projeto foi financiado principalmente pelo Banco Japonês de Cooperação Internacional, pelo banco Attijariwafa e pelo Banque Marocaine pour le Commerce et l'Industrie (BMCI),

23 "Maroc: Safi Energy mobilise 2,6 milliards de dollars pour sa centrale électrique", *Jeune Afrique*, 18 set. 2014.

uma subsidiária marroquina do banco francês BNP Paribas. Esses empréstimos se somam a uma dívida pública que, no final de 2021, se aproxima de 100% do PIB.[24] O serviço da dívida absorve mais de um terço do orçamento do Estado e corresponde a quase dez vezes o orçamento nacional para a saúde.[25]

Caminhos para uma transição energética justa no Marrocos

O modelo liberal fracassou econômica e ecologicamente, sobretudo no que se refere à justiça energética e climática. Os relatórios governamentais, incluindo os do Cese, reconhecem em parte esse fracasso, mas, ao mesmo tempo, continuam a defender mais liberalização, desmonte de estatais e privatização no setor de energia como um todo.

Não haverá transição justa enquanto o setor de energia continuar controlado por companhias transnacionais estrangeiras e por uma elite local dominante livre para saquear o Estado e gerar tantos lucros quanto queira dentro de uma cultura de autoritarismo e nepotismo. O sistema da dívida e as PPP são um grande obstáculo a qualquer modelo de soberania popular, incluindo a soberania energética.

Uma transição energética justa exige a soberania da população local em todos os níveis do processo de produção: projeto, implementação, operação, armazenamento e distribuição.

24 "Ratio de la dette publique: le Maroc frôle-t-il les 100%?", *EcoActu*, 19 jul. 2021.

25 "Maroc: auditer la dette pour l'annuler", Attac & CADTM, 21 set. 2018.

Figura 10.3. Configuração financeira típica dos projetos liderados pela Masen

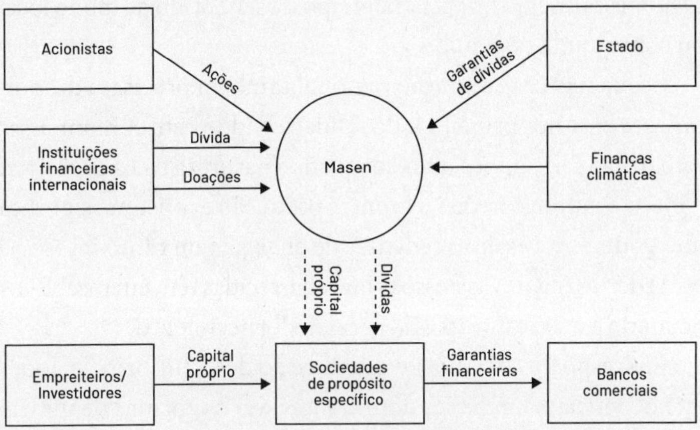

Fonte: Apresentação promocional da Masen (2016).

O setor de energia deve ser considerado um serviço público e coadministrado pelos trabalhadores envolvidos e pelas populações locais que aceitem partilhar uma fração de seus territórios (terra, águas, florestas etc.) em prol do interesse coletivo. As populações locais também devem se beneficiar de tarifas preferenciais, quando não de serviços gratuitos. As atuais formas burocráticas de governo precisam ser substituídas por modelos locais e descentralizados de governança.

Priorizar soluções e projetos descentralizados também significa aproximar o máximo possível a produção de energia e seus usuários, a fim de evitar perdas do "efeito Joule" [perda de energia no transporte de eletricidade de um ponto para outro] e limitar os custos de transmissão. Implica ainda elaborar projetos de menor escala, cujo financiamento possa ser obtido de modo local ou com a ajuda do Estado.

Esquemas de integração regional também precisam despontar com base nos princípios de solidariedade e bem comum. Essa integração seria muito mais adequada à natureza física da eletricidade: o equilíbrio necessário entre produção e consumo significa que os detentores de excedentes de energia têm tanto interesse em cedê-los quanto as pessoas mal abastecidas têm em recebê-los, de modo a evitar um apagão geral no fornecimento.

Em resposta à tirania neoliberal e ao desequilíbrio de poder que beneficiam as classes dominantes, várias formas de insatisfação e protesto das populações locais estão vindo à tona. Elas buscam construir alternativas aos lucros privados obtidos à custa da comunidade e também ao neocolonialismo, do qual a privatização é tanto instrumento quanto símbolo. Se desejamos genuinamente construir uma sociedade mais justa e democrática, é essencial prestarmos atenção a essas iniciativas, apoiá-las e vincularmos a transição energética às questões socioeconômicas.

parte III

Capitalismo fóssil e os desafios da transição justa

Adam Hanieh é professor de economia política e desenvolvimento global no Instituto de Estudos Árabes e Islâmicos da Universidade de Exeter, Reino Unido, e diretor associado do Instituto de Estudos Internacionais da Universidade Tsinghua, em Pequim, China. Publicou quatro livros que exploram aspectos diferentes do Oriente Médio. Sua obra mais recente, *Money, Markets, and Monarchies: The Gulf Cooperation Council and the Political Economy of the Contemporary Middle East* (2018), recebeu o International Political Economy Group Book Prize, do British International Studies Association, e o prêmio de Economia Política, do Instituto de Estudos Árabes, ambos em 2019.

11 Transição para onde? Os Estados árabes do Golfo e o novo eixo "Oriente-Oriente" do petróleo mundial[1]

Adam Hanieh

No início de 2023, as maiores companhias privadas de petróleo e gás do mundo começaram a divulgar os resultados financeiros do ano anterior. A ExxonMobil assumiu a liderança, registrando o maior lucro da história da empresa: 55,7 bilhões de dólares. A Shell, um conglomerado anglo-holandês, veio na sequência, também ostentando um marco histórico em seus 115 anos de existência, com lucros próximos a 44 bilhões de dólares, mais do que o dobro da quantia alcançada em 2021. No total, as cinco principais *supermajors* ocidentais — ExxonMobil, Shell, Chevron, BP e Total — divulgaram um lucro combinado de 200 bilhões de dólares, estonteantes 23 milhões de dólares a cada hora de 2022. Naquele mesmo ano, estimou-se que os dez maiores desastres ligados ao clima custaram ao mundo cerca de 170 bilhões de dólares, incluindo 30 bilhões nas enchentes devastadoras que mataram mais de 1.700 pessoas e desalojaram mais de sete milhões no Paquistão.[2] Cerca da metade dos lucros da ExxonMobil somente em 2022 cobririam facilmente os custos do desastre do Paquistão.

1 Partes deste capítulo se valem de Hanieh (2022).

2 "Counting the Cost 2022: A Year of Climate Breakdown", Christian Aid, dez. 2022.

Os verdadeiros vencedores e perdedores da emergência climática não poderiam ser ilustrados de modo mais explícito.

Em 12 de março de 2023, no entanto, esses lucros recordes foram eclipsados pela divulgação de outros resultados financeiros: os da Saudi Aramco, a estatal petrolífera da Arábia Saudita. Totalizando pouco mais de 161 bilhões de dólares, os lucros da Aramco em 2022 não excederam os resultados combinados de Shell, BP, ExxonMobil e Chevron, mas foram os maiores registrados para qualquer tipo de empresa e negócio do mundo *em todos os tempos*. Os resultados da Aramco realçaram com intensidade a grande mudança no controle do petróleo mundial nas últimas décadas: a aparentemente implacável ascensão das empresas petrolíferas nacionais (EPN), administradas por governos no Oriente Médio, na China, na Rússia e em outros grandes Estados produtores de petróleo no Sul global. Coletivamente, essas empresas tomaram a forma de corporações diversificadas que ultrapassaram as *supermajors* ocidentais em métricas fundamentais, incluindo produção e reserva de petróleo, capitalização de mercado e volumes exportados. As grandes empresas ocidentais continuam fortemente representadas por Estados Unidos, Canadá e Europa Ocidental, mas sua influência global como um todo tem sido reduzida pela ascensão das EPN.

Diante dessas novas realidades, meu objetivo neste capítulo é examinar o papel e o peso específicos dos seis Estados árabes do Golfo (Arábia Saudita, Kuwait, Emirados Árabes Unidos, Catar, Bahrein e Omã) na indústria petrolífera mundial. É claro que, como sede de algumas das maiores reservas do mundo, os Estados do Golfo há muito lideram as exportações de petróleo e gás natural. Contudo, ao longo de grande parte do século XX, a indústria petrolífera no Golfo foi controlada sobretudo por empresas estadunidenses e europeias, que pagavam royalties e outras taxas para os monarcas da região em retribuição ao acesso a esses recursos.

Após a nacionalização do petróleo durante os anos 1970 e 1980, os governos do Golfo assumiram o controle direto da produção a montante;[3] certas EPN, como a Saudi Aramco, a Companhia Petrolífera Nacional de Abu Dhabi e a Corporação de Petróleo do Kuwait, se encarregaram de explorar, extrair e exportar as reservas petrolíferas da região. Assim como na evolução inicial das petrolíferas ocidentais, essas EPN do Golfo estão hoje presentes em territórios que vão muito além de suas fronteiras nacionais, envolvidas em atividades que se estendem por toda a cadeia de valor do petróleo. Além disso, como demonstraram de forma vívida as discussões climáticas da COP27 e da COP28, a expansão da indústria petrolífera do Golfo é acompanhada pela posição cada vez mais destacada da região nos debates internacionais sobre mudanças climáticas.

Nas páginas seguintes, defendo que a ascensão do Golfo deve ser entendida à luz das significativas mudanças que se deram no capitalismo global nas últimas duas décadas. Desde o início dos anos 2000, a ascensão da China e da Ásia em geral como centros geográficos da produção de mercadorias alterou a forma como os combustíveis fósseis e os vários produtos a eles relacionados circulam pela economia mundial. Um novo eixo de hidrocarbonetos, que liga as reservas de gás e de petróleo do Oriente Médio às redes de produção da China e da Ásia, é determinante nesse sentido.[4] Esse eixo "Oriente-Oriente" de hidrocarbonetos está associado a um aumento considerável nos níveis de riqueza

3 Na indústria petrolífera, o setor a montante diz respeito às etapas de descoberta, perfuração e extração do óleo bruto. O setor a jusante, por sua vez, envolve o refino e a venda do petróleo. [N.T.]

4 A menos que indicado de outra forma, o termo "Ásia" será usado ao longo deste capítulo em referência aos maiores países consumidores de petróleo na Ásia Oriental e no Sudeste Asiático — China (incluindo Hong Kong), Japão, Coreia do Sul, Taiwan, Indonésia, Malásia, Filipinas, Singapura, Tailândia e Vietnã.

concentrada no Golfo, com fluxos de "petrodólares" exercendo grande impacto nas estruturas políticas e econômicas da região. Ao lado da guinada oriental da indústria petrolífera, as empresas e elites estatais no Golfo e na Ásia também vêm desenvolvendo todo um leque de interdependências que não se restringem à exportação de petróleo cru, abarcando os setores a jusante, como o refino e os produtos petroquímicos. Tomado em seu conjunto, esse novo eixo do petróleo mundial incrusta o Golfo no âmago do "capitalismo fóssil" contemporâneo (Malm, 2016 [2025]).

Os ativistas do clima precisam dar uma atenção muito maior a essas mudanças na indústria global do petróleo e no papel desempenhado pelos Estados do Golfo. Os lucros extraordinários da Aramco e o relativo eclipse das *supermajors* ocidentais significam que um grande obstáculo ao fim da dependência global de combustíveis fósseis se situa agora fora dos mercados ocidentais centrais. É muito perigoso ignorar essas tendências, já que os Estados do Golfo têm planos explícitos para uma expansão maciça da produção de gás e petróleo na próxima década, por meio de uma série das chamadas "bombas de carbono",[5], e pretendem, ao mesmo tempo, explorar as oportunidades de mercado apresentadas pelas nova tecnologias de "baixo carbono" atualmente em desenvolvimento. Como consequência, o caráter de toda e qualquer "transição verde", tanto no Oriente Médio quanto globalmente, será significativamente determinado pelas ações e políticas desses Estados. Sem compreender as mudanças no controle e na estrutura da indústria petrolífera — e sem traçar estratégias eficientes com relação a elas —, será impossível construir campanhas bem-sucedidas para estancar e reverter os efeitos das mudanças climáticas antropogênicas.

5 "Revealed: The 'Carbon Bombs' Set to Trigger Catastrophic Climate Breakdown", *The Guardian*, 11 maio 2022.

Das Sete Irmãs à Opep

O petróleo só tomou o lugar do carvão como principal combustível fóssil de maneira definitiva nos anos 1950, mas as primeiras décadas do século XX foram fundamentais para moldar a estrutura que a indústria viria a assumir.[6] Abarcando um período de cerca de setenta anos, entre 1870 e a véspera da Segunda Guerra Mundial, um punhado de grandes petrolíferas emergiu nos Estados Unidos e na Europa Ocidental. Mais do que em qualquer outra indústria, essas empresas eram marcadas por um grau extremo de integração vertical, em que o petróleo bruto era transferido internamente para ser refinado e vendido pela mesma companhia. A integração vertical permitiu que as empresas maiores pressionassem a concorrência e modulassem atividades lucrativas nos níveis mais baixos da cadeia de valor com base nas flutuações de preços e na demanda de mercado.[7] Expandidas com rapidez para além de seus mercados domésticos, essas empresas verticalmente integradas vieram a controlar uma rede densamente interligada de campos de petróleo e infraestruturas de circulação que se estendiam por todo o planeta. Já na metade do século XX, apenas sete delas dominavam virtualmente toda a produção e comercialização de petróleo do mundo.[8] Nos anos

6 Há muitas análises esclarecedoras a respeito dessa história. Ver, especialmente, Mitchell (2013), Huber (2013) e Garavini (2019).

7 Uma análise inicial e brilhante da indústria ocidental de petróleo pode ser encontrada em Blair (1976).

8 Em 1949, cerca de dois terços das reservas mundiais conhecidas de petróleo bruto e mais da metade de sua produção e refino eram controlados por essas empresas. Fora dos Estados Unidos, elas detinham mais de 82% de todas as reservas brutas, 86% da extração, 77% da capacidade de refino e 85% das usinas de craqueamento (usadas na produção de petroquímicos). Em conjunto,

1950, suas rivais na indústria as apelidaram de "Sete Irmãs", das quais são descendentes diretas as principais empresas petrolíferas que continuam no centro dos debates globais sobre energia e transição climática — ExxonMobil, Chevron, BP, Royal Dutch Shell e assim por diante.[9]

Essas sete empresas ocidentais foram a força controladora do petróleo mundial até o fim da década de 1970, mas não estavam igualmente equilibradas entre si. Apesar da presença internacional considerável de grandes agentes europeus, como a Shell e a BP, na primeira metade do século XX a indústria gravitou de forma constante para uma paisagem mais centrada nos Estados Unidos. Uma das razões era a presença de grandes reservas de petróleo dentro do país, que se estabeleceu como um dos principais polos na produção e no consumo globais de petróleo bruto ao longo de grande parte daquele século (Huber, 2013; Blair, 1976). As empresas estadunidenses de petróleo também mantinham uma posição dominante nos grandes Estados produtores de petróleo da América Latina, como a Venezuela. A força global dessas gigantes petrolíferas estadunidenses refletia a consolidação mais ampla do poder dos Estados Unidos nesse período, à medida que um capitalismo global movido a petróleo

...

estimava-se que elas eram donas de, pelo menos, metade da frota mundial de navios-tanque em 1949 e de cerca de dois terços dos navios-tanque controlados de forma privada ("The International Petroleum Cartel", Congresso dos Estados Unidos, 1975).

9 As Sete Irmãs originais são: a Companhia de Petróleo Anglo-Iraniana (originalmente chamada Anglo-Persa e, agora, BP); a Royal Dutch Shell; a Standard Oil Company of California, a Gulf Oil e a Texaco (todas as três agora incorporadas à Chevron); a Standard Oil Company of New Jersey (Esso, mais tarde Exxon e agora parte da Exxon-Mobil); e a Standard Oil Company of New York (Socony, mais tarde Mobil e agora também parte da ExxonMobil).

se tornava cada vez mais sinônimo de um capitalismo centrado nos Estados Unidos.

Depois da Segunda Guerra, as petrolíferas estadunidenses lograram, afinal, acesso às principais áreas ricas em petróleo do Oriente Médio e puseram fim à dominação europeia. Apesar disso, movimentos anticoloniais e radicais nascentes nos principais Estados produtores de petróleo no Oriente Médio e na América Latina começaram a desarranjar o controle das petrolíferas ocidentais sobre a produção, o refino, o transporte e a precificação do petróleo (Dietrich, 2017; Garavini, 2019). Esses movimentos viriam a culminar na formação da Organização dos Países Exportadores de Petróleo (Opep), em 1960, a princípio composta por Arábia Saudita, Venezuela, Iraque, Irã e Kuwait. Na época, esses cinco países produziam cerca de 37% do petróleo bruto do mundo e a maior parte do que era extraído fora dos Estados Unidos. Na década seguinte, os membros da organização continuaram a aumentar. Hoje, a maioria dos principais produtores de petróleo (com as exceções significativas de Estados Unidos, Rússia e Canadá) faz parte da Opep.

Com a fundação da Opep, governos do Oriente Médio e da América Latina gradualmente nacionalizaram suas reservas, e estatais petrolíferas assumiram grande parte da exploração e da produção de petróleo bruto fora dos Estados Unidos. As maiores empresas ocidentais mantiveram o domínio sobre o refino e a venda de petróleo a jusante, mas cada vez mais precisaram concorrer com poderosas EPN não ocidentais nos setores a montante nos principais Estados produtores. De modo crucial, as empresas ocidentais perderam aos poucos a capacidade de fixar o *preço* do petróleo, que aumentou dramaticamente em 1973-1974 e, mais uma vez, em 1978-1980. Somada a mudanças na estrutura de propriedade na indústria petrolífera, a escalada dos preços ampliou de forma maciça os excedentes financeiros (subsequentemente apelidados de "petrodólares") que fluíam para os Estados produtores, sobretudo aqueles situados no Golfo (Hanieh, 2018). Ao fim da década de 1970, as empresas ocidentais eram donas de menos de um terço do petróleo bruto localizado fora dos Estados Unidos.

Em um reflexo das pressões da concorrência da Opep e de um declínio nos preços do petróleo a partir de meados dos anos 1980, uma grande onda de consolidações corporativas começou a tomar forma nas petrolíferas ocidentais. O exemplo mais importante foi a fusão das duas gigantes estadunidenses Exxon e Mobil em 1999, que resultou na criação da ExxonMobil, a maior empresa privada do mundo.[10] Na época, essa foi a maior fusão industrial da história, superando um acordo anterior no setor do petróleo: a aquisição da estadunidense Amoco pela BP, em 1998, que detinha o recorde até então. Outras consolidações corporativas significativas da época incluíram a aquisição da Texaco pela Chevron, em 2001, e a fusão da Conoco e da Phillips Petroleum Company na formação da ConocoPhillips, em 2002. Fora dos Estados Unidos, a enorme petrolífera francesa Total se fundiu com a Petrofina em 1999 e, mais tarde, adquiriu a Elf Aquitaine para criar a Total S.A. (hoje conhecida como TotalEnergies). O saldo dessas fusões foi a reconfiguração da indústria petrolífera ocidental em torno do punhado de empresas que hoje são dominantes: ExxonMobil (Estados Unidos), BP (Reino Unido), Royal Dutch Shell (Reino Unido-Países Baixos), Chevron (Estados Unidos), Eni (Itália), TotalEnergies (França) e ConocoPhillips (Estados Unidos).

Essa onda de consolidação industrial foi acompanhada de outras mudanças importantes no modo de operação das petro-

10 "The Exxon-Mobil Merger: Hearings Before the Subcommittee on Energy and Power of the Committee on Commerce, House of Representatives, One Hundred Sixth Congress, First Session, 10 and 11 March", Congresso dos Estados Unidos, 1999.

líferas ocidentais. Na condição de maiores empresas privadas do mundo, as *supermajors* do petróleo estiveram profundamente implicadas na guinada mais ampla para o capitalismo financeirizado, que se deu em particular nos mercados financeiros estadunidenses nas décadas de 1980 e 1990. A ênfase crescente na recompra de ações e a priorização do pagamento de dividendos aos acionistas — atributos das petrolíferas ocidentais que perduram até hoje — são particularmente dignas de nota.[11] Com acesso reduzido a campos de petróleo *onshore* convencionais (agora controlados pelas maiores EPN não ocidentais), as grandes petrolíferas ocidentais se voltaram para uma produção de petróleo ambientalmente arriscada e tecnologicamente intensiva em áreas de extração mais difícil (por exemplo, perfuração em águas profundas e fraturamento hidráulico de xisto) e continuaram a enfatizar as atividades a jusante, sobretudo a produção de petroquímicos. Várias *supermajors* ocidentais também buscaram se proteger como "empresas de energia" e começaram até mesmo a se distanciar (de forma falaciosa) do petróleo em suas representações corporativas.[12]

11 Em 1982, uma mudança de regras implementada pela Comissão de Valores Mobiliários dos Estados Unidos permitiu que as empresas recomprassem suas próprias ações no mercado aberto dentro de certos limites, a depender do volume de negociações (frequentemente financiadas via endividamento). A redução no número de ações levou a um aumento do valor de mercado das empresas e permitiu que executivos seniores ganhassem milhões de dólares com o uso de suas opções de ações. As petrolíferas estadunidenses ocuparam lugar de destaque nesse tipo de prática: entre 2003 e 2012, a ExxonMobil era a maior recompradora de ações nos mercados financeiros dos Estados Unidos. Ver Lazonick (2014).

12 Talvez o exemplo mais notório seja a reapresentação da British Petroleum como BP, em 2000, com o novo slogan "Para além do petróleo" e um novo logotipo verde resplandecente. Na época, a BP ainda era a segunda maior petrolífera do mundo e gastou mais em sua nova imagem corporativa do que em energias renováveis.

A China, o petróleo mundial e a economia política do Golfo

A partir do fim dos anos 1990, esses atributos estruturais da indústria mundial do petróleo foram profundamente abalados pela abertura da China à economia mundial e pelo subsequente posicionamento do país no centro da manufatura global. Alimentada por fluxos de capital externo em busca das vantagens de seus enormes reservatórios de trabalho barato, a ascensão da China como "fábrica do mundo" criou um boom na demanda planetária de energia, gerando um aumento de cerca de 30% no consumo anual de petróleo entre 2000 e 2019.[13] Em 2000, a China respondia por apenas 6% da demanda geral de petróleo; já em 2019, consumia cerca de 14% de toda a produção — mais do que qualquer outro lugar, exceto os Estados Unidos. Com as zonas de manufatura chinesas no âmago de uma rede regional mais ampla de produção, a demanda por petróleo e outras matérias-primas aumentou consideravelmente na Ásia como um todo. Em 2019, o consumo de petróleo asiático chegou a quase um terço do total, mais do que o de Europa, Rússia, África e Américas Central e do Sul combinadas.[14]

Embora a China seja uma das maiores produtoras de petróleo — a quinta maior do mundo em 2010 —, suas consideráveis reservas eram insuficientes para cobrir a demanda nacional crescente. Como resultado, a ascensão chinesa não só levou a um aumento no consumo mundial de petróleo como também produziu um impacto importante no volume e na direção do comércio global desse insumo. Totalmente dependente do

13 "World Energy Review", ENI, 2021.
14 *Idem.*

petróleo vindo de outros lugares para suplementar suas reservas domésticas, a nova posição da China fez com que as exportações petrolíferas se afastassem do Ocidente e se aproximassem do Oriente. Em 2019, cerca de 45% de toda a exportação de petróleo no mundo fluía para a Ásia — mais da metade dela destinada apenas aos chineses.[15] A maior parte dessa oferta tinha origem no Oriente Médio: os Estados do Golfo e o Iraque respondiam coletivamente por quase metade das importações de petróleo chinesas em 2020 (na comparação com cerca de um terço em 2001).[16] Mais uma vez, a demanda por petróleo do Oriente Médio foi uma tendência pan-asiática — cerca de 70% de todas as exportações de petróleo bruto da região (primariamente do Golfo) se destinam hoje à Ásia.

O grande aumento no consumo de petróleo da China, e da Ásia mais amplamente, desempenhou um papel substancial na disparada dos preços durante as primeiras duas décadas do novo milênio (embora não tenha sido a única razão desse aumento).[17] De um preço mensal médio de cerca de 25 dólares por barril em janeiro de 2000, os preços globais subiram de maneira regular nos anos subsequentes até chegarem ao ápice de pouco menos de 150 dólares por barril em meados de 2008. Uma breve queda abrupta se seguiu à crise econômica global de 2008, mas a tendência de alta voltou a partir de janeiro de 2009, girando em torno de 100 dólares por barril durante a maior parte do período entre 2011 e meados de 2014.[18] Significativamente nesse período,

15 "BP Statistical Review of World Energy 2020", 2020, p. 30.

16 *Ibidem*.

17 Há um debate significativo sobre essa disparada nos preços, intimamente ligada à financeirização do petróleo e ao papel dos mercados financeiros em sua determinação. Ver Labban (2010) e Hanieh (2021b).

18 Depois, os preços flutuaram entre trinta e setenta dólares por barril até que a pandemia de covid-19 induzisse um enorme cho-

o petróleo se manteve no centro de um boom mais amplo nos preços das commodities globais, incluindo metais, alimentos e fertilizantes. De forma muito parecida com os choques do petróleo dos anos 1970, esse aumento trouxe implicações profundamente negativas para os países mais pobres dependentes de importações de alimentos e energia.

Para os Estados produtores de petróleo, no entanto, esse período de quase catorze anos de exportações cada vez maiores e preços mais altos foi uma bênção.[19] Para os Estados do Golfo em particular, a escalada trouxe trilhões de dólares de capital excedente: uma bonança de petrodólares que transformou o Golfo em um dos "novos figurões" do mundo, de acordo com a empresa global de consultoria McKinsey.[20] Mas esses bolsões de capital excedente não ficaram exclusivamente nas mãos dos governos locais. Como tem sido o caso ao longo da história, muito dessa riqueza recém-descoberta foi redirecionado para o setor privado do Golfo e ajudou a apoiar a acumulação dos grandes conglomerados capitalistas que dominam a economia política da região (Hanieh, 2018, cap. 3). Isso se deu através de

...

que de demanda durante o ano de 2020. Desde então, os preços têm subido significativamente com a retirada das restrições da pandemia e a guerra na Ucrânia.

19 Os altos preços do petróleo também tiveram grandes implicações para as petrolíferas ocidentais, incentivando a produção nas chamadas reservas "não convencionais" de petróleo e gás, onde a extração é mais cara. De particular importância aqui foi o petróleo de xisto estadunidense, contido no xisto ou em rochas sedimentares de baixa permeabilidade, tipicamente extraído por meio de fraturamento hidráulico com a aplicação de líquidos pressurizados. Nesse contexto, o aumento dos preços do petróleo entre 2000 e 2014 ajudou a atrair grandes investimentos, e a produção do xisto estadunidense decuplicou entre 2007 e 2014.

20 "The New Power Brokers: How Oil, Asia, Hedge Funds, and Private Equity Are Shaping Global Capital Markets", McKinsey & Company, 2007.

vários mecanismos, incluindo a celebração de contratos públicos lucrativos para a construção civil e a incorporação imobiliária, o incentivo a *joint ventures*, parcerias entre empresas públicas e privadas e a oferta de empréstimos generosos de bancos estatais para grandes empresas particulares. Além disso, as bolsas de valores do Golfo se tornaram uma rota importante para a acumulação doméstica de capital, com a listagem parcial de ações de grandes companhias estatais para permitir o acesso de cidadãos ricos a uma porção das receitas auferidas. O exemplo mais notável é a listagem emblemática de 1,5% da Saudi Aramco na bolsa de valores de Riad, em 2019. Sugerida pela primeira vez em 2016 pelo príncipe herdeiro Mohammed bin Salman, essa foi a maior oferta pública da história. Avaliada em pouco menos de dois trilhões de dólares, a Aramco ultrapassou a Apple e se tornou a companhia mais valiosa do mundo.

Os petrodólares do Golfo também conseguiram entrar nos mercados internacionais. Nos últimos anos, o excedente de capital da região tem sido investido sobretudo na América do Norte e na Europa Ocidental, onde desempenha um papel decisivo no desenvolvimento da arquitetura financeira global. Durante o boom do petróleo do novo milênio, os Estados ocidentais se mantiveram como destino importante para os investimentos do Golfo, mas, atraída por oportunidades de investimento surgidas a partir dos anos 2000, após a adoção de pacotes de ajuste estrutural por muitos governos locais, uma porção crescente da riqueza privada e pública do Golfo também foi direcionada a países árabes vizinhos.[21] Essa internacionalização de capital garantiu uma posição dominante a conglomerados estatais e privados sediados no

21 Números comumente citados para os anos 2000 indicam que cerca de 50% a 55% de todos os investimentos do Golfo foram para os mercados estadunidenses; 20% para a Europa; 10% a 15% para a Ásia; e 10% a 15% para o Oriente Médio e para a África do Norte.

Golfo em setores econômicos fundamentais por todo o Oriente Médio, incluindo o imobiliário e o de construção civil, de logística, bancário e financeiro, de agronegócio, varejo e infraestrutura (Hanieh, 2018).

Assim, o apetite voraz da Ásia por energia estava intimamente ligado ao surgimento de uma economia regional no Oriente Médio, organizada em torno do ritmo da acumulação de capital no Golfo.

O refino e as petroquímicas

Ao refletirmos sobre essas mudanças geográficas no comércio mundial de petróleo, é essencial reconhecer que o petróleo bruto é uma commodity de pouco uso prático antes de ser transformado em vários tipos de combustíveis líquidos ou matérias-primas. Por esse motivo, quando mapeamos os padrões emergentes de controle no setor, é fundamental considerarmos o segmento a jusante da indústria petrolífera, em particular o estágio importantíssimo do refino. Ao longo de praticamente todo o século XX, os segmentos a jusante mundiais foram quase totalmente geridos pelas maiores petrolíferas ocidentais. De fato, foi por meio do controle que exerciam sobre o refino, a compra e a venda de petróleo que essas empresas conseguiram manter sua dominância global após a nacionalização das reservas de petróleo bruto pelos países da Opep, na década de 1970. Desse modo, a propriedade das refinarias do mundo estava concentrada nas mãos de um número muito reduzido de empresas, à frente das quais estavam as *supermajors* ocidentais. Em 1999, por exemplo, apenas quinze companhias detinham cerca de 40% de toda capacidade de refino do mundo; Shell, Exxon e BP-Amoco ocupavam três das quatro primeiras posições.[22] Mas a duradoura dominação ocidental sobre o refino passou por uma erosão substancial. Cerca de metade das quinze maiores companhias do mundo são hoje EPN, e o primeiro, o segundo e o quarto lugar são ocupados por duas empresas chinesas e uma saudita (Sinopec, Corporação Nacional Chinesa de Petróleo e Saudi Aramco). Só a ExxonMobil permanece entre as quatro principais refinarias do mundo. Como reflexo do direcionamento das exportações de petróleo bruto para o Oriente, a concentração geográfica do refino também foi alterada: no início dos anos 1990, quase metade da capacidade mundial ficava na América do Norte e na Europa; agora, esse número caiu para cerca de um terço. Em contraste, a capacidade de refino asiática triplicou entre 1992 e 2020, com um crescimento de mais de duas vezes e meia do número absoluto de refinarias de petróleo na região. Em 2020, a participação da Ásia na capacidade global de refino correspondia a 37% — mais do que a da América do Norte e a da Europa somadas.

A única outra região do mundo a experimentar um crescimento em sua participação na capacidade global de refino foi o Oriente Médio, onde a capacidade absoluta mais do que dobrou entre 1992 e 2020, e que agora detém uma participação de 10% na capacidade total de refino. Notavelmente, dois terços de todas as refinarias construídas nos últimos cinco anos e mais de 80% das que se encontram em construção hoje estão no Oriente Médio e na Ásia (AIE, 2020, p. 48). Assim como no caso das exportações de petróleo bruto, o crescimento do refino no Oriente Médio e na Ásia está intimamente ligado às redes de produção na China e na região asiática de modo mais amplo. O petróleo bruto ou é

22 Para uma análise detalhada dessas tendências no refino e para a fonte dos números citados nesta seção, ver Hanieh (2022).

extraído no Oriente Médio e exportado à China ou a outro país asiático para ser refinado, ou é extraído e refinado no Oriente Médio e depois exportado à Ásia. Dessa maneira, os combustíveis e produtos químicos refinados produzidos com o petróleo do Oriente Médio entram nas cadeias produtivas asiáticas, onde se transformam em mercadorias que serão consumidas ao redor do globo. O processo de refino é dominado por grandes EPN sediadas no Oriente Médio, na China e na região asiática mais amplamente; empresas ocidentais ocupam uma posição relativamente marginal.

Uma parte crucial dessas redes de produção asiáticas são os produtos petroquímicos, que formam os insumos básicos para plásticos e outros materiais sintéticos.[23] Com o crescimento da dominância manufatureira da China, o consumo de petroquímicos do país disparou, e boa parte dessa demanda é atendida por usinas localizadas no Golfo. O mais significativo aqui é o etileno, muitas vezes considerado o produto químico mais importante do mundo, essencial para a fabricação de embalagens, materiais de construção e peças automotivas.[24] Entre 2008 e 2017, a participação do Golfo na produção de etileno cresceu de 11,5% para 19%, e a região subiu da quarta para segunda maior produtora mundial, logo atrás da América do Norte (cuja participação global na produção de etileno caiu de 27% para 21%).[25] Esse produto químico essencial é produzido em refinarias e complexos petroquímicos maciçamente integrados por toda a Arábia Saudita, pelos

23 Para uma discussão sobre petroquímicos e o lugar que ocupam no estudo do petróleo, ver Hanieh (2021c).

24 Aproximadamente 75% da demanda global de etileno provém dessas três atividades produtivas. Ver "Ethylene: A Litmus Test for the Chemical Industry", Gulf Petrochemicals and Chemicals Association, 2019, p. 2.

25 "The Future of Petrochemicals: Growth Surrounded by Uncertainty", Deloitte Company, 2019, p. 4.

Emirados Árabes Unidos e por outros Estados do Golfo, sendo depois exportado para o Oriente — com efeito, quase metade de todas as importações chinesas de etileno vem hoje do Oriente Médio. A ascensão da China como "fábrica do mundo" não teria sido possível sem esses fluxos de produtos químicos refinados do Oriente Médio para a Ásia.

Essas tendências elevaram as empresas sediadas no Golfo a uma posição central na indústria petroquímica mundial. A mais importante aqui é a Saudi Basic Industries Corporation (Sabic), hoje a quarta maior empresa química do mundo em vendas (em 2000, ocupava a 29ª posição).[26] A Sabic foi fundada por um decreto real saudita em 1976, com o objetivo de utilizar o petróleo e o gás brutos do país para fabricar produtos químicos básicos para um leque de indústrias, incluindo a automobilística, a agrícola, a da construção civil e a de embalagens. No início da década de 2000, a empresa começou a crescer no plano internacional com investimentos na Europa e nos Estados Unidos. Um marco importante foi a aquisição da divisão de plásticos da estadunidense General Electric em 2007, que permitiu à empresa dar passos substanciais na produção de petroquímicos avançados. Desde então, a Sabic se expandiu cada vez mais e hoje tem atividades em mais de cinquenta países.

Durante a maior parte de sua história, 70% da Sabic foi de propriedade do Estado saudita, com os 30% remanescentes listados na bolsa de valores do país. Em 2020, no entanto, a participação do Estado na Sabic foi assumida pela Aramco, em uma notável reestruturação da indústria petrolífera saudita que ilustra a forte ofensiva para a integração vertical do Golfo. De forma similar, as principais petroquímicas de Emirados Árabes Unidos,

26 "C&EN's Global Top 50 Chemical Firms for 2022", *Chemical & Engineering News* (C&EN), 24 jul. 2022.

Kuwait, Catar e Omã são todas subsidiárias de EPN controladas pelo Estado. Essas petroquímicas estatais estão intimamente ligadas a conglomerados privados do Golfo via *joint ventures* e parcerias estratégicas, assim como à listagem parcial de empresas como a Sabic nas bolsas de valores do Golfo (Hanieh, 2018). Dessa maneira, o setor petroquímico serve como mais um importante veículo de acumulação de riqueza privada na região.

Novas interdependências "Oriente-Oriente"

Esses padrões confirmam as fortes interdependências que estão vindo à tona entre o Oriente Médio (em particular a região do Golfo) e a Ásia (sobretudo a China) no setor petrolífero. Mas isso abarca muito mais do que a mera exportação de petróleo e gás brutos do Oriente Médio para a Ásia; trata-se, na verdade, de um processo que envolve um aumento considerável nos investimentos *inter-regionais*. Tais investimentos provêm tanto de grandes EPN do Golfo e da Ásia quanto de conglomerados privados situados em ambas as regiões. Graças a esses fluxos de capital, há um amplo entrelaçamento de todos os degraus da cadeia de valor do petróleo: refino, fabricação de petroquímicos e circulação posterior de produtos petrolíferos para o consumidor. Assim, os interesses dos hidrocarbonetos no Golfo estão *incrustados* na rede produtiva asiática e vice-versa. No nível político, esses elos também são acompanhados pelo desenvolvimento de laços bem mais estreitos entre as duas regiões, como se vê na leva de acordos bilaterais, visitas governamentais de alto escalão e uma série de outras iniciativas diplomáticas.

Para uma visão mais nítida desses fluxos de capital e de suas implicações, é essencial observar todos os aspectos do circuito dos hidrocarbonetos — a montante, a jusante e em atividades como transporte, perfuração, armazenamento e instalação de dutos. Em todas essas atividades relacionadas ao petróleo, a China aplicou mais de 76 bilhões de dólares em investimentos externos globais entre 2012 e 2021.[27] A primeira fase desses investimentos (2012-2016) veio após o anúncio da Iniciativa Cinturão e Rota (ICR) e se concentrou, em particular, na América do Norte, na Europa Ocidental e na Rússia/Ásia Central. Depois de 2016, no entanto, houve uma substancial reorientação no investimento petrolífero chinês no exterior. Entre 2017 e 2021, mais de 30% dos investimentos chineses em atividades relacionadas ao petróleo foram para a região do Oriente Médio — mais do que em qualquer outra região, correspondendo a um aumento de cinco vezes na participação do Oriente Médio comparada com a do período de 2012-2016.

Esses investimentos conferiram às empresas chinesas um papel predominante nas indústrias ligadas ao petróleo de todo o Oriente Médio. Nos Emirados Árabes Unidos, por exemplo, as empresas chinesas são as principais parceiras da Empresa Nacional de Petróleo de Abu Dhabi (Adnoc), que é estatal, e detêm participação importante nos campos petrolíferos *onshore* e *offshore*. No Iraque, uma estatal chinesa agora opera um dos maiores campos de petróleo do mundo, o "supergigante" campo de Majnoon. No Kuwait, uma subsidiária da petrolífera chinesa Sinopec se

27 As cifras neste parágrafo foram calculadas pelo autor com base no banco de dados Orbis (disponível em: moodys.com/web/en/us/capabilities/company-reference-data/orbis.html). Elas abrangem investimentos tanto na produção a montante quanto no refino, na fabricação de produtos petroquímicos e nos serviços de petróleo e gás (perfuração, construção de dutos etc.).

transformou na maior prestadora de serviços de perfuração, controlando 45% de todos os contratos do tipo. O maior acordo com envolvimento da China no setor de petróleo do Oriente Médio foi finalizado em 2021: trata-se da participação chinesa em uma *joint venture* multinacional que detém participação acionária de 49% na Aramco Oil Pipelines, uma empresa que terá direito a 25 anos de pagamento de tarifas para o petróleo e o gás brutos transportados pela rede de dutos da Aramco na Arábia Saudita.

Concomitantemente a essa entrada de investimentos chineses no Oriente Médio, os Estados do Golfo se tornam a principal presença estrangeira no setor petrolífero chinês através de várias *joint ventures* com entidades chinesas. Esses projetos pretendem assegurar uma fatia de mercado para as exportações de petróleo e gás brutos do Golfo e incluem refinarias, usinas petroquímicas, infraestrutura de transporte e redes de comercialização de combustíveis. Um exemplo importante é o do Complexo Petroquímico e Refinaria Integrada Sino-Kuwaitiano, a maior refinaria em *joint venture* da China, firmada em coparticipação de 50% entre a Sinopec e a Corporação de Petróleo do Kuwait e que engloba o maior porto petroquímico do país (concluído em maio de 2020). Tanto a refinaria quanto o porto são vistos como componentes essenciais da Iniciativa Cinturão e Rota e permitem à China importar petróleo bruto do Golfo para fabricar combustíveis e outros produtos químicos básicos, que são então exportados para países asiáticos vizinhos. A presença significativa da Arábia Saudita na China, por sua vez, é evidenciada por várias *joint ventures* entre a Saudi Aramco e empresas chinesas nos setores de refino e petroquímico, assim como por uma rede de mais de mil postos de gasolina na província de Fujian, a primeira *joint venture* de varejo de combustíveis em nível provincial do país. Essas parcerias envolvem tanto EPN chinesas — por exemplo, a Sinopec — quanto as principais companhias privadas de refino da China (que controlam cerca de 30% do volume de petróleo bruto refinado internamente). O Catar também está entre os investidores do Golfo de destaque no setor de energia chinês, com enfoque especial no asseguramento de mercados para suas exportações de gás natural liquefeito (GNL).

Essa expansão da indústria de hidrocarbonetos do Golfo em direção à China é parte de um envolvimento maior desses Estados nos setores ligados ao petróleo de outros países asiáticos. Entre 2012 e 2021, quase metade (em termos de valor) de todos os investimentos estrangeiros provenientes de fora da Ásia para ativos asiáticos ligados ao petróleo veio do Golfo, incluindo os quatro maiores acordos desse período.[28] Com esses investimentos, as empresas da região buscaram expandir a fabricação de produtos refinados de petróleo e artigos químicos básicos dentro da própria Ásia (com o uso de insumos brutos importados do Golfo), que passaram então a circular pelo continente com o uso dos braços comerciais das empresas do Golfo. Os principais alvos regionais para essa diversificação a jusante das petrolíferas do Golfo são Coreia do Sul, Singapura, Malásia e Japão. Em todos esses quatro países — cada um com sua própria capacidade industrial estabelecida, muitas vezes intimamente ligada à acumulação de grupos capitalistas domésticos —, as corporações do Golfo assumiram o controle total ou parcial das principais empresas, além de realizar outros tipos de parceria, como *joint ventures*.

Sem surpresa, a principal empresa do Golfo nesse aspecto é a Saudi Aramco, que agora exerce uma presença notável em Estados asiáticos fundamentais. Em 2015, por exemplo, a Saudi Aramco adquiriu o controle da sul-coreana S-Oil, a terceira

28 Calculado pelo autor com base no banco de dados Orbis. O termo "Ásia" é definido aqui como China (incluindo Hong Kong), Taiwan, Coreia, Malásia, Indonésia, Japão, Tailândia, Singapura e Filipinas.

maior companhia de refino do país (com uma participação de mercado de cerca de 25%) e operadora da sexta maior refinaria do mundo (localizada em Ulsan, Coreia do Sul). Essa aquisição permitiu à S-Oil expandir sua capacidade petroquímica nacional, e agora a empresa ocupa uma das primeiras posições na produção de vários combustíveis refinados e produtos químicos básicos, que posteriormente são exportados para outros países asiáticos pelo braço comercial regional da Saudi Aramco (Aramco Trading Singapore). Também na Coreia do Sul, a Saudi Aramco tornou-se a segunda maior acionista da Hyundai Oilbank em 2019, depois de adquirir 17% das ações da empresa. A Hyundai Oilbank é a quarta maior companhia de refino da Coreia do Sul, e seu acionista majoritário é o conglomerado industrial Hyundai. Na Malásia, a Saudi Aramco está construindo uma refinaria e uma usina petroquímica que, segundo projeções, será o maior estabelecimento petroquímico a jusante na Ásia; o projeto é uma *joint venture* em coparticipação de 50% com a EPN malaia Petronas. Em 2019, a Saudi Aramco se tornou a segunda maior acionista da Idemitsu Kosan, a segunda maior empresa de refino do Japão, que controla aproximadamente um terço do mercado doméstico de produtos petrolíferos por meio de seis refinarias e de uma rede de varejo de 6.400 postos de gasolina.

Enfrentar a emergência climática: levando o Oriente Médio a sério

Com uma concentração cada vez maior de EPN e de outras empresas capitalistas do Golfo *diretamente* no interior das redes produtivas asiáticas — e não só como fornecedoras de petróleo e gás brutos —, precisamos repensar a abordagem geográfica da indústria global de combustíveis fósseis. Não basta nos concentrarmos exclusivamente na redução do consumo direto desses combustíveis e das emissões nos centros ocidentais tradicionais. A produção global de mercadorias, incluindo muito do que acaba sendo efetivamente consumido na América do Norte e na Europa Ocidental, permanece lastreada em um eixo de capitalismo fóssil que conecta campos de petróleo, refinarias e fábricas no Oriente Médio e na Ásia. As interdependências profundas estabelecidas ao longo desse eixo são um componente significativo da acumulação de capital em ambas as regiões e ajudam a apoiar o poder do Estado e das elites empresariais. De uma perspectiva ecológica, essas interdependências "Oriente-Oriente" servem para reinserir os combustíveis fósseis no âmago das cadeias globais de produção e se apresentam como uma barreira considerável a toda e qualquer transição verde bem-sucedida.

Essas mudanças globais explicam por que os Estados do Golfo não têm intenção alguma de reduzir a produção de combustíveis fósseis tão cedo. Em vez disso, como Estados capitalistas, seus interesses estratégicos residem na manutenção de um mundo movido a petróleo pelo maior tempo possível. O ministro da Energia da Arábia Saudita, o príncipe Abdulaziz bin Salman, expôs essa perspectiva de modo abrupto em 2021, quando prometeu que "extrairemos até a última molécula de hidrocarboneto" em meio a planos para aumentar a capacidade de produção de petróleo do reino em mais de 8% até 2027, alcançando treze milhões de barris por dia.[29] Com esse objetivo em mente, a Saudi Aramco investiu mais na expansão de campos de petróleo em 2022 do que qualquer outra empresa do mundo. Essa medida

29 "The Saudi Prince of Oil Prices Vows to Drill 'Every Last Molecule'", *Bloomberg*, 22 jul. 2021.

levou o *Financial Times* a observar que a Aramco "está dobrando a aposta" no setor e tenta ser "a última gigante do petróleo a se manter em pé", "apostando que poderá continuar a fazer o que faz melhor: extrair petróleo pelas próximas décadas e ganhar ainda mais poder de mercado enquanto outras empresas reduzem a produção".[30] Todos os Estados ricos em hidrocarbonetos no Golfo sinalizaram a intenção de seguir essa mesma rota.

Isso não significa, no entanto, que as monarquias do Golfo neguem a realidade das mudanças climáticas ou fiquem à margem da corrida global por novas tecnologias "verdes". Na verdade, é exatamente o oposto. Todas as principais EPN do Golfo expressaram apoio às metas do Acordo de Paris e endossaram os compromissos de carbono zero de seus países.[31] Também investem pesado em hidrogênio, captura de carbono e tecnologias solares, com o objetivo explícito de se tornarem líderes nessas tecnologias (ver o capítulo 13). Mais notoriamente, os Estados do Golfo assumiram uma posição de relevo nos fóruns regionais e internacionais, como a COP27 e a COP28. No encontro da COP27, no Egito, em 2022, o maior pavilhão nacional era o da Arábia Saudita, seguido daqueles dos Emirados Árabes Unidos, Catar e Bahrein. Com uma área de 1.008 metros quadrados, o pavilhão saudita tinha exatamente o dobro do tamanho do pavilhão que abrigava o continente africano inteiro — uma das partes do mundo mais ameaçadas pelos efeitos das mudanças climáticas.

Tudo isso indica que os Estados do Golfo não veem contradição entre a adoção de "soluções de baixo carbono" e uma rota de aceleração na produção de combustíveis fósseis. Significativamente, no entanto, esse não é só um exercício retórico de *green-*

30 "Saudi Aramco Bets on Being the Last Oil Major Standing", *Financial Times*, 23 jan. 2023.

31 Com exceção do Catar, todos os Estados do Golfo possuem hoje datas-limite para zerar as emissões.

washing: em um grau relevante, a expansão do setor renovável é um passo necessário para permitir que os Estados do Golfo vendam *mais* petróleo e gás. Com níveis bastante altos de consumo interno de energia, a substituição doméstica do petróleo e do gás por fontes alternativas de energia significa que mais combustíveis fósseis ficarão livres para exportação. De fato, é esse o raciocínio por trás do plano da Arábia Saudita para gerar metade da eletricidade do país a partir de fontes renováveis até 2030 (o que aconteceria mais cedo do que na maior parte do mundo, inclusive na União Europeia). Nas palavras do príncipe Abdulaziz bin Salman, uma mudança como essa é "uma situação triplamente benéfica": maiores exportações de petróleo, contas de luz mais baratas em casa e o prestígio de alcançar as metas de emissões.[32]

As tecnologias e a infraestrutura energéticas associadas à transição verde também oferecem oportunidades lucrativas para empresas sediadas no Golfo, incluindo algumas EPN como a Saudi Aramco. Em dezembro de 2022, a Arábia Saudita se tornou o primeiro país do mundo a despachar comercialmente uma carga de hidrogênio "azul". Enviada para a Coreia do Sul, a remessa tinha o propósito de alimentar a perspectiva de que o eixo Oriente-Oriente do petróleo mundial logo dará uma guinada renovável.[33] Emirados Árabes Unidos, Bahrein, Omã e Kuwait estão, todos eles, planejando enormes instalações de hidrogênio em seus territórios, que farão da região uma das

32 "Saudi Arabia's Green Agenda: Renewables at Home, Oil Abroad", *Financial Times*, 22 nov. 2022.

33 O hidrogênio "azul" é uma forma de produção de hidrogênio derivada do gás natural, razão pela qual é visto como um cavalo de Troia da indústria dos combustíveis fósseis, dada a probabilidade de aumentar significativamente a demanda global por gás.

maiores produtoras do mundo.[34] Analogamente, a captura de carbono e a energia solar estão recebendo investimentos maciços dos governos do Golfo (de novo, transmitidos com frequência via EPN). Todas as principais companhias de energias renováveis do Oriente Médio, como Masdar (Emirados Árabes Unidos), Acwa Power (Arábia Saudita) e Nebras Power (Catar), estão sediadas no Golfo. Com essas companhias e o domínio do mercado de renováveis, a região assumirá um papel de comando na determinação da forma de toda e qualquer transição "verde".

Ao aparentarem se transformar em atores-chave na luta contra o aquecimento climático, os Estados do Golfo ocultam a constância da centralidade do capitalismo fóssil globalizado. Essa é a verdadeira meta por trás de sua liderança nas deliberações tanto na COP27 quanto na COP28: trata-se de um meio para moldar a resposta do mundo às mudanças climáticas e resistir a qualquer movimento que procure se afastar de uma ordem global centrada no petróleo. Mas essas realidades também ligam firmemente as lutas políticas no Oriente Médio ao nosso futuro planetário. Com as monarquias do Golfo instaladas no topo das desigualdades extremas de riqueza e poder na região, os movimentos populares voltados à contestação desses regimes e à justiça social e econômica precisam ser entendidos como aliados cruciais nas lutas *ecológicas* globais. Uma perspectiva da crise climática que ignore o Golfo e a política da região como um todo — e que concentre seus ataques exclusivamente nos governos e na indústria petrolífera ocidentais — não só estará desconectada das realidades do petróleo mundial como também será inadequada para os enormes desafios que estão por vir.

34 A estratégia do Catar parece ser a de se concentrar em sua abundância de reservas de GNL, que será exportada a outros países para produção de hidrogênio "azul".

Imane Boukhatem é pesquisadora de políticas energéticas e defensora da sustentabilidade. Representou a região do Oriente Médio e África do Norte (Mena) como embaixadora climática na Global Youth Climate Network e na Student Energy, além de outras organizações globais da juventude que estão capacitando os jovens para mitigar as mudanças climáticas e acelerar a transição para um futuro energético sustentável e equânime. Seu doutorado enfoca o potencial papel do hidrogênio "verde" na transição energética da Argélia.

Desafios da transição energética em países exportadores de combustíveis fósseis: o caso da Argélia

12

Imane Boukhatem

A necessidade de uma transição energética na Argélia

A extração de combustíveis fósseis em países ricos em petróleo é uma das principais responsáveis pelas emissões de gases causadores de efeito estufa (GEE). Depois da África do Sul e do Egito, a Argélia é responsável pelas maiores emissões de GEE do continente africano (Ritchie, Roser & Rosado, 2020). Apesar disso, em 2020 a África respondia por apenas 3,8% das emissões globais de dióxido de carbono (CO_2), a menor participação entre todas as regiões do mundo (Kamer, 2021). A maior parte dos combustíveis produzidos na Argélia é exportada e queimada em outros lugares. De acordo com o Relatório Especial do Painel Intergovernamental das Nações Unidas sobre Mudanças Climáticas (IPCC), reduzir as emissões para limitar o aquecimento global a 1,5 °C exige transições rápidas e profundas nos sistemas de energia (IPCC, 2018).

A Argélia tem uma população superior a 44 milhões de habitantes e é o maior país da África, abarcando desde a costa do Mediterrâneo, onde vive a maior parte dos argelinos, até o deserto do Saara, que compreende mais de quatro quintos de seu território e apresenta as temperaturas de superfície mais altas do mundo.[1] Quando o país se declarou independente, em 1962, sua economia era primariamente rural e de base agrícola, com a produção enviada à França, sua antiga metrópole colonial. Mas, no fim dos anos 1950, enormes reservas de petróleo e gás foram descobertas no Saara argelino. Depois disso, os Acordos de Évian (1962) e o Acordo Franco-Argelino (1965) forneceram uma estrutura de cooperação e gestão energéticas argelino-francesas até a nacionalização dos hidrocarbonetos em 1971, quando a Argélia assumiu o controle dessa indústria (Entelis, 2011).

Nos termos da Carta Nacional Argelina de 1986, a nacionalização foi vista como um significativo ato de independência política, e o petróleo e o gás da Argélia passaram a ser considerados parte da riqueza nacional a ser compartilhada por todo o povo, graças à disponibilização de recursos para financiar serviços sociais como saúde e educação gratuitas (Albinyana & Mañé-Estrada, 2018).

As exportações de hidrocarbonetos desempenham um papel importante tanto na política quanto na economia argelinas há bastante tempo. O aumento dessas exportações financiou a pauta de industrialização do presidente Houari Boumédiène entre 1965 e 1978. Mas, depois da liberalização e da guinada para uma economia de mercado a partir do início da década de 1980, a expertise manufatureira argelina foi solapada e seu potencial industrial acabou destruído, transformando o país em exportador relativamente básico de gás e petróleo. Hoje, o petróleo e o gás represen-

1 "Algeria: Facts & Stats", *Britannica*, [s.d.]. Disponível em: britannica.com/facts/Algeria.

tam 93,6% das receitas nacionais totais de exportação e cerca de 50% do orçamento nacional (Bouraiou *et al.*, 2020). Enquanto isso, desde o início dos anos 1980, a produção de alimentos da Argélia está bem aquém da autossuficiência[2] em função da liberalização e da privatização (Entelis, 2011). No entanto, os padrões de vida subiram a níveis comparáveis aos de países de renda média, e em 2020 o PIB per capita da Argélia alcançou 3.815,25 dólares,[3] o que a torna um dos cinco países mais ricos da África.

No que se refere ao uso de energia, a Argélia fez enormes esforços para fornecer eletricidade barata e estável à população, com um índice de acesso à eletricidade de 99,8% em 2020 (Zahraoui *et al.*, 2021). Contudo, hoje o país enfrenta um desafio triplo no setor energético: a dependência econômica das receitas de hidrocarbonetos, o crescimento da demanda doméstica por eletricidade e os acordos de exportação de combustíveis fósseis de longo prazo, que devem ser honrados para que o país evite sanções, processos e multas. Ao mesmo tempo, com o rápido crescimento da população argelina, a uma taxa média de 2% ao ano e estimativas de alcançar 53 milhões de habitantes até 2030 (Hochberg, 2020), as exportações de gás natural foram reduzidas de forma significativa para atender ao rápido aumento da demanda doméstica por eletricidade (Ouki, 2019).

O país está, portanto, diante da necessidade de uma rápida transformação no setor de energia — e essa mudança precisa ter foco na justiça social. As receitas de exportação de petróleo, porém, são uma barreira enorme para uma transição energética justa. Essas receitas desempenharam, e continuam a desempenhar, um papel-chave em relação às necessidades básicas dos

2 "Algeria: Facts & Stats", *Britannica*, [s.d.]

3 "Algeria GDP Per Capita", Trading Economics, [s.d.]. Disponível em: tradingeconomics.com/algeria/gdp-per-capita.

argelinos, desde alimentação até saúde e educação, e promovem padrões de vida melhores do que os de muitos países da região. Uma transição que comprometa os direitos das pessoas à alimentação, à saúde, à educação, aos meios de subsistência e ao desenvolvimento não pode ser considerada "justa". Ao mesmo tempo, agentes políticos poderosos capturam grande parte das receitas do petróleo e do gás e se beneficiam desproporcionalmente da atual economia extrativista (Hamouchene, 2019). Assim, há grandes obstáculos socioeconômicos, institucionais e políticos para viabilizar uma transição energética na Argélia. Para se distanciar de uma economia centrada na exportação de combustíveis fósseis, o país precisará empreender transformações sociais e econômicas dramáticas. Este capítulo realça as oportunidades, os desafios e as potenciais injustiças envolvidas em uma transição energética "verde" na Argélia.

Nos países do Sul Global que dependem da exportação de combustíveis fósseis, incluindo a Argélia, a redução das emissões de GEE ainda não ganhou prioridade sobre o desenvolvimento socioeconômico. Do ponto de vista da justiça, esses países têm sido historicamente prejudicados pelo colonialismo e não têm se beneficiado de forma significativa do desenvolvimento industrial; tampouco são historicamente responsáveis pelo aquecimento global. Ainda assim, são os mais afetados pelas mudanças climáticas e pelos efeitos atuais das diferentes formas de extrativismo predatório a que foram aprisionados. Em países como a Argélia, cuja economia foi alicerçada na exportação de commodities — como os combustíveis fósseis —, o fardo é duplo: os impactos diretos das mudanças climáticas e a necessidade de redução (e, ao final, eliminação) da extração de combustíveis fósseis.

Atores-chave no governo e no setor energético argelinos advogam a diversificação do sistema de energia, mas são motivados por preocupações econômicas, não ambientais. A transição defendida por essas elites busca principalmente uma diversificação econômica que liberte o país da dependência das receitas de combustíveis fósseis e proteja a economia nacional da volatilidade desses mercados. O desenvolvimento da energia verde tem sido mobilizado, até agora, pelo afã de sustentar o atual sistema rentista com a substituição dos combustíveis fósseis pelas receitas da exportação de energias renováveis.

Apesar de ter enfrentado várias crises nas últimas décadas, a Argélia conquistou a reputação de exportadora confiável e significativa de gás para a Europa, ocupando a terceira posição na lista dos maiores fornecedores do mercado europeu, atrás da Rússia e da Noruega. Em resposta à crise da Ucrânia, a Argélia se ofereceu para aumentar as exportações de gás para o continente. A estatal Sonatrach e a companhia de petróleo e gás italiana Eni, por exemplo, assinaram um contrato para bombear uma quantidade adicional de nove bilhões de metros cúbicos de gás argelino entre 2023 e 2024.[4] Como as atuais reservas do país não bastam para atender à demanda europeia durante o conflito na Ucrânia, pode haver pressão para que o governo explore e exporte recursos de gás não convencional ou, no mínimo, perfure novos poços. Mas, como a União Europeia pretende neutralizar suas emissões de carbono até 2050, o aumento na demanda de gás não será duradouro; ou seja, investir em novos recursos para atender à expansão da demanda europeia envolve um risco significativo de inércia (*lock-in*) e de ativos encalhados (Hill *et al.*, 2022).

Por outro lado, o consumo interno de gás na Argélia se vê diante de uma demanda em rápido crescimento e, possivelmente, de uma queda de produção (Aissaoui, 2016). Como consequência,

4 "ENI: Agreement with Sonatrach Up to 9 Billion Cubic Meters of Gas", *The Limited Times*, 11 abr. 2022.

as classes dominantes do país vêm buscando desenvolver energias renováveis para uso doméstico, a fim de proteger a capacidade futura de exportação de gás.

Além de economizar gás para exportação, o aumento da participação de renováveis na matriz energética também representaria um cenário atrativo para aqueles que hoje lucram com o sistema rentista. A curto e médio prazos, garantiria uma fonte contínua de receitas e, consequentemente, estabilidade política e econômica. No longo prazo, porém, essa não é uma opção realista: um número cada vez maior de pesquisadores e especialistas reconhece que o enfrentamento da crise climática exigirá que uma proporção significativa das reservas conhecidas de carvão, petróleo e gás permaneça inexplorada e que, com a Europa voltada para a neutralidade de carbono nas décadas vindouras — somada à aplicação de medidas de taxação de carbono —, os hidrocarbonetos argelinos não trarão retornos lucrativos. Ademais, uma transição energética com o objetivo de poupar gás para exportação apenas perpetuará o modelo econômico rentista e extrativista do país, que fracassou em entregar o prometido "progresso" e contribuirá para aprofundar ainda mais a crise climática, que já tende a ameaçar a própria existência da região.

No lugar da visão da elite para uma transição energética, a mudança para um sistema de energia sustentável deve ser acompanhada de transformações econômicas, sociais e ambientais de longo prazo e se fundar nos princípios de justiça social e econômica. É preciso melhorar a qualidade de vida dos trabalhadores e de suas famílias, oferecendo uma compensação justa e um equilíbrio respeitoso entre trabalho e vida, e criando um ambiente laboral saudável. Uma redistribuição justa dos recursos nacionais será um pilar importante para essa transição, já que hoje muitos argelinos simplesmente não se beneficiam da riqueza do país. Além disso, o empoderamento dos cidadãos para que decidam seu próprio futuro energético são uma forma necessária de democracia e deveria ser parte da transição.

Resumindo, precisamos desenvolver uma transição justa na Argélia que tenha o objetivo de reduzir emissões, proteger o meio ambiente, respeitar os direitos das pessoas aos recursos e a um mundo habitável e preservar os recursos naturais, incluindo água e terra, para as futuras gerações. Ela também deverá aprimorar a qualidade de vida dos argelinos com a promoção de justiça social e ambiental, a distribuição equitativa da riqueza e a democracia energética, e não apenas com a geração de receitas da exportação de energias renováveis. Para isso, as propostas de transição devem questionar como e por quem a energia é usada, e não apenas de onde ela provém.

As políticas climáticas e energéticas da Argélia

Em 1993, a Argélia ratificou a Convenção-Quadro das Nações Unidas sobre a Mudança do Clima (UNFCCC) e, em 2005, assinou o Protocolo de Quioto. Desde então, todos os planos socioeconômicos do país incluíram a mitigação das mudanças climáticas e medidas de adaptação (Sahnounea *et al.*, 2013). Até 2030, o governo argelino planeja reduzir suas emissões em 7% incondicionalmente, ou em 22% com o apoio da comunidade internacional.[5]

Uma ação estratégica para enfrentar as mudanças climáticas e promover o desenvolvimento sustentável no país pode atrair

5 "Contribution prévue déterminée au niveau national CPDN — Algérie", UNFCC, 3 set. 2015.

apoio financeiro internacional. Até o momento, esse apoio tem sido insuficiente em comparação com o suporte dado aos países vizinhos (Cerefe, 2020). Contudo, o financiamento da ação climática na Argélia vai além das questões técnicas de um plano de acesso ao dinheiro. Na ausência de compromissos nacionais e internacionais firmes para financiar uma transição energética, o abandono das indústrias do petróleo e do gás pela Argélia é incerto. Mas, se a ação climática global exigir que o petróleo argelino não seja extraído e exportado, e se concordarmos que o povo argelino não deve ser obrigado a pagar pela ação climática global, como as receitas atuais da exportação do petróleo e do gás serão substituídas, e quem arcará com isso?

Do mesmo modo, além dos compromissos internacionais já existentes quanto à exportação de combustíveis fósseis, as políticas climáticas receberam até hoje pouco apoio ou atenção institucionais na Argélia. Embora fundada em 2009, a Agência Nacional para as Mudanças Climáticas da Argélia (ANCC) continua a ter poucos e não possui força institucional. Ao mesmo tempo, mudanças organizacionais e frequentes remodelamentos de departamentos e ministérios causaram confusão e prejudicaram programas de trabalho de longo prazo. Em maio de 2015, por exemplo, uma alteração parcial no governo levou ao encerramento das tarefas relacionadas ao planejamento sustentável e à proteção do ambiente que vinham sendo realizadas pelo Ministério do Planejamento do Uso do Solo, do Ambiente e do Turismo. A questão ambiental foi subsequentemente atribuída ao Ministério dos Recursos Hídricos. Dois anos depois, foi criado o Ministério do Meio Ambiente e das Energias Renováveis, que passou a responder por esses temas (Kumetat, 2012). A seguir, em 2019, as responsabilidades pelas energias renováveis e pelo meio ambiente foram separadas, e um novo Ministério da Transição Energética e das Energias Renováveis passou a ser o

Figura 12.1. Produção energética primária da Argélia em quantidades percentuais

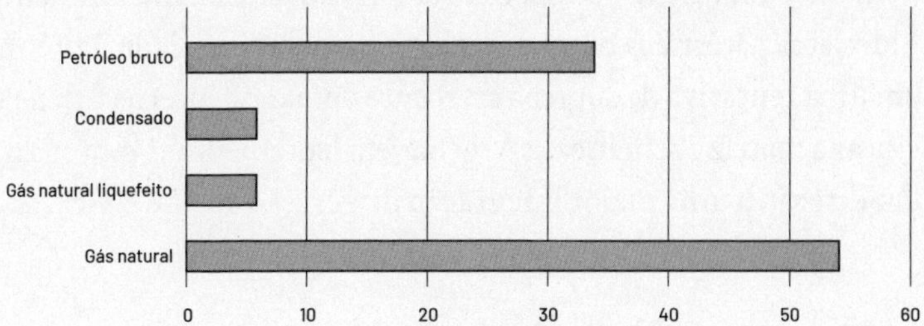

Fonte: Ministério da Energia e das Minas da Argélia, 2020.

único encarregado da transição. Naquele mesmo ano, o ministério responsável pelo meio ambiente lançou seu primeiro projeto relacionado à legislação climática, com o apoio da Agência Alemã de Cooperação Internacional (GIZ).

Após anos de implementação malsucedida de políticas de energias renováveis no contexto do desenvolvimento sustentável, o governo argelino agora se deu conta da importância da inclusão das estatais de petróleo, gás e eletricidade no processo. Sem os recursos financeiros da empresa nacional de petróleo, da Companhia Nacional para Pesquisa, Produção, Transporte, Processamento e Comercialização de Hidrocarbonetos (Sonatrach), da distribuidora estatal Companhia Nacional para Eletricidade e Gás (Sonelgaz) e da expertise técnica e de gerenciamento em energia, o Programa de Energias Renováveis e de Eficiência Energética 2015-2030 corria o risco de fracassar. Ciente desse fato, em 2020 o Ministério da Energia e das Minas lançou um novo Programa de Energias Renováveis 2020-2030.

A Argélia se vale primariamente do petróleo, dos produtos petrolíferos e do gás natural para atender a cerca de 98% da demanda doméstica de energia. Não há capacidade nuclear nem hidrelétrica, térmica ou de energias renováveis instalada. Porém, em uma tentativa de suprir a crescente demanda interna e diversificar a matriz energética, a Argélia vem lentamente se movendo em direção a uma maior integração da geração solar e eólica.[6]

O setor de energias renováveis na Argélia

A Argélia está bem posicionada geográfica e climaticamente para aproveitar as oportunidades de geração de energias renováveis. O país goza de duas mil a três mil horas de incidência solar por ano no deserto, que cobre 80% do território. Essa área inteira tem potencial para gerar mais de 169.400 terawatts-hora (TWh), cinco mil vezes o consumo nacional anual de eletricidade.[7] Devido à proximidade com os centros de importação europeus, à vastidão geográfica e à reputação de exportador energético confiável, os cenários de exportação de energia renovável também são bastante viáveis. As energias solar e eólica dominam o Programa Nacional de Energias Renováveis e Eficiência Energética, respondendo por 85% da capacidade total projetada até 2028 (Hamiti & Bouzadi-Daoud, 2021). O *Atlas Argelino de Recursos Energéticos Renováveis*, produzido pelo Centro para o Desenvolvimento de Energias Renováveis da Argélia (CDER), foi publicado pela

6 "Algeria", U.S. Energy Information Administration, [s.d.]. Disponível em: eia.gov.

7 "Algeria Looks to Solar Energy to Meet Growing Electricity Demand", *Fanack*, 8 mar. 2019.

primeira vez em 2019 com um conjunto de representações geográficas que exibem o potencial energético do país, no qual se incluem as energias solar, eólica e geotérmica e a bioenergia (Smai & Zahi, 2016).

Programa Nacional para o Desenvolvimento de Energias Renováveis e para a Eficiência Energética da Argélia (PNEREE)

Desde 2011, a Argélia vem lançando uma série de programas de energias renováveis, mas a contribuição desse tipo de energia para suprir a demanda doméstica ainda é pequena. Em 3 de fevereiro de 2011, o governo aprovou o primeiro Programa Nacional para o Desenvolvimento de Energias Renováveis e para a Eficiência Energética da Argélia (PNEREE), que tem como objetivo alcançar a capacidade de 22.000 MW produzidos por fontes renováveis até 2030 — desse total, 10.000 MW devem ser destinados à exportação. A meta é alcançar uma participação de 40% de energias renováveis na matriz total (Zahraoui *et al.*, 2021).

A atualização de 2015 para o PNEREE foi impulsionada, primariamente, por reduções significativas nos custos de investimento para a produção de eletricidade através de diversas fontes renováveis, em especial fotovoltaicas (FV). Como resultado, a porção correspondente à energia solar concentrada (CSP) foi reduzida para menos de um terço do planejado na versão anterior do programa (de 7.200 MW para 2.000 MW), e a participação da energia solar FV aumentou quase cinco vezes, passando de 2.800 MW para 13.575 MW (Cerefe, 2020).

Contudo, nem o programa de 2011 nem sua atualização de 2015 foram efetivamente implementados em um nível significativo. Em 2020, a Argélia só havia instalado cerca de 425 MW de energias renováveis, o que está muito longe da meta de 4.375 MW (Zahraoui *et al.*, 2021). Os obstáculos envolvem a falta de coordenação na execução do PNEREE (incluindo sua atualização de 2015), de monitoramento e avaliação e, mais significativamente, de compromissos políticos sérios com a transição energética.

O Programa Nacional de Transição Energética de 2020

Depois do fracasso em alcançar os alvos estabelecidos para o programa 2015-2030, o governo reiterou, em 2019, a determinação em tirar o atraso no setor de energias renováveis. De acordo com o Programa Nacional de Transição Energética de 2020, a Argélia pretende gerar 16.000 MW de energia solar FV até 2035. O Ministério da Energia alega que esse alvo é um degrau decisivo para a transição energética da Argélia. O planejado é que usinas FV conectadas à rede elétrica nacional gerem 15.000 MW até 2035; a primeira leva de 4.000 MW deve ser concluída até 2024, e espera-se que os 11.000 MW restantes sejam implementados até 2030. Para que isso se torne realidade, o projeto Tafouk I foi anunciado em maio de 2020, com o objetivo de gerar 4.000 MW de capacidade solar FV (Cerefe, 2020).

Desenvolvimentos recentes no setor de energias renováveis

Para colocar em prática o plano de produção de energias renováveis, a nova Sociedade Argelina de Energias Renováveis (Shaems), uma *joint venture* entre duas empresas públicas, Sonatrach e Sonelgaz, foi convocada pelo ministro da Transição Energética e das Energias Renováveis para realizar as licitações necessárias. A Shaems também investirá em cada uma das companhias, seja

Figura 12.2. Consumo energético final da Argélia em quantidades percentuais

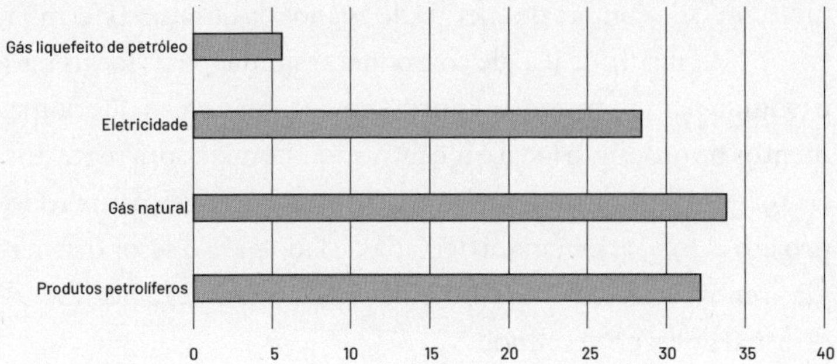

Fonte: Ministério da Energia e das Minas da Argélia, 2020.

Figura 12.3. Exportações energéticas primárias da Argélia em quantidades percentuais

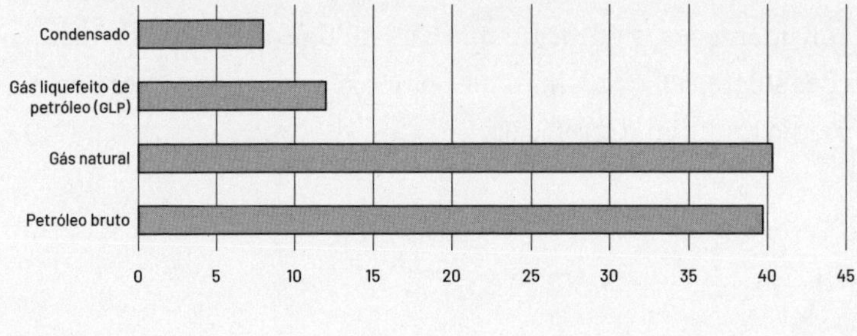

Fonte: Ministério da Energia e das Minas da Argélia, 2020.

por conta própria, seja em parceria com outras entidades públicas e privadas. Caso seja bem-sucedida, a licitação resultará em um acordo de compra de energia de 25 anos de duração (Herman, 2022). A cláusula de uso de componentes industriais locais não é exigida para as propostas apresentadas, mas o uso de equipamentos de produção local é incentivado. Além disso, a regra dos 51/49, que limita a parte de investimentos estrangeiros em todo projeto a 49%, também foi deixada de lado para o setor de energias renováveis, em uma confirmação da orientação neoliberal do atual governo argelino.

Desafios e barreiras à transição energética na Argélia

O primeiro obstáculo no caminho da exploração da enorme capacidade solar da Argélia é a distância entre os pontos de oferta e demanda. Os centros de demanda estão situados ao norte, onde a densidade urbana impede a criação de projetos gigantescos. Os polos de oferta se encontram no Saara, na metade sul do país, onde a irradiação solar e o espaço geográfico são abundantes. Somados, o isolamento e as condições climáticas, entre outras considerações, significam que o custo da construção de instalações solares FV é 30% mais alto na Argélia na comparação com a média mundial (Cerefe, 2020).

Superar barreiras à governança rumo à democracia energética

A falta de uma estratégia energética de longo prazo é uma das principais barreiras à governança que se põem no caminho da transição energética: as iniciativas de energias renováveis são ineficientes, fragmentárias e descoordenadas. O setor energético da Argélia tem sido lento em se adaptar à crítica necessidade mundial de energias renováveis impulsionada pelas mudanças climáticas. Como mencionado, a Argélia anunciou planos ambiciosos, mas pouco foi alcançado devido à má gestão, à falta de uma estratégia unificada e à vontade política insuficente. Embora as políticas e os regulamentos energéticos do setor sejam inspirados por suas equivalentes em jurisdições estrangeiras, ou geradas domesticamente, em ambos os casos sua implementação é impedida pela burocracia e pela corrupção.

O setor de energia é centralizado em Argel e encabeçado pelos ministérios da Energia e das Minas, e por Sonatrach e Sonelgaz, que detêm o monopólio sobre o petróleo/gás e a eletricidade. Nesse sistema de governança centralizado e altamente autoritário, imposto de cima para baixo, as ideias vindas da base dificilmente são ouvidas e acatadas. Em acréscimo, a Argélia adota um modelo republicano de governança, o que significa que o órgão eleito é a única autoridade tomadora de decisões — trata-se de um tipo de organização de cima para baixo, em que as inovações em políticas de nível local continuam a ser raridade, e é o presidente que indica os governadores das províncias. Como a sociedade civil é fraca e fragmentada, com pouco interesse por questões climáticas e energéticas, a pauta da indústria dos combustíveis fósseis fica, em grande medida, imune à influência da ação popular. Existe, assim, a necessidade de adotar uma abordagem mais flexível, participativa e transparente para as políticas públicas, de modo que os argelinos possam participar das discussões e oferecer soluções para os problemas energéticos do país. Além disso, a inclusão de indivíduos nas decisões fortaleceria o senso de propriedade em relação aos ativos energéticos públicos, o que poderia levar a uma mudança no comportamento da população rumo a atitudes mais responsáveis e voltadas para soluções. Reconstruir a confiança entre o governo e a população com aumento do acesso, prestações de contas e, mais significativamente, respeito às decisões dos cidadãos seria um primeiro passo rumo à democracia energética na Argélia. Alternativas mais descentralizadas podem oferecer às pessoas o poder de escolher como gerar, consumir e comercializar a energia, e, ao mesmo tempo, preservar o papel fundamental do Estado como administrador, controlador e legislador.

A Argélia sofre de uma escassez hídrica aguda que, ao lado de outras consequências, como o risco de colapso da agricultura e de expulsão de comunidades locais, ameaça a segurança alimentar do país. Em agosto de 2021, por exemplo, incêndios florestais enormes queimaram dezenas de milhares de hectares de matas no norte argelino e mataram ao menos noventa pessoas. Contudo, apesar dos impactos catastróficos evidentes das mudanças climáticas nos últimos anos, o tema raramente é abordado nos planos energéticos e ambientais, em parte devido à fraqueza institucional do Ministério do Meio Ambiente. Há, portanto, uma necessidade urgente de incluir a variável climática nas políticas e nos cenários energéticos futuros.[8]

8 "En Algerie, les incendies qui ont ravagé la Kabylie sont éteints", *Le Monde*, 18 ago. 2021.

Financiando a transição energética

Mesmo com a significativa queda no custo das tecnologias solares e eólicas, os projetos de energias renováveis continuam a depender de muito capital. O financiamento da transição é um enorme desafio para a Argélia. Três opções parecem estar disponíveis: recursos públicos, recursos privados domésticos e investimento estrangeiro direto.

No atual contexto de crise econômica, os recursos públicos são cada vez mais solicitados a enfrentar as insatisfações socioeconômicas mais urgentes; por isso, no curto prazo, só podem dar apoio limitado à transição. Mas um exame mais detalhado da posição econômica do país durante as últimas duas décadas revela que, além da corrupção arraigada, houve um desperdício enorme e uma má administração das finanças públicas. Para que haja alguma forma de transição energética significativa e justa na Argélia, o Estado precisa ser democratizado, e a corrupção endêmica, extirpada. O Estado também deve desempenhar um papel maior na transição, aplicar mais recursos públicos e defender um financiamento climático significativo no palco internacional. Adicionalmente, é importante lembrar que, quando os preços do petróleo sobem, abre-se a possibilidade de estabelecer fundos soberanos, capazes de financiar nacionalmente a modernização dos sistemas de energia.

Vias importantes adicionais de financiamento, como os fundos de reparação climática e o pagamento da dívida ecológica pelo Norte Global, poderiam ser eficazes no auxílio à concretização de uma transição energética justa para a Argélia em meio às economias dependentes do petróleo do Sul Global. No entanto, há dúvidas quanto à probabilidade de que isso aconteça. A título de exemplo, ainda que o compromisso de enviar 8,5 bilhões de dólares para apoiar eliminação progressiva do carvão na África do Sul tenha sido firmado em 2021 durante a COP26,[9] isso infelizmente ainda não ocorreu. Mesmo assim, não há como falar em transição energética justa sem pautar o pagamento das dívidas e das reparações climáticas dos países do Norte aos países do Sul — e não com empréstimos, mas com transferência direta de riqueza. Não se trata apenas de um imperativo ético ou moral; é uma responsabilidade histórica. O Ocidente industrializado deve pagar o que lhe cabe para ajudar na adoção de planos e transições verdes nos países mais pobres, que, menos responsáveis pelas mudanças climáticas, são muitas vezes mais vulneráveis a elas. Infelizmente, os processos atuais não permitem esse tipo de assistência a países de renda média e produtores de petróleo, como a Argélia, pois são priorizadas as nações com questões energéticas mais complicadas, como problemas de acesso à energia limpa. Isso reflete como as políticas climáticas internacionais ainda estão presas à estrutura de "auxílio e desenvolvimento", que falha em perceber a necessidade real de que as reservas de gás e petróleo existentes sejam mantidas no subsolo e o que isso implica em termos de perdas significativas de receitas. A interrupção da extração exigirá políticas redistributivas globais que enfrentem diretamente as necessidades dos países exportadores de petróleo, incluindo os de renda média como a Argélia.

Quanto à situação doméstica, a Argélia enfrenta hoje uma falta de vontade política para o financiamento da transição energética. Um fundo especial, por exemplo, foi estabelecido em 2015 para financiar programas de energias renováveis, mas acabou não sendo efetivamente utilizado devido à ausência de um decreto executivo que regulamentasse o emprego de seus

9 "COP26: Western Nations Pledge USD 8.5 Billion for South African Coal Phase-Out", *S&P Global*, 3 nov. 2021.

recursos. As políticas de soberania do país proíbem o endividamento externo e limitam o financiamento internacional em setores vitais e estratégicos, como a energia, a 49%, em comparação com os 51% reservados aos parceiros argelinos. Contudo, sob pressão dos lobbies capitalistas de energia locais e globais, que afirmam que a estrutura regulatória "insegura" e "rígida" do país desestimula o investimento estrangeiro, o critério mínimo de soberania de 49/51 foi deixado de lado para os projetos de energias renováveis. A classe de investidores privados da Argélia, composta essencialmente por fundos familiares, prefere participar de projetos com retornos rápidos, nos quais logo recuperam seus capitais — ao contrário dos projetos de energias renováveis, cujos investimentos levam bastante tempo para se pagar. Além disso, após uma década de promessas vazias e compromissos rompidos, investidores na Argélia perderam a confiança nos projetos de energias renováveis. Desde que o PNEREE foi anunciado em 2011, alguns investidores privados vêm, no entanto, trabalhando para estabelecer uma cadeia de valor solar FV para auxiliar o programa.[10]

Apesar das declarações grandiloquentes das elites políticas argelinas sobre a implementação de projetos de energias renováveis, muito pouco foi alcançado em termos de investimentos para a transição energética. Ao mesmo tempo, o país perdeu a oportunidade crucial — oferecida pela bonança de 2004-2014, quando os preços do petróleo e do gás subiram muito — de usar essas receitas significativas para industrializar e diversificar a economia, embarcar em uma transição energética sólida e criar empregos "verdes". Em vez disso, os superlucros auferidos durante esse período foram sugados por uma elite predatória e corrupta (Hamouchene & Rouabah, 2016).

10 "Nos Membres", Cluster Solaire, [s.d.].

Por fim, uma via proveitosa que pode ser seguida pela Argélia é a das estratégias que estimulem os cidadãos a investir em pequenos projetos de energia de base comunitária e em projetos locais integrados. Essa forma de democracia energética direta pode oferecer uma oportunidade para a criação de empregos e o empoderamento da comunidade.

Expertise e barreiras tecnológicas

A Argélia não possui expertise em tecnologias "verdes"; sua experiência histórica se concentra nas tecnologias de petróleo e gás. Isso se deve, em especial, à falta de interesse político nas tecnologias "verdes" que tem sido demonstrada nos últimos anos, assim como à desindustrialização da economia argelina desde os anos 1980, quando começaram as reformas neoliberais. O processo de liberalização e a transição para a economia de mercado foram acompanhados pela eliminação de conhecimentos tanto teóricos quanto práticos na indústria, o que culminou com o encerramento de institutos especializados em setores-chave, como energético, siderúrgico e têxtil.

Após uma campanha contra a educação secundária técnica, os ramos industriais que vinham contribuindo havia décadas para a capacitação de engenheiros e tecnólogos foram fechados (Hamouchene, 2013). O número de especialistas disponíveis para apoiar o programa de transição energética, sobretudo no que diz respeito a energias renováveis, eficiência energética e todas as atividades econômicas e industriais relacionadas, ainda está muito aquém da massa crítica necessária (Cerefe, 2020). Há uma necessidade, portanto, de mais pesquisa aplicada e mais treinamento prático. A Argélia precisa receber transferências de tecnologia e de expertise gerencial provenientes das nações que vêm conseguindo gerenciar a transição com eficiência. Uma cooperação como essa deve se voltar à construção de capacidades humanas e materiais. Isso exigirá a superação das atuais fronteiras tecnológicas monopolizadas e do regime de propriedade intelectual aplicados pelos acordos de livre-comércio e pelas instituições financeiras internacionais.

Um dos aspectos mais difíceis de qualquer transição energética no Sul Global é o estabelecimento do controle sobre a tecnologia (transferência de tecnologia) e a industrialização — etapas necessárias para alcançar o nível de integração econômica exigido para o desenvolvimento de uma vicejante economia "verde" e com empregos "verdes". Isso requer uma mudança de paradigma que se afaste do neoliberalismo e vá em direção a envolvimento e investimento estatais maiores, assim como algum grau de financiamento climático pelos países mais desenvolvidos.

A aplicação de uma política pública de conteúdo nacional é determinante para promover um setor de energias renováveis sólido e autônomo na Argélia. É neceessário obrigar as empresas que operam no país a usarem bens e serviços produzidos ou fornecidos em âmbito doméstico. Os licitantes escolhidos para a implementação de projetos de energias renováveis devem desempenhar seu papel em uma estratégia industrial para desenvolver nacionalmente os componentes da energia solar, que precisa se voltar à criação de uma economia local de energia solar e, ao mesmo tempo, à diminuição dos custos dos projetos, ao evitar gastos com materiais importados (Richoufftz, 2021). Ainda que beneficie a economia local e, mais particularmente, o mercado de trabalho, a implementação dessa estratégia na Argélia será extremamente desafiadora, já que a cadeia de valor industrial local ainda não está de todo formada: ela é ainda muito incipiente, e boa parte da produção local não atende aos padrões internacionais. Nesse contexto, investidores externos fazem lobby hoje para a abolição da exigência de uso de componentes locais, já que a consideram uma barreira aos investimentos que impede a geração de grandes lucros. No entanto, embora o abandono de medidas como essa talvez atraísse mais financiamento e impulsionasse o setor de energia, isso não beneficiaria a economia, a indústria e o mercado de trabalho argelinos. Desse modo, é crucial olharmos para soluções efetivas para criar e aprimorar tecnologia e expertise de um modo que não se restrinja ao regime de propriedade intelectual e aos monopólios de tecnologia ocidentais, e que se insiram em parcerias mutuamente benéficas com países do Sul Global como a China.

O acesso à energia e a questão dos subsídios

O mercado de energia da Argélia ainda é dominado pelo governo. Mas o modelo econômico insustentável e a má administração da distribuidora estatal levaram a apelos pela privatização e pelo fim dos subsídios. Para se adaptar às mudanças drásticas na paisagem energética, a distribuidora Sonelgaz precisa adotar reformas técnicas, administrativas e financeiras que a tornem economicamente viável, auditável e transparente. Além disso, uma reforma de subsídios progressivos também é imperativa.

Hoje, a eletricidade é altamente subsidiada na Argélia. Usuários residenciais pagam o equivalente a 0,038 dólar por kWh — isto é, um sétimo do preço pago no Reino Unido —, enquanto estabelecimentos comerciais pagam 0,033 dólar (El-Katiri & Fattouh, 2017). Esses preços baixos, que correspondem a cerca de um terço dos custos de produção, são viabilizados pelos subsídios. Por meio deles, o país beneficia indiretamente os combustíveis fósseis, pois a eletricidade argelina provém principalmente dessas fontes. Infelizmente, ao lado do regressivo sistema tributário da Argélia, tais subsídios não beneficiam as classes mais necessitadas no mesmo grau em que enriquecem os estabelecimentos comerciais e os capitalistas do país. Assim, uma reforma de subsídios justa é um imperativo político e econômico. Essa reforma precisa ser progressiva: não deve incluir as classes e os grupos capitalistas mais ricos (que, com ela, aumentariam seus lucros); em vez disso, deve buscar aliviar as provações que afetam os mais vulneráveis da sociedade (Gould & Adam, 2020).

A Argélia enfrenta hoje uma dupla crise socioeconômica e política. O Hirak, um movimento de protestos de massa que começou em fevereiro de 2019 e durou mais de um ano, foi uma contestação política séria ao regime argelino. Somadas às repercussões econômicas muito negativas da pandemia de covid-19, as mobilizações fizeram com que toda e qualquer medida de eliminação dos subsídios à energia seja politicamente insustentável no futuro próximo, além de injusta para os milhões de argelinos depauperados nos últimos anos.

Em resposta à queda dos preços globais do petróleo em 2020 — que, segundo estimativas do Fundo Monetário Internacional (FMI), encolheria a economia em 6% e derrubaria as reservas externas do país de 62 bilhões para 47 bilhões de dólares[11] —, o governo impôs um corte de 30% nos gastos sociais. Apesar disso, o país sofreu um déficit orçamentário significativo, que chegou a 18,4% do PIB em 2021 (Ozili, 2020). Além do aumento nos níveis de pobreza, centenas de milhares de postos de trabalho foram fechados, inclusive no precário setor informal. De acordo com dados do governo, quinhentos mil empregos foram perdidos só em 2020.[12] Enquanto este texto é escrito, a economia argelina

11 "Algeria on the Brink as Pandemic and Low Oil Price Take Their Toll", *Financial Times*, 14 jun. 2021.

12 "Impact de la pandémie en Algérie: Plus de 500.000 emplois perdus", *Algerie Eco*, 22 jun. 2021; "Where We Work", Algeria

ainda está sob tensão, mesmo que a guerra na Ucrânia possa se mostrar uma bênção para os governantes, já que os preços do petróleo e do gás disparam mais uma vez.

A integração da eletricidade renovável aos esquemas de subsídios governamentais pode ser uma opção para incentivar a implementação das energias renováveis. Contudo, o atual paradigma global de políticas neoliberais se mostrou ineficiente em desestimular aos combustíveis fósseis via modelo de precificação do carbono e encorajamento de investimentos de baixo carbono com uso de subsídios e estruturas contratuais favoráveis. Esse paradigma de políticas públicas vê os governos como guardiães do capital dos agentes privados, o que os proíbe de enfrentar desafios sociais e ambientais. Com seus enormes déficits orçamentários e ineficiência tecnológica, as abordagens privatizadoras de mercado fracassaram até o momento em promover a transição energética tão essencial para a Argélia (Angel & Burke, 2021). O que é efetivamente necessário é um forte compromisso político com a transição dentro do setor público de energia da Argélia, com a inserção controlada de agentes do setor privado ao lado de uma governança mais transparente e democrática para as empresas estatais.

...

Overview, Banco Mundial, [s.d.]. Disponível em: worldbank.org/en/country/algeria/overview.

A necessidade urgente de uma transição energética justa na Argélia

O boom do petróleo dos anos 2000 melhorou o equilíbrio fiscal do país e permitiu investimentos maciços. Mas a queda abrupta nos preços a partir de junho de 2014, e durante a pandemia de covid-19 — ainda que agora revertida por causa da invasão da Ucrânia pela Rússia —, lançou dúvidas sobre a estratégia econômica e energética da Argélia. As receitas de exportação cobriram apenas 67% das importações totais em 2015, enquanto o Fundo de Regulação de Receitas e as reservas cambiais permanecem em queda constante, passando de 121,9 bilhões de dólares em outubro de 2016 para 42 bilhões de dólares em março de 2021 (Serrano, 2022).

A economia argelina é vulnerável a flutuações nos mercados internacionais em função de sua dependência excessiva de receitas de hidrocarbonetos, incapazes de oferecer uma fundação sólida para planos econômicos de longo prazo. Essa instabilidade é realçada pelo desempenho econômico recente, marcado por desacelerações e retomadas. A pandemia exacerbou a crise econômica já existente e, ao levar a um déficit orçamentário crescente, à contração econômica e à redução dos gastos públicos, se mostrou uma ameaça adicional para a construção de uma economia diversificada e a implementação de uma transição energética. Tudo isso resultou em dificuldades para encontrar dinheiro a fim de custear a transição. Após esses apuros, no entanto, os preços do petróleo dispararam no quarto trimestre de 2021, na sequência da recuperação econômica pós-covid: o petróleo bruto Brent custou, em média, 71 dólares por barril em 2021 (com um pico de 86 dólares) depois de começar o ano em 50 dólares por barril. As receitas de exportação de hidrocarbonetos aumentaram de 20 bilhões para 34,5 bilhões de dólares no mesmo período. A invasão da Ucrânia elevou ainda mais o preço do petróleo, e, por um breve período, no início da guerra, o barril de Brent ultrapassou 123 dólares (Akrofi & Antwi, 2020).

Ainda que essas notícias possam parecer alvissareiras para os governantes da Argélia, esses preços mais altos podem ser um empecilho para uma transição "verde", já que têm o potencial de entrincheirar a mentalidade extrativista e rentista e intensificar a perfuração de combustíveis fósseis, sobretudo no contexto atual, em que a União Europeia pretende diversificar os fornecedores para pôr fim à dependência do gás russo.[13] Há alguns sinais preocupantes de que é mesmo essa a direção tomada pelas classes dominantes argelinas: como já dissemos, elas concordaram em bombear mais gás para a Itália e agora consideram a perfuração e a exploração de novos campos com a ajuda de países e companhias da Europa.[14]

As necessidades de longo prazo do país precisam de uma transformação rápida e de uma transição dupla, tanto econômica quanto energética. A transição econômica envolve o distanciamento de uma economia essencialmente baseada em combustíveis fósseis e o movimento em direção a uma economia mais diversificada, fundada em atividades industriais e agrícolas sustentáveis, assim como a passagem da condição de importador líquido de produtos para a de produtor industrializado. A transição energética, por outro lado, envolve uma mudança para longe da queima de combustíveis fósseis e na direção do uso de vetores energéticos mais sustentáveis por meio do desenvolvimento de tecnologias

13 "REPowerEU: Affordable, Secure and Sustainable Energy for Europe", Comissão Europeia, maio 2022.

14 "Könnten Sie morgen Gas nach Deutschland liefern, Herr Arkab?", *Der Spiegel*, 19 jun. 2022.

"verdes", além de uma análise de como e por quem a energia deve ser usada para maximizar a justiça social e o bem-estar.

De acordo com o roteiro de carbono zero para 2050 da Agência Internacional de Energia (AIE), a descarbonização nos termos do Acordo de Paris não permite investimentos em novos campos de petróleo e gás. Em vista da situação atual, a estimativa é de que até 2030 os países tenham extrapolado mais de 20% das emissões máximas caso se pretenda manter a meta de limitar o aumento da temperatura a 1,5 °C. Além disso, as empresas petrolíferas controlam trilhões de dólares em ativos que, de acordo com o IPCC, jamais deverão queimados caso os seres humanos pretendam continuar a sobreviver neste planeta. Vários riscos ocultos no negócio petrolífero se tornam agora cada vez mais aparentes aos investidores privados e às instituições financeiras públicas. A estabilização dos preços, a eliminação gradual da produção e a busca por mais mercadorias alternativas, como os hidrogênios "azul" e "verde", são, assim, os maiores imperativos para os produtores de hidrocarbonetos.

A urgência da crise climática demanda a participação das indústrias do petróleo e do gás, de governos e de instituições financeiras, além do envolvimento ativo dos trabalhadores e dos sindicatos na tomada de decisões firmes e na fixação de compromissos fortes para que sejam postas em ação. O desenvolvimento do — e o apoio ao — setor de hidrocarbonetos precisa acabar, com uma estratégia rápida, mas equânime, para o encerramento gradual da produção petrolífera, tanto a já existente quanto a planejada, enquanto, ao mesmo tempo, países, comunidades e trabalhadores dependentes do petróleo ao redor do mundo são auxiliados em uma transição suave (Muttitt & Kartha, 2020).

Infelizmente, não está claro se a Argélia planeja desativar progressivamente sua produção petrolífera no futuro próximo. Como indicado, devido à demanda europeia crescente, o país busca hoje desenvolver ainda mais a indústria petrolífera, atraindo investidores para explorar novos campos de petróleo e gás. Essa estratégia aumenta o risco de inércia (*lock-in*) e de ativos encalhados no país, e traz a tiracolo o perigo de que uma queda caótica na demanda por petróleo acarrete um colapso econômico na Argélia, dada sua dependência total frente às exportações de combustíveis fósseis. Um colapso desse tipo envolveria uma perda de recursos governamentais para os serviços públicos, uma queda nos produtos essenciais subsidiados, um enfraquecimento (senão uma quebradeira completa) das empresas estatais e, como consequência, a privatização, que seria uma porta de entrada para o capitalismo neoliberal e o neocolonialismo. Poucos argelinos têm condições de viver decentemente diante de efeitos tão extremos.

Devido à guerra da Rússia na Ucrânia, a oportunidade atual apresentada pelo aumento nos preços do petróleo oferece um bom momento para comprometer recursos significativos que se destinem à implementação das energias renováveis e da transição energética na Argélia. O governo deve priorizar imediatamente a transição energética e a diversificação econômica, a fim de proteger a soberania nacional e oferecer um futuro seguro para os argelinos no longo prazo. Isso precisa ser acompanhado por subvenções climáticas pagas pelo Norte global como parte de um esforço de reparação para ajudar a Argélia a se adaptar aos impactos das mudanças climáticas e transicionar para as energias renováveis. Ao olharmos mais adiante, a exportação de hidrogênio "verde" e de outras energias renováveis pode permitir que o país mantenha sua posição como fornecedor confiável de energia na era pós-hidrocarbonetos. Esse cenário só será viável caso as energias renováveis assumam uma participação muito maior na matriz energética do país. De outro modo, o crescimento de infraestruturas dedicadas exclusivamente à produção de hidrogênio para a exportação, por exemplo, impedirá a transformação do país, exacerbará seus problemas energéticos e perpetuará sua posição subordinada no interior da economia global.

Vários instrumentos de políticas públicas podem ser adotados para gerir uma eliminação gradual justa do petróleo e do gás na Argélia (Brauers & Fenner, 2022). O governo argelino deve desenvolver ferramentas de políticas públicas de baixo para cima que protejam os trabalhadores, suas famílias e as comunidades que venham a ser afetadas pela desativação das indústrias do petróleo e do gás. Uma entidade pública deverá ser criada para identificar trabalhadores e comunidades diretamente prejudicados pela transição. Assistência financeira, requalificação e reinserção no mercado de energia "verde" serão necessárias. Precisaremos de programas de qualificação que permitam aos trabalhadores afetados acessar novas oportunidades no mercado de trabalho.

A proteção de comunidades contra os impactos negativos da transição energética exige governança democrática e mais mecanismos participativos de baixo para cima. A educação do público nas escolas, mesquitas e em vários canais educativos e religiosos quanto aos perigos das mudanças climáticas e à necessidade de uma transição energética seria útil para estimular uma atitude mais responsável. Com o auxílio do movimento internacional por justiça climática global, é preciso mobilizar a juventude e criar solidariedade em meio às comunidades argelinas que resistem e se adaptam às mudanças climáticas. O estabelecimento de comissões de base e de um ministério dedicado à gestão da transição justa pode ser uma estratégia eficiente. O aprendizado com outras experiências ao redor do mundo será imprescindível: a eliminação gradual do carvão em várias nações oferece lições valiosas para gerir de forma justa a desativação do petróleo e do gás (Brauers & Fenner, 2022). Essas experiências mostram a importância das seguintes medidas:

- estabelecer metas ambiciosas, que sejam consistentes com o Acordo de Paris por meio de um processo claro, com diferentes mecanismos de financiamento, implementação e cooperação energética, e o esclarecimento do cronograma necessário para a inserção das recomendações na legislação;
- adotar uma abordagem inclusiva, com representação de mulheres, jovens e minorias;
- manter um equilíbrio de poder entre vários agentes e reconhecer a centralidade das reivindicações de direitos humanos, incluindo o direito das pessoas à energia, à subsistência decente e a um meio ambiente habitável, mas também dos direitos à terra e aos recursos naturais das comunidades que possam ser afetadas pelos projetos renováveis;
- garantir estruturas decisórias e de processos institucionais transparentes, ao lado da oferta de oportunidades para deliberações confidenciais;
- considerar mudanças estruturais, e não apenas um enfoque limitado às implicações econômicas. É importante identificar e envolver as comunidades afetadas e considerar as implicações de gênero até então ignoradas de uma desativação gradual do petróleo e do gás;
- enfatizar a relevância de políticas climáticas ambiciosas e o compromisso do governo com a concretização de uma transição justa, dando assistência às regiões e comunidades afetadas;
- mobilizar auxílios financeiros, técnicos e gerenciais estrangeiros para apoiar uma transição justa que não deixe ninguém para trás.

Por fim, para que a viabilidade de seus negócios seja assegurada no longo prazo, a petrolífera estatal Sonatrach deve conduzir uma análise abrangente de riscos para todos os futuros investimentos em petróleo, além de considerar com seriedade as oportunidades de negócios com energias renováveis.

Conclusão

A situação e as preocupações da Argélia refletem as de vários outros países ricos em petróleo e gás quando confrontados com a necessidade da transição energética global. A Argélia desperdiçou diversas oportunidades de embarcar em uma transição energética devido à má vontade da elite dominante em priorizá-la. Na atual crise econômica global, o país sofrerá para financiar uma transição energética e, ao mesmo tempo, evitar a degradação das condições socioeconômicas, inclusive através da manutenção da oferta de eletricidade subsidiada para a população. Com efeito, a paz social depende de energia a baixo custo.

Em acréscimo a essas questões domésticas, a transição energética global pode impor um desgaste extra ao país. Além do impacto direto sobre a estatal de petróleo e gás, seus empregados e suas famílias, uma transformação na energia global pode levar a uma queda nas receitas das exportações de petróleo, ao colapso econômico e à destituição de vários argelinos.

As tendências de uma transição energética global neocolonial, particularmente as das políticas de exportação "verde" centradas na União Europeia, se voltam, sobretudo, ao apoio de uma transição em nível europeu à custa de recursos baratos e do trabalho subvalorizado do Sul Global. Priorizar as exportações de energias renováveis e de hidrogênio "verde", por exemplo, impediria a transição argelina, já que uma estratégia voltada para isso teria então precedência sobre o enfrentamento dos desafios energéticos e econômicos locais. Caso os recursos limitados alocados para a transição energética da Argélia sejam usados para construir e/ou renovar a infraestrutura de exportação, isso bloqueará a capacidade do país de atender a suas demandas locais de transformação energética. Em vez de se concentrar nas exportações, seria mais lógico e justo priorizar as necessidades locais de transição — em oposição, por exemplo, à exportação de hidrogênio "verde" acompanhada do consumo doméstico de combustíveis fósseis.

Uma transição justa exige ir além da adoção de tecnologias "verdes". É preciso assegurar a proteção aos empregados do petróleo e do gás e a suas famílias, assim como fornecer as requalificações necessárias para que essas pessoas sejam integradas ao mercado de trabalho "verde". Também exige a garantia de acesso barato e confiável à energia para todos e uma regeneração de todas as consequências negativas do extrativismo sobre a economia, a sociedade, a política e o meio ambiente. Para evitar que a transição seja apenas a passagem do extrativismo fóssil "marrom" para o extrativismo renovável "verde", é ainda mais importante proteger os direitos à terra e aos recursos das comunidades que vivem próximas a centros de energias renováveis.

Ainda que o envolvimento do setor público na transição energética tenha de ser consolidado, suas instituições também devem ser mais bem administradas, transparentes e auditáveis. Em última instância, precisamos de políticas e mecanismos melhores no que se refere à distribuição equilibrada da riqueza nacional e ao estreitamento do fosso entre as classes sociais, assim como de um setor de energia mais democratizado que permita aos argelinos participar ativamente da determinação de seu próprio futuro e da descoberta de soluções genuínas para seus problemas energéticos. Acima de tudo, a Argélia deve se comprometer com as iniciativas climáticas e estabelecer metas elevadas de redução de emissões, além de rejeitar todo e qualquer investimento futuro que não seja compatível com o Acordo de Paris. A partir daí, o próximo passo deverá ser a preparação detalhada da eliminação gradual do uso de combustíveis fósseis e uma descarbonização progressiva do setor de energia. Para evitar um colapso dramático da economia argelina, uma desativação progressiva, planejada e justa da indústria de combustíveis fósseis exigirá cooperação internacional. Por último, mas não menos importante, a comunicação pública eficaz quanto a questões atuais e futuras e aos riscos econômicos que confrontam o setor de petróleo e gás deverá promover a predisposição dos trabalhadores argelinos a aceitar e cooperar com as medidas necessárias à atenuação dos riscos econômicos envolvidos na transição energética.

Christian Henderson é professor-assistente de relações internacionais e estudos modernos do Oriente Médio na Universidade de Leiden, Países Baixos. Sua pesquisa é dedicada aos sistemas alimentares nos Estados do Golfo e à ecologia política do Oriente Médio e da África do Norte. É doutor em estudos do desenvolvimento pela Escola de Estudos Orientais e Africanos da Universidade de Londres. Tem trabalhos publicados em *The Journal of Peasant Studies*, *Environment and Planning A*, *Globalizations* e *New Political Economy*.

Transições injustas: o papel dos Estados do Golfo na "virada sustentável" no Oriente Médio e na África do Norte

13

Christian Henderson

Nos últimos anos, a capacidade dos Estados do Golfo de lidar com as mudanças climáticas tem sido tema de especulação na mídia ocidental. Em alguns casos, a própria sobrevivência desses países é colocada em dúvida. De acordo com um artigo do *Guardian*, do Reino Unido, a região tende a enfrentar um "apocalipse" no futuro próximo como resultado do aumento das temperaturas e do nível dos oceanos.[1] O texto esboça o retrato de Estados moldados por ambientes hostis, com sociedades frágeis que serão levadas ao limite — ou para além dele — pela crise climática. O jornal também insinua que um declínio na demanda de petróleo e gás será uma causa adicional para a derrocada dos Estados do Golfo devido à dependência da exportação de hidrocarbonetos.

Além do tom dramático, reportagens desse tipo demonstram graves insuficiências analíticas, e tendem a considerar os Estados do Golfo como agentes passivos na política das mudanças climáticas. Em vez de uma fonte de poder, seu controle de 30% a 40% das reservas de petróleo confirmadas é retratado como vulne-

1 "'Apocalypse Soon': Reluctant Middle East Forced to Open Eyes to Climate Crisis", *The Guardian*, 29 out. 2021.

rabilidade, com a noção implícita de que o aumento no uso de energias renováveis significará que esses países se tornarão supérfluos à medida que a economia global transicione para formas de energia "verde". Com base na percepção de algumas condições ambientais e climáticas compartilhadas, essa perspectiva também supõe que a região do Golfo está no mesmo barco de outras partes do Oriente Médio e da África do Norte (Mena) quanto às ameaças da crise climática e aos desafios da transição energética.

Este capítulo contradiz esses pressupostos ao mostrar como, mais do que meros produtores impotentes, os países do Golfo estão trabalhando para garantir sua permanência no âmago do regime global de energia. Para isso, têm formulado políticas dualistas, que lhes permitam se beneficiar tanto dos combustíveis fósseis quanto das energias renováveis. Os países do Conselho de Cooperação do Golfo (CCG)[2] estão determinados a extrair, produzir e vender gás e petróleo — assim como seus subprodutos a jusante — enquanto houver demanda. Ao mesmo tempo, também estão criando um ponto de apoio nos mercados de energias renováveis e no desenvolvimento de outros combustíveis, como o hidrogênio, e usando seus capitais para investir em parques eólicos e solares em toda a região. Em contraste com a suposição de que os países do Golfo estão sujeitos aos mesmos perigos socioecológicos de outras nações do Mena, este capítulo também ilustra como alguns dos Estados do CCG estão investindo na infraestrutura que oferecerá certa proteção contra crises. Com isso, eles vão adquirir uma capacidade de gerenciar alimentos, água e energia que ultrapassa em muito a de outros países da

2 Criado em 1981, o CCG é uma união política e econômica de seis países da Península Arábica: Arábia Saudita, Emirados Árabes Unidos, Catar, Kuwait, Bahrein e Omã. Com a possível exceção do Kuwait, a representação democrática nesses países é mínima.

região, e, ao fazê-lo, poderão desenvolver algumas defesas contra as interferências do meio ambiente.

Essas dinâmicas são essenciais para compreendermos os contornos de uma transição justa no Mena. Os fluxos, a extração e a produção de energia nessa região têm sido caracterizados por padrões históricos de dominação do Sul Global pelo Norte. O período colonial levou à integração subordinada de muitas sociedades à economia global. As economias da África do Norte, por exemplo, foram definidas pela extração de commodities agrícolas e recursos naturais, um legado que perdura até hoje.[3] O que precisamos entender, no entanto, é que essa hierarquia também se reflete de forma regional. O poderio político e econômico emergente dos Estados do Golfo cria uma dinâmica interna altamente polarizada. O capital do CCG é investido nas economias formais de alguns dos mais populosos países árabes: o Golfo é uma das maiores fontes de capital externo em nações como Jordânia, Egito e Sudão (Hanieh, 2013; Choplin & Vignal, 2016; Young, 2022; Henderson, 2021b). Ao mesmo tempo, os países do Golfo também desempenham um papel na superintendência das políticas internas desses Estados: o auxílio e o investimento oferecido respaldam as lideranças internas e lhes permitem superar turbulências econômicas e reprimir divergências políticas domésticas. Como resultado, o poder dos Estados do Golfo se põe como obstáculo ao progresso social e democrático do qual depende uma transição energética justa. O acesso igualitário à energia limpa e a outros recursos, como alimento e água, e às formas de restituição, como as reparações

3 Dois exemplos disso são o algodão no Egito e o vinho na Argélia, duas culturas que dominaram essas economias durante o período colonial. Ver Meloni e Swinnen (2014) e Jakes (2020).

climáticas, exige tanto inovações técnico-ambientais quanto uma transformação política.

Essa dinâmica regional altamente polarizada produz ainda implicações globais. Uma das metas políticas dos países do CCG é garantir que as preocupações sociais crescentes em relação às realidades sombrias da crise climática não resultem em regulamentações governamentais que interfiram na demanda por petróleo e gás, levando à desvalorização de suas reservas de combustíveis fósseis. Esse é um objetivo compartilhado com outras empresas, mercados e classes dominantes da economia global. Nesse sentido, uma estratégia bem-sucedida para uma transição justa deve levar em conta o papel do Golfo nessas alianças e o resultado de sua influência na economia global. O poder desses Estados se manifesta em investimentos nos mercados globais, na publicidade, nos esportes e em várias instituições, como no caso da COP28, sediada nos Emirados Árabes Unidos.

Uma virada energética verde no Golfo?

Nos últimos anos, as palavras da moda "sustentabilidade" e "economia verde" têm sido usadas nos países do Golfo tanto quanto no resto do mundo. Os países do CCG gostam de se retratar como participantes entusiasmados do combate às mudanças climáticas (Zumbraegel, 2022). Isso é mais aparente na Arábia Saudita, nos Emirados Árabes Unidos e no Catar, os três países em que se concentra este capítulo. Eles têm propagandeado seus investimentos em energias renováveis e tornaram público um programa de modernização ambiental que abrange planos para "petróleo e gás descarbonizados",[4] economias circulares, agricultura vertical e um conjunto de soluções baseadas em tecnologia.[5] Contudo, essas concepções ofuscam uma realidade que passa longe dos princípios e da prática da sustentabilidade ambiental. Na realidade, esses países não têm intenção de limitar suas produções de petróleo; pelo contrário, articularam compromissos para expandi-las enquanto houver demanda. Nesse sentido, a posição do Golfo é completamente alinhada com a da maior parte das empresas exportadoras de hidrocarbonetos.

Essa posição tem sido explicitamente defendida por representantes oficiais do Golfo. No verão de 2021, o ministro da Energia saudita, o príncipe Abdulaziz bin Salman, comunicou-a às claras. De acordo com uma reportagem da *Bloomberg*, o príncipe comentou, em uma reunião privada, sobre a intenção de seu país em continuar a produzir e vender petróleo, não importa o que aconteça. "Seremos os últimos de pé", disse ele, "e extrairemos até a última molécula de hidrocarboneto".[6] Outros governantes da região manifestaram a mesma intenção. Em 2022, Mariam Almheiri, ministra de Segurança Climática e Alimentar dos Emirados Árabes Unidos, afirmou que, "enquanto o mundo precisar, continuaremos entregando petróleo e gás".[7] Tais declarações

4 O significado de "petróleo e gás descarbonizados" é vago, mas se refere a inovações tecnológicas como a captura de carbono e a eletrificação da produção.

5 "As Long as the World Needs Oil and Gas, We're Going to Give It to Them, Says UAE Minister" [vídeo], *CNBC*, 27 set. 2022.

6 "The Saudi Prince of Oil Vows to Drill 'Every Last Molecule'", *Bloomberg*, 22 jul. 2021.

7 "As Long as the World Needs Oil and Gas, We're Going to Give It to Them, Says UAE Minister" [vídeo], *CNBC*, 27 set. 2022.

refletem de maneira cristalina a intenção de proteger o valor dos ativos de hidrocarbonetos, principal riqueza desses países.[8]

À luz desse compromisso inabalável com o petróleo e o gás, como as energias renováveis se encaixariam nas políticas energéticas dos países do Golfo? Primeiro, devemos ressaltar que os atuais progressos da região na transição para energias renováveis continuam bastante lentos. Em 2019, os Emirados Árabes Unidos apresentaram a maior produção de energias renováveis em sua matriz energética em comparação com todos os outros Estados do CCG, correspondente à cifra de 0,67% do consumo total do país (Banco Mundial, 2023). Esse número é bem inferior ao de diversos outros países que não integram o CCG.[9] Mas algumas nações da região afirmaram ter intenção de mudar esse quadro. Os Emirados Árabes Unidos anunciaram um compromisso de atender a 50% de sua demanda por eletricidade com "energia limpa" até 2050, combinando energias renováveis, nuclear e de "carvão limpo".[10] A Arábia Saudita pretende alcançar o mesmo objetivo até 2030.[11]

8 É preciso deixar claro que essa é uma decisão das classes dominantes dos Estados do Golfo. Uma questão que ainda precisa ser mais bem aferida é qual a extensão do apoio popular a essas posturas. Como resultado das restrições da liberdade de expressão em muitos países da região, identificar e compreender o apelo doméstico do ambientalismo nos países-membros do CCG é difícil, mas isso não significa que ele não exista.

9 Por exemplo, a energia renovável responde por 12,2% do consumo na Tunísia, o mais alto na África do Norte. Na Jordânia, o número é de 8,17%. Ver Banco Mundial (2023).

10 "UAE Energy Strategy 2050", [s.d.]. Disponível em: u.ae/en/about-the-uae/strategies-initiatives-and-awards/strategies-plans-and-visions/environment-and-energy/uae-energy-strategy-2050.

11 "Saudi Vision 2030: Saudi Green Initiative", [s.d.]. Disponível em: vision2030.gov.sa/en/explore/projects/saudi-green-initiative.

Essas metas são altamente ambiciosas e devem ser observadas com certo ceticismo, sobretudo porque fazem parecer que esses países estão realmente buscando a sustentabilidade ambiental. O comprometimento com a transição para as energias renováveis é, desse modo, parte de um compromisso aparentemente mais amplo com a sustentabilidade, que também se manifesta em exposições públicas como a Expo 2020 de Dubai, impregnada de narrativas sobre sustentabilidade (Koch, 2022). As narrativas sobre consciência ecológica também estão na base de grandes empreendimentos, como Neom, a nova cidade futurista que se pretende instalar na costa saudita do Mar Vermelho. De acordo com o material promocional, Neom será um "modelo para o amanhã, quando a humanidade progredirá sem comprometer a saúde do planeta".[12] Em alguns casos, essas campanhas publicitárias resultam em pronunciamentos notoriamente falsos. Os organizadores da Copa do Mundo de 2022 no Catar, por exemplo, afirmaram que aquele seria o primeiro campeonato "carbono neutro" da história, uma declaração logo desmascarada por jornalistas e ativistas (Dufrasne, Crook & Rao, 2022).

Independentemente da natureza questionável e superficial de tais afirmações, esse *greenwashing* hiperbólico está a serviço de um propósito importante: ofuscar a realidade da função dos Estados do Golfo como grandes produtores de petróleo e gás na economia global, pois permite que esses países mantenham legitimidade no palco internacional e garante que sejam agentes centrais nos debates sobre política energética. De um lado, o compromisso com petróleo e gás garantirá que os Estados do CCG retenham controle sobre os mercados de energia, como manifestado pelo papel de liderança da Arábia Saudita, dos Emirados

12 "Neom: What's the Green Truth Behind a Planned Eco-City in the Saudi Desert?", BBC *News*, 22 fev. 2022.

Árabes Unidos, do Kuwait e do Catar na Organização dos Países Exportadores de Petróleo (Opep). De outro, a imagem da sustentabilidade e da consciência ambiental retrata os Estados do Golfo como agentes importantes interessados nos mercados de energia e em um futuro de baixo carbono. Um exemplo é a COP28, em Dubai. As cúpulas globais do clima, que vêm ocorrendo há três décadas, têm como objetivo conduzir a um acordo internacional que resulte na redução das emissões de gases de efeito estufa e, portanto, na contenção das mudanças climáticas. Apesar disso, quem conduziu as negociações da COP28 foi o diretor da Empresa Nacional de Petróleo de Abu Dhabi (Adnoc), gesto que um ativista descreveu como "escolher a raposa para tomar conta do galinheiro".[13] Isso, claro, representa uma contradição, mas uma contradição que caracteriza a política da sustentabilidade em todos os lugares.

Para além da política, no entanto, é provável que os Estados do Golfo acabem dando alguns passos para aumentar a participação de energias renováveis em sua matriz energética. Eles podem não alcançar a transição rápida que prometeram, mas as energias renováveis tendem a criar raízes no centro mundial da extração de petróleo. Para que possamos entender isso, precisamos observar mais a fundo a configuração da economia energética da região e as demandas do metabolismo social[14] em uma ecologia quente e árida. Esses países têm alto consumo de energia. A Arábia Saudita, os Emirados Árabes Unidos e o Catar apresentam alguns dos níveis mais elevados de consumo de eletricidade per capita

13 "UAE Sparks Furious Backlash by Appointing Abu Dhabi Oil Chief as President of COP28 Climate Summit", *CNBC*, 12 jan. 2023.

14 O termo "metabolismo social" se refere à necessidade de uma sociedade de um fluxo constante de materiais e energia para sua economia e continuidade.

do mundo,[15] e todos os Estados do CCG apresentam um consumo per capita superior à média dos países de alta renda. Uma das causas são os aparelhos de ar-condicionado, demanda que tem sido exacerbada pela energia subsidiada, embora muitos governos do CCG estejam cancelando esse auxílio. Outro motivo é a produção de água dessalinizada, que responde pela maior parte do consumo doméstico na maioria dos Estados do Golfo. A dessalinização hídrica é um processo de uso intensivo de energia. Na Arábia Saudita, por exemplo, representa cerca de 20% do consumo energético (Demirbas, Hashem & Bakhsh, 2017). Uma estimativa sugere que as usinas de dessalinização nos Estados do Golfo respondem por 0,2% do consumo mundial de eletricidade.[16] Como resultado do crescimento econômico e demográfico, a demanda energética também se expandiu nos últimos anos. Na Arábia Saudita, por exemplo, o consumo de energia mais do que dobrou, passando de 1.335 terawatts-hora (TWh) em 2000 para 3.007 TWh em 2021 (Ritchie, 2022). Aumentos similares podem ser observados em outros lugares da região.

Esse enorme nível de consumo de energia tornou-se um entrave dispendioso para as economias do Golfo. A eletricidade nesses países é fornecida sobretudo por estações movidas a petróleo e gás. Como resultado do aumento da demanda doméstica, quantidades cada vez maiores de petróleo são retiradas das exportações para os consumidores globais, que o compram a taxas de mercado. A demanda interna por petróleo não mostra sinais de queda, e algumas estimativas apontam que o consumo doméstico continuará a aumentar até 5% ao ano. Um estudo sugere que até 2030 o consumo interno de petróleo na Arábia Saudita poderá

15 "Per Capita Electricity Generation, 2022", Our World in Data, 2022.

16 "Demand for Desalinated Water Puts Pressure on Gulf Ecosystems", *The National*, 2 fev. 2017.

alcançar o volume exportado (Gately, Al-Yousef & Al-Sheikh, 2012). Essas tendências têm estimulado a expansão da produção de energias renováveis. Nos países do Golfo, a mudança é impelida, na verdade, pela necessidade de economizar petróleo para exportação, ou seja, é motivada por um compromisso com a sustentabilidade fiscal, e não preocupações ambientais.

Um novo mercado

Além de reconfigurar a produção doméstica, energias e combustíveis renováveis como o hidrogênio representam, para os Estados do Golfo, novas oportunidades de mercado. A energia "verde" é um ativo de investimento para o capital excedente do CCG. O setor apresenta risco relativamente baixo: recebe garantias dos governos-sede e apoio de instituições financeiras de desenvolvimento. Como resultado, os conglomerados do Golfo são atuantes no setor. As novas empresas de energia que surgiram muitas vezes recebem algum nível de suporte e financiamento estatais. Um exemplo é a emiradense Masdar: propriedade do emirado de Abu Dhabi, ficou conhecida, a princípio, pelo plano de construir uma cidade fundamentada no princípio da sustentabilidade, que utilizaria energias renováveis.[17] A empresa também possui um grande ramo de investimentos que detém por volta de vinte bilhões de dólares em ativos de energias renováveis em uma série de mercados ao redor do mun-

17 A construção da cidade de Masdar foi iniciada em 2006 e ainda está em andamento. A conclusão está prevista para 2030.

do.[18] Outro caso é o da Acwa, parcialmente de propriedade do Estado saudita. Com presença global, acumula 75 bilhões de dólares em ativos, mas, deles, apenas uma minoria se enquadra na categoria das energias renováveis.[19]

Essas empresas são bastante atuantes na região do Mena. Economias como as do Marrocos, da Jordânia e do Egito são acessíveis para as companhias do Golfo em função da proximidade das relações bilaterais. Com frequência, as aquisições renováveis são incluídas em pacotes de auxílio e de investimentos do Golfo liderados pelo Estado, de modo a garantir que os empreendimentos recebam apoio no mais alto grau. Isso é parte da tendência de expansão da influência dos Estados do Golfo sobre a política e a economia da região. Trata-se de um padrão concomitante ao investimento em outros setores, como de produção de alimentos e infraestrutura, e também aos investimentos governamentais diretos em aliados regionais. O exemplo mais claro disso é o Egito: estima-se que, entre 2014 e 2016, a Arábia Saudita, os Emirados Árabes Unidos e o Kuwait tenham concedido ao governo do presidente Abdel Fattah al-Sisi cerca de trinta bilhões de dólares em auxílios. A colaboração teve um papel central para viabilizar o regime e estabilizar o país na fase contrarrevolucionária que se seguiu à revolução de 2011. Esse fluxo de dinheiro foi determinante para a restauração do autoritarismo naquele que é o país árabe mais populoso.

Um exemplo de apoio de Estado para Estado no setor de energias renováveis ficou evidente na COP27, em Sharm el-Sheikh, em 2022. O xeque Mohammed bin Zayed, presidente dos Emirados Árabes Unidos, e Abdel Fattah al-Sisi compareceram à

18 "Masdar-led Consortium Signs Deal to Develop Suez Canal Green Hydrogen Project", *Reuters*, 16 nov. 2022.

19 "Saudi Acwa Power's Assets Expected to Reach $230bn by 2030: CEO", *Arab News*, 3 nov. 2022.

assinatura do acordo entre a Masdar e a Infinity, as duas maiores companhias de geração de energia renovável no Egito, para a construção de um parque eólico que seria o maior do tipo no país.[20] Outro exemplo é o acordo assinado entre os governos dos Emirados Árabes, do Egito e da Jordânia em 2022, denominado Parceria Industrial para o Crescimento Econômico Sustentável, que abrange alimentos, fertilizantes e artigos têxteis, farmacêuticos, minerais e petroquímicos,[21] e também inclui projetos para aprimorar a produção de energias renováveis.

É importante observar também o papel do financiamento desses acordos por bancos de desenvolvimento. Instituições como o Banco Mundial, o Banco Europeu para a Reconstrução e o Desenvolvimento e o Banco Africano de Desenvolvimento financiaram projetos em que os Estados do Golfo possuíam investimentos. O envolvimento tanto de governos quanto dessas instituições internacionais cria interesses poderosos nesses projetos e reduz seus riscos. Esse tipo de apoio fez com que os investidores do Golfo se tornassem grandes interessados nas políticas de energias renováveis de alguns governos na região do Mena. O capital do Golfo se entrincheirou no futuro energético da região de modo a garantir que os lucros gerados com a transição para as energias renováveis fossem efetivamente sugados.

A poderosa combinação entre governo e interessados institucionais é evidente no caso do Complexo Solar de Ouarzazate, no Marrocos, uma das maiores usinas de energia solar concentrada do mundo. O projeto foi financiado por um consórcio que envolve a Acwa, da Arábia Saudita, a Agência para a Energia

20 "UAE President, Egyptian Counterpart Witness Signing of Agreement to Develop One of World's Largest Onshore Wind Projects in Egypt", *Masdar*, 16 fev. 2023.

21 "UAE, Egypt and Jordan Draft Agreements for Renewable Energy Projects", *Arab News*, 29 maio 2022.

Solar do Marrocos e a TSK, uma empresa espanhola, e também pelo Banco Mundial e vários bancos de desenvolvimento. Outro exemplo é o investimento da Amea Power, uma empresa emiradense, em um parque eólico e em uma usina de energia solar no Egito. Esses projetos estão sendo implementados em parceria com a Sumitomo Corporation e são financiados pela International Finance Corporation, o Banco Holandês de Desenvolvimento Empresarial e a Agência de Cooperação Internacional do Japão.[22]

Há ainda um acordo multilateral que envolve Emirados Árabes, Israel e Jordânia, bastante ilustrativo de como o dinheiro do CCG está incrustado no futuro das energias renováveis e da governança dos recursos na região. Os três Estados assinaram um plano para que a emiradense Masdar invista em um empreendimento de energia solar na Jordânia que venderá toda sua eletricidade para Israel. Em troca, Israel venderá água dessalinizada para a Jordânia (Riedel & Sachs, 2021). O pacto ilustra como o capital dos Emirados Árabes e a tecnologia israelense podem conquistar um ponto maior de entrada na região. Esse acordo também normaliza e aprofunda a ocupação dos territórios palestinos por Israel e o sistema de apartheid imposto à população palestina. E ilustra como esses tipos de projeto podem produzir resultados altamente desequilibrados. A energia de um parque solar construído em território jordaniano será desviada para o mercado israelense. Redes de água e de produção de eletricidade serão montadas para consumidores mais ricos, enquanto excluirão populações carentes e subjugadas por ocupações militares.

Em conjunção com as energias solar e eólica, o hidrogênio pode desempenhar um papel na transição como vetor energé-

22 "Dubai Firm Plans $1.1bn Clean Energy Investment in Egypt", *Arabian Gulf Business Insight*, 1 dez. 2022.

tico/combustível.[23] Vários países do Golfo, como Arábia Saudita, Catar, Omã e Emirados Árabes, estão revelando projetos que atenderão a uma crescente demanda global por hidrogênio. Se esses projetos produzirão hidrogênio "verde" (com energias renováveis), "azul" (com gás e captura de carbono) ou "cinza" (com combustíveis fósseis sem captura de carbono), ainda vamos descobrir. É difícil determinar em que medida o produto final será um combustível carbono zero ou de baixo carbono. A vantagem competitiva desses países é o gás natural: ao usá-lo, eles podem produzir hidrogênio a um custo muito menor do que se empregassem energias renováveis e quantidades enormes de água dessalinizada (que exigiriam mais consumo de energia). O hidrogênio "verde" custará até onze vezes mais do que o gás natural, cinco vezes mais do que o hidrogênio "cinza" e duas vezes mais do que o hidrogênio "azul" (Barnard, 2022). Com isso em mente, os detalhes desses planos são vagos — e também é possível que a classificação das categorias de hidrogênio acabe sendo borrada, de modo a tornar mais difícil determinar se esses combustíveis produzem genuinamente baixas emissões de carbono ou emissão zero.

Os investidores do Golfo também vêm adquirindo ativos estrangeiros no setor de hidrogênio. O Egito tenta se tornar um polo para a produção de hidrogênio "verde" (e "azul"), e as empresas do CCG buscam capitalizar esses planos. A Masdar, por exemplo, assinou uma proposta para investir em dois estabelecimentos de hidrogênio "verde" no Egito, um na costa do Mediterrâneo e

23 No ponto de consumo, o hidrogênio não produz emissões de gases de efeito estufa e, ao ser utilizado, emite apenas água. Contudo, seu status como combustível "carbono zero" depende do processo de produção: para que seja classificado como "verde", deve ser produzido com energias renováveis; a produção de hidrogênio com gás natural é classificada como "azul" ou "cinza", a depender do nível de emissões de CO_2.

outro na Zona Econômica do Canal de Suez em Ain Sukhna, na costa do Mar Vermelho.[24] Do mesmo modo, o acordo inclui um plano para a produção de amônia "verde", que pode ser usada para fabricar fertilizantes "carbono neutro". Outras empresas do Golfo investem na estratégia do Egito de se tornar um polo de produção de hidrogênio "verde". Uma empresa egípcia envolvida no projeto também recebeu recursos do Banco Europeu para a Reconstrução e o Desenvolvimento. Assim, graças ao financiamento do Golfo e da Europa, esses projetos tiveram seus riscos reduzidos (Zgheib, 2019).

Não sabemos ainda se esses projetos são viáveis e realistas, mas o enfoque no hidrogênio possui fortes sobretons políticos. O hidrogênio é celebrado como uma panaceia nos mercados de energia. É visto como um meio de reduzir o consumo de combustíveis fósseis — uma urgência adicional desde a invasão da Ucrânia pela Rússia em 2022, que forçou muitos governos europeus a buscarem alternativas para a dependência das exportações do gás russo. Se efetivados, esses planos resultarão na expansão de projetos de energias renováveis (solar e eólica), com investimentos ocidentais e do Golfo em projetos de condução estatal que serão integrados às redes de energia europeias. Na perspectiva dos produtores do Golfo, uma motivação possível para essa política é o papel que o gás desempenha na produção de hidrogênio. Mercados crescentes de hidrogênio oferecem uma proteção que permite às economias do Golfo tomarem parte na transição energética enquanto preservam o valor de suas reservas de gás.

24 "Masdar-led Consortium Signs Deal to Develop Suez Canal Green Hydrogen Project", *Reuters*, 16 nov. 2022.

Uma região de desigualdades

De que modo os Estados do Golfo estão usando as receitas de hidrocarbonetos para proteger seu futuro à luz dos riscos das mudanças climáticas? Os recursos e o capital desses países os alçam ao topo das hierarquias regionais políticas e econômicas, caracterizadas por uma polarização cada vez maior. Há uma desigualdade abismal entre países pobres e ricos na região. O PIB per capita do Iêmen, por exemplo, é de 701 dólares, enquanto o dos Emirados Árabes é de 44.315 dólares; o PIB per capita da Síria é de 533 dólares, enquanto o do Catar, de 66 mil dólares (Banco Mundial, 2021b). Como resultado desse desequilíbrio, os países do Mena não partilham das mesmas perspectivas diante dos efeitos das mudanças climáticas. O poderio político e econômico dos Estados do Golfo significa que eles dispõem de uma capacidade maior de gerir os problemas resultantes de um clima em aquecimento. Essa capacidade contrasta com a de outros países da região, como Iêmen, Líbano e Síria, que padecem de uma combinação de colapso econômico, sufocamento por dívida pública, conflitos e instabilidade interna.

A segurança alimentar é outro indicativo dessa desigualdade regional. Os Estados do CCG são altamente dependentes de importações de alimentos: entre 80% e 90% dessas mercadorias são importadas. Isso cria uma vulnerabilidade à perturbação geopolítica que pode afetar cadeias logísticas e de suprimentos. Os países do Golfo vêm usando seu capital para mitigar esse risco e investindo pesado em infraestrutura de transporte e armazenamento. Isso significa que poderão importar alimentos de vários locais diferentes e, assim, garantir que disponham de uma fonte diversificada de mercadorias. O Golfo importa alimentos de todas as regiões do planeta. Além disso, seus governos adquiriram terras na África do Norte, na região do Mar Negro, nos Estados Unidos e na América Latina (Woertz, 2020). Do mesmo modo, estabeleceram grandes operações de processamento de alimentos, avicultura e fabricação de laticínios. Essas empreitadas abastecem os mercados do Golfo e oferecem alguma autossuficiência, mas ainda exigem importação de matérias-primas, como ração animal. Mais recentemente, começaram a investir em capacidades agrotecnológicas que permitirão a produção de comida em ambientes internos totalmente controlados (Henderson, 2022). Esses projetos dependem do uso intensivo de energia e se beneficiam de uma oferta de eletricidade e de outros insumos subsidiada pelos governos do Golfo.[25]

Também são uma forma de modernização ecológica e uma tentativa de aumentar o controle sobre as relações sociais e ambientais da produção de alimentos, o que oferece benefícios em um clima em aquecimento. A ausência de agricultura doméstica cria uma dependência de importações, mas ameniza a exposição direta às mudanças climáticas. As sociedades que dependem muito da agricultura de pequena escala como fonte de receitas e emprego são mais vulneráveis aos efeitos do colapso ambiental. No Iêmen, no Egito e no Marrocos, a agricultura responde por 20% a 35% do emprego, enquanto nos Estados do Golfo ela representa menos de 5%.[26] Os países do Golfo não estão completamente imunes a esse perigo, já que o colapso climático pode comprometer a produção nas regiões onde eles adquirem mercadorias, mas seu poder de compra e as redes diversificadas de cadeias de suprimentos reduzem sua exposição — ao menos

25 "Agri-Tech & Food Security in the GCC: Covid-19 Response Report", Oxford Business Group, abr. 2022.

26 "Employment in Agriculture (% of Total Employment) (Modeled ILO Estimate)", Banco Mundial, [s.d.]. Disponível em: data.worldbank.org/indicator/SL.AGR.EMPL.ZS.

por ora. O uso de receitas de combustíveis fósseis para financiar importações de alimentos é outro exemplo de como esses Estados permanecem altamente dependentes das exportações de petróleo e gás. Para eles, trata-se de uma questão existencial.

A desigualdade regional também se manifesta nos investimentos externos do Golfo no agronegócio. Por vezes, a literatura sobre o desenvolvimento tende a supor que a cooperação e os fluxos de investimentos regionais são um meio para enfrentar as necessidades de segurança alimentar nos Estados do Mena. Mas também são apresentados como soluções para os investimentos nos setores agrícolas de economias árabes mais pobres (El-Zein *et al.*, 2014). Contudo, a realidade dos investimentos do Golfo na agricultura contradiz essa interpretação. A aquisição de grandes áreas de terra no Egito, no Sudão e na Etiópia se dá para a formação de *plantations* que consomem água e outros recursos para produzir alimentos que são exportados diretamente para os Estados do Golfo. Uma das culturas mais comuns nesses cercamentos é a alfafa, um alimento para ruminantes usado nas grandes operações de pecuária leiteira montadas pelos Estados do Golfo (Henderson, 2021a). Essas calorias são extraídas de economias que apresentam altos níveis de insegurança alimentar e histórias marcadas pela fome. No Sudão, por exemplo, os investidores do Golfo adquiriram mais de quinhentos mil hectares de terra, muitas vezes nas melhores áreas agrícolas adjacentes ao Nilo — em geral reivindicadas por pequenos agricultores —,[27] onde são produzidos grãos e ração animal exportados de volta para as economias do CCG. Isso ocorre enquanto a população sudanesa vive em insegurança alimentar, com a estimativa de que atualmente 12 milhões de pessoas, de uma população total de 44 milhões, estejam em

27 "Map", Land Matrix, 2023. Disponível em: landmatrix.org/map.

situação de insegurança alimentar aguda,[28] e meio milhão de crianças sofram de desnutrição aguda grave. Esse tipo de aquisição de terras em grande escala é frequentemente chamado de "apropriação de terras" (*land grabbing*) e representa ameaças bem documentadas aos direitos, à subsistência e à saúde dos habitantes locais.[29] A apropriação de terras e a produção agrícola de grande escala voltada à exportação enfraquecem a soberania alimentar de países como o Sudão.

Outra dimensão das desigualdades regionais é a capacidade de armazenamento de grãos, que cria um amortecimento contra aumentos de preços e choques de oferta. Isso é particularmente importante para os países árabes, dados sua dependência de alimentos importados e o potencial de choques climáticos e de mercado. Os Estados do Golfo investiram pesado em silos e galpões para alimentos, infraestrutura que tem sido incluída em projetos de portos e aeroportos. Como resultado, sua capacidade de armazenamento ultrapassa de longe a de outros países da região. Com uma população de 35 milhões de pessoas, a Arábia Saudita, por exemplo, pode armazenar cerca de 3,5 milhões de toneladas de grãos,[30] enquanto o Egito, cuja população é três vezes maior (aproximadamente 105 milhões de pessoas), consegue armazenar 3,4 milhões de toneladas.[31] A capacidade de armazenamento do Catar, com uma população de 2,6 milhões

28 "One in Four People Face Severe Hunger in Sudan as Food Crisis Deepens", Save the Children, 22 jun. 2022.

29 "The Global Land Grab: A Primer", Transnational Institute, 11 out. 2012.

30 "Saudis Grains Storage Capacity Rises by 37% with 2 New Silos", *Zawya*, 19 set. 2021.

31 "Inside Egypt's Plan to Tackle the Wheat Crisis", *Middle East Eye*, 16 mar. 2022.

de pessoas, é de cerca de 250 mil toneladas[32] — similar à do Iêmen, que, no entanto, apresenta uma população de 30 milhões. Esse contraste existe entre outros países ao redor do mundo, em particular em sociedades atingidas por guerras e desastres. A explosão devastadora no porto de Beirute em agosto de 2020, por exemplo, destruiu silos portuários de grãos com capacidade para cem mil toneladas.

Os Estados do Golfo também investem em outras formas de infraestrutura que proporcionarão meios de gestão de recursos essenciais diante dos efeitos das mudanças climáticas. Arábia Saudita, Catar e Emirados Árabes concluíram recentemente instalações de armazenamento de água que garantirão a oferta desse recurso. Em alguns casos, essas instalações estão entre as maiores do mundo: o tanque de água de 6,5 milhões de metros cúbicos do Catar é suficiente para sete dias de consumo nacional.[33] A construção dessa infraestrutura ilustra como esses Estados securitizam seu metabolismo social: a capacidade de armazenamento de água e de alimentos pode oferecer resiliência contra conflitos, crises climáticas e interrupções logísticas. Isso proporciona um olhar para dentro da divergência entre as trajetórias de desenvolvimento da região: a capacidade de lidar com as mudanças climáticas, o estresse climático e seus potenciais choques é altamente desigual.

32 "Arrival of First Vessel at Hamad Port's Strategic Food Security Facilities Terminal", *Qatar News Agency*, 13 ago. 2022.

33 "Water Security Mega Reservoirs", Arcadis, [s.d.]. Disponível em: arcadis.com/en/projects/middle-east/qatar/water-security-mega-reservoirs.

O Golfo e a transição justa

Os princípios sociais e econômicos inerentes a uma transição justa estão em contradição com as estratégias descritas nas páginas anteriores. Ao investirem em energias renováveis, agronegócio e melhorias de infraestrutura, os Estados do Golfo seguem um programa tecnológico e de capital intensivo de modernização ambiental. Isso envolve ajustes tecnológicos e acumulação via espoliação em nome da "sustentabilidade". Esses métodos são motivados primariamente pelo lucro e por considerações de segurança, enquanto o compromisso com a sustentabilidade ambiental é deixado em segundo plano. Há pouca ou nenhuma ênfase em equidade, justiça e necessidades básicas universais. A premissa é a ideia de que a sustentabilidade ambiental é um problema tecnocrático, que pode ser extirpado das questões altamente políticas da distribuição da riqueza e dos recursos, do consumo e da extração do lucro.

Essa é uma propensão marcada por ramificações regionais. Como mencionado, a influência dos Estados do Golfo é patente nos investimentos de energias renováveis em economias como as do Egito, da Tunísia, do Marrocos e da Jordânia. Com esses investimentos, conglomerados estatais do CCG estão se entrincheirando na transição energética renovável regional. Contudo, essa influência também está presente em um nível mais amplo em toda a região. Auxílios e investimentos dos Estados do Golfo ajudam a sustentar uma série de governos árabes, como os do Egito, da Jordânia e da Tunísia: são seus empréstimos que financiam esses regimes e os mantêm de pé. Além do financiamento, os Estados do Golfo também conduzem a política regional de outros modos. Arábia Saudita e Emirados Árabes Unidos lançaram uma intervenção militar no Iêmen, e Catar e Arábia Saudita apoiaram *proxies* reacionários na Síria. Essas intervenções interditam o espaço democrático necessário para uma transição verdadeiramente justa; também impedem o surgimento de movimentos sociais que possam demandar um uso mais equânime e sustentável dos recursos nacionais. Além disso, como já discutido, o uso de grandes extensões de terra para a produção de energias renováveis e para os cercamentos do agronegócio depende com frequência de espoliação, uma apropriação alcançada através formas de governança autoritárias e repressivas. Para que haja uma transição justa em muitos países da região árabe, a questão da justiça social e ambiental deve considerar essa dimensão regional. O caminho para a mudança revolucionária e social não pode ser entendido como ligado apenas às lutas determinadas pelos conflitos de classe em nível nacional: o peso da influência do Golfo na economia política regional deve ser igualmente incluído na equação.

Esses obstáculos a uma transição justa também podem ser observados em escala global. Os Estados do Golfo possuem uma presença relevante na política das mudanças climáticas e usam seus recursos para lavar a imagem da economia fóssil. Isso se manifesta no *greenwashing* e na criação da figura de sustentabilidade, os quais estão em funcionamento no interior desses países e ficam explícitas na indicação de um executivo do petróleo para a presidência da COP28. Essa estratégia de mercado também se evidencia nos investimentos dos Estados do Golfo em ativos de alto nível no Ocidente. O exemplo mais claro são os times de futebol, e algumas das maiores equipes da Europa são propriedade de países do Golfo ou assinaram acordos de patrocínio com companhias aéreas ou entidades locais. A propriedade de times como Paris Saint-Germain, Barcelona, Newcastle e Manchester City lava a reputação desses Estados e internaliza suas receitas de petróleo e gás nesses emblemas do orgulho e da identidade da classe trabalhadora; trata-se de uma tentativa de preservar a familiaridade dos combustíveis fósseis por meio da cultura e de garantir que eles continuem a ser demandados no mercado global.

Os Estados do Golfo não estão sozinhos na intenção de salvaguardar um clima político que siga aceitando as emissões de carbono provenientes do petróleo e do gás. Seus compromissos com os combustíveis fósseis se alinham ao capital global; eles compartilham esse objetivo com multinacionais, mercados financeiros e outros Estados. Os Estados do Golfo são indispensáveis para a hegemonia dessas estruturas tanto por exportar petróleo e gás quanto por empregar seus capitais para investir em toda a economia global. Isso garantirá que permaneçam por algum tempo como lócus do poder imperial. Além disso, a demanda energética crescente das economias emergentes na Ásia garantirá a preservação de sua relevância. Assim, tentativas de promover uma transição justa nas sociedades do Oriente Médio terão de confrontar essa aliança de classes dominantes nacionais, Estados do Golfo e capital global.

No entanto, apesar de todo esse poder, há muitas incertezas no horizonte. Como todas as sociedades, as desses países não são imunes à realidade das mudanças climáticas. A dependência econômica de petróleo e gás significa que esses Estados precisam diversificar suas economias para conseguir arcar com o custo cada vez mais alto da importação de alimentos, da produção de energia e do consumo hídrico. O aumento das temperaturas pode afetar as safras de alimentos ao redor do globo e causar choques nas cadeias produtivas internacionais, o que afetará as economias do Golfo. No nível regional, a capacidade desses países de fortalecer alianças autoritárias, que possibilita em parte sua acumulação e extração de alimentos, também pode ser posta à prova. As pressões que levaram às revoluções árabes de 2010 e 2011 não foram resolvidas; uma reconfiguração estrutural profunda ainda se faz necessária. É cedo demais para prever como vão se desdobrar esses dilemas, mas os Estados do Golfo não são imunes ao clamor popular por democracia, equidade e redistribuição que definem a transição justa.

Referências

ABDEL-FADIL, Mahmoud. *Transformações econômicas e sociais nas áreas rurais egípcias, 1952-1970: um estudo sobre o desenvolvimento da questão agrícola no Egito.* Cairo: The Egyptian General Book Organization, 1978 (em árabe).

ABDEL-FATAH, Fathi. *Nasserismo e a experiência da revolução vinda de cima: a questão agrícola.* Cairo: Dar Al-Fikr, 1987 (em árabe).

ABDEL-KHALEK, Gouda. "MDG-Based Debt Sustainability Analysis: The Case of Egypt", United Nations Development Programme, Department of Economic and Social Affairs, jan. 2007.

ABDELRAHMAN, Muhammad Salah. *O preço do ouro: os custos ambientais e sociais da mineração.* Cairo: Maktabat Jazirat Alward, 2018 (em árabe).

ABDULLAH, Dafaallah Ahmed. "Projeto da represa de Merowe: a história completa, desde a concepção até a conclusão", Unidade de Implementação de Barragens, Ministério dos Recursos Hídricos, Irrigação e Eletricidade do Sudão, 2016 (em árabe).

ACHCAR, Gilbert. *The People Want: A Radical Exploration of the Arab Uprising.* Londres: Saqi, 2013.

ACOSTA, Alberto. "Extractivism and Neoextractivism: Two Sides of the Same Curse". *In*: LANG, Miriam & MOKRANI, Dunia (org.). *Beyond Development: Alternative Visions from Latin America.* Quito/Amsterdã: Fundação Rosa Luxemburgo/Transnational Institute, 2013. [Ed. bras.: "Extrativismo e neoextrativismo: duas faces da mesma maldição". *In*: DILGER, Gerhard; LANG, Miriam & PEREIRA FILHO, Jorge (org.). *Descolonizar o imaginário: debates sobre pós-extrativismo e alternativas ao desenvolvimento.* Trad. Igor Ojeda. São Paulo: Autonomia Literária/Elefante, 2016, p. 46-85.]

AIE — AGÊNCIA INTERNACIONAL DE ENERGIA. "Energy Policies Beyond IEA Countries: Morocco 2019", maio 2019.

AIE — AGÊNCIA INTERNACIONAL DE ENERGIA. "World Energy Investment 2020", 2020.

AISSAOUI, Ali. "Algerian Gas: Troubling Trends, Troubled Policies", OIES Paper n. 108, The Oxford Institute for Energy Studies, maio 2016.

AKAKPO, Koladé *et al*. "Challenging Agroecology Through the Characterization of Farming Practices' Diversity in Mediterranean Irrigated Areas", *European Journal of Agronomy*, v. 128, 2021.

AKESBI, Najib. "Programme 'd'ajustement structurel' du FMI", *Africa Development/Afrique et Développement*, v. 10, n. 1-2, p. 101-21, 1985.

AKESBI, Najib. "Le Plan Maroc Vert: Une analyse critique". *In*: AKESBI, Azeddine *et al*. *Questions d'économie marocaine 2011*. Rabat: Presses Univérsitaires du Maroc, 2011, p. 9-48.

AKESBI, Najib; BENATYA, Driss & EL AOUFI, Noureddine. *Agriculture marocaine à l'épreuve de la libéralisation*. Rabat: Economie Critique, 2008.

AKROFI, Mark McCarthy & ANTWI, Sarpong Hammond. "Covid-19 Energy Sector Responses in Africa: A Review of Preliminary Government Interventions", *Energy Research & Social Science*, v. 68, 2020.

ALLAN, Joanna. "Imagining Saharawi Women: The Question of Gender in Polisario Discourse", *The Journal of North African Studies*, v. 15, n. 2, p. 189-202, 2010.

ALLAN, Joanna. "Natural Resources and Intifada: Oil, Phosphates, and Resistance to Colonialism in Western Sahara", *The Journal of North African Studies*, v. 21, n. 4, p. 645-66, 2016.

ALLAN, Joanna. *Silenced Resistance: Women, Dictatorships, and Genderwashing in Western Sahara and Equatorial Guinea*. Madison: Wisconsin University Press, 2019.

ALLAN, Joanna; LEMAADEL, Mahmoud & LAKHAL, Hamza. "Oppressive Energopolitics in Africa's Last Colony: Energy, Subjectivities, and Resistance", *Antipode*, v. 54, n. 1, p. 44-63, 2022.

ALLAN, Joanna & OJEDA-GARCÍA, Raquel. "Natural Resource Exploitation in Western Sahara: New Research Directions", *Journal of North African Studies*, v. 27, n. 6, p. 1.107-36, 2021.

ALBINYANA, Roger & MAÑÉ-ESTRADA, Aurèlia. "Energy Interdependence: The Linkage of the Political Economy of Algeria's Natural Gas with That of the Western Mediterranean Region. A Methodological Approach", *Unisci Journal*, n. 47, p. 29-64, maio 2018.

ALTIERI, Miguel A. "Agroecology: The Science of Natural Resource Management for Poor Farmers in Marginal Environments", *Agriculture, Ecosystems & Environment*, v. 93, n. 1-3, p. 1-24, 2002.

ALY, Basem. "5 Key Security Challenges for North Africa in 2019", *Africa Portal*, 10 jan. 2019.

AMARA, Hamid Aït. "La terre et ses enjeux en Algérie", *Revue des Mondes Musulmans et de la Méditerranée*, v. 65, p. 186-96, 1992.

AMEUR, Fatah; AMICHI, Hichem & LEAUTHAUD, Crystele. "Agroecology in North African Irrigated Plains? Mapping Promising Practices and Characterizing Farmers' Underlying Logics", *Regional Environmental Change*, v. 20, n. 133, p. 1-17, 2020.

AMICHI, Hichem *et al*. "Enjeux de la recomposition des exploitations agricoles collectives des grands périmètres irrigués en Algérie: le cas du Bas-Cheliff", *Cahiers Agricultures*, v. 20, n. 1-2, p. 150-6, 2011.

AMIN, Samir. *Accumulation on a World Scale: A Critique of the Theory of Underdevelopment*. Nova York: Monthly Review Press, 1974.

AMIN, Samir. *Unequal Development: An Essay on the Social Formations of Peripheral Capitalism*. Nova York: Monthly Review Press, 1976. [Ed. bras.: *O desenvolvimento desigual: ensaio sobre as formações sociais do capitalismo periférico*. Trad. Francisco Rego Chaves Fernandes. Rio de Janeiro: Forense Universitária, 1976.]

AMIN, Samir. *Delinking: Towards a Polycentric World*. Londres: Zed, 1990.

AMIN, Samir. *The Implosion of Capitalism*. Londres: Pluto, 2013. [Ed. bras.: *A implosão do capitalismo contemporâneo: outono do capitalismo, primavera dos povos?* Trad. Wanda Brant. Rio de Janeiro: Editora UFRJ, 2018.]

AMOUZAI, Ali & KAY, Sylvia. "Towards a Just Recovery from the Covid-19 Crisis: The Urgent Struggle for Food Sovereignty in North Africa", Transnational Institute, 22 set. 2021.

ANGEL, James & BURKE, Denis (org.). "Energy Transition or Energy Expansion?", Trade Unions for Energy Democracy, Transnational Institute, out. 2021.

ANISTIA INTERNACIONAL. "Morocco/Western Sahara: Human Rights Violations in Western Sahara" (MDE/29/04/96), 1996.

ANISTIA INTERNACIONAL. "The Occupation of Water", 29 nov. 2017.

ANISTIA INTERNACIONAL. "Saharawi Activist at Risk of Further Assault" (MDE 29/4198/2021), 26 maio 2021.

ANISTIA INTERNACIONAL. "Israel/OPT: Scrap Plans for Forced Transfer of Palestinian Bedouin Village Ras Jrabah in the Negev/Naqab", 22 maio 2022.

AOUI, Atman; EL AMRANI, Moulay Ahmed & RIGNALL, Karen. "Global Aspirations and Local Realities of Solar Energy in Morocco", Middle East Research and Information Project, 10 jun. 2020.

ARAFAT, Nada & EL NOUR, Saker. "How Egypt's Water Feeds the Gulf", *Mada Masr*, 15 maio 2019.

ASHLEY, Brian *et al.* "One Million Climate Jobs: Moving South Africa Forward on a Low-Carbon, Wage-Led, and Sustainable Path", Alternative Information & Development Centre, dez. 2016.

ASKOURI, Ali Khalifa. *A represa de Hamdab: o modelo de empobrecimento e de pilhagem de recursos do Islã político*. AJSP Printing Services, 2014 (em árabe).

AYEB, Habib. "De la construction de la dépendance alimentaire en Tunisie", Observatoire de la Souveraineté Alimentaire et de l'Environnement (Osae), 2019.

AYEB, Habib & BUSH, Ray. *Food Insecurity and Revolution in the Middle East and North Africa: Agrarian Questions in Egypt and Tunisia*. Londres: Anthem, 2019.

AYEB, Habib & SAAD, Reem. "Gender, Poverty and Agro-Biodiversity Conservation in Rural Egypt and Tunisia". *In*: AYEB, Habib & SAAD, Reem (org.). *Agrarian Transformation in the Arab World: Persistent and Emerging Challenges*. Cairo: The American University in Cairo Press, 2013, p. 128-58.

AZIKI, Omar *et al.* "Para a soberania alimentar no Marrocos: um estudo de campo das políticas agrícolas e do saque de recursos", Attac Marrocos, 2019 (em árabe).

BACCARI, Nafâa. "État des lieux et perspectives du développement de l'éolien en Tunisie", Agence Nationale pour la Maîtrise de l'Énergie (Anme), 11 mar. 2020.

BALGLEY, David & RIGNALL, Karen. "Land Tenure in Morocco: Colonial Legacies, Contemporary Struggles". *In*: CHITONGE, Horman & HARVEY, Ross (org.). *Land Tenure and Reform in Africa: Addressing Challenges and Complexities*. Cham: Springer Nature Switzerland AG, 2022.

BANCO MUNDIAL. "Sudan: Issues and Options in the Energy Sector", Report n. 4511-SU, jul. 1983.

BANCO MUNDIAL. "Second Economic Reform and Development Loan", Report n. P-7004-JO, 14 nov. 1996.

BANCO MUNDIAL. "Hashemite Kingdom of Jordan: Promoting Poverty Reduction and Shared Prosperity: Systematic Country Diagnostic", Report n. 103433-JO, fev. 2016.

BANCO MUNDIAL. "Morocco Noor Solar Power Project Additional Financing", Report n. PAD2642, 15 maio 2018.

BANCO MUNDIAL. "From Subsidy to Sustainability: Diagnostic Review of Sudan's Electricity Sector", 30 jun. 2019a.

BANCO MUNDIAL. "Maximizing Finance for Development in Egypt's Energy Sector", Esmap Impact, n. 16, jun. 2019b.

BANCO MUNDIAL. "Reforms, Arrears Clearance Pave the Way for Sudan's Full Reengagement with the World Bank Group", 29 mar. 2021a.

BANCO MUNDIAL. "GDP Per Capita (Current US$)", 2021b. Disponível em: data.worldbank.org/indicator/NY.GDP.PCAP.CD.

BANCO MUNDIAL. "Jordan Economic Monitor: Public Investment: Maximizing the Development Impact", 2022.

BANCO MUNDIAL. "Renewable Energy Consumption (% of Total Final Energy Consumption)", 2023.

BAPTISTA, Idalina. "Maputo: Fluid Flows of Power and Electricity — Prepayment as Mediator of State-Society Relationships". *In*: LUQUE-AYALA, Andrés & SILVER, Jonathan (org.). *Energy, Power and Protest on the Urban Grid, Geographies of the Electric City*. Londres: Routledge, 2016, p. 112-32.

BARBE, Adam. *Dette publique & impérialisme au Maroc (1856-1956)*. Casablanca: La Croisée des Chemins, 2020.

BARNARD, Michael. "Morocco, Algeria, Egypt: Assessing EU Plans to Import Hydrogen from North Africa", Transnational Institute, Corporate Europe Observatory (CEO), 17 maio 2022.

BAYAT, Asef. *Life as Politics: How Ordinary People Change the Middle East*. Stanford: Stanford University Press, 2013.

BECHRI, Hartan Mohammed Salem. *Towards a Nature-Friendly Durable Permanent Habitat in Western Sahara*. Dissertação de mestrado. Batna: Universidade Hadj Lakhdar, 2017.

BEDRANI, Slimane. "Algérie: une nouvelle politique envers la paysannerie?", *Revue des mondes musulmans et de la Méditerranée*, v. 45, p. 55-66, 1987.

BELL, Shannon Elizabeth & YORK, Richard. "Community Economic Identity: The Coal Industry and Ideology Construction in West Virginia", *Rural Sociology*, v. 75, n. 1, p. 111-43, 2010.

BENIDIR, Mohammed. "Brokerage, Compensation and Reproduction of the Discharge: Community Reparation and Development of Mining Areas in South-Eastern Morocco", *International Development Policy*, v. 13, n. 1, 2021.

BENNIS, Amine. "Morocco's Contemporary Diplomacy as a Middle Power", *Journal of International Affairs*, 10 ago. 2019.

BERRIANE, Mohamed *et al*. "Les savoirs locaux peuvent-ils inspirer des solutions adaptatives dans les arrière-pays du Maroc?". *In*: BENMAKHLOUF, Ben (org.). *L'humanité face aux défis climatiques et environnementaux: approaches multidisciplinaires*. Casablanca: Fondation Roi Abdulaziz, 2017, p. 87-109.

BESSAOUD, Omar. "Agricultura na Argélia: das revoluções agrícolas às reformas liberais (1963-2002)", *Insaniyat*, v. 22, p. 9-38, 2003 (em árabe).

BESSAOUD, Omar *et al*. "Rapport de synthèse sur l'agriculture en Algérie", CIHEAM-IAM, Montpellier, 2019. Disponível em: hal.science/hal-02137632.

BLAIR, John Malcom. *The Control of Oil*. Nova York: Pantheon, 1976.

BLONDEEL, Mathieu *et al*. "The Geopolitics of Energy System Transformation: A Review", *Geography Compass*, v. 15, n. 7, 2021.

BOGAERT, Koenraad. "The Revolt of Small Towns: The Meaning of Morocco's History and the Geography of Social Protests", *Review of African Political Economy*, v. 42, n. 143, p. 124-40, 2014.

BOGAERT, Koenraad. "Imider vs. COP22: Understanding Climate Justice from Morocco's Peripheries", *Jadaliyya*, 21 nov. 2016.

BOLA, Abdallah. "A árvore genealógica do *ghūl* e o problema da 'identidade cultural' e dos direitos humanos no Sudão", *The Sudanese Society for Research in Arts, Fine Arts and Humanities*, 2005. Disponível em: sudan-forall.org/sections/ihtiram/images/ihtiram-nov05-dr.bola.pdf (em árabe).

BOND, Patrick. "Bankrupt Africa: Imperialism, Sub-Imperialism and the Politics of Finance", *Historical Materialism*, v. 12, n. 4, p. 145-72, 2004.

BOUALEM, Remini; ACHOUR, Bachir & ALBERGEL, Jean. "Timimoun's Foggara (Algeria): An Heritage in Danger", *Arabian Journal of Geosciences*, v. 4, p. 495-506, 2011.

BOUIMEZGANE, Ouail. *Développement des zones minieres et le mouvement des habitants: cas du sud/est*. Tese de doutorado. Agadir: Universidade de Ibn Zohr, 2016.

BOURAIOU, Ahmed *et al*. "Status of Renewable Energy Potential and Utilization in Algeria", *Journal of Cleaner Production*, v. 246, 2020.

BOUZIDI, Zhour; EL NOUR, Saker & MOUMEN, Wided. "Le travail des femmes dans le secteur agricole: entre précarité et empowerment — cas de trois régions en Egypte, au Maroc et en Tunisie", *Gender and Work in the Mena Region Paper Series*, n. 22, jun. 2011.

BRAND, Ulrich & WISSEN, Markus. *The Imperial Mode of Living: Everyday Life and the Ecological Crisis of Capitalism*. Londres: Verso, 2021. [Ed. bras.: *Modo de vida imperial: sobre a exploração de seres humanos e da natureza no capitalismo global*. Trad. Marcela Couto. São Paulo: Elefante, 2021.]

BRAUERS, Hanna & FENNER, Danae. "Comparing Coal Commissions: What to Learn for Future Fossil Phase-Outs?", *Coal Transitions*, 11 abr. 2022.

BRIE, Michael. "A Critical Reception of Accumulation of Capital". *In*: DELLHEIM, Judith & WOLF, Frieder Otto (org.). *Rosa Luxemburg: A Permanent Challenge for Political Economy*. Londres: Palgrave Macmillan, 2016, p. 261-303.

BROMBERG, Gidon; MAJDALANI, Nada & TALEB, Yana Abu. "A Green Blue Deal for the Middle East", Eco-Peace Middle East, dez. 2020.

BUXTON, Nick. "A Primer on Climate Security: The Dangers of Militarising the Climate Crisis", Transnational Institute, 12 out. 2021.

CANTONI, Roberto & RIGNALL, Karen. "Kingdom of the Sun: A Critical, Multiscalar Analysis of Morocco's Solar Energy Strategy", *Energy Research & Social Science*, v. 51, p. 20-31, 2019.

CARAFA, Luigi; FRISARI, Gianleo & VIDICAN, Georgeta. "Electricity Transition in the Middle East and North Africa: A De-Risking Governance Approach", *Journal of Cleaner Production*, v. 128, p. 34-47, 2016.

CARDARELLI, Roberto *et al.* "Informality, Development, and the Business Cycle in North Africa", FMI Departmental Paper (DP/2022/011), jun. 2022.

CEREFE — COMMISSARIAT AUX ENERGIES RENOUVELABLES ET À L'EFFICACITÉ ENERGÉTIQUE. *Transition energétique en Algérie: leçons, etat des Lieux et perspectives pour un développement accéléré des energies renouvelables.* Argel: Cerefe, 2020.

CES — CONSEIL ÉCONOMIQUE ET SOCIAL DE JORDANIE. "State of the Country Report", 2020.

CESE — CONSEIL ÉCONOMIQUE, SOCIAL ET ENVIRONNEMENTAL DU MAROC. "Accélérer la transition énergétique pour installer le Maroc dans la croissance verte", n. 45, 2020.

CHALLENGE FUND FOR YOUTH EMPLOYMENT. "Sudan Scoping Report", fev. 2021.

CHANDOUL, Jihen. "Note de synthèse à propos du projet de loi sur les PPP en Tunisie", Observatoire Tunisien de l'Économie Policy Paper, 4 jun. 2015.

CHANDOUL, Jihen & GONDARD, Cécilia. "Des projets qui ne décollent pas, défis à relever et leçons à tirer des partenariats public-privé en Tunisie", Observatoire Tunisien de l'Économie, 2019.

CHOPLIN, Armelle & VIGNAL, Leïla. "Gulf Investments in the Middle East: Linking Places, Shaping a Region". *In*: VIGNAL, Leïla (org.). *The Transnational Middle East: People, Places, Borders.* Londres: Routledge, 2016.

CIJ — CORTE INTERNACIONAL DE JUSTIÇA. "Western Sahara: Advisory Opinion of 16 October 1975", 1975.

COCKS, William. "The Nile in 1904", Departamento Nacional de Imprensa do Egito, 1904.

CRIPPA, Monica *et al.* "CO_2 Emissions of All World Countries — JRC/IEA/PBL 2022 Report", (EUR 31182 EN), Publications Office of the European Union, Luxemburgo, 2022.

CSI — CONFEDERAÇÃO SINDICAL INTERNACIONAL. "2020 ITUC Global Rights Index: The World's Worst Countries for Workers", 18 jun. 2020.

DAJANI, Muna. "Danger, Turbines! A Jawlani Cry against Green Energy Colonialism in the Occupied Syrian Golan Heights", *The London School of Economics and Political Science*, 4 maio 2020.

DAOUDI, Ali & LEJARS, Caroline. "De l'agriculture oasienne à l'agriculture saharienne dans la région des Zibans en Algérie: acteurs du dynamisme et facteurs d'incertitude", *New Medit*, v. 15, n. 2, p. 45-52, 2016.

DAOUDI, Ali *et al.* "Mise en valeur agricole et accès à la propriété foncière en steppe et au Sahara (Algérie)", *Les Cahiers du Pôle Foncier*, n. 13, 2015.

DAUMAS, Lucile. "Le secteur de l'énergie renouvelable au Maroc: concentration aux mains du secteur privé", Comité pour l'Abolition des Dettes Illégitimes (CADTM), 8 out. 2016.

DAVIS, Diana K. "Imperialism, Orientalism, and The Environment in the Middle East: History, Policy, Power and Practice". *In*: DAVIS, Diana K. & BURKE, Edmund (org.). *Environmental Imaginaries of the Middle East and North Africa*. Athens: Ohio University Press, 2011.

DEMIRBAS, Ayhan; HASHEM, Ayman A. & BAKHSH, Ahmed A. "The Cost Analysis of Electric Power Generation in Saudi Arabia", *Energy Sources, Part B: Economics, Planning, and Policy*, v. 12, n. 6, p. 591-6, 2017.

DEVARAJAN, Shanta & MOTTAGHI, Lili. "Mena Economic Monitor: The Economics of Post-Conflict Reconstruction in Mena", Banco Mundial, abr. 2017.

DIETRICH, Christopher R. W. *Oil Revolution: Anticolonial Elites, Sovereign Rights, and the Economic Culture of Decolonization*. Cambridge: Cambridge University Press, 2017.

DOUGLAS, Stratford & WALKER, Anne. "Coal Mining and the Resource Curse in the Eastern United States", *Journal of Regional Science*, v. 57, n. 4, p. 568-90, 2017.

DRINE, Imed. "Climate Variability and Agricultural Productivity in Mena Region", United Nations University, World Institute for Economic Research (UNU-WIDER), Working Paper n. 2011/96, 2011.

DUFRASNE, Gilles; CROOK, Jonathan & RAO, Daniele. "Poor Tackling: Yellow Card for 2022 FIFA World Cup's Carbon Neutrality Claim", Carbon Market Watch, maio 2022.

DUNLAP, Alexander. *Renewing Destruction: Wind Energy Development, Conflict, and Resistance in a Latin American Context*. Londres: Rowman and Littlefield, 2019.

EBERHARDT, Pia; OLIVET, Cecilia & STEINFORT, Lavinia. "One Treaty to Rule Them All: The Ever-Expanding Energy Charter Treaty and the Power It Gives Corporations to Halt the Energy Transition", Transnational Institute, 12 jun. 2018.

EDIALLO, P. "Morocco-Algeria Dispute: A Challenge for the Kingdom's Energy Supply", *Africa Logistics Magazine*, 5 set. 2021

EEHC — EGYPTIAN ELECTRICITY HOLDING COMPANY. "Annual Report", 2019.

EICHHAMMER, Wolfgang *et al*. "Study on the Opportunities of 'Power-to-X' in Morocco: 10 Hypotheses for Discussion", Fraunhofer Institute for Systems and Innovation Research (ISI), fev. 2019.

EL ATILLAH, Abdessamad; SOUHASSOU, Mustapha & EL MORJANI, Zine El Abidine. "Le cadre législatif de l'exploration et la recherche minière au Maroc entre le Dahir de 1951 et la loi 33 -13", *International Review of Economics, Management and Law Research*, v. 1, n. 1, 2018.

ELDIN, Medhat Saad. "Contratos de engenharia, aprovisionamento, construção e finanças — EPC + *Finance*", LinkedIn, 16 out. 2018 (em árabe).

EL FAIZ, Mohammed & RUF, Thierry. "An Introduction to the Khettara in Morocco". *In*: SCHNEIER-MADANES, Graciela & COUREL, Marie-Francoise. *Water and Sustainability in Arid Regions: Bridging the Gap between Physical and Social Sciences*, 2010, p. 151-63.

EL KAHLAOUI, Soraya & BOGAERT, Koenraad. "Politiser le regard sur les marges: le cas du mouvement 'sur la voie 96' d'Imider", *L'Année du Maghreb*, v. 21, p. 181-91, 2019.

EL-KATIRI, Laura & FATTOUH, Bassam. "A Brief Political Economy of Energy Subsidies in the Middle East and North Africa", *International Development Policy*, v. 7, 2017.

EL NOUR, Saker. *A terra, o agricultor e o investidor: sobre a questão agrícola e do cultivo no Egito*. Cairo: Dar Al-Maraya, 2017 (em árabe).

EL NOUR, Saker. "Grabbing from Below: A Study of Land Reclamation in Egypt", *Review of African Political Economy*, v. 46, n. 162, p. 549-66, 2020.

EL-ZEIN, Abbas *et al*. "Health and Ecological Sustainability in the Arab World: A Matter of Survival", *The Lancet*, v. 383, n. 9.915, p. 458-76, 2014.

ENTELIS, John. "Sonatrach: The Political Economy of an Algerian State Institution". *In*: VICTOR, David G.; HULTS, David R. & THURBER, Mark C. (org.). *Oil and Governance: State-Owned Enterprises and the World Energy Supply*. Cambridge: Cambridge University Press, 2011, p. 557-98.

ESCRIBANO, Gonzalo. "The Geopolitics of Renewable and Electricity Cooperation between Morocco and Spain", *Mediterranean Politics*, v. 24, n. 5, p. 674-81, 2019.

ESMAP — ENERGY SECTOR MANAGEMENT ASSISTANCE PROGRAMME. *Mini Grids for Half a Billion People: Market Outlook and Handbook for Decision Makers*. Washington: Banco Mundial, 2022.

FAIRHEAD, James; LEACH, Melissa & SCOONES, Ian. "Green Grabbing: A New Appropriation of Nature?", *The Journal of Peasant Studies*, v. 39, n. 2, p. 237-61, 2012.

FAO — ORGANIZAÇÃO DAS NAÇÕES UNIDAS PARA A ALIMENTAÇÃO E A AGRICULTURA. "Soils Help to Combat and Adapt to Climate Change by Playing a Key Role in the Carbon Cycle", 2015.

FAUTRAS, Mathilde. *Paysans dans la révolution: un défi tunisien*. Paris: Karthala, 2021.

FAYSSE, Nicolas. "The Rationale of the Green Morocco Plan: Missing Links between Goals and Implementation", *The Journal of North African Studies*, v. 20, n. 4, p. 622-34, 2015.

FEIERSTEIN, Gerald Michael & GUZANSKY, Yoel. "Two Years On, What's the State of the Abraham Accords?", Middle East Institute, 14 set. 2022.

FILER, Colin & MACINTYRE, Martha. "Grass Roots and Deep Holes: Community Responses to Mining in Melanesia", *The Contemporary Pacific*, v. 18, n. 2, p. 215-31, 2006.

FOLKE, Carl. "Traditional Knowledge in Social-Ecological Systems", *Ecology and Society*, v. 9, n. 3, 2004.

FOSTER, John Bellamy. *The Return of Nature: Socialism and Ecology*. Nova York: Monthly Review Press, 2020.

FOSTER, John Bellamy & HOLLEMAN, Hannah. "The Theory of Unequal Ecological Exchange: A Marx-Odum Dialectic", *The Journal of Peasant Studies*, v. 41, n. 2, p. 199-233, 2014.

FOSTER, John Bellamy & MCCHESNEY, Robert. *The Endless Crisis: How Monopoly-Finance Capital Produces Stagnation and Upheaval from the USA to China*. Nova York: Monthly Review Press, 2012.

FRAME, Mariko Lin. "The Neoliberalization of (African) Nature as the Current Phase of Ecological Imperialism", *Capitalism Nature Socialism*, v. 27, n. 1, p. 87-105, 2016.

FRANCIS, Charles A.; HARWOOD, Richard R. & PARR, James F. "The Potential for Regenerative Agriculture in the Developing World", *American Journal of Alternative Agriculture*, v. 1, n. 2, p. 65-74, 1986.

FRIEDMANN, Harriet. "Discussion: Moving Food Regimes Forward: Reflections on Symposium Essays", *Agriculture and Human Values*, v. 26, n. 4, p. 335-44, 2009.

FMI — FUNDO MONETÁRIO INTERNACIONAL. "IMF Executive Board Approves US$ 2 Billion Stand-By Arrangement for Jordan", 3 ago. 2012.

FMI — FUNDO MONETÁRIO INTERNACIONAL. "Jordan: Second Review Under the Extended Arrangement Under the Extended Fund Facility, Requests for a Waiver of Nonobservance of Performance Criterion, an Extension of the Arrangement, and Rephasing of Access-Press Release; Staff Report; and Statement by the Executive Director for Jordan", Country Report n. 127, 15 maio 2019.

GAD, Mohamed. "Investidores no setor petrolífero do Egito estão otimistas, mas esperam por mais concessões do governo", *Aswat Masriya*, 2 fev. 2015 (em árabe).

GAD, Mohamed. "Estaríamos testemunhando uma era de ouro das energias renováveis?", *Mada Masr*, 5 jan. 2021 (em árabe).

GAD, Mohamed & MOHAMED, Hasnaa. "Só dinheiro não basta: rastreando os efeitos dos programas de apoio monetário sobre os pobres", Iniciativa Egípcia pelos Direitos Pessoais, fev. 2019 (em árabe).

GAD, Mohamed *et al.* "Impostos para quem?", Al-Maraya House for Cultural Production, 2019 (em árabe).

GALAI, Yoav. "Narratives of Redemption: The International Meaning of Afforestation in the Israeli Negev", *International Political Sociology*, v. 11, n. 3, p. 273-91, 2017.

GALEANO, Eduardo. *Open Veins of Latin America*. Nova York: Monthly Review Press, 1973. [Ed. bras.: *As veias abertas da América Latina*. Trad. Sergio Faraco. Porto Alegre: L&PM, 2010.]

GARAVINI, Giuliano. *The Rise and Fall of Opec in the Twentieth Century*. Londres: Oxford University Press, 2019.

GARSTIN, William. "Report Upon the Basin of the Upper Nile: With Proposals for the Improvement of the River", Departamento Nacional de Imprensa do Egito, 1904.

GATELY, Dermot; AL-YOUSEF, Nourah & AL-SHEIKH, Hamad M. H. "The Rapid Growth of Domestic Oil Consumption in Saudi Arabia and the Opportunity Cost of Oil Exports Foregone", *Energy Policy*, v. 47, p. 57-68, 2012.

GAVENTA, John. "Power and Powerlessness in an Appalachian Valley — Revisited", *The Journal of Peasant Studies*, v. 46, n. 3, p. 440-56, 2019.

GOEMINNE, Gert & PAREDIS, Erik. "The Concept of Ecological Debt: Some Steps Towards an Enriched Sustainability Paradigm", *Environment, Development and Sustainability*, v. 12, n. 5, p. 691-712, 2010.

GOULD, Tim & ADAM, Zakia. "Low Fuel Prices Provide a Historic Opportunity to Phase Out Fossil Fuel Consumption Subsidies", Agência Internacional de Energia, 2 jun. 2020.

GRATWICK, Katharine Nawaal & EBERHARD, Anton. "An Analysis of Independent Power Projects in Africa: Understanding Development and Investment Outcomes", *Development Policy Review*, v. 26, n. 3, p. 309-38, 2008.

GREEN, Donna & RAYGORODETSKY, Gleb. "Indigenous Knowledge of a Changing Climate", *Climatic Change*, v. 100, n. 2, p. 239-42, 2010.

GRUPO DE TRABALHO SOBRE SOBERANIA ALIMENTAR NA TUNÍSIA. "Nossa alimentação, nossa agricultura, nossa soberania: análise das políticas tunisianas à luz da soberania alimentar", 2019. Disponível em: drive.google.com/file/d/1b8CkJrops5bcHFUI-TOk96OzTZvQX6IE/view (em árabe).

GUERRERO, Dorothy. "The Historic Loss and Damage Victory at COP27 Was Thanks to the Unity of Developing Countries and Civil Society", Global Justice Now, 23 nov. 2022.

HAMAMOUCHE, Meriem Farah *et al*. "New Reading of Saharan Agricultural Transformation: Continuities of Ancient Oases and their Extensions (Algeria)", *World Development*, v. 107, p. 210-23, 2018.

HAMITI, Dalila & BOUZADI-DAOUD, Sultana. "La stratégie algérienne de transition énergétique conformément au programme de développement des énergies renouvelables et d'efficacité énergétique: état des lieux et perspectives de développement", *Journal of Contemporary Business and Economic Studies*, v. 4, n. 2, p. 594-622, 2021.

HAMOUCHENE, Hamza. "Algeria, an Immense Bazaar: The Politics and Economic Consequences of Infitah", *Jadaliyya*, 30 jan. 2013.

HAMOUCHENE, Hamza. "Desertec: The Renewable Energy Grab?", *New Internationalist*, 1 mar. 2015.

HAMOUCHENE, Hamza. "The Ouarzazate Solar Plant in Morocco: Triumphal 'Green' Capitalism and the Privatization of Nature", *Jadaliyya*, 23 mar. 2016.

HAMOUCHENE, Hamza. "Extractivism and Resistance in North Africa", Transnational Institute, 20 nov. 2019.

HAMOUCHENE, Hamza. "Green Hydrogen: The New Scramble for North Africa", *Al Jazeera*, 20 nov. 2021a.

HAMOUCHENE, Hamza. "The New Algerian Revolution and Black Lives Matter: A Fanonian Perspective", Transnational Institute, 27 out. 2021b.

HAMOUCHENE, Hamza & MINIO-PALUELLO, Mika. *The Coming Revolution in North Africa: The Fight for Climate Struggle*. Londres: Rosa Luxemburg Stiftung, Platform London, Environmental Justice North Africa, 2015.

HAMOUCHENE, Hamza & ROUABAH, Brahim. "The Political Economy of Regime Survival: Algeria in the Context of the African and Arab Uprisings", *Review of African Political Economy*, v. 43, n. 150, p. 668-80, 2016.

HANIEH, Adam. *Lineages of Revolt: Issues of Contemporary Capitalism in the Middle East*. Chicago: Haymarket, 2013.

HANIEH, Adam. *Money, Markets, and Monarchies: The Gulf Cooperation Council and the Political Economy of the Contemporary Middle East*. Cambridge: Cambridge University Press, 2018.

HANIEH, Adam. "When Oil Markets Go Viral", *Verso Blog*, 8 abr. 2020.

HANIEH, Adam. "Space, Scale, and Region: Thinking Through the New Dynamics of the Middle East", *Arab Council of Social Sciences Working Paper*, 2021a.

HANIEH, Adam. "Petrochemical Empire: The Geo-Politics of Fossil-Fuelled Production", *New Left Review*, v. 130, p. 25-51, jul./ago. 2021b.

HANIEH, Adam. "The Commodities Fetish? Financialisation and Finance Capital in the U.S. Oil Industry", *Historical Materialism*, v. 29, n. 4, p. 70-113, 2021c.

HANIEH, Adam. "World Oil: Contemporary Transformations in Ownership and Control". *In*: ALBO, Greg; ASCHOFF, Nicole & SAAD-FILHO, Alfredo (org.). *Socialist Register 2023*. Londres: Merlin, 2022.

HARRISON, Conor M. "The American South: Electricity and Race in Rocky Mount, North Carolina, 1900-1935". *In*: LUQUE-AYALA, Andrés & SILVER, Jonathan (org.). *Energy, Power and Protest on the Urban Grid*. Londres: Routledge, 2016, p. 21-44.

HASAN, Shahid; AL-AQEEL, Turki & EL SALMAWY, Hafez. "Electricity Sector Liberalization in Egypt: Features, Challenges and Opportunities for Market Integration", King Abdullah Petroleum Studies and Research Center, 2020.

HASHIM, Mohammed Jalal Ahmad. "A mensagem de Kajbar: pelo bem do Sudão, não pelo bem de um vilarejo. A questão das barragens no norte do Sudão", *Shafuq lil-Nashr wa al-Intaj al-I'lami*, 2016 (em árabe).

HASSAN, Jaafar. *The Jordanian Political Economy: A Structure in the Womb of Crises*. Amã: Dar Al-An Publishers, 2020.

HELLIO, Emmanuelle. "Importer des femmes pour exporter des fraises (Huelva)", *Études Rurales*, v. 182, p. 185-200, 2008.

HENDERSON, Christian. "Land Grabs Reexamined: Gulf Arab Agro-Commodity Chains and Spaces of Extraction", *Environment and Planning A: Economy and Space*, v. 53, n. 2, p. 261-79, 2021a.

HENDERSON, Christian. "The Rise of Arab Gulf Agro-Capital: Continuity and Change in the Corporate Food Regime", *The Journal of Peasant Studies*, v. 49, n. 5, p. 1.079-100, 2021b.

HENDERSON, Christian. "The Power of Food Security", *Globalizations*, p. 1-13, 2022.

HERMAN, Thomas. "Algeria: Launch of the Solar 1,000 MW Call for Tender", Herbert Smith Freehills, 17 jan. 2022.

HICKEL, Jason. "Quantifying National Responsibility for Climate Breakdown: An Equality-Based Attribution Approach for Carbon Dioxide Emissions in Excess of the Planetary Boundary", *The Lancet Planetary Health*, v. 4, n. 9, p. 399-404, 2020.

HIGH, Mette M. & SMITH, Jessica M. "Introduction: The Ethical Constitution of Energy Dilemmas", *Journal of the Royal Anthropological Institute*, v. 25, n. S1, p. 9-28, 2019.

HILL, Antonio *et al*. "Europe's Demand for Africa's Gas: Toward More Responsible Engagement in a Just Energy Transition", Natural Resource Governance Institute, 30 maio 2022.

HOCHBERG, Michael. "Algeria Charts a Path for Renewable Energy Sector Development", Middle East Institute, 2020.

HODGES, Tony. "The Origins of Saharawi Nationalism", *Third World Quarterly*, v. 5, n. 1, p. 28-57, 49, 1983.

HUBER, Matthew T. *Lifeblood: Oil, Freedom, and the Forces of Capital*. Mineápolis: University of Minnesota Press, 2013.

HUBER, Matthew T. & MCCARTHY, James. "Beyond the Subterranean Energy Regime? Fuel, Land Use and the Production of Space", *Transactions of the Institute of British Geographers*, v. 42, n. 4, p. 655-68, 2017.

HUGHES, Sara Salazar; VELEDNITSKY, Stepha & GREEN, Amelia Arden. "Greenwashing in Palestine/Israel: Settler Colonialism and Environmental Injustice in the Age of Climate Catastrophe", *Environment and Planning E: Nature and Space*, v. 6, n. 1, p. 1-19, maio 2022.

IBARRA, Gabriel Lara *et al.* "Impact of Fiscal Policy on Inequality and Poverty in the Arab Republic of Egypt", Policy Research Working Paper n. 8.824, Banco Mundial, abr. 2019.

ILLE, Enrico & STEEL, Griet. "Khartoum: City Scoping Study", African Cities Research Consortium, jun. 2021.

INFANTE-AMATE, Juan & KRAUSMANN, Fridolin. "Trade, Ecologically Unequal Exchange and Colonial Legacy: The Case of France and Its Former Colonies (1962-2015)", *Ecological Economics*, v. 156, p. 98-109, 2019.

IPCC — PAINEL INTERGOVERNAMENTAL SOBRE MUDANÇAS CLIMÁTICAS. *Global Warming of 1.5 °C: An IPCC Special Report*. Nova York: Cambridge University Press, 2018.

IPCC — PAINEL INTERGOVERNAMENTAL SOBRE MUDANÇAS CLIMÁTICAS. *Climate Change 2021: The Physical Science Basis. Contribution of Working Group I to the Sixth Assessment Report of the Intergovernmental Panel on Climate Change*. Nova York: Cambridge University Press, 2021.

IRENA — AGÊNCIA INTERNACIONAL PARA AS ENERGIAS RENOVÁVEIS. "Morocco and Irena Partner to Boost Renewables and Green Hydrogen Development", 10 jun. 2021a.

IRENA — AGÊNCIA INTERNACIONAL PARA AS ENERGIAS RENOVÁVEIS. "Renewable Capacity Statistics 2021", abr. 2021b.

IRENA — AGÊNCIA INTERNACIONAL PARA AS ENERGIAS RENOVÁVEIS. "Renewable Power Generation Costs in 2021", 2022.

IRWIN, Randi. *Derivative States: Property Rights and Claims-Making in a Contested Territory*. Tese de doutorado. Nova York: New School for Social Research, 2019.

ISMA'IL, Lina & DAJANI, Muna. "Agriculture in Palestine", Heinrich Boll Stiftung, 19 ago. 2021.

JACKA, Jerry K. "The Anthropology of Mining: The Social and Environmental Impacts of Resource Extraction in the Mineral Age", *Annual Review of Anthropology*, v. 47, p. 61-77, 2018.

JAKES, Aaron G. *Egypt's Occupation: Colonial Economism and the Crises of Capitalism*. Stanford: Stanford University Press, 2020.

JENSEN, Geoffrey & LOVELACE, Douglas C. *War and Insurgency in the Western Sahara*. Carlisle Barracks: U.S. Army War College Press, 2013.

JICA — JAPAN INTERNATIONAL COOPERATION AGENCY. "Project for the Study on the Electricity Sector Master Plan in the Hashemite Kingdom of Jordan — Final Report", fev. 2017.

JOBBINS, Guy & HENLEY, Giles. "Food in an Uncertain Future: The Impacts of Climate Change on Food Security and Nutrition in the Middle East and North Africa", World Food Programme, Overseas Development Institute, 2015.

JOHANSSON, Anna & VINTHAGEN, Stellan. *Conceptualizing Everyday Resistance: A Transdisciplinary Approach*. Nova York: Routledge, 2020.

JUHN, Sunna & RATTÉ, Emily. "Intellectual Extractivism: The Dispossession of Maya Weaving", *Intercontinental Cry*, jul. 2018.

JULIEN-LAFERRIÈRE, Ophélie. "Coopérations et diplomaties économiques concurrentes: le rôle de l'Allemagne dans la nouvelle politique énergétique de la Tunisie", Observatoire Tunisien de l'Économie, 31 jan. 2017.

KACEM, Sana. "La stratégie de la maîtrise de l'energie et le Plan Solaire au Niveau National", Direction des Energies Renouvelables, [s.d.].

KAMAL, Fadel. "The Role of Natural Resources in the Building of an Independent Western Sahara", *Global Change, Peace & Security*, v. 27, n. 3, p. 345-59, 2015.

KAMER, Lars. “Africa’s Share in Global Carbon Dioxide (CO_2) Emissions from 2000 to 2020”, Statista, ago. 2021.

KANAAN, Taher & RAHAHLEH, Hazem. “The State and Market Economy: Readings in Privatization Policies and Its Arab and International Experiments”, 2016.

KHALAF, Abdulhadi; AL-SHEHABI, Omar & HANIEH, Adam (org.). *Transit States: Labour, Migration and Citizenship in the Gulf*. Londres: Pluto, 2014.

KHALFALLAH, Ezzedine & AMAIMIA, Néji. “Efficacité énergétique et énergies renouvelables”. *In*: ASSOCIATION TUNISIENNE DU PÉTROLE ET DU GAZ. *Rétrospective du secteur tunisien de l’énergie*. Tunis: Konrad Adenauer Stiftung, 2018, p. 395-464.

KHALILI, Laleh. “Gendered Practices of Counterinsurgency”, *Review of International Studies*, v. 37, n. 4, p. 1.471-91, 2011.

KHALILI, Laleh. *Sinews of War and Trade: Shipping and Capitalism in the Arabian Peninsula*. Londres: Verso, 2021.

KHATIB, Neimat. “Country Profile: Morocco 2018”, Renewable Energy Solutions for the Mediterranean, 2018.

KISHIMOTO, Satoko & PETITJEAN, Olivier (org.). “Reclaiming Public Services: How Cities and Citizens Are Turning Back Privatization”, Transnational Institute, jun. 2017.

KISHIMOTO, Satoko; STEINFORT, Lavinia & PETITJEAN, Olivier (org.). “The Future Is Public: Towards Democratic Ownership of Public Services”, Transnational Institute, maio 2020.

KLEIN, Naomi. “Let Them Drown: The Violence of Othering in a Warming World”, *London Review of Books*, v. 38, n. 11, 2016.

KOCH, Natalie. “Sustainability Spectacle and ‘Post-Oil’ Greening Initiatives”, *Environmental Politics*, v. 32, n. 4, p. 708-31, 2022.

KORAYEM, Karima. “Structural Adjustment and Reform Policies in Egypt: Economic and Social Implications”, United Nations/Economic and Social Comission for Western Asia (UN/ESCWA), 21 out. 1993.

KUMETAT, Dennis. *Managing the Transition: An Analysis of Renewable Energy Policies in Resource-Rich Arab States with a Comparative Focus on the United*

Arab Emirates and Algeria. Tese de doutorado. Londres: London School of Economics and Political Science, 2012.

LABBAN, Mazen. "Oil in Parallax: Scarcity, Markets, and the Financialization of Accumulation", *Geoforum*, v. 41, n. 4, p. 541-52, 2010.

LAMINE, Claire *et al*. "The Place of Agroecology in the New Dynamics within the Agricultural World in Brazil and in France". *In*: XIII World Congress of Rural Sociology, Lisboa, 29 jul.-4 ago. 2012.

LAOUBI, Khaled & YAMAO, Masahiro. "The Challenge of Agriculture in Algeria: Are Policies Effective?", *Bulletin of Agricultural and Fisheries Economics*, v. 12, n. 1, p. 65-73, 2012.

LAROUI, Abdallah. *The History of the Maghrib: An Interpretive Essay*. Princeton: Princeton Legacy Library, 1977.

LAZONICK, William. "Profits without Prosperity", *Harvard Business Review*, set. 2014.

LEACH, Melissa. "Green Grabbing: The Social Costs of Putting a Price on Nature", Transnational Institute, 19 jun. 2012.

LELIEVELD, Jos *et al*. "Strongly Increasing Heat Extremes in the Middle East and North Africa (Mena) in the 21st Century", *Climatic Change*, v. 137, p. 245-60, 2016.

LEMANSKI, Charlotte. "Infrastructural Citizenship: The Everyday Citizenships of Adapting and/or Destroying Public Infrastructure in Cape Town, South Africa", *Transactions of the British Institute of Geographers*, v. 45, n. 3, p. 589-605, 2020.

LI, Fabiana. "In Defense of Water: Modern Mining, Grassroots Movements, and Corporate Strategies in Peru", *The Journal of Latin American and Caribbean Anthropology*, v. 21, n. 1, p. 109-29, 2016.

LOLOUM, Tristan; ABRAM, Simone & ORTAR, Nathalie. "Introduction: Politicising Energy Anthropology". *In*: LOLOUM, Tristan; ABRAM, Simone & ORTAR, Nathalie. (org.). *Ethnographies of Power: A Political Anthropology of Energy*. Nova York: Berghahn, 2021, p. 1-23.

LORDE, Audre. "The Master's Tools Will Never Dismantle the Master's House". *In*: LORDE, Audre. *Sister Outsider: Essays and Speeches*. Berkeley: Crossing

Press, 2007, p. 110-4. [Ed. bras.: "As ferramentas do senhor nunca derrubarão a casa-grande". *In*: LORDE, Audre. *Irmã outsider: ensaios e conferências*. Trad. Stephanie Borges. Belo Horizonte: Autêntica, 2019. p. 137-42.]

LOUATI, Imen. "Aleca, production d'électricité et energies renouvelables: quel avenir pour la Steg et la transition énergétique en Tunisie?", Observatoire Tunisien de l'Économie, documento informativo 8, 20 fev. 2019.

MALM, Andreas. *Fossil Capital: The Rise of Steam Power and the Roots of Global Warming*. Londres: Verso, 2016. [Ed. bras.: *Capital fóssil: a ascensão do motor a vapor e as raízes do aquecimento global*. Trad. Humberto do Amaral. São Paulo: Elefante, 2025.]

MANDOUR, Mohammed *et al*. *A terra e o agricultor no Egito: um estudo sobre os efeitos da liberalização da agricultura egípcia*. Cairo: Centro para Estudos Econômicos Agrícolas e Centro El-Mahrousa, 1995 (em árabe).

MÅNSSON, Emmy. "Discourses of Ecologically Unequal Exchange: Processes of 'Othering' in the European Union's Framing of Trade", LUP Student Papers, Lund University, 2020.

MARCEL, Kuper *et al*. "Que faire avec les eaux souterraines en Afrique du nord?". *In*: PESCHE, Denis; LOSCH, Bruno & IMBERNON, Jacques (org.). *Une nouvelle ruralité émergente: regards croisés sur les transformations rurales africaines*. Montpellier: Cirad-Nepad, 2016.

MARTINEZ-ALIER, Joan. *The Environmentalism of the Poor: A Study of Ecological Conflicts and Valuation*. Cheltenham: Edward Elgar, 2002. [Ed. bras.: *O ecologismo dos pobres: conflitos ambientais e linguagens de valoração*. Trad. Maurício Waldman. São Paulo: Contexto, 2007.]

MARTÍNEZ MILÁN, Jesús. "La larga puesta en escena de los fosfatos del Sahara Occidental, 1947-1969", *Revista de Historia Industrial*, v. 26, n. 69, p. 177-205, nov. 2017.

MARTINEZ VENEGAS, Allan. "Jordan's Energy Security: Impact of Dependency on Unstable Foreign Sources on Social Stability and Policy Alternatives", *School for International Training Digital Collections*, n. 1.634, 2013.

MASEN. "Documents", União Africana, 2016. Disponível em: au.int/sites/default/files/documents/36067-doc-masen_presentation_oct._2016_2016_10_24_v3.pdf.

MELONI, Giulia & SWINNEN, Johan. "The Rise and Fall of the World's Largest Wine Exporter: And Its Institutional Legacy", *Journal of Wine Economics*, v. 9, n. 1, p. 3-33, 2014.

MÉNDEZ, V. Ernesto; BACON, Christopher M. & COHEN, Roseann. "Agroecology as a Transdisciplinary, Participatory, and Action-Oriented Approach", *Agroecology and Sustainable Food Systems*, v. 37, n. 1, p. 3-18, 2013.

MITCHELL, Timothy. *Carbon Democracy: Political Power in the Age of Oil*. Londres: Verso, 2013.

MOE, Tone. "Observer Report: The 2017 Trial against Political Prisoners from Western Sahara", *The International Observer*, 21 set. 2017.

MORGADO, Rui G.; LOUREIRO, Susana & GONZÁLEZ-ALCARAZ, Maria N. "Changes in Soil Ecosystem Structure and Functions Due to Soil Contamination". *In*: DUARTE, Armando C.; CACHADA, Anabela & ROCHA-SANTOS, Teresa A. P. (org.). *Soil Pollution: From Monitoring to Remediation*. Cambridge: Academic Press, 2018, p. 59-87.

MORRIS, H. A. "Development of the Main Nile for the Benefit of Egypt and Sudan", 1954.

MOULINE, Mohamed Tawfik. "La sécurité énergétique du Maroc: état des lieux et perspectives", Institut Royal des Etudes Stratégiques, Beijing, 6 mar. 2012.

MOUSTAKBAL, Jawad. "On the Perspective of Ruling Classes and the Elite in Morocco on Global Environmental Issues", CADTM, 12 out. 2016.

MOVEMENT GENERATION JUSTICE AND ECOLOGY PROJECT. "From Banks and Tanks to Cooperation and Caring: A Strategic Framework for a Just Transition", 2016.

MUTTITT, Greg & KARTHA, Sivan. "Equity, Climate Justice and Fossil Fuel Extraction: Principles for a Managed Phase Out", *Climate Policy*, v, 20, n. 8, p. 1.024-42, 2020.

NIXON, Rob. *Slow Violence and the Environmentalism of the Poor*. Cambridge: Harvard University Press, 2011.

NYONG, Anthony; ADESINA, Francis & OSMAN-ELASHA, Balgis. "The Value of Indigenous Knowledge in Climate Change Mitigation and Adaptation Strategies in the African Sahel", *Mitigation and Adaptation Strategies for Global Change*, v. 12, n. 5, p. 787-97, 2007.

ODARNO, Lily *et al.* "Accelerating Mini-Grid Deployment in Sub-Saharan Africa: Lessons from Tanzania", Tanzania Traditional Energy Development Organization, World Resources Institute, 4 out. 2017.

OIT — ORGANIZAÇÃO INTERNACIONAL DO TRABALHO. "Agriculture: A Hazardous Work", 23 mar. 2015.

OIT — ORGANIZAÇÃO INTERNACIONAL DO TRABALHO. "World Employment Social Outlook Trends", International Labour Office, Genebra, 2019.

ONU — ORGANIZAÇÃO DAS NAÇÕES UNIDAS. "Declaration on the Granting of Independence to Colonial Countries and Peoples" (A/RES/1514 [XV]), 14 dez. 1960.

ONU — ORGANIZAÇÃO DAS NAÇÕES UNIDAS. "Question of Western Sahara" (A/RES/34/37), 21 nov. 1979.

OUBENAL, Mohamed. "Les transformations socio-économiques dans le sous". *In*: ABOULKACEM, El Khatir; BELGHAZI, Hammou; OUBENAL, Mohamed & WANAIM, Mbark. *Regards croisés sur les sociétés Amazighes*. Rabat: Institut Royal de la Culture Amazighe, 2021.

OUKI, Mostefa. "Algerian Gas in Transition: Domestic Transformation and Changing Gas Export Potential", The Oxford Institute for Energy Studies, out. 2019.

OZILI, Peterson. "Covid-19 in Africa: Socio-Economic Impact, Policy Response and Opportunities", *International Journal of Sociology and Social Policy*, maio 2020.

PETITJEAN, Olivier & CHAPELLE, Sophie. "Shale Gas: How Algerians Rallied Against the Regime and Foreign Oil Companies", Multinationals Observatory, 2 jun. 2016.

POWELL, Dana E. *Landscapes of Power: Politics of Energy in the Navajo Nation*. Durham: Duke University Press, 2018.

PWCCC — WORLD PEOPLE'S CONFERENCE ON CLIMATE CHANGE AND THE RIGHTS OF MOTHER EARTH. "People's Agreement", Coachabamba, 24 abr. 2010.

RACHDI, Lazhar. "La centrale solaire de Ouarzazate: un modèle à suivre?", Observatoire Tunisien de l'Économie, 18 mar. 2016.

RANA, Anshul & KHANNA, Ashish. "Learning from the Power Sector Reform: The Case of the Arab Republic of Egypt", Policy Research Working Paper n. 9162, Banco Mundial, fev. 2020.

READY, Tom. "Jordan's Renewable Sector: Keeping Up the Momentum", The London School of Economics and Political Science, 12 nov. 2020.

RIAHI, Layla & HAMOUCHENE, Hamza. "Deep and Comprehensive Dependency: How a Trade Agreement with the EU Could Devastate the Tunisian Economy", Transnational Institute, 8 dez. 2020.

RICHOUFFTZ, Philippe de. "Algérie: Contenu local et énergies renouvelables", Alexander & Partner, nov. 2021.

RIEDEL, Bruce & SACHS, Natan. "Israel, Jordan, and the UAE's Energy Deal Is Good News", *Brookings* (blog), 23 nov. 2021.

RIGNALL, Karen. "Solar Power, State Power, and the Politics of Energy Transition in Pre-Saharan Morocco", *Environment and Planning A*, v. 48, n. 3, p. 540-57, 2016.

RIGNALL, Karen. "Theorizing Sovereignty in Empty Land: Contested Global Landscapes", Land Deal Politics Initiative, out. 2012.

RIGNALL, Karen. *An Elusive Common: Land, Politics, and Agrarian Rurality in a Moroccan Oasis*. Ithaca: Cornell University Press, 2021.

RITCHIE, Hannah. "Morocco: Energy Country Profile", Our World in Data, 2021.

RITCHIE, Hannah. "Saudi Arabia: Energy Country Profile", Our World in Data, 2022.

RITCHIE, Hannah; ROSER, Max & ROSADO, Pablo. "CO_2 and Greenhouse Gas Emissions", Our World in Data, 2020.

ROBERT F. KENNEDY HUMAN RIGHTS *et al*. "Report on the Kingdom of Morocco's Violations of the International Covenant on Economic Social and Cultural Rights in the Western Sahara", ago. 2015.

RODNEY, Walter. *How Europe Underdeveloped Africa*. Londres: Pambazuka, 2012. [Ed. bras.: *Como a Europa subdesenvolveu a África*. Trad. Heci Regina Candiani. São Paulo: Boitempo, 2022.]

ROLSTON, Jessica Smith. "Specters of Syndromes and Everyday Lives of Energy Workers in Wyoming". *In*: STRAUSS, Sarah; RUPP, Stephanie & LOVE, Thomas (org.). *Cultures of Energy: Anthropological Perspectives on Power*. San Francisco: Left Coast Press, 2013, p. 584-92.

SAADI, Mohammed Said. "As políticas de austeridade do Fundo Monetário Internacional e seu impacto na proteção social", Rede de ONGs Árabes para o Desenvolvimento, 2014. Disponível em: annd.org/data/item/cd/aw2014/pdf/arabic/two3.pdf (em árabe).

SACHS, Jeffrey D. & WARNER, Andrew M. "The Curse of Natural Resources", *European Economic Review*, v. 45, n. 4, p. 827-38, 2001.

SAHNOUNEA, F. *et al*. "Climate Change in Algeria: Vulnerability and Strategy of Mitigation and Adaptation", *Energy Procedia*, v. 36, p. 1.286-94, 2013.

SAID, Edward W. *Orientalism*. Londres: Penguin, 1977. [Ed. bras.: *Orientalismo: o Oriente como invenção do Ocidente*. Trad. Rosaura Eichenberg. São Paulo: Companhia de Bolso, 2007.]

SAID, Edward W. *The Question of Palestine*. Nova York: Vintage, 1979. [Ed. bras.: *A questão da Palestina*. Trad. Sonia Midori. São Paulo: Editora Unesp, 2012.]

SALEH, Mahmoud Saleh Othman. *Documentos britânicos sobre o Sudão, 1940-1956*. Riad: Riad el-Rayyes Books, 2011 (em árabe).

SALICK, Jan & ROSS, Nanci. "Traditional Peoples and Climate Change", *Global Environmental Change*, v. 19, n. 2, p. 137-9, 2009.

SAMIR, Saul. "L'électrification du Maroc à l'époque du protectorat", *Outre-Mers*, v. 89, n. 334-5, p. 491-512, 2002.

SAN MARTÍN, Pablo. *Western Sahara: The Refugee Nation*. Cardiff: University of Wales Press, 2010.

SAUGNIER, Pierre Raymond de Brisson. *Voyages to the Coast of Africa*. Londres: G. G. J. & J. Robinson, 1792.

SAYIGH, Yezid. *Owners of the Republic: An Anatomy of Egypt's Military Economy*. Washington: Carnegie Endowment for International Peace, 2019.

SCHÄFER, Isabel. "The Renewable Energy Sector and Youth Employment in Algeria, Libya, Morocco and Tunisia", African Development Group, 2016.

SCOTT, James C. *Seeing Like a State: How Certain Schemes to Improve the Human Condition Have Failed*. New Haven: Yale University Press, 1998.

SELIM, Hoda. "Has Egypt's Monetary Policy Changed After the Float?", The Economic Research Forum Working Paper n. 543, 2010.

SERRANO, Francisco. "Higher Oil Prices Are Giving Algeria's Regime Breathing Room", Middle East Institute, 25 maio 2022.

SHADE, Lindsay; RIGNALL, Karen; TARUS, Lyndsay & STARR, Charice. "The Role of Land in a Just Transition: The Appalachian Land Study Collective", *Environmental Research: Energy*, v. 2, n. 2, jun. 2025.

SHIVJI, Issa G. "The Concept of 'Working People'", *Agrarian South: Journal of Political Economy*, v. 6, n. 1, p. 1-13, 2017.

SIMMS, Andrew. "Ecological Debt-Balancing the Environmental Budget and Compensating Developing Countries", International Institute for Environment and Development (IIED), 2001.

SIMS, David & TIMOTHY, Mitchell. *Egypt's Desert Dreams: Development or Disaster?* Cairo: The American University Press, 2016.

SITRI, Zineb. "Partenariats public-privé au Maroc: soubassement juridique d'un mode de gouvernance alternatif", *Les Études et Essais du Centre Jacques Berque*, n. 26, 2015.

SMAI, Ali & ZAHI, Mohamed Lamine. "Les potentialités de l'Algérie en énergies renouvelables", *Recherches Économiques et Managériale*, n. 19, p. 27, jun. 2016.

SMITH, Pete *et al*. "How Much Land-Based Greenhouse Gas Mitigation Can Be Achieved without Compromising Food Security and Environmental Goals?", *Global Change Biology*, v. 19, n. 8, p. 2.285-302, 2013.

SOWERS, Jeannie. "Environmental Activism in the Middle East and North Africa". *In*: VERHOEVEN, Harry (org.). *Environmental Politics in the Middle East*. Oxford: Oxford University Press, 2018, p. 27-53.

SOWERS, Jeannie; VENGOSH, Avner & WEINTHAL, Erika. "Climate Change, Water Resources, and the Politics of Adaptation in the Middle East and North Africa", *Climatic Change*, v. 104, p. 599-627, 2011.

SPRINGATE-BAGINSKI, Oliver. "'There Is No Vacant Land': A Primer on Defending Myanmar's Customary Tenure Systems", Transnational Institute, 6 mar. 2019.

SRAÏRI, Mohammed Taher & BENTAHAR, Khaoula. "Work Organization and Its Economic Efficiency in Oasis Crop-Livestock Farms". *In*: II International Symposium on Work in Agriculture, Clermond-Ferrand, 29 mar.-1 abr. 2021.

STEINFORD, Lavinia. "Ecofeminism: Fueling the Journey to Energy Democracy", Transnational Institute, 12 set. 2018.

SULTANA, Farhana. "The Unbearable Heaviness of Climate Coloniality", *Political Geography*, v. 99, p. 1-14, mar. 2022.

TAMARI, Salim. "Building Other People's Homes: The Palestinian Peasant's Household and Work in Israel", *Journal of Palestine Studies*, v. 11, n. 1, p. 31-66, 1981.

TATAR, Hafiza. "Transformations foncières et évolution des paysages agraires en Algérie", *Méditerranée*, v. 120, p. 37-46, 2013.

TESDELL, Omar; OTHMAN, Yusra & ALKHOURY, Saher. "Rainfed Agroecosystem Resilience in the Palestinian West Bank, 1918-2017", *Agroecology and Sustainable Food Systems*, v. 43, n. 1, p. 21-39, 2019.

TRACTEBEL ENGIE. "Projets d'énergie renouvelable en Tunisie: guide détaillé", GIZ, ANME, maio 2019.

TRANSNATIONAL INSTITUTE. "Just Transition: How Environmental Justice Organisations and Trade Unions Are Coming Together for Social and Environmental Transformation", Workshop Report, 11 fev. 2020.

TROTTER, Philipp A. & ABDULLAH, Sabah. "Re-Focusing Foreign Involvement in Sub-Saharan Africa's Power Sector on Sustainable Development", *Energy for Sustainable Development*, v. 44, p. 139-46, 2018.

USUI, Kenta. "Concept Project Information Document (PID): Sudan Energy Transition and Access Project — P175040", Banco Mundial, 22 set. 2020.

UZELAC, Ana. "Incoherent at Heart: The EU's Economic and Migration Policies Towards North Africa", Oxfam Briefing Paper, nov. 2020.

VAN DER PLOEG, Frederick. "Natural Resources: Curse or Blessing?", *Journal of Economic Literature*, v. 49, n. 2, p. 366-420, 2011.

VELTMEYER, Henry & PETRAS, James. *The New Extractivism: A Post-Neoliberal Development Model or Imperialism of the Twenty-First Century?* Londres: Zed, 2014.

VERHEECKE, Lora *et al.* "Red Carpet Courts: 10 Stories of How the Rich and Powerful Hijacked Justice", Transnational Institute, Friends of the Earth International, Corporate Europe Observatory (CEO), 24 jun. 2019

VERHOEVEN, Harry. "Big Is Beautiful: Megadams, African Water Security, and China's Role in the New Global Political Economy", Global Water Forum, 17 out. 2012.

VOLPATO, Gabriele & HOWARD, Patricia. "The Material and Cultural Recovery of Camels and Camel Husbandry among Sahrawi Refugees of Western Sahara", *Pastoralism*, v. 4, n. 1, artigo 7, 2014.

WALLERSTEIN, Immanuel. *World-Systems Analysis: An Introduction*. Durham: Duke University Press, 2004.

WARLENIUS, Rikard. "Calculating Climate Debt. A Proposal". *In*: 12th Biennial Conference of the International Society for Ecological Economics, Rio de Janeiro, 31 jan.-2 fev. 2012.

WEZEL, Alexander *et al.* "Agroecology as a Science, a Movement and a Practice. A Review", *Agronomy for Sustainable Development*, v. 29, n. 4, p. 503-15, 2009.

WHITE, Damian. "Just Transitions/Design for Transitions: Preliminary Notes on a Design Politics for a Green New Deal", *Capitalism Nature Socialism*, v. 31, n. 2, p. 20-39, 2020.

WILLCOCKS, William. *The Nile in 1904*. Cairo: Departamento Nacional de Imprensa do Egito, 1904.

WILSON, Scott & EDF. "Pre-Feasibility and Feasibility Studies of DAL Hydropower Project" (não publicado), 2010.

WINKLER, Harald. "Towards a Theory of Just Transition: A Neo-Gramscian Understanding of How to Shift Development Pathways to Zero Poverty and Zero Carbon", *Energy Research & Social Science*, v. 70, 2020.

WODON, Quentin *et al.* "Climate Change, Migration, and Adaptation in the Mena Region", Banco Mundial, 2014.

WOERTZ, Eckart. "Wither the Self-Sufficiency Illusion? Food Security in Arab Gulf States and the Impact of Covid-19", *Food Security*, v. 12, p. 757-60, 2020.

YOUNG, Karen E. *The Economic Statecraft of the Gulf Arab States: Deploying Aid, Investment and Development Across the Menap*. Londres: I.B. Tauris, 2022.

ZAHRAOUI, Younes *et al.* "Current Status, Scenario, and Prospective of Renewable Energy in Algeria: A Review", *Energies*, v. 14, n. 9, 2021.

ZALENGERA, Collen *et al.* "Decentralization: The Key to Accelerating Access to Distributed Energy Services in Sub-Saharan Africa?", *Journal of Environmental Studies and Sciences*, v. 10, p. 270-89, 2020.

ZEITOUN, Mark & DAJANI, Muna. "Israel Is Hoarding the Jordan River: It's Time to Share the Water", *The Conversation*, 19 dez. 2019.

ZEITOUN, Mark *et al.* "The Yarmouk Tributary to the Jordan River II: Infrastructure Impeding the Transformation of Equitable Transboundary Water Arrangements", *Water Alternatives*, v. 12, n. 3, p. 1.095-122, 2019.

ZGHEIB, Nibal. "EBRD Strengthens Egypt's Construction and Utilities Sectors", European Bank for Reconstruction and Development, 14 nov. 2019.

ZHUKOV, Yuri. "Border Disputes and Gas Fields in the Eastern Mediterranean", *Foreign Affairs*, 2021.

ZIADAH, Rafeef. "Saudi-UAE Interventions: Arms, Aid and Counter-Revolution", Transnational Institute, 27 out. 2021.

ZILLIOX, Skylar & SMITH, Jessica M. "Colorado's Fracking Debates: Citizen Science, Conflict and Collaboration", *Science as Culture*, v. 27, n. 2, p. 221-41, 2018.

ZOUBIR, Yahia H. "Why Algeria Cut Diplomatic Ties with Morocco: And Implications for the Future", *The Conversation*, 12 set. 2021.

ZUMBRAEGEL, Tobias. *Political Power and Environmental Sustainability in Gulf Monarchies*. Londres: Palgrave Macmillan, 2022.

ZUNES, Stephen & MUNDY, Jacob. *Western Sahara: War, Nationalism, and Conflict Irresolution*. Nova York: Syracuse University Press, 2010.

A publicação deste livro foi financiada
pelo Transnational Institute.

tni

Título original
Dismantling Green Colonialism:
Energy and Climate Justice in the Arab Region
Pluto Press, 2023

Primeira edição, setembro de 2025
São Paulo, Brasil

Dados Internacionais de Catalogação na Publicação (CIP)
Angélica Ilacqua CRB-8/7057

Colonialismo verde, volume 2: justiça energética e climática nos países árabes / organização Hamza Hamouchene, Katie Sandwell; tradução de Humberto do Amaral. — São Paulo: Elefante, 2025.
472 p.

Bibliografia
ISBN 978-65-6008-109-3
Título original: Dismantling Green Colonialism:
Energy and Climate Justice in the Arab Region

1. Ciências sociais 2. Neoliberalismo 3. Países árabes 4. Recursos energéticos I. Hamouchene, Hamza II. Sandwell, Katie III. Amaral, Humberto do IV. Série

25-3693 CDD 300

Índice para catálogo sistemático:
1. Ciências sociais

---

elefante
editoraelefante.com.br
contato@editoraelefante.com.br
fb.com/editoraelefante
@editoraelefante

tipografia ABC Gravity Variable, Whyte Ink Trap & Signifier
papel Cartão Supremo 250 g/m² & Pólen Natural 70 g/m²
impressão Margraf